LE NEPAL

ETUDE HISTORIQUE D'UN ROYAUME HINDOU

LE NEPAL

ETUDE HISTORIQUE D'UN ROYAUME HINDOU

SYLVAIN LEVI

OUVRAGE ILLUSTRE DE PHOTOGRAPHIES

VOLUME II

ISBN : 978-93-5324-443-9 (Set)

ISBN : 978-93-5324-445-3 (HB)

First Published, Paris, 1905

Published, 2020

Published by

Facsimile Publisher
12 Pragati Market
Ashok Vihar, Ph-2
Delhi-110052
E-mail: books@facsimilepublisher.com

Printed at: G. Print Process, Delhi.

Le Nepal

Etude Historique D'un Royaume Hindou

Author: SylVain Levi

ANNALES DU MUSÉE GUIMET

BIBLIOTHÈQUE D'ÉTUDES

TOME XVIII

LE NÉPAL

PAR

SYLVAIN LÉVI

VOLUME II

LE NÉPAL

ÉTUDE HISTORIQUE D'UN ROYAUME HINDOU

PAR

SYLVAIN LÉVI

PROFESSEUR AU COLLÈGE DE FRANCE

OUVRAGE ILLUSTRÉ D'HÉLIOGRAVURES

VOLUME II

PARIS

ERNEST LEROUX, ÉDITEUR

28, RUE BONAPARTE, 28

1905

LE NÉPAL

Paon de bronze. — Ouvrage népalais.

LE CULTE

MONUMENTS ET FÊTES

Les monuments. — L'architecture de l'Inde commence avec le règne de l'empereur Açoka qui fit élever, selon la légende bouddhique, 84 000 édifices religieux. C'est au souvenir d'Açoka que le Népal rattache aussi ses monuments les plus anciens. Pendant son séjour dans la vallée, l'auguste pèlerin aurait érigé cinq *čaityas*, l'un au centre de Patan, les autres aux quatre points cardinaux à l'entour de la ville. Açoka aurait voulu commémorer, par chacun de ces quatre čaityas, la date initiale de chacun des quatre âges (*yugas*) du monde. Si peu fondée que soit la légende, elle justifie du moins la désignation appliquée à ces monuments : ce ne sont pas des stûpas, puisqu'ils ne recouvrent pas de saintes reliques, mais simplement des čaityas, des monuments, au sens rigoureux du mot, destinés à évoquer de pieuses pensées. Ces čaityas des quatre points cardinaux subsistent encore, intacts dans leurs grandes lignes, et leur aspect général ne contredit pas la tradition[1] : un hémisphère massif de terre, garni d'un revêtement de briques, bordé d'une plinthe également en briques, qui pose sur un trottoir circulaire. Quatre chapelles, disposées aux quatre points de l'espace, s'adossent à la calotte sphérique et s'y encastrent ; chacune d'elles contient l'image d'un des quatre Bouddhas « cardinaux ». L'hémisphère est couronné par un cube de maçonnerie peu élevé qui supporte une pyramide massive de briques, étagée en treize sections. Une tige de pierre se dresse au faîte. Un échafaudage de bois, fixé au sommet, sert à soutenir pendant la saison des pluies un appareil de nattes employé comme défense contre l'infiltration des eaux. Au retour de la saison sèche, cet appareil est remplacé durant une semaine par un parasol de bois et d'étoffe. Les čaityas d'Açoka ont préservé la forme des monuments les plus anciens du bouddhisme indien ; ils rappellent directement et le célèbre stûpa de Sanchi, et les « topes « également fameux du Gandhâra. La plinthe est le seul enjolivement, bien rudimentaire encore, qui soit venu modifier les lignes brutes du stûpa primitif. Mais le couronnement de maçonnerie et de briques (*čûḍâmaṇi*) marque une évolution en train de s'accomplir : le parasol, qu'il supporte aujourd'hui pendant une période si courte, est pour ainsi dire l'attribut naturel du stûpa ; il est le symbole de la souveraineté, et le Bouddha y a droit comme *čakravartin* et comme *dhar-*

1. V. les photographies, I, 263 et 331.

marâja « monarque universel et roi de la loi ». Le nom même de *dharma-râjikâ* affecté aux 84000 fondations d'Açoka exprime bien cette union de la souveraineté avec la religion. Les représentations les plus anciennes figurées sur les monuments montrent le stûpa couvert du parasol. On en vint naturellement à doubler, à tripler l'emblème, pour honorer mieux le saint ; le nombre des parasols superposés s'éleva jusqu'à treize, et quelle que fût la raison de ce choix, le nombre de treize resta consacré par l'usage. Sur le grand stûpa du Loriot, élevé à Péchaver par Kaniṣka, le pèlerin chinois Song-yun compte également treize disques enfilés sur un pilier de fer[1]. Une raison de stabilité autant que d'esthétique obligeait de donner aux parasols étagés des dimensions décroissantes. En même temps, pour asseoir la tige qui les supportait, il fallait installer en haut du stûpa une fondation de maçonnerie. Aux parasols réels se substituèrent naturellement des disques faits de matériaux plus résistants, pierre ou métal ; ces disques se rapprochèrent, se soudèrent en masse compacte, en tronc de cône. On avait perdu de vue leur destination initiale ; on transforma le cône en pyramide. Tel est le stage que représentent, sous leur forme actuelle au moins, les čaityas attribués à Açoka. Les réparations qui se sont succédé au cours des siècles, et qui se sont répétées jusqu'à une date récente, comme l'attestent des inscriptions modernes, sont peut-être responsables du couronnement de maçonnerie et de briques qui termine les čaityas ; elles n'ont pas modifié la structure simple et robuste de l'hémisphère primitif.

Comparé à ces monuments, le čaitya de Svayambhû Nâtha[2] (vulgairement Syambu-Nâth) montre la transfor-

1. C'est du moins le chiffre fourni par plusieurs recensions. D'autres donnent quinze ou même vingt-cinq. Cf. Chavannes, *Bull. Ec. Franç. Extr.-Or.*, 1903, 420 sqq.

2. V. la photographie, I, 173.

mation qui s'est introduite dans les proportions essentielles de l'édifice. L'hémisphère ancien s'étrécit de la base, s'allonge en hauteur et s'écrase du sommet. La plinthe se détache en saillie et forme autour de la base une sorte de table circulaire, large de deux pieds, bâtie en dalles de pierre et portée sur de petits piliers de pierre. Le couronnement, indépendamment des ornements postiches, a la même hauteur que le čaitya lui-même, tandis que dans les čaityas de Patan il est quatre fois plus petit. En se développant ainsi, il a pris une importance architecturale : la base de la flèche a une corniche en saillie ; elle est ornée de plaques de cuivre doré et porte, comme tous les monuments lamaïques, sur chacune des quatre faces, deux yeux grands ouverts peints en rouge, blanc et noir ; c'est l'emblème d'Âdi-Buddha, le Bouddha primordial. Les treize sections de la flèche sont formées de treize parasols séparés, treize disques de bois, plaqués de cuivre, dorés sur leur rebord, étagés à des espaces réguliers autour d'un mât de bois. Sur le plus élevé des disques s'appuie un châssis de bois doré qui soutient à son tour un cercle de métal artistement travaillé ; une sorte de trépied fixé sur ce cercle porte enfin un clocheton de cuivre doré avec une cloche.

La sainteté incomparable du čaitya de Svayambhû le condamnait à subir des réparations fréquentes. Élevé sur le site même où s'épanouissait jadis la fleur de lotus merveilleuse qui portait la divinité (I, 333), le čaitya primitif passe pour l'œuvre de Pračaṇḍa deva ; roi du pays de Gauḍa (Bengale), il avait abdiqué pour entrer dans les ordres ; sous le nom de Çântikara bhikṣu, qu'il avait adopté désormais, il vint au Népal adorer Svayambhû. Par-dessus la pierre qui recouvrait l'image miraculeuse, il installa un immense joyau, et le divin Vajrasattva y fora treize conduits pour amener jusqu'à la divinité les offrandes de ses adorateurs. Le bhikṣu royal s'adressa ensuite à l'architecte des dieux, Viçvakarman, et lui demanda d'édifier un čaitya. En ce temps-là, le prédécesseur du Bouddha Çâkyamuni, le Bouddha Kâçyapa vivait encore sur la terre. Le nom du bhikṣu Çântikara se retrouve dans un autre récit du Svayambhû-Purâṇa, associé à l'institution des rites en l'honneur des Nâgas, sous le roi Guṇakâma (*v. sup.* I, 322). Mais je ne voudrais pas serrer de trop près cette indication, et moins encore m'en autoriser pour dater la fondation du čaitya de Svayambhû. Il ne subsiste pas d'inscriptions antérieures à la fin du XVIe siècle ; la première commémore une réparation exécutée en 1593, sous Çiva Siṃha Malla. Depuis longtemps le zèle religieux des Tibétains semble avoir pris à sa charge l'entretien du monument. En 1639 un Lama de Lhasa fit plaquer de cuivre doré le clocheton avec son soubassement, et fit installer au faîte un parasol doré. En 1751 « année 871 du Nepâla-Samvat, du nom de Prajâpati [dans le cycle de Jupiter], année Kedâ pour les Tibétains, année Simu-u pour les Chinois » un Lama nommé Karmapa « qui avait l'esprit aussi lumineux que le soleil et la lune, vint du Nord pour assurer le bonheur du roi, des fonctionnaires et du peuple », et « à un jour d'heureux augure, il commença la réparation du čaitya que le mal du Kali-Yuga avait rendu inhabitable ». Une longue inscription bilingue, encore dressée sur la plate-forme de Svayambhû, commémore les détails de cette réparation, entreprise avec le concours des dieux Mahâdeva, Gaṇapati, Kumâra, Viṣṇu, et aussi des râjas népalais. Le roi de Katmandou, Jaya Prakâça, avait pris à son compte les réparations ; le roi de Gourkha, le futur conquérant du Népal, Pṛthvî Nârâyaṇa, avait promis de faire hâler jusqu'à pied d'œuvre la poutre maîtresse. Une guerre interrompit le travail qui fut achevé seulement en 1758. Il avait fallu changer la forte pièce de bois qui partait de la base, traversait toute la masse du čaitya et dépassait le faîte. La dépense à cette occasion fut considérable ; on y employa 39 kilogrammes d'or (soit une valeur de 120 000 francs en monnaie actuelle) et presque 3 500 kilogrammes de cuivre. La quantité de musc consommée dans les cérémonies valait 1 000 roupies, somme énorme chez un peuple où la vie moyenne coûte environ une roupie par semaine. En 1816, un violent ouragan jeta bas tout le couronnement du čaitya, et brisa la grande poutre verticale si laborieusement installée en 1758. Les temps du bouddhisme népalais étaient passés. Il fallut attendre jusqu'à 1825 pour recueillir les fonds nécessaires aux réparations. L'importance du désastre imposait une restauration complète ; on dut éventrer l'hémisphère du čaitya, ouvrir la chambre centrale pour en arracher les débris de l'axe brisé. L'occasion était unique pour un archéologue ; l'inspection des menus objets renfermés dans le reliquaire aurait fixé la date de la construction primitive. Personne ne se rencontra qui sût en profiter.

Les destinées du čaitya de Svayambhû au cours des derniers siècles montrent bien les transformations fréquentes que les monuments du même genre ont dû subir au Népal ; seules, les proportions du stûpa lui-même et, le cas échéant, les substructures méritent d'être considérées comme des indices authentiques de la construction primitive. Jugé sur ces caractères, le čaitya de Budh-nâth[1] (Buddha-nâtha) le cède en antiquité aux deux précédents. Il passe dans la tradition populaire pour avoir été construit en expiation d'un parricide ; mais le nom des personnages varie d'un récit à l'autre. Tantôt le coupable est le prince Bhûpa-Kesari, qui tua son père sans le savoir. La fontaine de Jalaçayana Nârâyaṇa étant venue soudain à se tarir, le

1. V. la photographie, I. 131.

vieux roi Vikrama-Kesâri, inquiet, consulta les astrologues ; ils lui prescrivirent de sacrifier un être humain marqué des trente-deux signes (*lakṣaṇa*). Le roi manda son fils : Dans quatre jours, lui dit-il, tu trouveras couché sur la source un homme ; frappe-le à mort, sans le regarder. Le prince obéit, et le meurtre accompli, il va se laver les mains dans le ruisseau Ikṣumatî : à sa surprise, des masses de vers flottaient à la surface. Bientôt il connut son crime, et pris d'horreur il confia la royauté à sa mère ; puis il s'en alla prier Maṇi-Yoginî, la déesse de Sankou. Elle lui ordonna, en guise d'expiation, de construire, sur le site où il verrait se percher une grue, un čaitya de deux yojanas de tour, avec quatre cercles de dieux. Tantôt le prince s'appelle Mâna deva, et son père Vikmantî ; la tête de la victime reste attachée aux mains du parricide involontaire, et c'est encore la déesse Maṇi-Yoginî qui révèle le procédé d'expiation. La déesse Vârâhî en personne surveille la construction du čaitya, et pour la remercier Mâna deva installe sa statue à l'entrée du temple, tandis qu'il place à l'intérieur toutes les divinités. L'hymne au Bouddha, composé par Mâna deva pour les fêtes de l'inauguration, est encore populaire chez les Bouddhistes népalais [1].

1. Les Tibétains, qui fréquentent particulièrement le čaitya de Budhnâth et qui le considèrent comme leur temple national au Népal, rapportent d'une autre manière l'origine du monument. Une larme de pitié, jaillie des yeux d'Avalokiteçvara, donna naissance dans le ciel à une vierge divine. Mais la jeune fille se laissa entraîner à voler des fleurs au paradis ; frappée de déchéance, elle alla naître sur terre, au Népal, dans une famille de porchers. Devenue grande, on la maria : elle se mit à élever des oies, s'enrichit à ce métier, et décida de consacrer sa fortune à bâtir un čaitya. Elle vint trouver le roi et lui demanda autant de terrain qu'une peau en couvrirait (Taurino quantum posset circumdare tergo, *Enéide*, I, 368). Le roi consentit. Elle prit alors une peau, la découpa en lanières minces, et s'en servit pour circonscrire une surface considérable. Les ministres inquiets pressèrent le roi d'intervenir ; mais, respectueux de la parole donnée, il laissa faire. La fondatrice mourut avant l'achèvement de son œuvre ; mais ses fils purent terminer la construction ; ils déposèrent à l'intérieur du stûpa un boisseau de reliques

Bhûpa-Kesari et Vikrama-Kesari sont des personnages de fantaisie ; mais Mâna deva est un nom historique. Le premier roi de ce nom ouvre la série des textes épigraphiques du Népal ; ses inscriptions espacées de 386 à 414 d'une ère incertaine se sont retrouvées à Katmandou et à Changu Narayan ; il est antérieur à Aṃçuvarman qui mentionne, dans une inscription de Harigaon, « le monastère de çrî-Mâna ». Le fondateur légendaire du čaitya de Budh-Nâth est étroitement associé au souvenir de sa mère, une Blanche de Castille népalaise, personne avisée et pieuse, aussi adroite à gouverner les hommes qu'à se concilier les dieux ; « elle bâtit nombre de monuments, et en dernier lieu consacra une image de Nava-Sâgara-Bhagavatî, faite par le même artiste que la Bhagavatî de Palanchauk et la Çobhâ-Bhagavatî ». L'inscription de Changu-Narayan montre Mâna deva suppliant sa mère Râjyavatî de diriger les affaires après la mort du roi Dharma deva ; et l'inscription de Lajanpat accompagne une de ces pieuses images qu'avait multipliées, paraît-il, la piété de Râjyavatî, mère de Mâna deva. Si la tradition qui rattache à ce monument le nom de Mâna deva est exacte, le čaitya de Budh-Nâth date du VIe siècle de l'ère chrétienne.

Le čaitya de Budh-Nâth est d'une remarquable complexité ; l'histoire du parricide doit peut-être son origine aux proportions inusitées de l'édifice ; une œuvre

du Bouddha Kâçyapa. En récompense, ils naquirent plus tard au Tibet, un d'entre eux fut Thon-mi Sambhoṭa, qui créa l'alphabet tibétain ; un autre fut Çântarakṣita, le premier abbé du Tibet. L'éléphant qui avait transporté les matériaux, furieux qu'on n'eût pas demandé de récompense pour lui, se promit une vengeance ; il fut le roi Glañ dar-ma, l'adversaire fanatique du bouddhisme. Mais le dernier des trois frères obtint en revanche d'être un jour l'assassin de Glañ dar-ma (WADDELL, *Proceed. As. Soc. Bengal*, 1892, p. 186-189). Tout ce récit est fondé sur une série d'étymologies populaires. — Une autre légende tibétaine en cours au Népal considère le roi Mâna deva comme l'incarnation d'un lama tibétain nommé Khâsâ : de là viendrait le nom de Khâsâ-čaitya, souvent appliqué au temple de Budhnâth.

aussi rare supposait un motif extraordinaire. Le čaitya consiste en trois parties équilibrées avec une symétrie surprenante : la base, l'hémisphère, le couronnement. Le stûpa de Svayambhû nous a déjà montré le couronnement primitif transformé par un développement technique et traité comme un des éléments essentiels ; au čaitya de Budh-Nâth, la base a pris un développement analogue. Le terre-plein, métamorphosé, forme trois larges terrasses étagées ; ce socle, l'hémisphère et le couronnement ont chacun exactement la même hauteur, de quinze mètres environ. Les trois terrasses ne sont ni circulaires, ni carrées; les arêtes sont rectangulaires ; mais, sur chacune des quatre faces, la partie centrale se projette en saillie comme un triple gradin colossal encadrant lui-même un escalier à larges degrés. La première terrasse porte sur la face Nord deux petits stûpas enduits de stuc. A la base de l'édifice, un mur rectangulaire abrite une longue file de petites niches où sont montés sur des axes transversaux des moulins à prières. A la base de la calotte sphérique, une plinthe symétrique loge dans ses niches une légion d'Amitâbhas. Le couronnement est en trois parties : un socle cubique avec deux yeux peints sur chaque face ; au-dessus une pyramide à quatre faces, taillée en treize tranches, et plaquée de cuivre doré ; au sommet, le parasol et la flèche, comme à Svayambhû.

La multitude des čaityas disséminés dans la vallée du Népal procède par des combinaisons diverses des types que je viens de décrire. La calotte hémisphérique, qui constituait d'abord à elle seule le monument tout entier, se réduit et s'atténue progressivement tandis que le soubassement grandit en importance et finit par absorber toute l'attention. Les dimensions de ces čaityas varient à l'infini entre le type monumental et les menus édicules qui décorent et souvent encombrent les cours des vihâras.

Le Népal présente encore un autre genre d'édifices religieux disparu de l'Inde actuelle, mais répandu dans tout l'Extrême-Orient et populaire aujourd'hui dans l'Occident : la pagode. La pagode a pour caractère essentiel une enfilade de toits qui se superposent d'étage en étage, le long d'une construction rectangulaire, le plus souvent disposée en retrait graduel. Il est rare que la pagode s'élève directement du sol ; elle est en général posée sur une terrasse carrée ; on y accède par quatre escaliers gardés chacun par une paire de dragons. La salle inférieure, la plus grande, est le principal sanctuaire ; elle abrite la statue du dieu, tantôt offerte à la vénération des fidèles, tantôt soustraite aux regards profanes. La porte d'accès est presque toujours surmontée d'un panneau en écusson où sont sculptés les attributs de la divinité ; la porte et le panneau sont en bois, ou en métal ; mais quels que soient les matériaux employés, ils attestent par la richesse et la souplesse du travail les dons de fantaisie, de goût et d'invention qui rendent encore fameux les sculpteurs et les orfèvres népalais. Des panneaux de bois délicatement ajourés tamisent la lumière qui pénètre dans les salles, en même temps qu'ils allègent la masse de l'édifice. Les toits, hardiment inclinés, reposent sur un système de poutres en contre-pente décorées à l'envi par le peintre et le sculpteur. Le toit inférieur est ordinairement couvert de tuiles rouges ; les toits au-dessus, plaqués de cuivre doré, resplendissent sous le soleil. Les coins sont retroussés « à la chinoise » et, le long des rebords, pendent des banderoles et des sonnettes qui frémissent et chantent à la moindre brise. Au faîte s'élève comme sur les čaityas un clocheton (čûḍâmaṇi) en forme de cloche allongée, terminé par un lotus, un parasol, un soleil ou une lune. La plus riche des pagodes népalaises est sans aucun doute Changu Narayan, merveille de ciselure, de sculpture et de coloris[1]. La plus monumentale est le Temple aux Cinq Étages (Nyatpola Deval), construit en 1703 à Bhatgaon par le roi Bhûpatîndra Malla[2]; le temple lui-même s'élève sur une terrasse de cinq étages disposée en gradins; le long de l'escalier s'échelonnent cinq paires de gardiens colossaux : en bas deux géants, Jaya Malla et Phattâ, athlètes au service du roi et qui passent pour avoir eu la force de dix hommes; au-dessus deux éléphants, dix fois plus forts encore; puis, en suivant cette progression décimale de vigueur musculaire, deux lions, deux tigres, et les deux déesses Siṅghinî et Vyâghriṇî. Des gradations analogues se retrouvent dans l'ornementation d'autres temples, soit au Népal, soit dans l'Inde propre. Le premier étage de la construction est entouré d'une élégante colonnade en bois sculptée et fouillée à plaisir. Enfin le temple le plus populaire dans ce style est le temple de Matsyendra Nâtha à Patan, dédié à la divinité patronale du Népal; il est reproduit en réduction à Katmandou sous le vocable du « Petit Matsyendra Nâtha ».

Les pagodes ne peuvent pas prétendre à rivaliser d'antiquité avec les čaityas; aucune d'elles ne paraît remonter au delà du xvᵉ siècle. Mais leur architecture reproduit sans doute des formes de date immémoriale; peut-être se rattachent-elles directement à la primitive architecture en bois qui précéda dans l'Inde et qui inspira même les plus anciens monuments de pierre. Une construction du même type se retrouve figurée sur la plaque de Sohgaura, qui remonte à l'époque d'Açoka[3]. Parmi les divers objets

1. V. la photographie, I, 231.
2. V. la photographie, I, 373.
3. V. Bühler, *Wien. Zeits. Kunde des Morg.*, X, 138 sqq. Des édifices d'un style analogue sont aussi représentés sur les anciennes monnaies des Udumbaras; mais ils n'ont qu'un seul toit. Cependant M. Vincent Smith a vu, entre les mains de M. Rodgers, une pièce de bronze

représentés en tête de l'inscription, on reconnaît, de part et d'autre d'un čaitya, deux pavillons identiques, chacun à deux étages, avec deux toits inclinés, en retrait progressif, portés sur une ceinture de piliers. Le Kondō et la pagode du temple d'Horiuji au Japon, élevés sous le règne de Shōtoku Taishi (593-621), attestent que dès la fin du VIe siècle le type consacré de la pagode en bois, tel qu'il existe encore au Népal, s'était propagé par l'intermédiaire du bouddhisme chinois jusqu'à la Corée, qui fut l'initiatrice des artistes japonais. La tour à neuf étages, qui provoquait l'admiration des envoyés chinois au Népal, vers le milieu du VIIe siècle (*v. sup.* I, 159), appartenait probablement au même style de constructions. Le Népal, ici encore, est l'image authentique d'une Inde disparue.

Sans abandonner les formes consacrées par la tradition, le Népal n'a pas négligé d'emprunter à l'Inde les types nouveaux qu'elle élaborait. Parfois il a essayé de reproduire fidèlement un modèle illustre ; c'est ainsi que le Mahâbuddha-vihâra de Patan prétend copier le temple de Mahâbodhi, élevé à Gayâ, sur le site saint entre tous où Çâkyamuni trouva l'illumination. Sous le règne d'Amara Malla, au début du XVIe siècle, un âčârya nommé Abhaya Râja partit en pèlerinage avec sa jeune femme à Gayâ ; là il eut un fils qu'il appela Bauddhaju. Un jour il apprit par une voix surnaturelle que Mahâ-buddha était satisfait de ses hommages et l'engageait à retourner au Népal pour y recueillir une juste récompense. Abhaya Râja eut soin d'emporter une image du temple de Gayâ ; rentré dans sa patrie il fit construire sur ce modèle un temple à trois étages, qui fut achevé seulement par son petit-fils. Ce temple existe encore, en parfait état, préservé par la ceinture de

des Udumbaras qui portait une construction à deux étages (*J. As. Soc. Beng.*, 1897, p. 9).

maisons qui le presse et qui laisse à peine à l'entour un étroit passage. Il est partagé en cinq étages ; dans la chapelle du rez-de-chaussée se trouve, comme à Gayâ, une grande statue de Çâkyamuni. Amitâbha est le patron du premier étage, puis viennent successivement un čaitya de pierre, un dharmadhâtu-maṇḍala et un vajra-dhâtu-maṇḍala qui président respectivement aux étages supérieurs. Un čûḍâmaṇi doré, en forme de čaitya, couronne l'édifice[1]. En d'autres cas, les architectes népalais s'inspirent des formes hindoues sans s'y asservir : le spécimen le plus heureux de ces adaptations est le joli temple de Râdhâ-Kṛṣṇa qui s'élève sur la place du Darbar à Patan[2] ; encadré dans des constructions de style purement népalais, il mêle harmonieusement à cet ensemble ses lignes élégantes et nobles. Fergusson, le plus compétent des juges, n'hésite pas à y reconnaître, malgré la disposition originale des pavillons, « une influence bengalie à laquelle on ne peut se méprendre[3] ».

Outre les monuments religieux en terre, en briques, en plâtre, en bois, en pierre, il est encore des temples, et non des moins réputés, qui ne comportent guère d'autre construction qu'un enclos ; l'image de la divinité y est offerte à l'adoration des fidèles en plein air ou sous une sorte de hangar léger : tel le sanctuaire de Dakṣiṇa-Kâlî à Phirphing, ou de Sûrya-Vinâyaka auprès de Bhatgaon. Mais quelle que soit la nature de la construction, et quelle qu'en soit

1. V. les photographies, I, 195 et 287. Il est particulièrement intéressant de comparer ces photographies avec le temple de Mahâbodhi, malheureusement altéré par un ensemble de prétendues restaurations. Cf. Cunningham, *Mahâbodhi*, London, 1892, spécialement la planche XVI.

2. Le P. Giuseppe en avait été déjà frappé : « Je pense que si les Européens allaient jamais dans le Népâl, ils pourraient prendre modèle sur ces petits temples, principalement sur deux qui sont dans la grande cour de Lélit Pattan, devant le palais du roi. » *Rech. Asiat.*, II, 352.

3. Fergusson, *History of Indian and Eastern architecture*, London, 1876, p. 305.

l'importance, le temple n'est pour ainsi dire jamais réduit à un simple monument ; à l'entour s'épanouit, avec plus ou moins d'abondance ou de richesse, un petit monde de chapelles, d'annexes et de décors qui justifie le nom de « ville » (*pura*) appliqué parfois dans la nomenclature religieuse à ces enclos sacrés. Les groupes les plus compacts sont les deux foyers religieux de la vallée : Svayambhû et Paçupati. Les innombrables čaityas égrenés sur les flancs de la colline de Syambunath ou pressés sur le double sommet qui la couronne, les pavillons qui peuplent l'enceinte de Paçupati et qui couvrent la berge de la Bagmati ne réclament pas de description ; ils reproduisent, à des échelles diverses, les types que j'ai déjà énumérés.

Un des accessoires les plus répandus au Népal, également fréquent dans les temples du bouddhisme et dans ceux du çivaïsme, est le pilier indépendant, dressé devant la façade, tantôt arrondi, tantôt carré, tantôt avec les arêtes en biseau, parfois planté à même dans le sol, parfois cerclé d'un anneau à la base, ou porté sur le dos d'une tortue, et couronné presque toujours d'un lotus épanoui qui sert de chapiteau en même temps que de socle pour une image. L'usage en est très ancien ; le premier monument daté du Népal est le pilier érigé par Mâna deva devant le temple de Changu-Narayan, en 386 samvat ; ce pilier, carré du bas, devient octogonal, puis se taille à seize faces, enfin s'arrondit à la partie supérieure ; il était originellement surmonté d'un Garuḍa sous les traits d'un homme ailé fléchissant sur un genou. Le Garuḍa est tombé il y a un demi-siècle seulement, et ses débris sont conservés dans la cour du temple. Un médecin royal fit installer à ses frais un chapiteau neuf avec un *čakra,* le disque de Viṣṇu. Le vieux pilier de Harigaon, sur lequel est gravé l'hymne à Kṛṣṇa Dvaipâyana, a conservé son couronnement primitif : Garuḍa agenouillé sur un lotus. En d'autres cas la figure du sommet représente le donateur, comme sur la place du Darbar à Patan, ou le vâhana du dieu, son compagnon et sa monture à la fois : telle la souris devant le temple de Vinâyaka ; parfois même, comme au Matsyendra Nâtha de Patan, une allée de petits piliers porte toute une galerie d'animaux minuscules : éléphants, chevaux, lions, griffons, etc.

Le pilier voisine souvent avec un portique de pierre où pend une grande cloche. Le visiteur, prêtre ou laïque, qui veut s'en servir pour chasser les démons, heurte avec le marteau les parois de la cloche ; la cloche elle-même est fixe et immuable. Les habiles fondeurs du Népal excellent depuis longtemps à fabriquer les cloches de grande dimension, aussi bien que les clochettes en usage dans le service sacré ou les sonnettes joyeuses qui tintent tout le jour aux toitures des pagodes. C'est à leur habileté que les temples doivent aussi ces bannières de métal qui pendent parfois de la flèche jusqu'au portail, et ces drapeaux de métal doré fixés à des hampes de fer. En concurrence avec ces accessoires résistants, ou bien à leur défaut, on dresse sur le sol consacré de hautes perches de bambou qu'on garnit d'étoffes multicolores en manière d'oriflammes. On voit souvent aussi au sommet des čaityas des fils où pendent de petits drapeaux et qui vont s'accrocher aux maisons voisines ; les Tibétains en particulier suivent cet usage dans leurs temples, à Budhnâth, à Budhmandal ; j'ai déjà cité des exemples de la même pratique empruntés à l'histoire du Népal. Le moulin à prières est réservé aux bouddhistes tibétains. Les Névars qui le fabriquent ne s'en servent pas ; on ne trouve qu'à Svayambhû et à Budhnâth ces cylindres de métal où sont empreintes les lettres toutes-puissantes : *Oṃ maṇi padme huṃ* ! Une longue bande de papier, enroulée et pressée à l'intérieur du cylindre, répète à l'infini les mêmes caractères, tracés par la main infatigable des copistes ; le fidèle qui met en branle le moulin sur son axe de métal murmure aussi entre ses lèvres la même formule sanctifiante, l'alpha et l'oméga de la dévotion tibétaine. Amusant exemple de la puissance des mots ! Par une sorte de calembour, le fidèle peut « tourner la roue de la Loi » comme fit jadis le Bouddha, quand il prêchait son premier sermon dans la campagne de Bénarès.

Parmi les emblèmes communs du bouddhisme et du civaïsme népalais, se placent au premier rang le *liṅga* et la *yoni*, les deux symboles sexuels qui expriment par leur union la puissance fécondante de la nature inépuisable. Malgré les préjugés courants, les formes stylisées en usage dans l'Inde entière ne sauraient offenser la pudeur la plus chatouilleuse ; l'œil le plus complaisant n'y reconnaît qu'un cylindre ou un cône de pierre emboîté dans un disque de pierre. Les liṅgas les plus soignés portent sculptés les cinq visages de Çiva : quatre disposés symétriquement en anneau, et le cinquième au faîte. Le liṅga de Paçupati, le plus saint de tous, a trois pieds et demi environ de haut ; il est fait en grès dur ; du fût se détachent en relief quatre visages et quatre paires de mains ; les mains droites portent chacune un chapelet de rudrâkṣa, les mains gauches un pot à eau (kamaṇḍalu)[1]. D'ordinaire le liṅga est caché sous une masse d'ornements d'or et d'argent, qu'on enlève au moment du service religieux. Le bouddhisme a pu adopter sans effort un symbole si populaire et si anodin ; il en a été quitte pour inventer une interprétation nouvelle : le liṅga bouddhique représente le lotus primordial ; la yoni figure la source d'où il jaillit. Un serpent enroulé sur le rebord de la yoni rappelle le Nâga Karkoṭaka caché au sein des eaux. Le haut du liṅga, façonné en coupole sur le modèle des čaityas, traduit avec les ressources de la matière

1. V. la représentation de ce liṅga au frontispice du volume I.

la flamme immatérielle où se manifestait Âdi-Buddha. Les visages de Çiva et les emblèmes civaïtes sont remplacés par des figures de Bouddhas ou de Bodhisattvas et par des emblèmes bouddhiques. Guhyeçvarî, la déesse commune aux Tantras du bouddhisme et du çivaïsme, a un emblème propre : le triangle (*trikoṇa*), qu'on retrouve fréquemment tracé sur des pierres consacrées dans le voisinage des temples.

Le *vajra* est un emblème hindou ; mais le bouddhisme l'a accaparé jusqu'à l'adopter comme son symbole par excellence. C'est Indra, le souverain du panthéon védique, qui possédait jadis et qui brandissait cette arme puissante ; mais le dieu humilié a dû céder au Bouddha l'insigne de son pouvoir. Comme Indra s'en servit autrefois pour anéantir les démons, ses rivaux, le prêtre bouddhiste manie à son tour le foudre contre la multitude des esprits mauvais. Réduit à ses lignes élémentaires, le vajra consiste en une tige renflée du milieu, pour donner plus solidement prise à la main, garnie à ses deux bouts de quatre ou huit fers de lance recourbés, avec leurs pointes reployées vers les extrémités de l'axe transversal. Le plus beau spécimen de vajra qui se rencontre au Népal est sans contredit le vajra doré, long de cinq pieds, que le roi Pratâpa Malla fit installer au XVIIe siècle sur la terrasse de Svayambhû Nâtha, au débouché du long escalier qui gravit la colline et mène à la plate-forme. Mais le vajra se retrouve partout dans les monuments du bouddhisme, depuis la flèche des čaityas jusqu'à la clochette du prêtre. Le vajra et la cloche forment un couple organique, comme le liṅga et la yoni : le vajra, mâle, représente le Bouddha ; la cloche (*ghaṇṭâ*), élément féminin, représente la Sagesse (Prajñâ).

Les pieds divins (*čaraṇa*) sont encore un emblème commun aux deux grands cultes. Avant l'influence des arts grecs, l'Inde ancienne semble avoir éprouvé de la répugnance à représenter ses divinités sous la forme humaine ; c'est ainsi que les sculpteurs de Bharhut, pour montrer « Ajâtaçatru en adoration devant Bhagavat » ont figuré le roi agenouillé devant un trône qui porte l'empreinte de deux pieds[1]. La langue reflète la même idée ; un inférieur parle humblement des « pieds du roi », des « pieds du maître », comme si son attitude prosternée l'empêchait de connaître rien de plus sans manquer au respect. Les Népalais représentent à profusion les pieds du Bouddha sculptés sur la pierre ou peints en couleur, reconnaissables aux huit porte-bonheur (*maṅgala*) qui les ornent : le *çrîvatsa*, le lotus plat (*padma*), le drapeau (*dhvaja*), l'aiguière (*kalaça*), le parasol (*chattra*), l'émouchoir (*čamâra*), le poisson (*matsya*), la conque (*çaṅkha*). En outre une série de cercles concentriques figurent le *čakra*, « le disque » qui est par métaphore un symbole de la souveraineté universelle. Les même signes se retrouvent sur les empreintes de Viṣṇu adorées dans l'Inde, en particulier sur l'empreinte miraculeuse que les pèlerins ne cessent d'adorer à Gayâ. Comme pour traduire l'étroite relation des deux divinités, c'est Viṣṇu qui a succédé au Bouddha sur la scène même de la Bodhi.

Outre les pieds du Bouddha, le bouddhisme népalais adore aussi les empreintes de Mañjuçrî : elles portent un œil tracé en travers du pied, pareil à celui qu'on peint sur le socle des flèches de čaityas. L'empreinte la plus vénérée se trouve sur la plate-forme occidentale de Syambunâth, qu'une légère dépression sépare de la terrasse principale.

Les *dhâtu-maṇḍalas* appartiennent exclusivement au bouddhisme. Ils consistent dans un cylindre de pierre ou de maçonnerie avec une cavité réservée à l'intérieur ; elle

1. Cunningham, *The stûpa of Bharhut*, London, 1879, p. 136, n° 63, et planche XVI, fig. 3 : et cf. *ib.*, n° 66 et planche XVI, fig. 2.

correspond à la chambre aux reliques du stûpa ; mais cette cavité doit demeurer vide pour loger l'esprit de la divinité. Une pierre circulaire couvre et ferme le cylindre ; elle est ornée de diagrammes savamment compliqués (*maṇḍalas*) où s'enchevêtrent dans un ordre fixe des emblèmes et des

Cour d'un vihâra (Nâka-bihar) à Katmandou.

figures de toute nature. Si le dhâtu-maṇḍala est consacré à Mañjuçrî, il est orné de 222 dessins et reçoit le nom de *dharma-dhâtu-maṇḍala* ; s'il est consacré à Vairočana, le plus sublime des Bouddhas, on le décore seulement de 50 ou 60 dessins, et c'est alors un *vajra-dhâtu-maṇḍala*.

L'emblème préféré de Viṣṇu dans l'Inde, le çâlagrâma, est de provenance exclusivement népalaise ; le çâlagrâma est une concrétion agglomérée autour d'une ammonite et douée de propriétés magnétiques. Il ne se rencontre que dans le lit de la Kâlî-Gaṇḍakî. Cependant, malgré le voisinage du gisement, malgré le haut prix qu'attachent à ces coquillages les Hindous vichnouites, le çâlagrâma n'a été introduit dans l'usage au Népal que sous le dernier des rois Mallas de Katmandou, Jaya-prakâça.

Parmi les accessoires qui contribuent à la décoration extérieure, il faut mentionner à part les inscriptions. La vanité pieuse des donateurs, servie par un goût instinctif de l'art, a multiplié les textes épigraphiques au détriment de l'archéologie ; les vieux documents ont dû laisser la place aux nouveaux venus ; parfois même la pierre antique, laborieusement grattée, s'est vue transformer en palimpseste. La fantaisie des lapicides, en variant les caractères, a su les rendre élégants et décoratifs comme des arabesques, soit qu'ils couvrent de hautes tablettes, soit qu'ils égaient la nudité des faces d'un pilier, soit qu'ils courent enfin sur les lignes mêmes du monument ; sur la place du Darbar, à Katmandou, les marches du temple élevé par Pratâpa Malla portent gravées les élucubrations de ce poète trop fécond. L'insipide *oṃ maṇi padme huṃ !* ne paraît que dans les sanctuaires des Tibétains, obstinément reproduit avec une surprenante habileté de main ; la calligraphie tibétaine, exercée sans doute par une pratique continue, excelle à tirer parti des matériaux les plus réfractaires pour étaler aux yeux la formule bénie.

Je ne puis que signaler sans m'y arrêter la multitude des sculptures, reliefs ou statues, qui abondent dans la cour des temples. L'inépuisable panthéon du bouddhisme ou du çivaïsme y défile à décourager l'énumération ; il faudrait une mythologie entière, et double encore, pour tracer l'inventaire de cet énorme personnel divin. Les animaux même y tiennent une large place, témoin le taureau colossal en cuivre doré qui garde l'entrée de Paçupati, la face tournée vers la porte du sanctuaire [1]. Je dois mentionner toutefois une singularité locale : les panneaux de bois sculpté qui se développent comme une frise autour des pagodes illustrent, avec une science où la fantaisie ne dédaigne pas de sourire, les enseignements érudits du Kâma-çâstra. Les combinaisons sexuelles les plus inattendues sont exposées à l'œil indifférent des fidèles ; l'intervention d'animaux savants, comme le singe et l'éléphant, complique encore parfois le jeu des figures. On voit aussi des maisons particulières ornées de frises de ce style. L'explication que j'en ai recueillie est uniforme : Ces scènes passent pour avoir la vertu d'écarter la foudre.

D'autres ornements non moins bizarres viennent encore garnir la façade des temples. Certains d'entre eux reçoivent, en vertu d'un usage immémorial, les ustensiles de cuisine et de ménage laissés en déshérence ; les parois disparaissent alors sous le bric-à-brac et la ferraille suspendus au hasard (tel le temple de Çâkyasiṃha dans le Chaubahal, à Chobbar). Souvent aussi les cornes des buffles sacrifiés restent acquises au temple, et ces trophées de boucherie finissent par recouvrir les murs. Des chromolithographies européennes et des estampes chinoises, venues par quels détours ? complètent cet aspect de bazar hétéroclite.

Les monuments religieux, à quelque église qu'ils appartiennent, ont presque toujours pour annexe une *dharma-çâlâ* destinée à loger les visiteurs, les pèlerins et les voyageurs. La dharma-çâlâ la plus rudimentaire consiste en un kiosque de bois sur un socle de maçonnerie ; quatre piliers soutiennent la toiture de tuiles ; plus confortable, elle est fermée sur trois côtés par des murs de briques ; les plus grandes ont les dimensions d'une véritable maison

1, V. la photographie, I, 359.

à étage, avec une cour par derrière que bordent les bâtiments de service; sur la façade, une véranda au rez-de-chaussée et un balcon à l'étage. La plupart des dharmaçâlâs présentent de magnifiques spécimens de la sculpture sur bois. Une inscription sur métal, fixée au mur du fond, commémore le nom du fondateur et la date de la fondation.

Une autre catégorie de fondations pieuses n'est pas moins répandue au Népal : ce sont les *dhârâs* (ou *hithis*) et les *praṇâlîs*. Les praṇâlîs sont de simples fontaines publiques : une conduite amène l'eau d'une source voisine; l'orifice, de pierre, figure généralement une gueule d'animal fantastique comme les gargouilles des églises gothiques. Une praṇâlî de Katmandou montre encore une inscription commémorative tracée sous le règne d'Aṃçuvarman, dans la première moitié du VIIe siècle. « Vibhuvarman a fait faire cette excellente conduite d'eau pour augmenter les mérites spirituels de son père » (Inscr. Bhagvanlal, n° 8). La dhârâ ou hithi est une fosse à ciel ouvert creusée dans le sol et bordée d'un parapet; on y descend par un escalier; et parfois le pourtour entier est disposé en gradins. L'eau ruisselle au fond par plusieurs ouvertures. C'est dans une hithi ruinée que j'ai trouvé mon inscription du Tulačchi-Tol, à Bhatgaon, datée du règne de Çivadeva, vers la fin du VIe siècle. La dhârâ la plus magnifique de Katmandou, et du Népal entier, est sans contredit celle que le général Bhîmasena fit construire, vers 1825, au Sud-Ouest du Tudi-Khel, à l'occasion d'un phénomène astronomique (mahâ-vâruṇî); elle rivalise de splendeur et de luxe avec la praṇâlî monumentale à 21 bouches d'eau établie à Bâla-Nîlakaṇṭha (Bâlajî) par le roi Jaya-prakâça de Katmandou, vers le milieu du XVIIIe siècle.

La dhârâ participe à la fois du ghaṭ (*ghaṭṭa*) et du bassin (*taṭâka, talâo*), communs à l'Inde entière. Le *ghaṭ* est un escalier de bains, installé dans un site consacré (*tîrtha*), qui descend de la berge jusque dans la rivière ; les ghaṭs sont innombrables, comme les tîrthas eux-mêmes. A Paçupati, la Bagmati coule entre deux rangées de ghaṭs. Le bassin est, en principe, un réservoir creusé pour remédier à la rareté des eaux de source ou des eaux de pluie ; il sert aux usages les plus variés, à la fois citerne, abreuvoir et cuvette d'ablutions ; parfois encore on l'établit sans besoin réel, par goût du pittoresque, comme un accessoire de paysage, ou par goût du confort, comme un coin de fraîcheur : tel le bassin de Rânî-pokhrî, à Katmandou, sur la lisière du champ de manœuvres ; une chaussée s'avance jusqu'au milieu de l'étang et aboutit à un pavillon élégant d'où la vue embrasse le panorama des glaciers himalayens. Le roi Pratâpa Malla fit creuser ce bassin en mémoire de son fils enlevé par une mort précoce, et pour tâcher d'arracher la reine à son deuil inconsolable ; raffiné dans ses pratiques religieuses comme dans son pédantisme, il prit soin de faire remplir le bassin avec des eaux recueillies à tous les tîrthas.

Après les temples affectés à la demeure des dieux, les édifices assignés aux communautés religieuses. Le bouddhisme népalais a hérité de l'antique *vihâra*, la maison commune où les moines d'autrefois se retiraient pour passer la saison des pluies, étudier et méditer. La ville de Patan, la vieille métropole de la foi, se flatte de posséder quinze grands vihâras, avec une centaine de succursales subordonnées aux maisons-mères ; Katmandou compte huit grands vihâras, avec quatre-vingt-huit moindres. Les traits essentiels se retrouvent partout identiques : le vihâra (*bihar, bahal, bihî*) consiste dans un carré de maisons à deux étages, construites en bordure d'une cour intérieure où se dresse un čaitya central, souvent entouré de monuments plus petits ; on y accède par une porte étroite et basse, décorée à l'extérieur d'une paire d'yeux et d'aiguières ; l'entrée est gardée à droite par Gaṇeça, à gauche par Mahâkâla ; l'un, reconnaissable à sa tête d'éléphant, l'autre à ses trois yeux rouges, à ses dents saillantes et à sa guirlande de crânes. Face à l'entrée, dans le corps de logis opposé, s'ouvre une chapelle consacrée à Çâkyamuni avec la statue du Bouddha escortée d'un personnel innombrable de dieux, de génies et de Bodhisattvas peints ou sculptés. Les trois autres côtés du pourtour au rez-de-chaussée forment un cloître qui sert à la fois de promenoir et de débarras ; là s'entassent sans honneur les accessoires qui concourent au culte et aux fêtes périodiques. Les colonnes, les fenêtres, les portes, les panneaux attestent la triomphante habileté du ciseau népalais dans la sculpture du bois.

Plusieurs des vihâras qui subsistent aujourd'hui prétendent rattacher leur origine au passé le plus lointain du Népal. Le vihâra de Čârumatî (*vulgo* : Chabahil), au Nord de Deo Patan devrait son nom et son existence à une fille d'Açoka ; elle avait accompagné l'empereur en pèlerinage ; arrivée au Népal, elle y fut témoin d'un prodige qui la décida à s'y fixer : une flèche de fer s'était soudainement métamorphosée en pierre. Açoka maria sa fille à un kṣatriya du pays, Deva Pâla. Le jeune ménage s'établit à Deo Patan, crût et multiplia ; enfin Čârumatî devenue vieille éleva le monastère qui porta désormais son nom, s'y retira et y mourut. Le Čakra-vihâra, à Patan, passe pour une création du roi Mânadeva le Sûryavaṃçi, le Mânadeva du pilier de Changu Narayan et de plusieurs autres inscriptions ; c'est sans doute ce couvent qu'une inscription d'Aṃçuvarman désigne comme le çrî-Mâna-vihâra, car le Čakra-vihâra porte encore aujourd'hui dans l'usage littéraire le titre de Mânadeva-samskârita-čakra-mahâvihâra. D'autres vihâras également nommés dans les inscriptions d'Aṃçuvarman ont disparu maintenant : tels le

Kharjurikâ-vihâra, le Guṃ-vihâra, etc. Le témoignage des textes épigraphiques atteste du moins le grand nombre des couvents du Népal dès le VIIe siècle ; un d'entre eux, le Guṃ-vihâra, est désigné par un nom tiré du parler local, au lieu des appellations sanscrites usuelles. Le cas se reproduit à une époque presque aussi ancienne pour le Hlaṃ-vihâra qu'un manuscrit du XIe (?) siècle [1] exalte comme « une fondation des dynasties anciennes, faite pour parer dignement la terre du Népal, et où brille pour l'éternité la parole du Sugata ». Le Chinois I-tsing [2] mentionne à la fin du VIIe siècle le couvent népalais du Roi-des-Dieux (*T'ien-wang-seu*). Un fils de la nourrice qui avait accompagné la princesse chinoise mariée à Srong-tsan-gam-po résidait alors dans ce vihâra. « Ce religieux, ajoute I-tsing, connaît très bien la langue sanscrite et s'est assimilé tous les livres sanscrits. » Ainsi la culture sanscrite était alors florissante dans les monastères népalais, et les gens du Tibet qui se sentaient la vocation monastique passaient au Népal. L'original sanscrit du nom chinois rapporté par I-tsing est problématique ; *T'ien-wang* « Roi des Dieux » est une des désignations de Maheçvara, autrement dit de Çiva ; il est donc permis de supposer avec M. Chavannes une forme telle que Çiva-vihâra. Mais un couvent de ce nom ne s'est pas encore rencontré dans les documents népalais ; nous connaissons au contraire de source certaine un Çivadeva-vihâra. Une inscription datée de 143 samvat (Bhagvanlâl, n° 13) porte une donation en faveur du Çivadeva-vihâra ; elle émane du roi Çivadeva le Thâkuri, qui règne un demi-siècle après le voyage d'I-tsing ; mais le monastère ou un monastère du même nom pouvait avoir pour fondateur et pour éponyme un autre Çivadeva plus ancien. La Vaṃçâ-

1. Cambridge University Library, *Add. 1643*. V. le Catalogue de M. Bendall, et Foucher, *Études d'iconographie bouddhique*, p. 16.
2. *Les religieux éminents...*, trad. Chavannes, § 18 et 19.

valî raconte précisément que Çivadeva le Sûryavaṃçi, prédécesseur d'Amçuvarman, bâtit un vihâra pour s'y retirer après son abdication. Ce monastère, réparé d'abord par le roi Rudra deva après son abdication, puis restauré par un Névar pieux en 1653, subsiste encore à Patan, au S.-E. du Darbar. On lui donne en sanscrit le nom de Rudravarṇa-vihâra, en névar le nom d'Onkulî-bahal.

Il faut aussi mentionner, parmi les anciens couvents qui subsistent aujourd'hui, le Yampi-bihar de Patan, dans le voisinage du čaitya d'Açoka, situé au Nord de la ville. La tradition lui attribue comme fondateur un brahmane de Kapilavastu, Sunaya Çrî Mitra, qui s'était rendu au Tibet pour y recevoir les enseignements des Lamas sous le règne de Rudradeva le Sûryavaṃçi; deux de ses disciples, Govardhana Miçra et Kâçyapa Miçra, vinrent de Kapilavastu le rejoindre au Népal et fondèrent l'un le Dunta-bihâr, l'autre le Lalibana-bihàr. A une époque plus reculée encore, une reine du Marvar, Piṅgalâ, aurait fondé un couvent célèbre, qui n'abritait pas moins de six cents religieux au temps de Narendra Deva le Thâkuri.

La population des vihâras a tristement changé; l'antique communauté des moines célibataires, instruits et studieux, a disparu; elle a cédé la place à des héritiers indignes, les banras. Si les monastères ont été l'asile du recueillement et de la prière, ils servent maintenant de logis à une multitude grouillante et tapageuse d'hommes, de femmes, d'enfants entassés au défi de l'hygiène dans des chambres étroites et basses où s'exercent des professions toutes mondaines, l'orfèvrerie, la sculpture, les arts décoratifs; d'autres parmi les banras s'emploient au dehors comme charpentiers, comme fondeurs, comme plâtriers. La science se meurt, ou plutôt elle est morte : un misérable pûjârî, chargé par la communauté du culte quotidien, vient marmonner chaque jour devant la statue de Çâkyamuni des hymnes (*stotras*) en sanscrit barbare qu'il ne comprend pas, ou réciter une section de la Prajñâ-pâramitâ en Huit Mille stances (*Aṣṭa-sâhasrikâ*) qu'il comprend moins encore ; c'est lui qui détient les vieux manuscrits tracés jadis par de pieux copistes et qui laisse avec une indifférence ahurie le temps et les insectes consommer sur ces reliques leur œuvre de destruction. La tradition du vieux savoir disparaît ; au début du XIXe siècle Hodgson trouvait encore de véritables érudits pour l'instruire. Amṛtânanda, le pandit qui lui servit d'initiateur et de guide, maniait le sanscrit avec aisance ; ses cahiers, conservés par ses descendants au couvent de Mahâbuddha, à Patan, montrent à son honneur tout ce que Hodgson lui dut. Son petit-fils, son arrière-petit-fils ont dû pour vivre s'engager comme traducteurs à la Résidence britannique. Le vieux pandit Kulamâna, de Patan, gagne sa vie à enseigner des rudiments de catéchisme et à copier des manuscrits. Derrière eux on ne voit plus même poindre un successeur.

Ces hôtes singuliers des couvents bouddhiques, ces charpentiers, ces forgerons, ces scribes, ces sacristains sont redevables de leur privilège à l'esprit brahmanique ; c'est au nom de la caste qu'ils s'arrogent un logement dans le vihâra, une part sur les revenus du vihâra. Les pères de famille, chefs d'une progéniture nombreuse, descendent par une filiation légitime des moines révolutionnaires qui rejetèrent jadis le vœu de chasteté et se créèrent dans leur cellule un foyer conjugal. A quel moment éclata la crise ? La tradition bouddhique du Népal impute cette déchéance au champion légendaire du brahmanisme moderne, Çaṅkara Âcârya ; ce formidable controversiste, qui marque encore après douze siècles son empreinte sur la pensée hindoue, aurait au cours de ses tournées triomphales visité la vallée népalaise. Plusieurs des rois du Népal ont porté justement le nom de Çaṅkara (deva) ; la légende en a profité pour introduire plus commodément l'âčârya dans la chronologie du Népal. Elle le fait paraître sous le père de Çaṅkara deva le Sûryavaṃçi ; et quelques siècles plus tard, elle le ramène sans scrupule au Népal, sous le père de Çaṅkara deva le Thâkuri. Le système des transmigrations tire si aisément d'embarras la chronologie ! A son premier passage, les bhikṣus et les çrâvakas établis dans les monastères n'essaient pas même de lui tenir tête ; des maîtres de maison (*gṛhasthas*), plus braves, appellent à leur aide Sarasvatî, la déesse de l'éloquence ; mais Çaṅkara la détourne d'eux par la supériorité de ses moyens magiques. Les uns s'enfuient : d'autres sont massacrés ; d'autres encore s'avouent vaincus et se convertissent. Il leur impose la pratique des sacrifices sanglants, qu'avait interdits le Bouddha ; il force les religieuses (*bhikṣuṇîs*) à se marier ; il oblige les maîtres de maison à se raser entièrement la tête comme les ermites, sans laisser sur le crâne un toupet de cheveux (*čûḍâ*) à la mode brahmanique ; il leur retire le cordon brahmanique ; il détruit les 84 000 ouvrages canoniques du bouddhisme, et introduit la religion de Çiva à la place du culte vaincu. Cependant il dut laisser les bouddhistes en possession de quelques temples, faute de remplaçants capables de rendre propices les divinités. Alors il retourna vers la mer, sans essayer de conquérir les régions septentrionales du monde.

Quand Çaṅkara reparut, au temps du roi Vara deva, sous une nouvelle incarnation, il se contenta de constater au Népal le maintien des observances qu'il avait introduites, puis il poursuivit sa route vers le Nord et entra au Tibet ; mais ce fut sa perte. Le lama du Tibet, qu'il accusait de malpropreté, s'ouvrit le ventre avec un couteau [1] pour étaler

1. Sur cette « opération diabolique » encore en usage chez les Lamas modernes, v. Huc, *Souvenirs d'un voyage dans la Tartarie, le Thibet et la Chine*, Paris, 1850, I, p. 307 sq.

au grand jour la pureté de son cœur ; Çaṅkara effrayé voulut s'enfuir, mais le lama perça son ombre avec un fer de lance, et Çaṅkara tomba mort.

Le nom de Çaṅkara Âčârya n'est, dans ces récits, qu'un symbole ; il représente la lutte heureuse entreprise par le brahmanisme contre son rival affaibli. En fait la décadence du bouddhisme fut moins la conséquence que la cause même des succès du brahmanisme. La discipline antique s'était bien relâchée. La piété des pèlerins chinois a pu chercher à dissimuler le mal ; mais le témoignage impartial de la chronique cachemirienne montre qu'aux environs du VIe siècle une partie du clergé au Cachemire était mariée. Une des femmes du roi Megha vâhana construisit en effet un grand vihâra ; « une moitié en fut réservée aux bhikṣus dont la conduite se conformait aux saints préceptes (*çikṣâčâra*), l'autre moitié, à ceux qui avaient femmes, enfants, bétail, propriété, et qui méritaient le blâme pour avoir adopté la vie domestique (*gârhasthya-garhya* [1]). Des influences nombreuses s'étaient combinées pour amener ce relâchement, entre autres la propagation de méthodes de salut simplifiées, réduites à la récitation d'une formule ou d'un nom. C'est ainsi qu'au Japon la secte Shin-shou, fondée sur l'adoration continue d'Amitâbha, a fini par supprimer le célibat des prêtres et les prescriptions d'abstinence. La transformation s'accomplit par degrés, gagnant lentement de proche en proche. Au XVIIe siècle le royaume de Patan, plus fidèle au bouddhisme que les royaumes de Katmandou et de Bhatgaon, comptait encore vingt-cinq vihâras « nirvâṇikas » où les moines observaient le vœu du célibat. Le pouvoir politique ne put pas assister avec indifférence à une réforme qui diminuait fatalement la force du clergé : dépouillés du prestige de la chasteté,

1. *Râja-taraṅgiṇî*, III, 12.

entrés dans les cadres de la vie civile, les moines cessaient de former un organisme invincible ; ils se scindaient fatalement en des associations d'intérêts instables, que la royauté pouvait exploiter ou paralyser en les opposant.

En dépit d'une révolution si profonde, les formes ont en partie survécu à l'esprit du passé. Marié, père de famille, artisan, le banra n'en est pas moins ordonné moine ; il n'en reçoit pas moins les défenses que prescrit le Vinaya orthodoxe. Une solution ingénieuse a permis de concilier le respect de la tradition et les exigences des temps nouveaux. Le candidat s'adresse à son directeur spirituel (*guru*) ; il lui exprime le désir d'entrer dans les ordres, de devenir « bandya » (*banra*). A grand renfort de diagrammes magiques et d'ustensiles consacrés, le Guru assure d'abord à son disciple les trois protections, du foudre (*vajra-rakṣâ*) au moyen d'un foudre qu'il manie ; du fer (*loha-rakṣâ*) au moyen d'une cloche qu'il agite ; du feu (*agni-rakṣâ*) au moyen d'une coupe d'alcool; puis il le baptise avec de l'eau bénite (*kalaça-abhiṣeka*). Deux jours après, le Guru assisté du supérieur (*nâyaka*) du vihâra et des supérieurs de quatre vihâras voisins confère l'ordination ; c'est le vœu d'ordination (*pravrajyâ-vrata*) qui sépare définitivement le novice du monde. Le novice reçoit d'abord les cinq défenses (*vairamaṇî*) : pas d'attentat à la vie ; pas d'appropriation illicite ; pas d'incontinence ; pas de mensonge ; pas d'alcool. On lui rase les cheveux, on l'asperge d'eau bénite, on lui donne un nom de religion ; puis il reçoit les dix préceptes (*çikṣâpada*) qui interdisent le meurtre, le vol, l'entraînement des passions, le mensonge, la boisson, la danse, la parure, les lits élevés, la nourriture hors temps, l'or et l'argent. On lui remet alors un équipement complet de religieux : les vêtements de dessus et de dessous (*cîvara* et *nivâsa*), la sébile à aumônes (*piṇḍa-pâtra*), le bâton de route (*khikkhari*), une paire de sandales en bois, une aiguière et un parasol. Le rite orthodoxe de l'ordination est achevé ; mais l'intrusion des doctrines tantriques a surchargé ce rituel de cérémonies supplémentaires en l'honneur de divinités étrangères au bouddhisme : Bhairava, Mahâkâla, Vasundharâ, etc. Quatre jours durant, le novice est tenu de jouer sérieusement son rôle ; puis ce temps écoulé, il retourne à son Guru et lui dit : « Mon maître, je ne puis rester ascète ; reprends-moi le costume et les autres insignes du moine ; retire-moi de la pratique des Çrâvakas et enseigne-moi la pratique du Grand Véhicule. » Le Guru répond : « En vérité, dans ces jours de décadence il est difficile de pratiquer l'observance de la pravrajyâ ; adopte donc celle du Grand Véhicule. Mais si tu renonces à la pravrajyâ, tu ne peux être relevé des cinq interdictions : pas d'attentat à la vie ; pas de vol ; pas d'adultère ; pas de médisance ; pas d'alcool. » Le tour est joué ; l'ascète d'hier rentre dans ses foyers[1].

Les banras ne sont pas tous indistinctement aptes au service sacerdotal ; les fonctions de prêtres sont réservées exclusivement à deux des groupes de la communauté : les Gubharjus et les Bhikṣus ; encore est-ce à des titres inégaux. Les Gubharjus seuls peuvent prétendre à la dignité de *vajrâcârya* « maître du foudre ». Le Gubharju doit, pour se maintenir au rang où l'a placé sa naissance, subir avant d'être père de famille une initiation qui prouve ses capacités rituelles ; il faut qu'il soit en état d'officier à la cérémonie quotidienne du *homa* où la flamme reçoit, pour la porter aux dieux, une offrande de beurre fondu et de grains. S'il néglige de s'assurer à temps ce diplôme, il descend au rang de bhikṣu et il entraîne dans sa chute tous les descendants à naître. S'il étend ses connaissances au

1. Hodgson, *Essays*, 139-145 ; et cf. Minayeff, *Recherches sur le bouddhisme*, trad. A. de Pompignan, *Annales du Musée Guimet*, Bibl. d'études, vol. IV, 296-299.

delà du rituel du homa, le Gubharju prend alors le titre de *vajrâčârya*, ou, plus pompeusement : *vajrâčârya-arhat-bhikṣu-buddha*. Il résume en lui la sainteté totale. Il est le seul prêtre autorisé pour célébrer les cérémonies du culte, soit privées, soit publiques, et pour conférer les sacrements réguliers du mariage, de la naissance et de la mort. En tenue sacerdotale, il porte sur la tête une mitre de cuivre doré (*mukuṭa*), richement sculptée, décorée d'une double rangée d'écussons où sont enchâssées les figures des Bouddhas et des Târâs, couronnée d'un foudre transversal avec un écusson par-dessus ; il tient dans la main le foudre et la cloche ; de son cou tombe jusqu'à sa ceinture un chapelet de 108 grains, avec un foudre et une cloche enfilés de part et d'autre, et à l'extrémité du chapelet pend encore un autre vajra. Il porte un costume rouge foncé (*kaṣâya*) qui consiste dans une jaquette collante (*čîvara*) et une jupe ramassée en plis à la ceinture (*nivâsa*). Il a, pour l'assister, un lévite : le bhikṣu. Le bhikṣu porte le même costume, mais avec des insignes différents ; il est coiffé d'un bonnet de couleur, en étoffe, terminé par un bouton doré ou par un vajra ; le chapelet qui lui pend au cou n'a pas d'ornements ; enfin il tient à la main le bâton de religieux (*khikkhari*) et la sébile à aumônes (*piṇḍa-pâtra*).

Les couvents sous l'ancien régime possédaient des biens considérables ; rois et particuliers rivalisaient de charités et de largesses. Plusieurs des inscriptions les plus anciennes commémorent des donations en faveur des couvents ; j'en ai déjà cité plus haut. A partir de Vṛṣadeva le Sûryavaṃçi la Chronique enregistre presque sous chaque règne des fondations nouvelles. La propagande brahmanique et la conquête du Népal par des dynasties hindoues portèrent un coup fatal à la prospérité des vihâras. La lutte s'engagea, masquée et sourde. Le règne de Siddhi Narasiṃha marque un des moments les plus nets de la crise (d'environ 1620 à 1657). Siddhi Narasiṃha appartenait à la dynastie de Harisiṃha qui se targuait d'une origine brahmanique ; il avait voué au dieu Kṛṣṇa une dévotion exaltée, comme ce dieu sensuel et tendre peut en inspirer ; il pratiquait des austérités incessantes, jeûnait suivant la méthode sévère du čandrâyaṇa qui règle les rations de nourriture sur le cours de la lune, passait le jour à prier, dormait sur un lit de pierre, et finit par disparaître un jour sous le costume d'un faquir. Patan, sa capitale, était la forteresse du Bouddhisme avec ses quinze grands couvents, toujours prêts à s'organiser en foyers de résistance contre le pouvoir royal. Sans violence, sans autres armes que des mesures légales, Siddhi Narasiṃha entreprit d'assujétir à l'autorité civile les communautés religieuses. Il commença par détruire l'apparence d'anarchie qui sauvegardait leur indépendance ; il les rendit solidaires devant la couronne, avec des représentants réguliers qui répondaient de chaque groupement. Les couvents de Patan, de Kirtipur, et de Chobahal, subirent un classement hiérarchique qui se fondait en partie sur les droits d'ancienneté, en partie sur des considérations de hasard, comme pour mieux marquer l'indifférence royale. Les plus importants avaient chacun pour représentant leur supérieur (*nâyaka*), officiellement désigné sous le titre de Tathâgata ; les maisons secondaires n'avaient pour les représenter qu'un délégué, choisi entre leurs supérieurs au bénéfice de l'âge. Une ordonnance régla le détail des élections. Investis ainsi d'une fonction administrative, les supérieurs perdirent la charge du culte, qui fut transférée à d'autres religieux. Jusque-là, les dix anciens de chaque couvent recevaient aux jours de fête l'adoration des fidèles, qui les vénéraient comme l'incarnation des dix perfections cardinales (*pâramitâs*), leur lavaient les pieds et leur offraient du riz au lait. Pour ménager les ressources du peuple, Siddhi Narasiṃha réduisit le nombre des bénéficiaires à deux ; seuls eurent droit à cet hommage les doyens des couvents situés aux deux bouts de la route que suivait le char de Matsyendra Nâtha. Transformés en pères de famille, les prêtres durent se plier aux règles de pureté prescrites par l'hindouisme, célébrer, par exemple, un *homa* (sacrifice à libation) en cas de décès dans la famille, sous peine d'impureté légale. Une cérémonie de purification fut imposée aux Névars bouddhistes qui avaient voyagé ou résidé au Tibet ; la cérémonie était confiée à cinq supérieurs de couvent, mais la rétribution exigée revenait au roi. Les couvents où le célibat était encore observé essayèrent de se dérober aux règlements ; convoqués pour entendre l'ordonnance royale, dix sur vingt-cinq n'envoyèrent pas de délégués. Siddhi Narasiṃha désigna d'office des administrateurs, pour remplacer les mandataires qu'on refusait d'élire, et soumit à des règlements spéciaux les maisons réfractaires.

Un siècle après Siddhi Narasiṃha, la conquête Gourkha précipitait le dénouement. La malveillance systématique poussée jusqu'à l'hostilité, la confiscation des biens de communautés, le refus obstiné de la moindre subvention ont réduit les vihâras à la décrépitude et à la misère.

Les fêtes. — Les religions passent, les fêtes demeurent. Le Népal d'autrefois survit encore dans les yâtrâs. La *yâtrâ* est proprement une procession, une pompe solennelle, avec un déploiement de danse et de musique, et sous l'aspect d'un sacrifice une ripaille liturgique. Le goût des Névars s'est trouvé d'accord avec leur superstition pour multiplier ces fêtes ; le pouvoir royal les a en partie créées, en partie adoptées, et les a sanctionnées comme des institutions d'état. Des règlements exprès, émanés de l'autorité souveraine, répartissent l'organisation des yâtrâs entre des groupements fixes et stipulent la part de contribution qui leur incombe respectivement. En retour de ces charges pécuniaires, l'ancien régime accordait des privilèges, des indemnités, des donations. Le gouvernement Gourkha a supprimé les subventions, directes ou indirectes, et par ses confiscations il a tari une des sources qui alimentaient le budget des yâtrâs. Néanmoins, les yâtrâs subsistent, maintenues par la coutume et par la loi. Qui tente de se dérober à une des obligations héréditaires est puni d'une amende et frappé par la caste. Bon gré mal gré, les uns doivent fabriquer le char de procession ; d'autres façonner les masques ; d'autres encore, colorier, danser, officier. C'est un service d'État, et qui tire à conséquence, car la solennité constitue un rite magique, laborieusement combiné à son origine en vue d'un objet précis. La procession de Matsyendra Nâtha, qui passe pour la plus ancienne, amène la pluie de printemps ; sans son action efficace, le ciel refuserait ses eaux à la culture. La yâtrâ de Devî, à Nayakot, a pour but de chasser l' « aoul », la malaria, dans les terres basses, loin du Népal. Le roi Çaṅkara deva de la dynastie Vaiçya institua une yâtrâ annuelle en l'honneur de Nava-Sâgara-Bhagavatî pour apaiser cette déesse effroyable. La forme de la yâtrâ n'est pas immuable ; mais il n'y faut toucher qu'avec précaution. Au XVIe siècle, Amara Malla de Katmandou rétablit la danse de Harasiddhi, introduite jadis par Vikramâditya d'Ujjayinî, renouvelée par Vara deva le Thâkuri, et tombée plus tard en désuétude ; mais un des personnages de la danse, l'éléphant, risquait par sa vertu magique de causer une pénurie de grains ; afin de neutraliser cette influence fâcheuse, Amara Malla importa la danse de Mahâ-Lakṣmî de Khokhna. La danse de Kaṅkeçvarî a disparu, par une mesure de prudence analogue : un jour, un des danseurs déguisé en bête fut mangé par Kaṅkeçvarî ; pour déférer au goût que témoignait ainsi la déesse, il aurait fallu désormais lui offrir régulièrement une victime humaine ; il parut plus sage de suspendre *sine die* la pratique du rite.

L'idée d'un sacrifice humain n'avait pas de quoi surprendre ou révolter le Népal ; ces étranges disciples du plus doux des maîtres n'ont jamais répugné à verser le sang, même le sang humain. Dès l'époque des Sûryavaṃçis, avant Aṃçuvarman (viiᵉ siècle), le pieux roi Çivadeva institue, comme rite annuel, un sacrifice humain en l'honneur de Vatsalâ Devî, à la date du 12 čaitra badi. Son arrière-neveu, Viçvadeva, veut supprimer cet usage barbare ; la déesse vient en personne réclamer son dû. Guṇakâma deva le Thâkuri, fondateur de Katmandou, institue la Sitikhaṣṭî, une bataille de pierres qui se termine par le sacrifice à Kaṅkeçvarî des prisonniers retenus dans chaque camp. Vers 1750, le roi de Katmandou, Jaya-prakâça, prohibe ce rite bizarre ; un bruit surnaturel entendu dans la nuit décide le roi à respecter la tradition. En 1660, le roi de Bhatgaon, Jagat-prakâça Malla, en lutte avec ses voisins de Katmandou et de Patan, surprend un poste ennemi, ramène vingt et un prisonniers et les sacrifie aux dieux. On dit que Prithi Narayan, maître de Katmandou, offrit dans le temple royal de Taleju (Tulasî) des sacrifices humains ; mais la déesse lui apparut en songe pour lui exprimer son mécontentement[1]. Le P. Marco della Tomba rapporte comme un fait assuré que « les gens de la montagne n'ont pas horreur de sacrifier à leurs idoles des victimes humaines, et particulièrement les prisonniers de guerre, quand ils ont à demander dans un besoin pressant l'aide de leurs dieux ; ainsi, en préparant leurs canons pour la guerre, ils les teignent avec le sang d'une fillette tuée sur les canons mêmes[2] ». Hamilton, au début du xixᵉ

1. Hamilton, p. 211.
2. *Gli Scritti*, p. 52.

siècle, rapporte que le roi Gourkha offre tous les douze ans un sacrifice solennel où sont immolés, entre autres vic-

Image colossale de Bhairava, près du palais (Hanuman-dhok), à Katmandou.

times, deux hommes d'un rang à porter le cordon sacré. « On les enivre, on les porte dans le sanctuaire, on leur coupe le cou et on dirige le jet de sang sur les idoles. Puis, avec leurs crânes, on fait des coupes pour s'en servir dans ces horribles rites[1]. »

L'homme n'est qu'une victime d'exception ; les victimes ordinaires sont le buffle, le bélier, le coq et le canard. Dans l'Inde, convertie au respect de la vie (*ahiṃsâ*) par les hérétiques, bouddhistes et jainas, une chapelle ensanglantée est un spectacle rare, qu'on signale à la curiosité des touristes ; au Népal, le temple est une manière de boucherie. Les cornes, les têtes de buffles accrochées aux murailles, les taches de sang sur le sol et sur les idoles, l'odeur d'abattoir qu'on respire alentour indiquent assez la prodigalité sanguinaire des fidèles. Le sacrifice du buffle, en particulier, est un cauchemar inoubliable : la bête vigoureuse est liée solidement des quatre pieds, la tête renversée en arrière pour dégager et tendre le cou ; en cet état on la traîne à distance convenable de l'idole. Le prêtre pratique deux incisions symétriques à droite et à gauche du cou ; sans hâte, sans émotion, il passe ses doigts dans les plaies béantes, écarte et fouille les chairs pour atteindre les veines jugulaires ; il les détache par des secousses savantes des tissus qui les enveloppent, et les amène lentement au bord de la plaie, en évitant avec soin de les entamer. La bête, à demi asphyxiée, se contracte et bat douloureusement des flancs ; autour d'elle les assistants discutent à tête reposée la manœuvre du prêtre. Enfin le moment critique est venu ; une incision pratiquée simultanément dans les deux veines laisse échapper un flot de sang qui jaillit vers l'idole. Est-elle inondée de sang, elle et le riz déposé en offrande devant elle ? La divinité a agréé l'hommage. Sinon, quand la maladresse des opérateurs a mal calculé les distances, les angles, l'ouverture des incisions, tout est à refaire. Le sacrifice consommé, la tête est

1. Hamilton, p. 35.

détachée, déposée devant la divinité, et la chair grossièrement dépecée, partagée entre le prêtre et le sacrifiant, sert à de plantureuses agapes.

Le méthode Gourkha est moins barbare, et plus expéditive ; le kukhri, manié avec adresse, tranche d'un seul coup, rarement de deux, le col puissant de la bête. En certaines occasions, le sacrifice tourne à l'orgie de sang ; il y a cinquante ans, au témoignage de Jang Bahadur, le total des buffles égorgés s'élevait à neuf mille pour les dix jours de la Durgâ-pûjà.

Outre les sacrifices, la promenade du char (*ratha-yâtrâ*) est un article régulier du programme des fêtes. Le char, destiné à transporter le dieu et ses acolytes, ou ses représentants humains, est une énorme construction massive en bois. Un assemblage de fortes poutres, longues de trente à quarante pieds, est monté en plate-forme sur des roues de bois épaisses et larges. La plate-forme supporte un échafaudage de dix à quinze mètres. L'ensemble rappelle assez nos chars de mi-carême. L'appareil est traîné à force de bras, sans attelage d'animaux ; sur le long parcours qu'il fournit, il doit résister aux secousses les plus formidables ; le sol alluvial de la vallée est haché de ruisseaux et de rigoles que ne traverse aucun pont, et, à la montée comme à la descente, les berges s'écrasent ou s'éboulent sous le poids du char. Le moindre accroc menace la procession d'un jour de retard, car le char et la divinité doivent nécessairement passer une nuit à des étapes fixes : le soleil vient-il à se coucher sans qu'on ait atteint la halte prescrite, la course du lendemain ne dépassera pas l'étape manquée, si proche qu'elle puisse être. La foule guette avec anxiété les incidents du parcours, prompte à les interpréter comme des présages. Après deux siècles et demi, on raconte encore les aventures de la procession du char, en l'an 1654, sous le règne du mystérieux Siddhi Narasiṃha, à Patan. Mis en branle sous de fâcheux auspices, le char de Matsyendra Nâtha n'avança le premier jour que d'une porté de flèche ; le lendemain, la marche resta aussi lente. Le septième jour, les roues s'enlisèrent encore ; le huitième, un cahot brusque brisa l'avant. Cinq semaines plus tard, le char poursuivait encore les étapes de son pénible itinéraire, quand la roue droite s'enlisa ; un jour après, l'autre roue se brisa. On procéda toute une journée aux réparations ; le trajet, à peine repris, les deux roues craquèrent en même temps ; nouveau retard. Le char réparé traverse le ruisseau de Nikhu ; la roue droite reste engagée dans le sable ; ensuite, le timon casse. On se décida douloureusement à retirer du char l'image divine, et on la transporta sur un brancard pour la ramener à son domicile. L'inquiétude s'aggrava encore quand on vit transpirer la face d'un des Gaṇeças. Un sacrifice spécial fut alors offert en vue d'écarter les dangers menaçants.

La yâtrâ, qui commémore un épisode de l'histoire religieuse ou légendaire, et qui prétend l'évoquer à l'imagination des fidèles, portait un embryon d'art dramatique, que les croyances du tantrisme ont vivifié. Les Tantras, où le Bouddhisme et le Çivaïsme communient, prescrivent des cérémonies brutalement réalistes où les fidèles assemblés adorent un des couples divins sous la figure d'un garçonnet et d'une fillette, consacrés par des opérations préalables. Le mysticisme sexuel qui préside à ces rites équivoques aime à s'exprimer dans les visions troublantes de la chair divinisée. Sous cette inspiration, les yâtrâs ont provoqué au Bengale un renouveau du théâtre indien. Au Népal aussi, elles paraissent s'être transformées de bonne heure en tableaux vivants : la Lâkhyâ-yâtrâ, instituée par Guṇakâma deva le Thâkuri pour fêter la victoire du Bouddha sur le tentateur Mâra, représentait les dieux en adoration devant Çâkyamuni triomphant. Aujourd'hui encore, sur l'échafaudage du char de la Mâghî Pûrṇimâ, des personnages truculents figurent les aventures du démon Hiraṇya kaçipu et de son fils Prahlâda, l'un ennemi, l'autre dévot de Viṣṇu. De bonne heure aussi, les Kumârîs, les Vierges qui incarnent les Énergies (*çakti*) du Tantrisme, ont été représentées par des fillettes, laborieusement choisies pour ce rôle glorieux. A les voir siéger sur leurs trônes, hiératiques et graves, le regard fixe, les traits fardés, chargées de joyaux et d'accoutrements somptueux, la narine enflée d'un orgueil surhumain, belles comme des idoles, enfants par la grâce frêle, femmes par le charme fascinant, on ne s'étonne pas qu'un peuple entier les adore. La charge n'est pas sans profit. La kumârî qui figure à la procession de l'Indrayâtrâ est logée plusieurs années dans un édifice spécial, et reçoit une donation importante. Mais aussi quelle épreuve il lui faut d'abord subir ! On ramasse dans une salle mal éclairée, à la fin du Daçâhra, les têtes sanguinolentes des buffles sacrifiés. C'est là qu'on introduit et qu'on enferme les petites concurrentes, âgées de six à sept ans, et recrutées dans un petit groupe de familles banras. Du dehors on épie leur attitude. La moindre expression de crainte élimine l'enfant ; la vraie kumârî, qui chevauche sur un tigre et fréquente les cimetières, n'a pas peur du sang ni du charnier. La fillette qui tient bon mérite bien de recevoir l'hommage du roi, comme la déesse en personne, et d'être escortée par le sabre de l'État. A l'occasion, Kumârî se sert d'une de ces figurantes pour manifester ses volontés : quand Prithi Narayan, jeune homme encore, vivait en hôte à la cour de Bhatgaon, chez le roi Raṇajit Malla, les deux princes s'assirent côte à côte pour voir défiler la procession de la Vijaya-daçamî. La kumârî, qui devait remettre une fleur au roi, la tendit à Prithi Narayan ; le Bhairava qui l'assistait fit de même. Le suffrage divin désignait les Gourkhas à l'empire.

Les danses et les cortèges de masques complètent d'ordinaire la procession ; la fantaisie baroque et plutôt effrayante des travestissements rappelle de près les danses diaboliques du chamanisme et du bouddhisme lamaïque. Les acteurs, coiffés de têtes de tigres, d'ours, de lions avec d'abondantes crinières trépignent, bondissent, et crient. Des plates-formes permanentes, construites en maçonnerie et en briques, sur les grandes places, servent de scène à ces divertissements. Un témoin qui connut ces spectacles au temps de leur splendeur, sous les derniers Mallas, en a laissé une description détaillée[1]. « Les gens du pays ont l'habitude, à leurs fêtes, de représenter une histoire tirée de leurs livres sacrés ou une comédie satirique, dans laquelle ils tournent en ridicule les manières d'être d'une certaine personne. On représente ces pièces sur une des places publiques ; à cet effet on y a élevé des plates-formes carrées de vingt pieds environ, et hautes d'environ trois pieds. Les spectateurs s'installent sur des nattes qu'ils étendent sur la terre nue des places ou des rues. Ils n'ont ni théâtre, ni mise en scène ; mais si la pièce doit se passer près d'une rivière, ils étendent sur la plate-forme où jouent les acteurs une étoffe où est peinte une rivière ; si elle se passe dans l'intérieur d'une (barcareccia), quelques-uns tiennent alors avec leurs mains quatre ou six branches d'un arbre quelconque ; si elle se passe dans un temple, on pose au milieu une idole ; et ainsi du reste pour le changement de scène. Les acteurs de ces comédies-là ont très peu de récitatif, et au contraire énormément d'action, tellement que le principal acteur ne récite pas, dans une comédie de deux ou

1. *Relazione*... du P. Cassien, dans la *Rivista Geografica Italiana*, 1901, p. 621. La description que donne le P. Cassien n'intéresse pas seulement le Népal et ses fêtes religieuses ; elle apporte un précieux document à l'histoire du théâtre indien ; elle éclaire particulièrement la question encore si obscure du décor.

trois heures, huit ou dix phrases en diverses scènes ; mais ce sont des chœurs qui chantent le tout, comme dans les comédies grecques ; les Népalais ont au moins deux chœurs dans chaque pièce, et le troisième chœur est formé par le chœur au complet, c'est-à-dire par les deux chœurs ensemble. L'acteur, en deux ou trois vers qu'il récite, exprime, par exemple, une extrême douleur où il se trouve : les chœurs, alternativement, chantent tristement l'amertume de la douleur, les diverses passions qui sont déterminées par une telle douleur au cœur du personnage, comme d'espérance, d'abandon, de crainte, etc., et ainsi de toutes les autres passions ; et dans le même temps que le chœur chante, l'acteur, du visage, des pieds, des mains, comme en dansant constamment, accorde ses gestes au sens des paroles qui sont chantées. L'orchestre de ces comédies est formé de quelques petits tambours, de trompettes et d'un instrument qui consiste en deux petits vases de métal, qu'on bat l'un contre l'autre selon la note qu'ils donnent, et dans chaque comédie il y a au moins huit paires de ces instruments lesquels bien touchés font un harmonieux carillon : quatre trompettes et trois tambours composent l'orchestre. Le tambour dirige la symphonie, et on le bat avec les mains. »

Tant de divinités et tant de sanctuaires ne laissent pas que d'encombrer la vie du fidèle. Le calendrier népalais semble consister dans une suite de jours fériés. Pèlerinages, processions, jeûnes alternent, avec une régularité monotone, agrémentés des repos forcés qu'imposent les cérémonies de la vie domestique, et des arrêts accidentels que prescrivent les astrologues. L'astrologie, qui joue un rôle si considérable dans la vie hindoue, est maîtresse souveraine au Népal ; les voyageurs chinois du VIIe siècle en étaient déjà frappés. Le cours des planètes, les éclipses, les conjonctions règlent la vie du foyer comme la politique royale. L'astrologue tire l'horoscope des nouveau-nés, calcule la date favorable aux mariages, aux traités, à l'entrée en campagne, interprète les signes et les prodiges, et dénonce les heures néfastes qui retardent le départ, interrompent le trafic, suspendent les entreprises. Je n'essaierai point ici d'analyser jour par jour le calendrier religieux ; fidèle au plan que je me suis tracé, je me bornerai à signaler les fêtes caractéristiques du Népal. Dans le calendrier Gourkha[1], l'année — qu'elle soit comptée dans l'ère çaka (78 ap. J.-C.) ou dans l'ère samvat (57 av. J.-C.) — commence le premier jour de vaiçâkha (avril) badi, quinze jours plus tard que dans l'Inde où le 1er de čaitra sudi est le jour de l'an. L'année du comput névar (880 ap. J.-C.) commençait en kârtika. La procession de Matsyendra Nâtha (*Matsyendra Nâthu yâtrâ* ou *Bugayâtrâ*) ouvre solennellement l'année religieuse. Elle commémore l'introduction du nouveau dieu sous Narendra deva le Thâkuri. Les Névars des deux confessions la célèbrent avec un égal entrain ; les Gourkhas, sans l'admettre comme une fête religieuse, y participent néanmoins comme à une fête nationale. Matsyendra Nâtha est un trop gros personnage pour qu'on risque de provoquer ses rancunes. Une compagnie, sous les ordres d'un sardar, fait escorte au dieu pendant toute sa promenade, et contient aussi les entraînements suspects de la foule. Le premier jour de vaiçâkha badi, les Nikhus de Patan vont retirer du temple l'idole rouge, haute de trois pieds, consacrée par la vénération des

1. Sans entrer dans les complications du calendrier hindou, il est nécessaire d'indiquer ici que l'année y est partagée en douze mois, et chaque mois en deux quinzaines correspondant respectivement au cours croissant de la lune, *sudi*, de la nouvelle lune à la pleine lune, et au cours décroissant, *badi*, de la pleine lune à la nouvelle lune. Le mois commence, selon la diversité des usages locaux, soit à la pleine lune, soit à la nouvelle lune. Au Népal, il commence actuellement à la pleine lune.

siècles, et la transportent au Sud de la ville, sous l'arbre même où Narendra deva et ses compagnons s'arrêtèrent, à leur retour du mont Kapotala ; la terrasse de pierre abritée sous l'arbre passe pour dater de Narendra deva. Les Nikhus y déposent la statue ; ils la déshabillent, la lavent (sauf la tête qu'ils n'ont pas le droit de toucher) ; c'est le bain (*snâna*) de Matsyendra. Le sabre du roi, l'équivalent du sceptre au Népal, est alors présenté à la divinité. Puis on ramène Matsyendra à son temple ; on le peint, on l'habille, et le 8 on l'expose au soleil. Les Nikhus, qui sont des çivaïtes, passent désormais la main aux banras. Le 12 et le 13, les banras célèbrent les dix cérémonies (*daçu-karma*) qui, partant de la conception, introduisent le dieu comme un enfant à naître dans les cadres réguliers de la société. Le 1er de vaiçâkha sudi, la procession du char commence. On a préalablement construit deux chars : l'un, le plus grand, dans le faubourg Ouest de Patan, près du čaitya d'Açoka ; l'autre à Patan même, dans la cour du temple de Matsyendra nâtha. Le grand char porte, sur une vaste plate-forme en bois, une chapelle carrée plaquée de dorures ; à l'entour un trottoir permet de circuler ; le toit de la chapelle soutient une pyramide de branchages, de perches et de cordes entrelacées, avec des flots de rubans ; sur le faîte, à vingt ou vingt-cinq mètres de hauteur, est juchée une image dorée de Vajrasattva, que couronne encore un bouquet de feuillage. Les quatre roues du char ont pour ornement les yeux de Bhairava ; posée sur les essieux, une longue perche mince et recourbée à l'avant porte à son extrémité une tête de Bhairava. L'autre char n'est qu'une réduction du premier, mais la poupée de vingt centimètres qu'il transporte est l'image authentique du dieu. Une foule de fidèles, constamment renouvelée, s'attelle aux chars et les traîne. Le trajet à parcourir est réparti, abstraction faite des retards accidentels, en trois étapes très courtes, entre un demi-kilomètre et un kilomètre ; chacune a son programme régulier de sacrifices et d'offrandes. L'étape la plus importante est la dernière, de la Suvarṇa-dhârâ (Fontaine d'or) à l'arbre de Narendra. Toute la population névare de Patan prend part à la fête, et le roi, suivi du premier ministre et des grands, montés tous sur des éléphants de cérémonie, vient assister en personne au défilé. Les chars décrivent un tour à la droite de l'arbre (pradakṣiṇa), puis ils restent stationnaires deux nuits, ensuite ils vont à peu de distance attendre, de dix à vingt jours, une date propice pour la Gudri-yâtrâ. Quand les astrologues ont reconnu le jour favorable, la procession s'ébranle de nouveau, et les chars sont traînés sur le champ de manœuvres, au Sud-Ouest de la ville ; ils y demeurent trois nuits. Enfin la grande journée arrive, saluée par tout un peuple impatient d'assister au déshabillage du dieu. Les Banras en grande tenue, vêtus d'une robe rouge, la tête fraîchement rasée, accotent le petit char au grand ; ils sortent de la niche l'image sacrée, et lui retirent pièce à pièce son accoutrement d'oripeaux pailletés. Mais c'est la chemise qu'on attend, qu'on veut voir. Elle paraît ; les prêtres l'exhibent solennellement à la foule qui s'incline, adore et se prosterne. Matsyendra peut dès lors quitter Patan, il n'emporte rien au préjudice de ses fidèles ; sa pauvreté suffit à son bonheur. La statuette dévêtue est transférée, sous une pluie de fleurs et d'offrandes, dans une sorte d'arche sainte que les Banras chargent sur leurs épaules ; un cortège de fleurs et d'illuminations l'accompagne à Bogmati, cinq kilomètres au Sud de Patan[1] ;

1. C'est sans doute le temple de Bogmati qui est décrit dans ce passage de la *Notice* du P. Giuseppe. « On trouve à l'Ouest de Lélit Pattan, à la distance de trois milles, un château appelé *Banga*, qui renferme un temple magnifique. Aucun missionnaire n'est jamais entré dans ce château : ceux qui en prennent soin ont pour le temple une vénération si scrupuleuse qu'il n'est permis à personne d'y entrer avec ses souliers ;

c'est là l'antique Amarâpura, que l'aboiement miraculeux d'un chien désigna comme le lieu de la naissance de Matsyendra nâtha. Matsyendra doit y résider six mois dans son temple, au centre du village; l'année à demi écoulée, il reprendra le chemin de Patan. Mais, une fois tous les douze ans, Matsyendra ne se contente pas du tabernacle pour parcourir la route de Bogmati à Patan et de Patan à Bogmati ; il faut alors construire à Bogmati même un char solide qui puisse emmener et ramener le dieu à travers une campagne sillonnée de ruisseaux capricieux, creusée profondément par les eaux, et sans routes.

La procession de Matsyendra Nâtha passe pour amener infailliblement la pluie ; la population du Népal, qui vit presque uniquement de la culture, attend de l'intervention efficace du dieu les ondées bienfaisantes, nécessaires au gohya (riz des hautes terres) et au maïs. Le printemps épanoui se déploie alors dans sa splendeur gracieuse ; l'oranger, le citronnier, le lilas, le rosier, les buissons fleuris parfument l'air de leurs senteurs.

Tandis que Matsyendra Nâtha est fêté à Patan, la ville de Bhatgaon célèbre avec moins d'éclat la procession de Bhairava, son patron. C'est Jagaj-jyotir Malla qui passe pour avoir introduit, au XVIe siècle, la coutume de promener le char d'Âdi-Bhairava le jour de la Meṣa-saṃkrânti (entrée

et les missionnaires n'ont pas voulu donner cette marque de respect aux fausses divinités qu'on y adore. Mais, pendant mon séjour à Népal, ce château se trouvant dans la possession des habitants de Gôrch'â, le commandant du château et des deux forts qui bordent le chemin, ami des missionnaires, me fit prier de passer chez lui parce qu'il avait besoin de quelques médicaments... les gardes n'osèrent pas me contraindre d'ôter mes souliers... il m'appela dans le varanda, situé au fond de la grande cour qui est en face du temple ; on y avait rassemblé les richesses du temple. Je dus à cet incident l'avantage de voir le temple ; je traversai ensuite la grande cour qui était en face ; elle est entièrement pavée d'un marbre presque bleu, mais entremêlé de grandes fleurs de bronze artistement disposées. La magnificence de ce pavé m'étonna, et je ne crois pas qu'il ait son égal en Europe. » *Rech. Asiat.*, II, 353 sq.

du Soleil dans le Bélier). Actuellement la yâtrâ se célèbre le 1er jour de vaiçâkha badi ; elle dure deux jours. Deux chars qui portent l'un Bhairava, l'autre Bhairavî sont traînés à travers la ville ; devant le temple de Bhairava, on érige un mât (*linga*), et on y amène les chars ; on procède au culte, aux sacrifices, et, la fête achevée, on abat le mât et l'on rentre les chars.

Dans le même temps aussi, Devî est honorée de deux grandes fêtes : l'une, purement locale, à Katmandou ; c'est la *Neta-Devî-yâtrâ* ; l'autre en dehors du Népal propre, à Nayakot, mais commune au Népal entier : la *Devî-yâtrâ*. La procession qui va de Nayakot à Devî-Ghat a conservé plus fidèlement que toutes les autres son caractère primitif de rudesse et de sorcellerie. Le centre des rites de la yâtrâ est un simple amas de pierres brutes au confluent de la Triçûla-Gaṅgâ et de la Sûryavatî (*vulg.* Tadi), descendues l'une et l'autre du Gosainthan. Le courant, à la fonte des neiges, est si impétueux qu'il emporte toutes les constructions élevées sur les rives ; aussi malgré la sainteté du lieu, malgré les vœux et le zèle de nombreux rois, il a fallu se passer d'un temple régulier. L'idole divine reste toute l'année à Nayakot, abritée dans un sanctuaire ; au début du mois de vaiçâkha, on la transporte solennellement au tas de pierres de Devî-Ghat ; on dresse à l'entour une palissade de bois, et les rites commencent. Les Banras font l'office ; ils récitent les formules, psalmodient les hymnes, décorent la statue ; mais les opérations du sacrifice ne leur incombent point. Il faut des bouchers professionnels (*kasâis*) pour égorger les innombrables buffles qui viennent, cinq jours durant, ensanglanter cette chapelle barbare. La classe des paysans joue aussi son rôle ; deux Jyapus (cultivateurs) déguisés l'un en Bhairava, l'autre en Bhairavî, reçoivent les hommages unanimes des Gourkhas et des Névars empressés, et boivent à même le sang chaud qui ruisselle des cadavres pantelants. On les voit, entraînés par leur dévote gourmandise ou par leurs transports exaltés, s'emplir, se tendre, enfler, étouffer, éclater enfin en hoquets et rejeter une vomissure rougeâtre que les fidèles se disputent avidement, comme les restes du repas des dieux. Après cinq jours de tuerie et d'orgie, la statue retourne au sanctuaire de Nayakot, et l'esprit de la déesse se déchaîne, implacable, contre les impies qui lui ont refusé l'offrande. Ils succomberont victimes de l' « aoul », la fièvre meurtrière qui se met à rôder dans les bas-fonds dès l'heure où sont achevés les rites de Devî-Ghat.

La *Neta Devî-yâtrâ* de Katmandou répète, mais en réduction, les mêmes scènes d'horreur et de dégoût. Elle se célèbre de nuit, devant le temple de Neta-Devî, le 14 de Vaiçâkha sudi. Les Jyapus seuls y font office de prêtres et de sacrificateurs ; douze d'entre eux, déguisés en divinités, sont chargés de boire le sang. Tous les douze ans, la fête se célèbre par exception en plein jour.

Enfin la ville de Sankou honore, le 3 de Vaiçâkha badi, une autre forme de Devî, commune aux Bouddhistes et aux Çivaïtes, Vajrayoginî, qui a son temple sur le mont Manichur. L'image de la déesse est promenée dans un tabernacle (*khat*).

La grande fête du mois de Jyaiṣṭha (mai-juin), la *Sitiyâtrâ* « la Fête du Lance-pierres », est en train de disparaître. Elle remonte, comme tant d'institutions, à Guṇakâma deva le Thâkuri. Skanda, le fils de Çiva, lui apparut une nuit et lui demanda de rassembler tous les garçons de Katmandou, la nouvelle capitale, près d'un lieu consacré à Kâlî Kaṅkeçvarî, sur les bords de la Bitsnumati, entre la ville et Syambunath ; il écarterait ainsi toute menace de révolte et de plus il assurerait la perte de ses ennemis. Le jeune dieu ajoutait que ses augustes parents l'avaient exercé depuis l'enfance à jeter des pierres pendant les six premiers jours de Jyaiṣṭha. Guṇakâma comprit l'avis ; il convoqua régulièrement ses sujets le 6 de Jyaiṣṭha sudi, sur les bords de la rivière, au lieu prescrit. Le peuple se divisait en deux camps et se battait à coups de pierres ; les prisonniers des deux partis étaient immolés en sacrifice. On ne leur permit de se racheter qu'à une époque tardive. Enfin, il y a un demi-siècle, le Résident anglais M. Colvin qui assistait à ce spectacle reçut une pierre et fut blessé ; Jang Bahadur profita de l'occasion pour abolir ce qui restait de la fête. Les petits enfants seuls continuent encore à se bombarder de cailloux le jour de la Siti-yâtrâ.

En Çrâvaṇa (juillet-août) au moment où les pluies torrentielles chassent les serpents de leurs trous et les rendent plus que jamais redoutables, le Népal, comme l'Inde entière, célèbre la Fête des Serpents (*Nâga-pañcamî*) le 5 badi. L'exégèse locale prétend rattacher cette fête au souvenir d'une grande lutte entre Garuḍa et les Nâgas ; la statue de Garuḍa à Changu-Narayan transpire encore régulièrement, à l'anniversaire d'un combat si rude. Les prêtres essuient cette sueur avec un mouchoir qu'on envoie au roi. Un fil de ce linge, trempé dans l'eau, suffit à la transformer en remède infaillible contre les morsures de reptiles ! Le rite proprement dit se célèbre à un confluent ; c'est un Névar qui officie. Après une ablution matinale entourée de cérémonies, il dépose sur un plat du riz, du vermillon, du lait, de l'eau, de la farine de riz mouillée, des fleurs, du beurre fondu (*ghî*), des épices, du santal, de l'encens, allume l'encens, et psalmodie une bénédiction aux Nâgarâjas pour les prier de bénir les moissons.

Le 14 badi, les enfants névars promènent à travers les rues un bonhomme de paille baptisé Ghaṇṭâ karṇa, en souvenir d'un Râkṣasa qui fut expulsé du Népal ; après l'avoir battu à tour de bras, ils le brûlent le soir.

Le mois de Bhâdrapada (août-septembre) s'ouvre par la

fête des Vaches (*Go-yâtrâ*). Le 1 badi une procession de masques, portant tous une tête de vache enguirlandée d'herbe, défile dans les rues en dansant et en chantant; chaque famille névare qui a subi un deuil dans le cours de l'année est tenue de se faire représenter par un masque ; derrière ces singuliers figurants on traîne une image grossière de vache, et une Kumârî ferme le défilé. Le lendemain, la même procession recommence, mais le tigre y remplace la vache ; c'est la *Vyâghra-yâtrâ*.

Du 5 Bhâdrapada badi au 10 sudi, les Bouddhistes de Patan visitent successivement tous les monastères de la ville et portent leurs menues offrandes à toutes les chapelles. Tous les jours se forme une procession de banras portant de petits arbres de cire avec des fleurs de papier blanc ; à l'occasion de ces visites, les vihâras exhibent leurs peintures, images de dieux, de saints, de bouddhas, de bodhisattvas, scènes religieuses ou légendaires, et aussi les curiosités tenues pour sacrées : telle la poële à frire où Vikramâjit se fit cuire lui-même ; tels encore les grains de riz « préhistoriques » conservés au Pinta-vihâra, et qui sont gros comme des muscades.

Le 8 badi les Hindous célèbrent la naissance de Kṛṣṇa (*Kṛṣṇa-janmâṣṭamî*). C'est une des deux fêtes (avec le Dasâîn) où le jeu est officiellement autorisé; encore cette autorisation est-elle fort restreinte. Les amateurs de jeu ne peuvent se livrer à leur passion que sur un emplacement déterminé, au ghat de la Bagmati, devant Thapatali, proche du pont qui relie Katmandou à Patan.

La procession des Banras (*bânrâ-yâtrâ*) n'est pas à proprement parler une fête religieuse, puisqu'elle n'implique pas de cérémonies spéciales en l'honneur d'une divinité ; mais c'est une institution pieuse qui doit se répéter au moins deux fois par an, en Çrâvaṇa, le 8 badi et en Bhâdrapada, le 13 badi ; mais elle peut se renouveler en tout temps s'il se rencontre une bourse charitable pour en faire les frais. Elle consiste essentiellement dans une distribution d'argent et de nourriture aux banras, et rappelle le temps où les résidents des vihâras, en véritables bhikṣus, vivaient d'aumônes. Si c'est un particulier qui offre la yâtrâ, il convoque par invitations individuelles les banras de la ville ou même de la vallée entière à un *samyak-saṃbhojana* (repas de corps); la dépense peut être très lourde, car le nombre des assistants monte parfois à une dizaine de milliers. En outre, la fête comprend des amusements, des illuminations; le roi doit y assister ou s'y faire représenter, et c'est encore un honneur qui coûte, car on doit lui offrir un trône d'argent, un parasol et de la batterie de cuisine. On élève, vis-à-vis de la maison du donateur, une estrade de bois avec un hangar ouvert sur la rue; l'ensemble est décoré de tentures et illuminé à profusion. On apporte la mitre de l'Amitâbha de Syambunâth, que les vajrâčâryas viennent honorer. Puis la procession commence : on a établi au préalable, le long des maisons que le cortège des banras doit suivre, un chemin couvert, séparé de la chaussée par une barrière de bois, et qui traverse en passerelle chaque croisement de rue. Les femmes des Bouddhistes qui veulent s'associer à la fête sont venues d'avance, en grande toilette, des fleurs piquées dans la chevelure, s'installer sur le chemin de la procession avec des paniers remplis de victuailles; chaque banra du défilé reçoit au passage des fruits, ou du grain, ou de l'argent. Les paniers une fois épuisés, c'est au donateur de combler les vides. Çà et là, des groupes d'hommes mûrs ou de jeunes gens versent respectueusement de l'eau sur les pieds des banras. Les murs sont ornés de peintures, une commission de banras passe au préalable en contrôler la décence. La nuit venue, les illuminations éclairent tout le chemin. Enfin, le lendemain, la mitre, escortée par des chœurs de jeunes filles, retourne solennellement à Syambunath.

Le mois de Bhâdrapada s'achève dans les orgies de l'*Indra-yâtrâ*. C'est à Katmandou qu'elle a le plus d'éclat. Indra est le patron de la ville, et les Gourkhas aiment les souvenirs que cette fête leur rappelle. C'est encore Guṇakâma, le fondateur de Katmandou, qui passe pour le créateur de l'Indra-yâtrâ. Elle dure huit jours, du 11 Bhâdrapada sudi au 4 Âçvina badi. La journée se passe à visiter les temples et à faire ripaille ; le soir, les maisons sont illuminées ; les danseurs de caste se rassemblent devant le palais, déguisés en femmes, en démons, en bêtes, et dansent jusqu'à une heure avancée ; la foule accourt pour assister à ce spectacle, coupé de farces et de bouffonneries. Les danseurs reçoivent du gouvernement une indemnité, plutôt dérisoire. Dans toute la ville on voit des figures d'Indra, avec les bras étendus, marquées au front, aux mains, aux pieds de signes religieux (*tilakas*) : les capucins du XVIIIe siècle pensaient y reconnaître un travestissement (naturellement manichéen) du Christ en croix [1]. Ces figures, élevées sur des tréteaux ou sous des abris provisoires, sont consacrées à la mémoire des ancêtres défunts, et on les invoque à ce titre. La procession proprement dite part du temple d'Indra, sur l'Indra-Than, à l'extrémité occidentale de la vallée, et elle se rend au temple de Bâla-Kumârî, dans la ville de Timi (entre Katmandou et Bhatgaon), en visitant sur la route un grand nombre de sanctuaires.

Une autre procession, greffée au XVIIIe siècle sur la fête d'Indra, a fini par faire corps avec elle. Vers 1750, une fillette de sept ans, de famille banra, déclara dans une crise

1. GEORGI, *Alph. Tibet*, p. 203. Georgi reproduit deux dessins qui figurent, avec un parti pris manifeste, ces prétendues contrefaçons de la Croix.

de possession qu'elle était Kumârî en personne. Le roi Jaya Prakâça Malla, informé, ne se laissa pas convaincre ; il bannit l'enfant et sa famille, pour imposture. Le soir de la condamnation, la reine est prise des mêmes transports que l'enfant ; elle se met à crier que l'esprit de Kumârî la possède. Jaya Prakâça, terrifié, se hâte de rappeler la petite exilée, sollicite son pardon. Pour racheter sa faute, il institua une procession ; on bâtit un char en pagode, à trois étages, et dans la niche du bas, la Kumârî recevait l'hommage de ses adorateurs. Près d'elle, sur la plate-forme du char, des prêtres, et un général qui tenait le sabre royal. Le roi en personne, assis sur son trône, l'attendit devant la porte du palais pour la saluer et lui présenter son offrande. La cérémonie se renouvela les années suivantes. En 1768, le jour où la procession devait défiler devant le palais (le quatorzième jour sudi, qui est l'Ananta-čaturdaçî), le roi de Gourkha, Prithi Narayan, profita de la confusion pour pénétrer nuitamment dans la ville, aidé par la trahison des brahmanes ; le peuple et les soldats, tous engourdis par l'ivresse, n'essayèrent pas même de résister. Jaya Prakâça eut à peine le temps de s'échapper et de fuir jusqu'à Bhatgaon. Prithi Narayan s'installa sur le trône dressé à la porte du Darbar, salua la Kumârî, reçut son hommage (*prasâda*) et donna l'ordre de continuer la fête. Encore aujourd'hui, le soir de l'Ananta-čaturdaçî, on érige sur la place du Darbar un grand mât où l'on suspend un oriflamme décoré d'emblèmes religieux ; une salve d'artillerie salue le drapeau, aussitôt hissé, et commémore l'heure précise où les Gourkhas occupèrent Katmandou.

Le *Dasâîn* n'est pas moins populaire au Népal qu'il l'est au Bengale, où il porte le nom de Durgâ-Pûjâ ; on l'appelle encore *Daçarhâ*, les Dix-Journées, ou *Navarâtri*, les Neuf-Nuits. Il dure, en effet, du 1 au 10 Âçvina (septembre-octobre), sudi. Il tombe au moment où l'on commence, au

Népal, à moissonner le riz transplanté, et prend ainsi le caractère d'une fête agraire. Le premier jour, les brahmanes sèment de l'orge à un endroit pur, et l'arrosent avec de l'eau consacrée ; le dixième jour, ils arrachent les jeunes pousses et les disposent en petits bouquets que les fidèles leur paient en menues offrandes. C'est alors seulement que la moisson commence dans toute la vallée. Le Dasâîn pourtant commémore en principe un exploit guerrier : la victoire de Durgâ sur son formidable adversaire, le démon Mahiṣa (Asura). Aussi est-ce en même temps une fête militaire : le septième jour, le roi escorté du premier ministre et des hauts fonctionnaires, assiste à une grande parade de la garnison sur le Tundi-khel ; la canonnade et la fusillade alternent sans interruption. Le 9, chaque régiment offre des sacrifices à son drapeau, décoré pour la circonstance de fleurs et de banderoles : des buffles, les cornes peinturlurées, des guirlandes au cou, sont amenés devant le drapeau et décapités d'un coup de kukhri. Les enfants de troupe, pour se faire la main, s'essaient sur de simples boucs. Chaque officier se pique d'offrir au moins un buffle, sans préjudice des victimes qu'il sacrifie chez lui. A la caserne du Kot, voisine du palais, le roi et les généraux viennent ordinairement savourer le carnage, au bruit de la poudre et de la musique ; on y égorge coup sur coup cent à cent cinquante buffles, sans prendre le temps d'éloigner les cadavres. Tous les temples du pays ont leur part de boucherie. Le Dasâîn est, de plus, le commencement de l'année administrative et domestique ; la répartition annuelle des emplois est définitivement arrêtée le premier jour du Dasâîn. C'est aussi le jour de louée des serviteurs, et le jour de leurs étrennes. A la fin de la dizaine fériée, le roi donne une grande réception (*darbar*), et les fonctionnaires maintenus ou nouveaux vont présenter leurs hommages, avec leurs offrandes, à leurs chefs respectifs.

Les tribunaux vaquent durant tout le Dasâin, et les détenus sont transférés hors des murs.

La *Svayambhû-mâlâ* est une fête exclusivement bouddhique qui se célèbre à la pleine lune d'Âçvina ; elle marque la fin de la saison des pluies. On retire les nattes qui abritaient les clochers des čaityas, et on érige des parasols sur les antiques monuments d'Açoka à Patan.

La *Dîvâlî (Dîpâvali)* est une fête officielle en même temps qu'une période de réjouissances populaires. Elle dure cinq jours, du 1er au 5 Kârtika (octobre-novembre), sudi. Elle rappelle la victoire de Viṣṇu sur le démon Naraka, et son entrée triomphale dans la ville conquise. Les maisons sont pavoisées et splendidement illuminées ; l'épouse de Viṣṇu, Lakṣmî, déesse de la Fortune, préside à ces réjouissances. Le premier jour, on passe au cou de tous les chiens des guirlandes de fleurs, et on leur rend un culte. Les parias du Népal, par une extension humiliante, profitent de cette bienveillance exceptionnelle, et passent ce jour-là sans subir d'avanie. Le second jour (*vṛṣabha-pûjâ*), c'est le tour des vaches et des buffles, qui reçoivent les mêmes honneurs. Le troisième jour, chacun fait l'inventaire de sa caisse et adore Lakṣmî. Le quatrième jour, chaque chef de famille adore comme des divinités les personnes de sa famille et de sa maison, et leur offre une fête. Le cinquième jour, c'est la « fête des frères » (*bhrâtṛ-pûjâ*) ; la sœur rend visite à son frère, lui pose une marque de respect (*ṭîkâ*) au front, une guirlande au cou, lui lave les pieds et lui offre des douceurs ; elle reçoit en retour un petit cadeau. Mais c'est le jeu surtout qui rend la Dîvâlî populaire au Népal ; le gouvernement fixe une période variable, en général d'une semaine, où le jeu cesse d'être interdit ; chacun est libre de jouer, n'importe quand et n'importe où, chez soi comme dans la rue. Le jeu à découvert est seul prohibé ; les joueurs sont tenus de déposer leur mise avant la partie. La précaution a paru nécessaire pour imposer un frein aux entraînements d'une passion irrésistible ; il circule à ce sujet d'étranges histoires, telle celle du joueur qui, de perte en perte, finit par se couper la main gauche, l'enveloppa dans une toile et somma son adversaire de tenir l'enjeu ou de rendre l'argent gagné.

Pendant toute la durée du mois de Kârtika, les dévotes les plus zélées s'installent au temple de Paçupati et ne prennent, dit-on, comme nourriture que l'eau versée en lustration sur le liṅga. Le soir de la pleine lune, à la fin du mois, le temple est illuminé ; il s'y tient une grande fête, et le lendemain matin une joyeuse procession ramène chez elles les héroïnes de ce long jeûne.

Le 4 du mois de Mâgha (janvier-février) badi, est consacré à Gaṇeça ; la journée de jeûne est naturellement suivie d'une nuit de fête.

Le 5 sudi porte le nom de *Vasanta-pañčamî* en souvenir du temps où il marquait l'entrée du printemps ; il est désigné plus communément comme la *Çrî-pañčamî*, quoique la journée soit en fait consacrée à Sarasvatî. Le matin, on rassemble sur une planche les livres, les cahiers, les encriers, les kalams de la maison ; on les parsème de fleurs toutes blanches et on adresse un culte (*pûjâ*) à Sarasvatî. L'écritoire a congé toute la journée ; en cas de besoin pressant, on écrit à la craie ou au charbon.

Le mois de Mâgha s'achève par une grande procession en l'honneur des baigneurs courageux qui ont continué, malgré le froid, à se plonger le matin dans les eaux saintes de la Bagmati. Un cortège va les prendre au *ghat* ; on les transporte jusqu'aux temples dans des litières, avec des lampes sur la poitrine, sur les bras et sur les genoux, les yeux garnis de lunettes pour les préserver des étincelles ; d'autres baigneurs suivent, qui portent sur la tête des pots de terre remplis d'eau, percés de trous minuscules ; les spectateurs recueillent les gouttes qui tombent et s'en mouillent le front.

La *Çiva-râtri*, qui se célèbre la nuit de la nouvelle lune de Phâlguna (février-mars), est considérée par les Çivaïtes

Bord de la Bagmati, à Paçupati, le jour de la Çivarâtri.

comme la plus importante des fêtes de Çiva. Les dévots de Çiva visitent à cette occasion les liṅgas les plus réputés ; la notoriété de Paçupati attire au Népal des adorateurs éloignés ; il en vient même des régions les plus méridionales de l'Inde. L'accès du pays, par la voie de Sisagarhi, est ouvert alors sans formalités et sans droits. La route est couverte de yogis exaltés, de faquirs charlatanesques, et de dévots naïfs attachés à leurs pas, l'éternel cortège des dupeurs et des dupes. Les Névars, eux, se préparent à la fête par une tournée circulaire autour de la vallée, en soixante-quatre étapes : la *Čatuḥ-ṣaṣṭi yâtrâ*. Toute la journée de la Çiva-râtri, Paçupati est encombré d'une multitude grouillante, avide d'adorer le liṅga aux quatre faces, d'y répandre les feuilles rafraîchissantes du bilva pour calmer l'érection douloureuse du dieu générateur, et de se baigner dans la Bagmati. Le roi lui-même ne manque pas de s'y rendre. L'après-midi, entouré du haut personnel d'État, il passe une revue sur le champ de manœuvres de Katmandou.

Le *holi* (pleine lune de Phâlguna) est la véritable fête du printemps ; les brahmanes, par une invention de fantaisie, l'ont mis en rapport avec le culte de Kṛṣṇa ; mais le peuple se contente de célébrer le carnaval ; chacun prétend enterrer joyeusement l'année mourante, dont le cadavre symbolique pend à la porte du palais : le soir venu, les loques multicolores qui figuraient les jours passés sont jetées à bas et lancées dans un grand brasier. Les confetti même ne manquent pas à la fête ; chacun se munit d'un sac de poudre rouge et c'est à qui saura le mieux bombarder les passants, soit à pleines poignées, soit au moyen d'un tube.

L'année religieuse, qui s'ouvre avec la yâtrâ de Matsyendra Nâtha de Patan, s'achève par la *yâtrâ du Petit Matsyendra Nâtha* de Katmandou. Le Petit (Sânu) Matsyendra est fort différent du grand ; il n'est point rouge, mais blanc ; ce n'est point une forme de Padmapâṇi, mais de Samantabhadra. Son origine remonte au temps de Yakṣa Malla (vers le milieu du XVe siècle). Des potiers qui cherchaient de l'argile exhumèrent une statue qui datait du règne de Guṇakâma deva, et qui n'était autre que Sânu Matsyendra Nâtha. Le roi la fit réparer et lui éleva un temple. Au XVIIe siècle, Pratâpa Malla établit en son honneur une *ratha-yâtrâ*, qui s'est perpétuée. Elle dure, sauf incidents, quatre jours, du 8 au 11 Čaitra, sudi. Les Névars seuls la célèbrent ; mais le 9 est une journée de fête universelle, car les Gourkhas célèbrent à cette date la fête hindoue en l'honneur de Râma (*Râma-navamî*).

Colonne de bronze surmontée d'un Gaṇeça. Ouvrage népalais.

HISTOIRE DU NÉPAL

Le Népal n'entre dans l'histoire authentique et positive qu'au IVe siècle de l'ère chrétienne. Le premier document daté qui cite le nom du Népal est le panégyrique de l'empereur Samudra Gupta, sur le pilier d'Allahabad ; l'inscription dénombre les peuples soumis en qualité de tributaires, de vassaux ou de sujets directs à l'autorité du puissant souverain, qui donna un instant à l'Inde l'unité impériale. Le roi du Népal (*Nepâla-nṛpati*) y est classé, à l'avant-dernier rang, parmi les princes qui « payaient le tribut, obéissaient aux ordres, et venaient se prosterner pour satisfaire à la volonté impérieuse du maître[1] » ; il est placé entre le prince du Kâmarûpa, d'une part et le prince du Kartṛpura de l'autre. Le nom du Kartṛpura n'a pas encore été rencontré ailleurs et demeure énigmatique ; le nom du Kâmarûpa s'est perpétué, il continue à désigner officiellement le district Nord-Ouest de l'Assam, sur la frontière méridionale du Bhoutan. Les noms du Népal et du Kâmarûpa sont fréquemment rapprochés dans la littérature, comme ils le sont sur le pilier d'Allahabad.

La littérature sanscrite dans son ensemble pose trop de problèmes à la chronologie pour venir efficacement à son

1. Samataṭa-Ḍavāka-Kāmarūpa-Nepāla-Karttṛpurādi-pratyanta-nṛpatibhir.... sarvvakaradānājñā - karaṇa - praṇāmāgamana - paritoṣita - pracaṇḍa - çāsanasya (Fleet, *Corp. Inscr. Ind.*, III, p. 8).

aide. Les grandes épopées et les Purâṇas, en particulier, flottent encore presque au hasard dans le chaos du passé hindou. Quelle qu'en soit toutefois la date, il est nécessaire d'observer que le nom du Népal ne se trouve pas, autant que je sache, dans le Mahâbhârata, ni dans le Râmâyaṇa, ni dans les principaux Purâṇas, malgré la place considérable que l'Himâlaya occupe dans leurs récits et leurs légendes. Le silence unanime des grandes compilations épiques et mythologiques porte à croire que le nom du Népal était encore inconnu ou n'existait pas encore à l'époque des diascévastes. Tandis que le Kâmarûpa voisin, sous la désignation archaïque de Prâgjyotiṣa, était admis dans le cycle des rhapsodies consacrées, le Népal restait l'asile anonyme des Kirâtas barbares, inaccessibles dans leurs montagnes et redoutés de la plaine.

Un prétendu texte de littérature védique, l'Atharva-pariçiṣṭa, cite, il est vrai, le Népal avec le Kâmarûpa [1]; mais l'ouvrage, en dépit de ses prétentions, est un supplément postiche de l'Atharva-Veda, rédigé à une époque tardive ; certaines de ses doctrines astrologiques semblent y déceler jusqu'à l'évidence l'influence des idées helléniques. En fait, c'est avec la littérature personnelle que le nom du Népal apparaît dans l'Inde. Un des vingt-cinq Contes du Vampire, insérés dans la Bṛhatkathâ paiçâcî de Guṇâḍhya, a pour héros un roi du Népal ; les deux versions sanscrites s'accordent à le nommer Yaçaḥketu. Ce conte appartient au cycle populaire de Mûladeva, le roi des fripons ; le nom du Népal, loin d'être essentiel au récit, n'y est introduit que par hasard ; mais l'accord des deux versions atteste que ce choix purement arbitraire remonte du moins au

1. Nepālaṃ Kāmarūpaṃ Videhodumbaraṃ tathā | tathāvantyaḥ Kaikayaç ca uttarapūrve hate hanyāt | . Section du kūrma-vibhāga de l'Atharva-pariçiṣṭa dans Weber, *Verzeich. der Hss. der Kön. Bibl.* Berlin, I, p. 93. — Et cf. Weber, *Ind. Studien,* VIII, 413 ; X, 319.

compilateur de l'original prâcrit, vers le second siècle de l'ère chrétienne[1]. Vers la même époque, un peu plus tard peut être, le Traité d'art dramatique de Bharata nomme « les gens du Népal » parmi les habitants et les voisins des montagnes[2].

Au VIe siècle, l'astronome Varâha-Mihira mentionne le Népal dans le groupe des peuples que menace, comme un fâcheux présage, l'intersection des orbites de Vénus et de la Lune; mais son texte reproduit en fait une doctrine antérieure qui remonte à son devancier Parâçara[3].

La littérature du bouddhisme présente plusieurs mentions du Népal : mais il est difficile de leur assigner une date expresse. Le Mûla-sarvâstivâda-vinaya-saṃgraha, compilé par Jinamitra, et traduit par I-tsing, en 700 J.-C., montre dans un épisode relatif au port de la laine, une troupe de bhikṣus en route vers le Népal (*Ni-po-lo*), tandis que le Bouddha résidait à Çrâvastî[4]. L'auteur de ce recueil est sans doute identique à un docteur du même nom que Hiouen-tsang exalte comme une des gloires de la science bouddhique, à la suite de Sthiramati qui florissait vers 550[5];

1. Abhūn Nepālaviṣaye nāmnā Çivapuraṃ puram |
yathārthanāmā tatrāsīd yaçaḥketuḥ purā nṛpaḥ ||
SOMADEVA, *Kathâ-sarit-sâgara*, XII, 22, v. 3.
Nepālaviṣaye çrīmān yaçaḥketur abhūn nṛpaḥ |
KSEMENDRA, *Bṛhat-kathâ-mañjarî*, IX, v. 728.
Somadeva, comme on voit, met de plus le Népal en rapport avec Çiva.

2. Aṅgā Vaṅgāḥ Kaliṅgāç ca Vatsāç caivoḍra-Māgadhāḥ |
Pauṇḍrā Naipālikāç caiva antargiri-bahirgirāḥ ||
Nâṭya-çâstra, XIII, 32.

3. VARÂHA-MIHIRA, *Bṛhat-Saṃhitâ*, IV, 22. Le passage correspondant de Parâçara est cité par KERN dans une note de sa traduction, *Journ. Roy. As. Soc.*, n. s., IV, p. 454. — Varâha-Mihira nomme encore le Népal, V, 65.

4. *Tripiṭaka chinois*, éd. japonaise, XVII, vol. 6, p. 32a (=Nanjio, 1127).

5. *Mémoires*, II, 47. Sur la date de Sthiramati, cf. mes *Donations religieuses des rois de Valabhî* dans le VIIe vol. de la Bibliothèque de l'École des hautes études, sciences religieuses. Paris, 1896, p. 97.

justement le Tibétain Bu-ston désigne Jinamitra comme le disciple d'un disciple de Sthiramati[1]. Le Vinaya-saṃgraha serait alors du VIe-VIIe siècle, et Jinamitra en empruntant un épisode aux textes canoniques a pu y introduire un nom de date plus récente. Le nom du Népal se trouve même dans le texte d'un sûtra, le Čandragarbha-sûtra, traduit en chinois par Narendrayaçças entre 550 et 557 J.-C.; il y figure dans une longue et intéressante liste de peuples, qui trahit, soit une fabrication, soit un remaniement de date tardive, à peine antérieurs au traducteur lui-même[2]. Au cours du VIIe siècle, l'Éloge des Huit Grands Čaityas, attribué au roi Harṣa Çîlâditya, place le Népal, en compagnie du Kâmarûpa parmi les pays possesseurs de saintes reliques[3]. La littérature des Tantras, rédigée à une époque assez basse, est naturellement familière avec le Népal où les Tantras étaient en honneur. Le Mañjuçrî-mûla-tantra, traduit en chinois entre 980 et 1000 J.-C., désigne le Népal avec le Cachemire, le Kapiça (*Kia-wei-chi*), la petite Chine et la grande Chine (Mahâčîna) parmi les royaumes de l'Inde du Nord où se rencontrent des asiles propices pour parfaire la pratique[4]; dans un autre passage, il enseigne les signes funestes qui présagent un malheur au Népal : « Quand, aux jours des nakṣatras Hasta, Čitrâ, Svâti, Viçâkhâ, Anurâdhâ, Jyeṣṭhâ, il y aura un tremblement de terre, alors dans le royaume du Népal (*Ni-po-lo*) les petits rois du dedans et d'alentour s'envahiront, se pilleront, se tueront mutuellement[5] ». Le

1. TÂRANÂTHA, p. 320.

2. Éd. japonaise, III, 4, 61a (= Nanjio, 63). Le Népal est inséré dans cette liste entre les Têtes-de-chien (Çvamukhas) et les *Kiu-na-so* (Gonâsas?).

3. *Une poésie inconnue du roi Harṣa Çîlâditya*, par Sylvain LÉVI, dans les actes du *Xe Congrès des orient*. Genève, 1895, v. 3.

4. Éd. japon., XXVII, 9, p. 48a (= Nanjio, 1056).

5. *Ib.*, 63a.

Sarva-tathâgata-mahâ-guhya-râjâdbhutânuttara-praçasta-mahâ-maṇḍala-sûtra nomme aussi le Népal, pêle-mêle avec le Magadha, la Chine, le Samataṭa, le Lâṭa, etc., parmi les royaumes où résident des disciples de Vajrapâṇi[1].

Le premier personnage authentique qui se trouve mis en rapport avec le Népal est le célèbre docteur Vasubandhu qui florissait aux confins du ve et du vi[e] siècle[2]; selon le récit de Târanâtha, Vasubandhu déjà vieux s'en alla au Népal accompagné de 500 élèves; il y fonda des écoles religieuses, et le nombre des moines s'accrut de beaucoup. Mais un jour il vit un guru, revêtu de son costume ecclésiastique, qui labourait un champ; à la vue de cette transgression inexpiable, il comprit que la décadence de la doctrine était proche; il récita trois fois la formule de l'Uṣṇîṣavijaya dhâraṇî, et mourut. Ses disciples lui élevèrent un čaitya sur la place.[3]

La tradition jaina rapporte, de son côté, que le patriarche Bhadrabâhu était en route pour le Népal au moment où le concile de Pâṭaliputra se réunit pour recueillir le texte des Aṅgas qui allait se perdre[4]. La mort de Bhadrabâhu flotte, selon les diverses écoles, entre 357 et 365 av. J.-C., mais le Pariçiṣṭa-parvan, où se trouve l'indication de son voyage au Népal, est l'œuvre de Hemačandra, le grand docteur jaina qui vivait à la cour du roi Kumâra-Pâla au xii[e] siècle.

1. Éd. japon., XXVII, 3, p. 82[b] (= Nanjio, 1018).
2. Târanâtha, p. 125.
3. Cf. Takakusu, *A study... and the date of Vasubandhu*, dans le *Journ. Roy. As. Soc.*, 1905, 1.
4. Nepāla-deça-mārga-stha. *Pariçiṣṭa-parvan*, l. IX; cf. sup., vol. I, 225. — Hemačandra, dans un passage intéressant de son commentaire sur le Kâvyânuçâsana (*Kâvya-Mâlâ*, 1900, p. 128), cite le Népal dans les pays situés à l'Orient de Bénarès (°Videha-Nepāla-Puṇḍra-Prāgjyotiṣa° Vārāṇāsyāḥ parataḥ pūrvadeçaḥ) et encore parmi les montagnes de cette région (°Dardura-Nepāla-Kāmarūpādayaḥ parvatāḥ).

Le nom du Népal, *Nepâla,* malgré sa physionomie sanscrite, n'offre pas à l'étymologie d'explication satisfaisante. Lassen[1] proposait de l'interpréter, par analogie avec les mots Himâla, Pañčâla, etc., comme un composé de deux termes : *nîpa* et *âla. Âla* serait, comme dans les autres mots de ce type, une abréviation *d'âlaya* « demeure » *nîpa*, renforcé en *nepa*, signifierait : le pied d'une montagne. Mais, même à supposer légitime la modification de *nîpa* en *nepa,* le sens attribué ici à ce mot n'a pas d'autre garant qu'une glose de scoliaste[2] ; en outre, il s'applique assez mal à un pays situé dans la montagne même : le Népal n'est au propre que la grande vallée intérieure. Le mot *nîpa* désigne surtout une variété d'açoka (le *nauclea cadamba* des botanistes) qui est loin de caractériser la région népalaise. On pourrait encore faire intervenir les Nîpas, race princière du cycle des Pâṇḍavas, qui régnaient à Kâmpilya, dans le Pañčâla.

L'interprétation locale préfère une autre analyse ; elle partage le mot en *ne + pâla*; ce dernier élément signifie en sanscrit : « le protecteur ». La fantaisie des exégètes a pu s'exercer sur la syllabe initiale *ne* qui n'a pas d'existence réelle en sanscrit. Les Bouddhistes y voient une formation tirée de la racine *nî*, « conduire » ; *Ne* serait « le conducteur qui mène au Paradis », Svayambhû Âdibuddha. *Ne-pâla* signifierait : « (le pays) qui a pour protecteur Svayambhû psychopompe[3] ». D'après les brahmanes, *Ne* serait le nom réel ou abrégé d'un saint qui vécut jadis au Népal. Dans le Paçupati-purâṇa (XXI) Sanat-Kumâra s'écrie : « Un saint nommé *Ne* l'a protégé jadis par ses œuvres méritoires ; aussi le pays dans le sein de

1. *Ind. Alt.*, I², 76, n. 3.
2. MAHIDHARA sur la *Vâj. Saṃh.*, XVI,37.
3. HODGSON, *Essays,* 51, note.

l'Himâlaya s'appelle *Nepâla*[1] ». Le Nepâla-mâhâtmya (XII), nomme le même saint *Nemi*. « O Nemi, lui dit Paçupati, marche en tête des saints de ce domaine sacré ; c'est toi qui dois, ô trésor d'austérités, protéger ce pays, sur ma parole ! » Et depuis lors le pays a pris le nom de Nepâla[2]. Au lieu de Nemi, l'éponyme est aussi appelé quelquefois Niyama[3]. Dans ce système d'interprétation, le Népal fait exactement pendant au Gourkha ; le Gourkha, en effet, tire son nom du saint patronal (Gorakṣa Nâtha) qui protégeait la ville et le pays.

Le saint Ne ou Nemi passe pour le fondateur de la dynastie mythique des Guptas ; la dynastie lunaire (Somavaṃça), la première dynastie hindoue qui semble appartenir à l'histoire, a pour fondateur un prince appelé Nimiṣa : Nemi et Nimiṣa ne sont sans doute que deux variantes de la même tradition ou de la même légende. C'est encore le même ancêtre éponyme qui reparaît, sous une troisième transformation, dans le roi Nemita que les sources de Târanâtha désignent comme le père d'Açoka. « Dans le royaume de Čampârṇa, qui appartient au peuple des Tharus, Nemita, assisté de cinq cents ministres commandait à tous les pays du Nord... Les montagnards du Népal et les Khaçyas se soulevèrent contre lui. Açoka, son fils, les réduisit sans difficulté[4]. » Čampârṇa est manifestement le

1. Nenāmnā muninā pūrvaṃ pālanāt puṇyakarmaṇā |
idaṃ hi Himavat-kukṣau Nepāla iti cocyate ||

La Vaṃçâvalî bouddhique lui donne également le nom de *Ne-muni* (Wright, 107).

2. Neme tvam asya kṣetrasya munīnām agraṇīr bhava |
pālanīyaṃ tvayā kṣetraṃ vacanān me tapodhana ||
tataḥprabhṛti taj jātaṃ kṣetraṃ Nepālasaṃjñakam |

3. Hamilton, 187. — Hodgson, *loc. cit.* — Oldfield, II, 189. — Un passage du Harṣačarita de Bâṇa rapproche justement dans un jeu de mots *nemi* et *niyama*. Le religieux bouddhiste Divâkara Mitra y est appelé : janma yamasya, nemiṃ niyamasya, tattvaṃ tapasaḥ » (éd. Bombay, 266).

4. Târanâtha, p. 26 et 27. — Schiefner traduit le tibétain *tharu-i*

sanscrit Campâraṇya, le moderne Champaran, situé aux confins du Népal, sur la grande route de Patna à Katmandou; les Tharus continuent à peupler de leurs tribus plus qu'à demi sauvages les bas-fonds marécageux du Téraï, au Nord du Champaran, sur la lisière du Népal.

L'époque de Nemi ou Ne-muni marque, dans la Chronique locale, la transition entre la période divine et la période légendaire; elle tombe 600 ans ou 900 ans avant le commencement du Kali-yuga (3 101 av. J.-C.), dans le quatrième millénaire avant l'ère chrétienne. La période divine remonte jusqu'aux origines du monde; la période légendaire descend jusqu'à l'avènement d'Aṃçuvarman, fondateur de la dynastie Thâkuri. C'est à partir de son règne que « les dieux cessèrent de se montrer au Népal sous leur forme corporelle aux regards des humains ». Un vers du Bhaviṣya-Purâṇa prédit en effet que : « Viṣṇu doit résider dix mille ans sur la terre : la Gaṅgâ, deux fois moins; les Grâma-Devatâs (divinités locales) deux fois moins encore ». Mais le Népal étant le pays des dieux, les Devatâs consentirent à y prolonger de trois cents ans leur

brgyud par « die Reihe der Erdgränze ». Mais, d'après le témoignage même de Wassilief (cité *ib.* Introd., p. 9). « Sumba Khutuktu entend *Tharu* comme le nom d'une peuplade (d'où est issu Açoka) ». L'exactitude de cette information fait honneur à la tradition tibétaine. Il est certain, en effet, qu'il faut traduire *tharu-i brgyud* « le pays des Tharus ».

La forme tibétaine du nom du Népal, *Bal-po*, semble confirmer l'analyse traditionnelle qui isole la syllabe initiale *ne*. L'élément *po* est la particule substantive qui s'attache aux termes concrets; la partie significative se réduit à *Bal* (=*pâla*, ou plutôt une forme affaiblie *bâla*, intermédiaire entre le sanscrit Ne)pâla et la désignation moderne de Ne)vâra, névars. Le mot *bal* signifie de plus, en tibétain, « laine ». Le Népal est souvent désigné aussi par « *Rin-po-che-i-gliṅ* » qui correspond au sanscrit Ratna-dvîpa « pays des joyaux » et par extension « pays des bienheureux », on l'appelle aussi Klu (i)-yul « le pays des Nâgas », comme étant leur résidence favorite. Les Chinois, à l'époque des T'ang, disent *Ni-po-lo*; à l'époque des Ming *Ni-pa-la*; les formes modernes Pa-lo-pou, Pa-eul-pou, Paï-pou sont des transcriptions du nom tibétain *Bal-po*. Cf. sup., vol. I, p. 186; et I, 223, n. 1, pour une autre étymologie de Népal proposée par M. Waddell.

séjour. L'avènement d'Aṃçuvarman tombait, dans ce système en 2 800 ($\frac{10.000}{2 \times 2}$ + 300) du Kali-yuga ; par goût des chiffres ronds on le transporta en 3 000 K.-Y. = 101 av. J.-C. Un heureux hasard nous permet de corriger avec assurance les chiffres de la Vaṃçâvalî ; la confrontation de l'épigraphie et des voyageurs chinois fixe indubitablement le règne d'Aṃçuvarman au début du VIIe siècle J.-C. (595 J.-C. = 3 696 K.-Y.). L'écart est de huit cents ans. A se fonder sur le système de la Vaṃçâvalî, on se serait cru en droit d'affirmer que l'histoire positive s'ouvrait au Népal vers l'an 600 J.-C., après la disparition des dieux, toujours suspects à l'historien. Mais, à l'encontre de cette prévention, l'épigraphie rend dès maintenant à l'histoire une suite de rois de la dynastie Sûryavaṃçi, à partir du pieux Vṛṣa deva qui visita l'enfer et en revint. Si le règne de Mâna deva (I) date, comme nous croyons l'établir, de la fin du Ve siècle, Vṛṣa deva, son bisaïeul, doit remonter aux environs de l'an 450 J.-C., moins d'un demi-siècle après l'inscription de Samudra Gupta où se rencontre la première mention authentique du royaume de Népal. Au delà, la critique dispute péniblement les faits à la tradition.

L'histoire divine du Népal consiste surtout dans les légendes que j'ai déjà rapportées d'après les compilations brahmaniques et bouddhiques. Il serait oiseux de chercher à établir un enchaînement dans ces contes. Je rappelle seulement le rôle attribué à Mañjuçrî, qui vint de la Chine à Svayambhû, tira le Népal des eaux, et y fonda la ville de Mañjupattana[1], entre la Bitsnumati à l'O., la Bagmati

1. WRIGHT, 79 : « De la colline de Padma (= Svayambhû) à Guhyeçvarî ». Le *Svay. P.* (éd. Bibl. Ind., p. 246) indique d'autres limites, mais équivalentes :

çaṅkhaparvatopatyakād ā cintāmaṇitīrthakam |
keçāvatyāṃ pūrvatīre çaṅkhaparvatadakṣiṇe |
paçcime rājamañjaryā vāgmatyā uttare diçi ||

à l'E. et au S., et le Sheopuri au N. La ville actuelle de Katmandou forme l'angle S.-O. de cet emplacement légendaire. Il y installa comme roi Dharmâkara, un roi de la Grande Chine (Mahâ-Čîna) qui l'avait accompagné dans son pèlerinage et qui justifiait par ses vertus et sa piété son nom : « Trésor de la Loi ». Dharmâkara organisa le Népal sur le modèle de la Chine ; sciences, connaissances, métiers, culture, manières, commerce, tout copiait les modèles chinois[1]. Il éleva même un édifice religieux à étages, à la façon chinoise[2]. Il laissa le trône à Dharma pâla, qui était venu de l'Inde avec le Bouddha Krakučchanda. La dynastie de Dharma pâla dura jusqu'à la fin de l'âge Tretâ.

Sudhanvan qui régnait à ce moment critique transporta la capitale à Sâṅkâsyâ sur les bords de l'Ikṣumatî (le ruisseau Tukhucha, à l'E. de la Résidence Britannique); mais il encourut la colère de Janaka, le beau-père du glorieux Râma ; Janaka le fit mettre à mort et donna le trône vacant à son propre frère Kuçadhvaja, qui fonda une nouvelle dynastie. L'épisode de Sudhanvan a été emprunté d'un seul bloc au Râmâyaṇa (I, 70e et 71e adhy.) et trahit l'intention arrêtée de rattacher l'antiquité népalaise au cycle de Râma, où elle n'avait pas trouvé de place authentique. Au temps du Bouddha Kâçyapa, le Népal reçoit la visite d'un roi de Gauḍa (Bengale), Pračaṇḍa deva, entré en religion sous le nom de Çântaçrî ou Çântikara. Les descendants de son fils, Çakti deva, viennent ensuite du

1. *Svay. P.*, p. 248 :

tathā Cīnavad rājyaṃ ca sarvavidyātanmaṇḍalam |
akṣaraṃ sarvavidyāpi çilpavidyābhiḥ çastrakaiḥ ||
kṛṣi ādibhiḥ bhāvaiç ca vāṇijyaiḥ sarvakarmabhiḥ |
yathā Cīnapradeçe 'sti tathā Nepālamaṇḍale ||

Cf. sup., I, 332, n. 2.

2. *Svay. P.*, ms. de la Bibl. Nation., D. 78, p. 26b.

yadvan mahācīnakūṭāgāraṃ tadvan manoharam |

Bengale occuper le trône resté libre ; un d'entre eux, Guṇa kâma deva, apprend de son aïeul Çântikara les rites qui rendent les Nâgas propices. La légende a ici dédoublé, pour les transporter dans le passé le plus reculé, Guṇa kâma deva le Thâkuri et son maître spirituel, que recommandait aux inventions des conteurs leur prestige surnaturel. Le héros d'un jâtaka célèbre, Siṃhala, est introduit ensuite dans la descendance de Guṇa kâma deva ; il vient fonder au Népal le couvent de Vikramaçîla, contrefaçon misérable d'un couvent illustre élevé en Magadha par Dharmapâla, roi de Gauḍa, au IXe siècle J.-C.

Le procédé de dédoublement et de report, appliqué à la dynastie des Kirâtas, fournit une lignée de princes qui remplit un intervalle de mille ans. Le dernier de ces prétendus Kirâtas, Saṅkû, est renversé par un prince hindou, Dharma datta, venu de Kâñčî (Conjeveram, près de Madras), pour adorer Paçupati ; il abandonne Suprabhâ (Thankot, au S.-O. de la vallée) que les Kirâtas avaient adoptée pour capitale, et fonde Viçâla-nagara sur l'axe longitudinal de la vallée, entre Budha-Nilkanth et Kotwal (la brèche de Mañjuçrî). Il y établit des Hindous des quatre castes, et règne mille années ; il bâtit le temple de Paçupati, l'enrichit de donations et construit au N.-O. de Paçupati un čaitya qui porte son nom ; ce čaitya subsistait encore au temps de Vṛṣa deva le Sûryavaṃçi qui le répara. Le démon Dânâsura s'empare alors du pays, inonde la vallée pour en faire un lac de plaisance : mais il est vaincu et tué par Viṣṇu-Kṛṣṇa. Les anciennes villes ont disparu sous l'inondation ; Brahma, Viṣṇu et Çiva associés fondent une nouvelle ville entre le cours supérieur de la Bagmati (Çaṅkha-mûla) et Budha-Nilkanth, et y instituent roi un kṣetri, Svayaṃvrata, fils d'un saint ermite (*ṛṣi*). Les rois des contes populaires, Vikramâjît (Vikramâditya), son fils Vikrama-Kesari, son rival Bhoja qui s'assied sur un trône porté par trente-deux statues parlantes se succèdent ensuite au Népal. La population augmente ; des villes se fondent çà et là : Matirâjya, Îrṣyârâjya, Padma-kâṣṭha-giri (Kirtipur). Mille ans après, une reine du Marvar, Piṅgalâ, négligée par son époux, le roi Sudatta, se rend au Népal, gagne par son zèle la faveur de Paçupati ; l'intervention des dieux réconcilie le ménage et Piṅgalâ fonde en souvenir de son séjour le Piṅgalâ-vihâra. Il restait encore 950 ans à courir de l'âge Dvâpara quand les dieux décidèrent de rétablir au Népal l'autorité d'un roi.

Le sage Ne-muni était alors installé au confluent de la Bagmati et de la Bitsnumati ; il édifiait et instruisait le peuple ; on l'écoutait comme un oracle. Il déclara que l'heure était venue de consacrer un nouveau prince. Comme il ne restait plus de kṣatriyas, son choix s'arrêta sur un berger de Kirtipur, qui descendait d'un compagnon de Kṛṣṇa venu jadis s'installer à la suite du dieu. Le père même de ce berger avait péri d'une mort surnaturelle, consumé par le feu de Paçupati au moment où il tirait des décombres l'emblème divin longtemps enfoui. La dynastie des Bergers (*Gopâlas*) compta huit princes[1] :

1.	Bhuktamâna W. (Bhuktamânagata[2] B. ; Bhuktamâṃgata V.)	88 ans.
	Bhoorimahagah K.	48 ans 3 mois.
2.	Jaya Gupta Jye Gupt	72 ans. W. B. 73 ans 3 mois. K. 92 ans. V.
3.	Parama Gupta	80 ans. W. B. V.
	Perma Gupt	91 ans. K.
4.	Harṣa Gupta Sree Hurkh	93 ans. W. B. 95 ans. V. 67 ans. K.

1. W. désigne la Vaṃçâvalî de Wright ; B. celle de Bhagvanlal (*Some Considerations on the History of Nepal*) ; K. les listes de Kirkpatrick ; V. mon exemplaire de la Vaṃçâvalî brahmanique.

2. Bhagvanlal suppose que ce nom est une corruption de la formule : « bhuktamâna-gata-varṣa = en l'année du règne de... »

5.	Bhima Gupta (Bheem Gupt)	38 ans. W. B. K. 85 ans. V.
6.	Maṇi Gupta (Munni Gupt) Mati Gupta	37 ans. W. B. K. 88 ans. V.
7.	Viṣṇu Gupta Bishen Gupt	42 ans. W. B. 92 ans. V. 66 ans. K.
8.	Yakṣa Gupta Jye Gupt	71 ans. W. 71 ans 1 mois. K. 72 ans. B. 85 ans. V.

Au total : 521 ans. W. — 522 ans. B. — 705 ans. V. — 491 ans et 4 mois. K.

Leur capitale était à Mâtâ-tîrtha, au S.-O. de la vallée, entre Kirtipur et Thankot.

Sans se laisser séduire à l'accord des noms et à la précision des chiffres, il est juste de reconnaître au moins la vraisemblance de la tradition, prise dans son ensemble. Avant d'être le siège d'un état policé et d'une nation organisée, le Népal a dû abriter les tribus pastorales qui promenaient leurs troupeaux vagabonds parmi les pâturages de l'Himalaya. Tandis que les bergers de l'Hindoustan continuent à mener leur bétail, pendant la saison propice, dans les herbages drus du Téraï, les clans montagnards dispersés dans les hautes vallées, en lutte contre un sol âpre et un climat rigoureux, n'ont pas d'autre ressource que la vie pastorale. Du berger à Kṛṣṇa, l'amant des pastourelles, la pensée hindoue noue un lien fatal ; les Goâls (*Gopâlas*) du Bengale actuel prétendent naturellement se rattacher à Kṛṣṇa, comme le chroniqueur népalais lui rattache les bergers primitifs de son pays.

Les premières rivalités politiques ne sont que des querelles de pasteur se disputant les meilleurs herbages. Un Ahîr (*Abhîra*), venu de l'Hindoustan, supplante les Gopâlas. Les Ahîrs sont encore dans l'Inde actuelle une simple subdivision des Goâls ; souvent même les deux noms se substituent l'un à l'autre au hasard des préférences locales ; Goâl est plus employé au Bengale ; Ahîr, au Béhar. Manu (X, 15) tient les Abhîras pour le produit d'un croisement irrégulier entre Brahmane et fille d'Ambaṣṭha, l'Ambaṣṭha étant lui-même né du croisement d'un Brahmane et d'une fille de Vaiçya. Les Abhîras dominaient, par le nombre ou la puissance, dans la région entre l'Indus et la Narmadâ, aux premiers temps de l'ère chrétienne ; témoin les textes grecs (Αβηρια du Périple, § 41 ; Αβειρια de Ptolémée, VII, 1, 55) et les inscriptions (Nasik, n° 10). La liste de Kirkpatrick transforme le premier Abhîra en Rajpout ; descendu des Gopâlas par un lignage étrange, il aurait levé une armée dans le Téraï, entre Simroun Garh et Janakpur. Les rois Ahîrs (*Abhîras*) sont :

1.	Vara Siṃha Bhul Singh	75 ans. V. 49 ans. K.
2.	Jayamati Siṃha Jye Singh	75 ans. V. 21 ans 7 mois. K.
3.	Bhuvana Siṃha Bhavana — Bhowany Singh	45 ans. V. 41 ans. K.

Au total : 195 ans. V. — 111 ans et 7 mois. K.

La vallée, enrichie par l'établissement d'une population sédentaire offrait aux barbares des montagnes voisines une proie séduisante. La tradition, d'accord une fois de plus avec la vraisemblance, introduit à ce moment une invasion des Kirâtas ; ils arrivent de l'Est et s'emparent du pays.

Les Kirâtas sont de longue date un nom familier à l'Inde. Une formule védique (*Vâjasaneyi Saṃhitâ*, XXX, 16), associée aux lointains souvenirs du sacrifice humain, renvoie « le Kirâta à ses cavernes ». La montagne est en effet son domaine ; c'est là qu'il continue à vivre et à dominer pendant la période épique : Bhîma rencontre les Kirâtas en partant du Videha, dans sa marche victorieuse vers les régions orientales (Mahâ-Bhârata II, 1089) ; Nakula les trouve aussi sur sa route, quand il conquiert l'Ouest (II, 1199) ; Arjuna, tandis qu'il gravit l'Himalaya vers le Nord, est arrêté et défié par un Kirâta, ou plutôt par Çiva sous les traits d'un Kirâta (III, adhy. 38-41) ; c'est l'épisode célèbre que Bhâravi a repris et traité avec toutes les ressources de la poésie savante dans le classique Kirâtârjunîya. Souvent les Kirâtas figurent dans les dénombrements du Mahâ-Bhârata, en compagnie des peuples étrangers qui bordent les frontières de l'Inde : Yavanas, Çakas, Pahlavas, etc. ; c'est surtout aux Čînas qu'ils sont associés. Kirâtas et Čînas fraternisent sous les bannières du glorieux Bhagadatta, empereur du Prâgjyotiṣa (Kâmarûpa) ; ils forment le contingent des Jaunes : « Les soldats Čînas et Kirâtas semblaient être en or ; leurs troupes avaient l'air d'une forêt de karṇikâras [aux fleurs jaunes] » (V, 584). Le Râmâyaṇa (IV, 40, 26 *éd. Bombay*) note aussi la « couleur d'or » des Kirâtas. Leurs tribus n'étaient pas organisées en nation et formaient plusieurs royaumes ; Bhîma soumet « les sept rois des Kirâtas » (II, 1089) ; le chiffre est en harmonie avec la nomenclature usuelle des « Sept Gandakis » et des « Sept Kosis » dans l'Himalaya népalais. Plusieurs de ces rois sont désignés nommément : Subâhu (III, 10 863), qui commande aux Kirâtas et aux Taṅganas, et qui reçoit en ami les Pâṇḍavas errants (III, 12 351) ; Pulinda (II, 119), Sumanas (II, 120). Les mœurs des Kirâtas sont simples ; ils vivent de fruits et de racines, s'habillent de peaux de bêtes (II, 1865), relèvent leurs cheveux en chignon pointu ; ils ont néanmoins l'air aimable (*Râmây.*, IV, 40, 26) ; leur couteau, comme le kukhri népalais, est une arme redoutable (*M. Bh.* II, 1865). Tels sont, du moins, les clans Kirâtas qui vivent dans la partie la plus reculée de l'Himalaya, vers la montagne où le soleil se lève, dans le Kâruṣa qui est au bout de l'Océan et dans la région du Lauhitya (*Brahmapoutre*).

D'autres Kirâtas, qui vivent avec les populations du littoral (II, 1 002) et qui habitent dans les îles, sont farouches; ils se nourrissent de poissons crus, circulent dans l'eau; on les appelle des hommes-tigres (*Râmây.*, IV, 40, 26). Ce portrait s'applique parfaitement aux Κιῤῥαδαι du Périple (§ 62), peuples situés au Nord de la Dosarênê, proche des bouches du Gange ; « cette espèce d'hommes a le nez aplati sur le visage ; ils sont barbares ». Leurs voisins immédiats, les Têtes-de-Cheval et les Longues-Têtes, passent même pour anthropophages[1]. Ptolémée place le pays des Kirâtas (Κιῤῥαδια) aux bouches du Gange, à l'Est de l'embouchure la plus importante (VII, 2, 2); c'est chez eux qu'on se procure la meilleure qualité de malabathron. Mais ils ne sont que les intermédiaires; nous savons par le Périple (§ 65) que le malabathron vient du pays des Θιναι (Čîna) ; les Θιναι le vendent aux Σησαδαι, qui sont une race de petite taille, la face large, le caractère doux et tout pareils aux bêtes; ces Σησαδαι sont évidemment identiques aux Βησαδαι que Ptolémée (VII, 2, 15) décrit presque exactement dans les mêmes termes, empruntés à une source commune, et qu'il place juste aux confins de la Κιῤῥαδια (VII, 2, 16). Le commerce reliait ainsi les Κιρραδαι et les Θιναι, les Kirâtas et les Čînas. Dans l'épopée, les Kirâtas apportent en don de joyeux avènement à Yudhiṣṭhira les objets les plus variés : des charges de bois de santal et d'agalloque, et du bois noir odorant (kâlîyaka, bois d'aigle ?), des peaux de bêtes, des pierreries, de l'or, des parfums en tas, une myriade de filles de Kirâtas comme

1. De même dans les catalogues jainas de peuples barbares (mlečchas) les Kirâya (Kirâtas) précèdent immédiatement les Hayamuha (Hayamukhas, Têtes-de-cheval). *Ind. Stud.*, XVI, 397.

esclaves, et encore d'autres choses charmantes, des bêtes et des oiseaux étrangers, et de l'or splendide, tiré des montagnes (II, 1866-1869). Dans sa fameuse liste des 64 écritures, le Lalita-Vistara attribue aux Kirâtas une écriture spéciale[1]. Dans l'organisation théorique du brahmanisme, telle que la règlent les Lois de Manu, les Kirâtas sont considérés comme des kṣatriyas d'origine, déchus au rang de Çûdras par leur négligence des rites et leur dédain des brahmanes (*Mânava-dh. ç.*, X, 43-44).

De l'ensemble des témoignages, il apparaît qu'aux temps anciens, les Hindous désignaient sous le nom de Kirâtas toutes les populations de famille tibéto-birmane qui s'échelonnaient entre les hauts plateaux de l'Himalaya, les bouches du Gange et le littoral voisin. Refoulés ou absorbés par la poussée hindoue, les Kirâtas n'ont subsisté que dans les montagnes, à l'Est du Népal. Au moment de la conquête Gourkha, en 1768, les Kirâtas formaient encore « une nation indépendante, limitrophe à l'Est du royaume de Bhatgaon, à cinq ou six journées de cette capitale ; ils ne professaient aucune religion[2] ». Mais, la conquête du Népal une fois achevée, les Gourkhas s'emparèrent bientôt du pays des Kirâtas[3]. Aujourd'hui, l'usage népalais désigne encore sous le nom de Kirâta (*vulg.*

1. En fait les Kirâtas attribuent à leur héros Srijanga l'invention d'une écriture spéciale (Sarat Chandra Das cité dans Vansittart, p. 135). Les listes parallèles dans les versions chinoises valent d'être citées; la plus ancienne (*P'ou-yao king*, traduit en 308) remplace le nom des Kirâtas par *yi-ti-sai*, expression qui désigne du point de vue chinois les « barbares limitrophes du Nord »; c'est un équivalent exact par transposition. La seconde (*Fo-pen-hing-tsi king*, traduit en 587) transcrit *Ki-lo-to* et ajoute comme glose « les hommes nus ». La troisième (*Fang-koang ta tchoang yen king*, traduit en 683) donne simplement la transcription *Ki-lo-to*. V. la note finale de mon article : *Le Pays de Kharoṣṭra et l'écriture kharoṣṭrī*, dans le *Bulletin Éc. fr. Extr.-Or.*, 1904.

2. *Description*, p. 350.

3. *Ib.*, 362.

Kiranta) le pays compris entre la Dudh-kosi et l'Arun. Mais la nation des Kirâtas occupe un territoire plus étendu, qui atteint à peu près les frontières orientales du Népal : elle comprend les clans des Khambus, des Limbus, des Yakhas; et de plus les Danuars, les Hayus et les Thamis prétendent plus ou moins légitimement s'y rattacher. L'indifférence religieuse que le P. Giuseppe signalait chez les Kirâtas ne s'est point altérée : en pays bouddhiste ils marmonnent le *Om maṇi padme hum !* et font des cadeaux aux lamas ; en pays hindou, ils se donnent pour çivaïtes et adorent Mahâdeva et Gaurī. Comme toutes les peuplades de race tibétaine, les Kirâtas actuels sont friands de viande de bœuf, et c'est par la force des armes que les Gourkhas ont introduit chez eux le respect obligatoire de la vache. Les Limbus ont sur leur origine une légende expressive ; ils prétendent descendre d'une famille de dix frères qui émigrèrent de Bénarès (Kâçī), leur patrie, et qui vinrent s'installer les uns au Népal, les autres au Tibet ; les frères établis au Tibet allèrent ensuite rejoindre ceux du Népal ; mais leur postérité maintint la division nominale en Kâçī-gotra et Lâsa-gotra.

La dynastie des Kirâtas compte 26 ou 29 princes :

1.	Yalambara	13 ans. W.
	Yalaṃva	50 ans. V.
	Yellung	90 ans 3 mois. K.
2.	Pabi	
	Paṃvi	35 ans. V. (manque à K.).
3.	Skandhara	W. B.
	Dhaskaṃ	36 ans. V.
(2.)	Duskham	37 ans. K.
4.	Balamba	W.
	Valaṃva	21 ans. V. B.
(3.)	Ballancha	31 ans 6 mois. K.
5.	Hṛti	19 ans. V. (W. B.).
(4.)	Kingly	41 ans 1 mois. K.
6.	Humati	21 ans. V. (W. B.).
(5.)	Hunnanter	50 ans. K.

Suite dans K.

6. Tuskhah 41 ans 8 mois (= 9).

7.	Jitedâsti	9 ans. V. (W. B.).	7.	Sroopust	38 ans 6 mois (= 10 ?).
8.	Gali	W. B.	8.	Jetydastry	60 ans (= 7).
	Galiṃja	61 ans. V.			
9.	Puṣka	W. B.	9.	Punchem	71 ans (= 12).
	Tuṣka	69 ans. V.			
10.	Suyarma	W. B.	10.	King-king-king	56 ans (= 12 *bis*).
	Suyasya	45 ans. V.			
11.	Parba	45 ans. V. (W. B.).	11.	Soonund	50 ans 8 mois (= 13).
12.	Thuṅka	B.	12.	Thoomoo	58 ans (= 14).
	Bunka	W.			
	Paṃca	37 ans. V.			
[12bis	Keṃke	38 ans. V. (manque à W. et B.).]			
13.	Svananda	41 ans. V. (W. B.).	13.	Jaighree	60 ans 1 mois (= 15).
14.	Sthunko	W. B.	14.	Jenneo	73 ans 2 mois (= 16).
	Thuṃko	59 ans. V.			
15.	Gighri	71 ans. V. (W. B.).	15.	Suenkeh	60 ans 1 mois (= 17).
16.	Nane	59 ans. V. (W. B.).	16.	Thoor	71 ans (= 18).
17.	Luk	W. B.	17.	Thamoo	83 ans (= 19).
	Luke	53 ans. V.			
18.	Thor	39 ans. V. (W. B.).	18.	Burmah	73 ans 6 mois (= 20).
19.	Thoko	50 ans. V. (W. B.).	19.	Gunjeh	72 ans 7 mois (= 21).
20.	Varma	41 ans. V. (W. B.).	20.	Kush Koon	durée inconn. (=22).
21.	Guja	W. B.	21.	Teeshoo	56 ans (= 23).
	Guṃja	39 ans. V.			
22.	Puṣka	W.	22.	Soogmeea	59 ans (= 24).
	Puṣkara	B.			
	Puṃska	35 ans. V.			
23.	Kesu	31 ans. V. (W. B.).	23.	Joosha	63 ans (= ?).
24.	Suga	W.	24.	Gontho	74 ans (=26).
	Sunsa	B.			
	Suṃgu	29 ans. V.			
25.	Sansa	W.	25.	Khembhoom	74 ans (= 27).
	Sammu	B.			
	Çaṃça	32 ans. V.			
26.	Gunan	W.	26.	Gully Jung	81 ans (= 29).
	Guṇana	B.			
	Guṃnaṃja	35 ans. V.			
27.	Khimbu	W. B.			
	Ṣimbu	37 ans. V.			
28.	Paṭuka	W. B. (manque à V.).			
29.	Gasti	41 ans. V. (W. B.).			

La durée totale de la dynastie d'après K. (en comptant pour zéro le règne de 20. Kush Koon) est de 1 581 ans et 1 mois; d'après B. et V., de 1 118 ans (mais la somme des règnes indiquée dans V. donne 1 178 ans). Les trois nombres, tout différents qu'ils sont, présentent en commun les trois chiffres 1, 1, 8, combinés diversement : avec un 5 dans K., un 1 dans B. et V., un 7 dans le calcul par addition de V. Il est peu probable que le hasard seul ait pu déterminer dans trois nombres de quatre chiffres chacun une identité de trois chiffres. Les trois chiffres 1, 1, 8, résidu commun des trois nombres divergents, représentent sans doute l'élément stable et fixe de la tradition; chacun des chroniqueurs l'a ensuite accommodé à sa guise.

Les noms donnés aux rois Kirâtas sont nettement barbares; c'est assez pour exclure l'hypothèse d'une fabrication savante. Étrangers au goût de la couleur locale, les chroniqueurs hindous, s'ils ont l'occasion d'introduire dans leurs fantaisies romanesques des personnages étrangers, les affublent de noms franchement hindous. Je viens de citer les rois Kirâtas qui paraissent dans le Mahâ-Bhârata; ils s'appellent Subâhu, Sumanas, comme les héros aryens les plus authentiques. Je ne prétends pas, toutefois, que la dynastie népalaise des Kirâtas conserve le souvenir précis des princes barbares qui ont pu régner dans l'Himalaya au commencement du Kali-Yuga, ou même de l'ère chrétienne. La tradition rapportait sans doute qu'avant les dynasties hindoues des temps historiques, le pays avait été peuplé de bergers, puis dominé par les Kirâtas. Les bergers étaient des êtres vagues, sans personnalité, qu'on pouvait baptiser au gré de l'imagination. Une famille réelle de rois Abhîras, installés sur le trône vers l'époque d'Aṃçuvarman, avait porté des noms composés avec le mot Gupta; les Gopâlas primordiaux reçurent des noms taillés sur le même patron. Mais les Kirâtas, au temps des premières Vaṃçâvalîs comme au temps des plus récentes, étaient des personnages parfaitement réels et familiers, en contact suivi avec les gens du Népal. Les Kirâtas, comme tous les peuples de l'Himalaya, avaient

Čaitya central de Patan attribué à Açoka.

sans aucun doute leurs généalogies royales ; les compilateurs avaient dû, suivant l'usage, les mettre en rapport avec trois données capitales : les héros du Mahâ-Bhârata, le Bouddha, et le plus glorieux patron du bouddhisme, Açoka. Les chroniqueurs népalais auront fait passer en bloc dans leur histoire la première dynastie légendaire des Kirâtas. Le nom même du premier des Kirâtas : Yellung (K.),

Yalaṃba, Yalambar semble se rattacher à la légende qui place sur les bords de la rivière Ya-loung (Yar-loung) le berceau de la race tibétaine et le séjour de son premier roi[1]. Yalang (Yalaṃba ou Yalambar) règne exactement à la fin du Dvâpara-yuga. Sous son fils et successeur Pabi (Paṃvi), les astrologues annoncent la victoire de l'injustice sur la justice déjà boiteuse, et le commencement du Kali-yuga. A l'encontre des doctrines pouraniques qui font courir le Kali-yuga du jour où Viṣṇu-Kṛṣṇa remonta au Ciel, après le triomphe définitif des Pâṇḍavas sur leurs adversaires, les chroniques placent l'origine du Kali-yuga avant les guerres épiques de Yudhiṣṭhira et ses frères. Les chiffres de Kirkpatrick portent le règne de Jitedâsti, qui fut l'auxiliaire des Pâṇḍavas à la bataille de Kurukṣetra, entre 272 et 332 du Kali-yuga ; la Vaṃçâvalî brahmanique le place entre 132 et 141 de la même ère. De plus, Sthunko, désigné comme le contemporain d'Açoka, règne, d'après Kirkpatrick, de 509 à 567 K. Y., d'après la Vaṃçâvalî brahmanique de 476 à 535 K. Y., et les Purâṇas sont à peu près d'accord pour placer Açoka douze siècles environ après le règne de Parikṣit qui inaugura le Kali-yuga. Il y a donc un écart de sept siècles entre le système des Purâṇas et celui des Vaṃçâvalîs. Il est inutile d'en déterminer les rapports avec la chronologie réelle ; elle n'a rien de commun avec ces inventions.

Sous Humati (6) Arjuna aurait visité l'Himalaya et combattu avec Mahâ-deva déguisé en Kirâta. Le successeur de Humati, Jitedâsti, se rendit avec ses troupes à Kurukṣetra, sur l'ordre d'Arjuna, et participa à la victoire finale ; c'est à ce moment que Çâkyamuni serait venu au Népal prêcher la doctrine et adorer les lieux saints : Svayambhû, Guhyeçvarî, le mont Namobuddha. Sthunko (4) régnait quand Açoka

1. Huc, II, 508. — Köppen, II, 46 sqq. — Georgi, 296.

entreprit, sur les conseils de son directeur spirituel Upagupta, un pèlerinage au Népal ; il y éleva divers monuments, y maria sa fille Čârumatî à un kṣatriya, Deva pâla, qui fonda Deo Patan. Les deux époux devenus vieux voulurent construire chacun un couvent pour s'y retirer ; Čârumatî seule put faire le sien.

La capitale des Kirâtas était située dans les jungles de Gokarṇa, au N.-E. de Paçupati. L'invasion des conquérants hindous obligea Paṭuka (28) à se retirer au Sud, par delà le Çaṅkha-mûla tîrtha ; son fils Gasti (29) ne réussit pas à arrêter les envahisseurs et dut leur abandonner le pays.

Les nouveaux maîtres du Népal appartenaient, selon les uns (W. V. B.) à la famille Lunaire, issue de Kuru ; selon d'autres (K.), à la famille Solaire, issue de Râma ; leur dynastie compta cinq princes.

1.	Nimikha W.	
	Nimiṣa B. V.	40 ans.
	Nevesit K.	50 ans.
2.	Matâkṣa W. V.	
	Manākṣa B.	61 ans.
	Mutta Ratio K.	91 ans.
3.	Kākavarman W. B. V.	76 ans.
	Kaick burmah K.	76 ans.
4.	Paçuprekṣa deva B.	
	Paçuprekha deva W.	
	Paçupraṣa V.	86 ans.
	Pussoopûsh Deo K.	56 ans.
5.	Bhâskara varman W. B. V.	88 ans.
	Bhosker Burmah K.	74 ans.

Durée totale : 351 ans V. — 347 ans K.

Les deux sommes sont d'accord, à quatre unités près.

La nouvelle dynastie transporta sa capitale à l'extrémité S.-E. de la vallée, à Godâvarî ; c'est sous le règne de Nimiṣa qu'un miracle manifesta dans cette localité les eaux lointaines de la Godâvarî, amenées du Dekkhan par un souterrain mystérieux. Nimiṣa semble être apparenté d'origine avec Nemi, l'éponyme du Népal. Avec Paçuprekṣa, la chronique semble entrer enfin dans le domaine des traditions plus précises ; le nom même de ce roi « celui qui a vu Paçu [pati] » semble se rattacher à une légende sur l'invention du dieu népalais. Il passe dans toutes les Vaṃçâvalîs pour avoir introduit l'organisation de la société hindoue au Népal, soit qu'il ait « divisé les habitants en quatre castes » (Kirkpatrick, 189), soit qu'il ait « peuplé le pays des quatre castes » (Wright, 113). Le premier fait daté de la chronologie népalaise associe le souvenir du roi Paçuprekṣa au dieu Paçupati : il aurait « bâti » (Kirkpatrick) ou « rebâti » (Wright) le temple de Paçupati, l'aurait couronné d'un toit doré en l'an 1234 (W.) ou 1239 (V.) du Kali-yuga. Un autre souvenir également précis et positif se rattache au fils de Paçuprekṣa, Bhâskara varman[1]. Rentré au Népal après une campagne triomphante dans l'Inde, il consacra tout l'or de son butin à Paçupati, donna en propriété au temple la ville de Deo Patan qu'il avait agrandie, enrichie, et dénommée Ville-d'Or (*Suvarṇa-purî*), confia le service du dieu aux Âcâryas bouddhistes, et régla tous les détails du culte par une charte inscrite sur une plaque de cuivre qu'il déposa au couvent de Cârumatî.

La dynastie qui continue ou qui remplace, suivant les diverses traditions, la famille de Nimiṣa ouvre enfin l'histoire authentique. Ces princes prétendent se rattacher au Sûrya-vaṃça, à la famille du Soleil qui a pour héros Râma. D'après la Vaṃçâvalî bouddhique, l'héritier adoptif de Bhâskara varman, Bhûmi varman, était un kṣatriya Sûryavaṃçi rattaché au clan brahmanique (*gotra*) des Gautamas ; il était venu de Kapilavastu au Népal, avec le

1. Il est à noter que le nom de Bhâskara-varman est porté par le prince (*Kumâra*) qui régnait sur le Kâmarûpa, limitrophe du Népal, au temps de Harṣa et de Hiouen-tsang (VIIe siècle).

Bouddha, et il s'était établi définitivement dans le pays. L'inscription de Jayadeva à Paçupati donne la généalogie mythique de la famille Solaire du Népal, qu'elle expose ainsi :

Brahma eut pour arrière-petit-fils Sûrya (le Soleil) qui engendra Manu, qui engendra Ikṣvâku, qui engendra Vikukṣi. Vikukṣi eut un fils (Kakutstha) qui eut pour fils Viṣvagaçva. Dans sa postérité, vingt-huit générations plus tard, naquit Sagara, qui engendra Asamañjasa, qui engendra Aṃçumat, qui engendra Dilîpa, qui eut pour fils Bhagîratha. De celui-ci descendirent Raghu, Aja, Daçaratha. Huit générations plus tard, la race Solaire produisit Liččhavi. De Liččhavi sortit « une race qui est l'unique parure de la terre, célèbre dans le monde, digne du respect des plus puissants et des dieux mêmes, et qui porte en surplus le nom très pur de Liččhavi, triomphante, blanche comme un faisceau de croissants de lune, pareille au cours de la Gaṅgâ[1] ». Dans la suite des temps cette race enfanta à Puṣpapura (Pâṭaliputra) le vertueux roi Supuṣpa. Sans s'arrêter à vingt-trois rois dans l'intervalle, on arrive à Jayadeva le victorieux, séparé par onze générations de Vṛṣadeva.

La généalogie rapportée ici n'est pas entièrement d'accord, dans ses parties héroïques, avec les Purâṇas. Viṣvagaçva n'est pas, dans le Viṣṇu-Purâṇa par exemple, le petit-fils de Vikukṣi, mais le fils de son arrière-petit-fils. Entre Viṣvagaçva et Sagara s'écoulent, non pas vingt-huit générations, mais trente-deux, d'après le même Purâṇa. A partir de Daçaratha, la bifurcation est définitive entre la tradition pouranique et la généalogie officielle du

1. Une copie de cette inscription que je me suis procurée au Népal porte clairement *aparaṃ* au vers 6 (svacchaṃ Licchavināma bibhrad aparaṃ vaṃçaḥ) au lieu d'*aparo* que Bhagvanlal a adopté. — La blancheur est la couleur de la gloire : d'où les comparaisons avec la lune et avec la Gaṅgâ, qui passe pour être blanche, elle aussi.

Népal. Râma et sa postérité sont trop populaires sans doute pour que l'on ose greffer franchement sur leur rameau une branche adventice. La chancellerie complaisante préfère se séparer de la tige principale avec Daçaratha et sauter hardiment dans l'inconnu pour aller se raccrocher après un intervalle arbitraire de huit générations à Liččhavi, surgi brusquement on ne sait d'où.

Les Purâṇas brahmaniques n'ont pas enregistré le nom de Liččhavi ni sa filiation. Ils ont à l'envi organisé le silence autour d'un souvenir trop populaire chez les hérétiques pour n'être pas compromis. Mais les textes bouddhiques et jainas, ont, en dépit des brahmanes, sauvé de l'oubli le nom de la famille illustre qui gouvernait Vaiçâlî, la plus opulente cité de l'Inde, au temps du Bouddha et du Jina. Les Liččhavis y avaient établi une constitution qui rappelle un peu les institutions consulaires de Rome ; le roi, secondé par un vice-roi et par un général en chef, était en outre assisté par les Anciens du clan, réunis en assemblée générale. Située entre le Magadha et le pays des Mallas, la Vaiçâlî des Liččhavis combinait harmonieusement les institutions de ses voisins, monarchiques au Sud, oligarchiques au Nord. Bouddhistes et Jainas se sont disputé, dans leurs légendes comme dans leur activité réelle, l'honneur de compter les Liččhavis au nombre de leurs patrons et de leurs zélateurs. Les Liččhavis sollicitent et reçoivent des reliques du Bouddha après la crémation ; d'autre part, en apprenant la mort du Jina, ils expriment leur deuil par une illumination, comme un hommage symbolique à « la lumière de l'intelligence qui était partie[1] ». Le canon jaina énumère les Liččhavis parmi « les *gotras* (familles) renommés[2] » au même rang

1. *Kalpa-Sûtra*, trad. Jacobi (*Sacr. Books of the East*, XXII, p. 266).
2. *Sûtra-kṛtâṅga*, trad. Jacobi (*Sacr. Books of the East*, XLV, p. 321).

que le clan même du Jina, que les Brahmanes, que les descendants de Kuru et d'Ikṣvâku, la race Lunaire et la race Solaire[1]. Les documents ne permettent pas de suivre en détail les vicissitudes du clan Liččhavi ; mais au IVe siècle de l'ère chrétienne, la famille reparaît brusquement dans l'histoire sans avoir rien perdu de son prestige. Čandra Gupta I, le fondateur de la dynastie impériale des Guptas, le prédécesseur et le père du glorieux empereur Samudra Gupta, obtient une épouse du clan des Liččhavis, et tout puissant qu'il est, il tire de cette alliance un orgueil qu'il étale à plaisir : ses monnaies d'or représentent le roi et la reine côte à côte, désignés chacun nommément par la légende : *Čandra Gupta, Kumâra-Devî*, et au revers la légende, qui accompagne une figure de la Fortune assise, porte : *Liččhavayaḥ* « les Liččhavis ». Samudra Gupta à son tour se glorifie d'être « le fils d'une fille des Liččhavis » (*Liččhavi-dauhitra*), et cette mention est scrupuleusement ajoutée au nom de Samudra Gupta dans le protocole épigraphique de toute la dynastie. M. Fleet, suivi par M. Vincent Smith, avait cru que les Liččhavis alliés aux Guptas étaient les rois Liččhavis du Népal ; il partait de là pour supposer que l'ère des Guptas était d'origine népalaise. Rien n'autorise une pareille conjecture, ni du côté népalais, ni du côté hindou[2].

Malgré la notoriété du clan Liččhavi, malgré son prestige consacré par les siècles, la rancune tenace des brahmanes lui assigne dans la société orthodoxe un rang infime. Le code de Manu classe les Liččhavis (X, 22) avec

1. *Ib.*, p. 339.

2. Târanâtha cite un prince du clan Liččhavi, « le Lion » (*Senge*) qui possédait un grand empire dans l'Inde orientale au temps où naquit Čandragomin, donc au début du VIIe siècle (p. 146). Le petit-fils de ce prince, Pañčama-Siṃha, fils de Bharṣa, commandait dans le Nord jusqu'au Tibet (p. 158). Cf. peut-être l'Âdi-Siṃha du Magadha cité dans l'inscription de Dudhpani, *Ep. Ind.*, II, 344.

les Mallas et les Khaças, justement les trois noms dominants de l'histoire népalaise, comme les tribus issues de kṣatriyas excommuniés (*vrâtyas*), indignes de l'initiation par la Sâvitrî[1]. Nous voilà loin de la généalogie qu'étalait pompeusement l'inscription de Jayadeva. Les textes bouddhiques rapportent une légende particulière sur l'origine de la famille : L'épouse du roi de Bénarès accoucha d'une boule de chair, rouge comme la fleur *kin* (hibiscus), qu'elle s'empressa d'abandonner au courant du Gange ; un ermite la recueillit ; quinze jours après, la boule se divisa en deux ; après une autre quinzaine, chaque moitié produisit cinq placentas. Quinze jours se passèrent encore ; l'un des morceaux devint alors un garçon, l'autre une fille. Le garçon était de couleur jaune comme l'or ; la fille était blanche comme l'argent. Par la force de la compassion, les doigts de l'ermite se métamorphosèrent en seins, et le lait pénétrait à l'intérieur des enfants comme une eau limpide dans un joyau Maṇi ; comme au dedans et au dehors l'éclat était égal, l'ermite donna aux enfants le nom de *Liččhavi*[2]. D'autres exégètes interprétaient ce nom

1. Bühler (*The Laws of Manu*, l. l.) rétablit avec raison, comme Lassen avait déjà fait avant lui (*Ind. Alt.*, I², 170, note), la lecture *Liččhivi*, et subsidiairement *Liččhavi* au lieu de *Niččhivi* donné par la vulgate. Au reste, les commentateurs se partagent entre les lectures *Liččhivi*, *Liččhavi*, *Liččhakhi*, *Niččhivi*. M. Jolly a admis dans le texte de son édition la lecture *Liččhivi*.

2. La légende est ainsi rapportée dans le dictionnaire d'Ekkō s. v. *Li-tche*, *Li-tche-pi*, d'après le *Cheu-tsoung-ki* (ou plus exactement le *Seu-fan-liu-chou-cheu-tsoung-i-ki*) glose sur le commentaire (*chou*) du Dharmagupta-vinaya (*Seu-fan-liu*), en dix ou vingt chapitres, par *T'ing-pin*. Le *Sin-tsi-tsang-king in-i soei han lou* de *K'o-houng*, conservé dans la collection coréenne et imprimé dans l'édition japonaise du Tripiṭaka (XXXIX, 1-5) donne la même légende en résumé. Une légende analogue, tirée des textes du Sud, se retrouve dans Spence Hardy, *Manual of Budhism*, p. 242, n. — L'histoire racontée par Fa-hien à propos de la « Tour des arcs et des armes déposés », à Vaiçâlî, n'est évidemment qu'une variante de la même tradition : une des femmes du roi accouche sur les bords du Gange d'une boule de chair, que sa rivale, la première reine, fait jeter à l'eau, enfermée dans un coffre. Un roi recueille le

par « peau mince » ou encore « dans la même peau », en souvenir de l'origine des deux enfants. Toutes ces explications se fondent sur une prétendue étymologie, populaire ou savante, qui pensait retrouver dans le nom des Liččhavis, le mot *čhavi* qui signifie à la fois « peau », « couleur » et « éclat ». Le conte lui-même met en œuvre un thème assez banal : c'est ainsi que dans le Mahâ-Bhârata (I, 115) les cent fils de Dhṛtarâṣṭra naissent d'une boule de chair que Gândhârî par impatience a prématurément expulsée.

La complaisance et l'adresse des généalogistes évitèrent à la dynastie des Liččhavis népalais un choix difficile entre des traditions discordantes : Liččhavi l'éponyme reste suspendu dans le vide, entre huit rois anonymes issus de Daçaratha et la lignée imprécise de rois anonymes qui aboutit à Supuṣpa ; ce personnage, inconnu par ailleurs, semble être emprunté aux annales légendaires de Puṣpapura « la Ville-aux-Fleurs », autrement dit Pâṭaliputra, la Palibothra de Mégasthène et des Grecs. Une nouvelle série de vingt-trois rois anonymes s'étend de Supuṣpa à Jayadeva, qui semble considéré comme le fondateur de la branche népalaise. Le détour est assez compliqué et les étapes assez obscures pour éveiller la méfiance ; une filiation authentique aurait mieux jalonné ses repères. Après les Liččhavis du Népal, en plein VIIᵉ siècle de l'ère chrétienne, la dynastie tibétaine que Srong-tsan Gam-po venait de fonder et qui portait encore la

coffre, l'ouvre, y trouve mille enfants ; il les élève. Devenus grands, ils envahirent le royaume de leur père. Mais leur mère, pour se faire reconnaître d'eux et pour arrêter leur invasion, monte sur un pavillon, presse ses mamelles, et en fait jaillir mille jets de lait qui vont tomber dans la bouche de ses mille fils (trad. Rémusat, ch. XXV). — D'après la *Tibetische Lebensbeschreibung Çâkyamunis* de SCHIEFNER, citée dans KERN (*Buddhismus*, trad. Jacobi, p. 312), l'ancêtre des Liččhavis aussi bien que des Mallas était un petit-fils de Virûḍhaka, nommé Vasiṣṭha.

marque évidente de ses origines barbares ne prétendait pas moins se rattacher au clan des Liččhavis, spécialement aux Çâkyas des montagnes. L'Église bouddhique, en servant leur vanité de parvenus, récompensait leur zèle et se les attachait plus étroitement. Déjà, par le même procédé, elle avait fourni aux Mauryas triomphants une généalogie qui les rattachait aux Çâkyas, réfugiés après leur dispersion dans l'Himalaya. Le Constantin de l'Inde et le Charlemagne du Tibet cousinaient dans une noblesse de fantaisie avec les Liččhavis du Népal [1].

Les prétentions Solaires des rois népalais étaient probablement plus suspectes encore; elles devaient valoir celles du roi de Gourkha, que le râna d'Udaypur refusa de sanctionner [2]. Malgré cet échec fâcheux, les rois Gourkhas du Népal continuent à se donner pour « la lignée du Soleil » *Surajbânsis* (forme vulgaire de *Sûrya-vaṃçis*) ; les Surajbânsis marchent en tête du clan Sâhi, le premier des clans nobles ou Thâkurs. Les Gurungs de Darjiling, qui sont à peine hindouisés, ont un clan solaire (Suraj-bânsi). Il n'est pas jusqu'aux tribus mongoloïdes du Bengale oriental qui ne réclament ce titre; des brahmanes de rencontre leur ont révélé, moyennant salaire, leurs lointaines et brillantes origines : leurs ancêtres étaient des kṣatriyas authentiques; mais quand Viṣṇu, sous la forme de Paraçu-Râma vint massacrer à vingt et une reprises les kṣatriyas, pour venger l'honneur de la caste brahmanique, ils se sont débarrassés du cordon sacré qui les désignait aux fureurs du héros divin. En 1871, ils allèrent demander à leur *Zamindar* (propriétaire et administrateur respon-

1. M. Vincent Smith (*Tibetan Affinities of the Lichchhavis*, dans *Ind. Antiq.*, XXXII, 1903, 233 sqq.) a sur des indices bien faibles supposé que les Liččhavis « étaient en réalité une tribu tibétaine, qui s'était établie dans les plaines durant les temps préhistoriques ».

2. V. *sup.*, vol. I, p. 256 sq.

sable) de leur restituer le cordon brahmanique ; repoussés avec mépris, ils ne se rebutèrent pas ; ils appuyèrent leur seconde demande d'une offre de 500 roupies ; la troisième de 2 000 roupies, et ils se virent exaucés. Ils se sont dès lors organisés en trois *gotras*, séparés par les règles d'exclusion matrimoniale, ont interdit le mariage aux veuves, ont adopté l'usage des mariages précoces, et tendent, par un effort continu, à se rendre dignes de cette race Solaire où le bakchich et leur persévérance les ont introduits[1].

En approchant de l'histoire positive, les complications et les incertitudes de la critique viennent troubler la belle et simple ordonnance des chroniques de fantaisie. L'accord se maintient à peu près entre les Vaṃçâvalis jusqu'au 28e (ou 29e) prince de la dynastie Liččhavi :

1.	Bhûmivarman	61 ans. V. (W. B.).
	Bhoomy Burmah	41 ans. K.
2.	Čandravarman	61 ans. B. V. (W.).
	Chunder Burmah	21 ans. K.
3.	Jayavarman	82 ans. V. B.
	Jay Burmah	62 ans. K.
	Čandravarman (W. probablement par erreur).	
4.	Varṣavarman	61 ans. V. B.
	Barkhabarma	W.
	Breesh-Burmah	57 ans. K.
5.	Sarvavarman	78 ans. V. B. (W.).
	Surbo Burmah	49 ans. K.
6.	Pṛthvîvarman	76 ans. V. B. (W.).
	Puthi Burmah	56 ans. K.
7.	Jyeṣṭhavarman	75 ans. V. B. (W.).
	Jeest Burmah	48 ans. K.
8.	Harivarman	76 ans. V. B. (W.).
(9.)	Hurry Burmah	— K. (mais interverti avec le suivant.)
9.	Kuveravarman	88 ans. V. B.
(8.)	Koober Burmah	76 ans. K.
10.	Siddhivarman	61 ans. V. B. (W.).
	Sidhe Burmah	— K.

1. Risley, *Tribes and Castes of Bengal*, s. v. *Surajbansis*.

11.	Haridattavarman	81 ans. V. B. (W.).
	Hurry Dutt Burmah	39 ans. K.
12.	Vasudatta varman	83 ans. V. 63 ans. B. (W.).
	Basso Dutt Bhurmah	33 ans. K.
13.	Pativarman	53 ans. B. (W.).
	Pativarṣavarman	— V.
	Sreeputtry	3 ans. K.
14.	Çivavṛddhivarman	54 ans. B. 65 ans. V. (W.).
	Seobreddy	77 ans. K.
15.	Vasantavarman	61 ans. B. V. (W.).
	Bussunt Deo	— K.
16.	Çivavarman	62 ans. B. (W.).
	Çivadevavarman	67 ans. V.
	Deo	57 ans. K.
(16bis.)	Rudradevavarman	66 ans. B. (W.).
17.	Vṛṣadevavarman	61 ans. B. V. (W.).
	Brikh Deo	57 ans. K.
18.	Çaṅkaradeva	65 ans. B. V. (W.).
	Sunker Deo	50 ans. K.
19.	Dharmadeva	59 ans. B. 51 ans. V. (W.).
	Bhurma Deo	51 ans. K.
20.	Mânadeva	49 ans. B. V. (W.).
	Maun Deo	39 ans. K.
21.	Mahideva	51 ans. B.
	Mahâdeva	36 ans. V. (W.).
	Mahe Deo	51 ans. K.
22.	Vasantadeva	36 ans. B. V. (W.).
	Bussunt Deo	56 ans. K.
23.	Udayadevavarman	35 ans. B. 37 ans. V. (W.).
	Oodey Deo	47 ans. K.
24.	Mânadeva (II)	35 ans. B. V. (W.).
	Maun Deo (II)	45 ans. K.
25.	Guṇakâmadeva	30 ans. B. (W.).
	Sunakâmadeva	20 ans. V.
	Sookaum	50 ans. K.
26.	Çivadevavarman	51 ans. B. V. (W.).
	Seo Deo	41 ans 6 mois. K.
27.	Narendradevavarman	42 ans. B. V. (W.).
	Nurrender Deo	34 ans. K.
28.	Bhimadevavarman	36 ans. B. V. (W.).
	Bhem Deo Burmah	16 ans. K.

Durée totale : B. 1779 ans. — V. 1698 ans. — K. 1 428 ans, 6 mois.

Le premier prince de la dynastie Sûryavaṃçi ou Liččhavi (ou, selon la Vaṃçâvalî de Kirkpatrick, l'héritier direct de la lignée de Nimiṣa), Bhûmivarman monta sur le trône en 1389 du Kali-yuga (B. V. W.). Cette date, qui correspond à l'an 1712 av. J.-C., ne cadre pas exactement avec les indications des Vaṃçâvalîs sur la durée des dynasties antérieures, mais il faut reconnaître aussi qu'elle s'en écarte de peu. Les années des Kirâtas et des Somavaṃçis additionnées donnent 1 118 + 351 = 1 469 (d'après B. et V.), et de ce total il faut déduire le règne du premier Kirâta, Yalamba(ra) qui précède le Kali-yuga; reste en gros 1 450 ans, avec un excédent de 60 ans environ sur la date assignée à Bhûmivarman. Il n'entre pas dans ma pensée (je tiens à préciser ce point) de traiter ces dates comme des chiffres authentiques ; il s'agit de suivre à la piste les procédés des auteurs de Vaṃçâvalîs dans leurs constructions chronologiques. La date de l'avènement de Bhûmivarman est solidaire de la date assignée à l'établissement ou à la restauration de Paçupati sous Paçuprekṣa deva, en 1234 K. Y. (B. W.), ou 1239 (V.), encore que l'une s'agence assez mal avec l'autre. L'intervalle entre elles est de 155 (ou 150, V.) ans ; et cependant Paçuprekṣa deva et Bhûmivarman sont séparés par un seul règne, long, il est vrai, de 88 (V.) ou 74 (K.) ans ! Sans doute les Hindous sont trop peu soucieux de la chronologie pour se piquer d'y introduire, même quand ils l'inventent, la vraisemblance et la logique ; mais ces deux dates, rapprochées l'une de l'autre et surgissant en contours précis au milieu des siècles nébuleux qui les enveloppent, semblent se fonder sur des faits positifs ; elles représentent la traduction inintelligente ou infidèle, en années du Kali-yuga, de dates exprimées originellement dans une autre ère. J'ai déjà montré, par des exemples authentiques, comment les dates réelles risquaient de se transformer par des interversions de chiffres, et comment les dates traditionnelles représentaient des combinaisons arbitraires de chiffres réels. On pourrait être tenté — mais c'est une hypothèse qui exige les plus prudentes réserves — d'observer ainsi que les nombres 1234 et 1389 présentent comme éléments communs les chiffres 3 et 1 : et on pourrait restituer en leur place 3124 et 3189 K. Y., par exemple, qui correspondraient à 23 et 88 de l'ère chrétienne et qui s'harmoniseraient fort bien avec l'époque de l'ère Liččhavi telle que j'ai cru pouvoir la calculer. L'installation de la première dynastie hindoue au Népal rappellerait alors par une analogie séduisante l'installation ultérieure des autres dynasties hindoues dans le pays. Comme la conquête musulmane rejeta dans l'Himalaya les rois brahmaniques du Téraï et les Rajpoutes insoumis qui préparèrent la grandeur de Gourkha, l'invasion des tribus scythiques dans la vallée du Gange, aux environs de l'ère chrétienne, dut refouler dans la montagne encore à demi barbare les princes dépossédés avec leur cortège d'aventuriers valeureux. Les inscriptions attestent que Mathurâ était au pouvoir des Kouchans ; les Muruṇḍas, venus aussi des steppes lointaines, régnaient dans la glorieuse capitale de l'Inde, à Pâṭaliputra[1]. Et c'est de Pâṭaliputra que la tradition officielle fait venir au Népal Jayadeva, le descendant de Liččhavi. Ce Jayadeva, séparé de Vṛṣadeva par onze règnes d'après l'inscription de Paçupati, est probablement le Jayavarman des Vaṃçâvalîs, le troisième des Sûryavaṃçis et le petit-fils de Bhûmivarman, séparé de Vṛṣadeva par un intervalle de treize règnes. Les chiffres, de part et d'autre, sont en rapport étroit : les Vaṃçâvalîs ont pu introduire dans leurs listes, qui se présentent toujours comme

1. V. Sylvain Lévi, *Deux peuples méconnus*, dans les *Mémoires en l'honneur de Ch. de Harlez*, 176 sqq.

le tableau d'une filiation continue, les noms de deux princes qui n'ont pas régné, mais qu'il fallait rappeler pour garantir la transmission légitime du pouvoir.

La plupart des rois mentionnés jusqu'à Vṛṣadeva ne sont guère plus que des noms. Bhûmivarman (1) aurait transporté la résidence royale à Bâṇeçvara. Jayavarman (3) ou Jayadeva (varman ; cf. pour cette alternance de formes le nom de (16) Çivavarman ou Çivadevavarman) est désigné dans l'inscription de Paçupati comme « le Victorieux » (*vijayin*), soit par allusion à son nom, soit pour rappeler la victoire qui aurait valu le trône à la race des Liččhavis. Haridatta varman (11) semble avoir seul laissé des souvenirs précis ; le témoignage unanime des Vaṃçâvalîs le représente comme le zélateur de Nârâyaṇa ; il a fondé le temple de Çikhara-Nârâyaṇa (K.), ou encore il a déterré et remis au jour l'image de Jalaçayana-Nârâyaṇa (W.), ou bien il a édifié les quatre temples les plus illustres consacrés à Nârâyaṇa : Čaṅgu, Čaiñju, Ičaṅgu, Çikhara (B. V.). L'épigraphie vient à l'appui de la tradition : une inscription d'Aṃçuvarman, à Harigaon[1], attribuant une donation à Jalaçayana, prouve que ce culte est antérieur aux Thâkuris.

Immédiatement avant Vṛṣadeva, les Vaṃçâvalîs de Wright et de Bhagvanlal insèrent un roi Rudradeva varman qui manque aux autres documents. Sous ce prince, un natif de Kapilavastu, Sunayaçrî Miçra, se serait rendu à Lhasa pour s'instruire auprès des Lamas ; puis il aurait passé du Tibet au Népal, se serait établi à Patan, et y aurait fondé le Yampi bihâr au Nord de la ville, près du čaitya d'Açoka : deux de ses disciples, Govardhana Miçra et Kâçyapa Miçra, seraient venus de Kapilavastu pour le rejoindre, et auraient à leur tour fondé chacun un cou-

1. V. inf.

vent : le Kontî bihâr et le Pintâ bihâr. La mention de Lhasa trahit l'anachronisme. Lhasa ne fut fondée qu'au VIIe siècle ; le Tibet au temps de Vṛṣadeva était encore barbare et fermé au bouddhisme. Le roi Rudradeva a été introduit ici par confusion ; si la tradition qui met Sunayaçrî Miçra en rapport avec Rudradeva contient une part de vérité, il s'agit peut-être du Rudradeva qui dans les Vaṃçâvalîs précède les premiers Mallas auxquels il est apparenté et qui a laissé une réputation de bouddhiste fervent.

« Vṛṣadeva était très pieux ; tous les jours il nourrissait Vajra-yoginî avant de prendre ses repas. Il répara le čaitya de Dharmadatta, au coin N.-O. de Paçupati et bâtit plusieurs vihâras pour servir de résidence aux bhikṣus » (Wright, 117). L'épigraphie est d'accord avec la Vaṃçâvalî. L'arrière-petit-fils de Vṛṣadeva, Mânadeva, dans son inscription de Changu Narayan, célèbre son aïeul en ces termes : « Le roi incomparable qu'on appelait Vṛṣadeva, majestueux et puissant, était fidèle à sa parole ; on l'aurait pris pour le Soleil (*Savitar*) avec ses rayons lumineux, à le voir entouré de ses fils éminemment nobles, savants, fins, constants, l'âme instruite au devoir ». Jayadeva, à Paçupati, dit de même : « C'était un roi célèbre que Vṛṣadeva, un prince excellent ; il aimait avant tout la doctrine du Sugata (Bouddha) ». Il dut à sa piété de revenir miraculeusement à la vie et Yama, l'impitoyable, alla même jusqu'à blâmer ses pourvoyeurs trop zélés d'avoir pris dans leurs lacs un homme si vertueux. Après sa résurrection, il éleva une image de Dharmarâja Lokeçvara près du Matirâjya-čaitya, à Patan, et dressa un Pañčabuddha près de Godâvarî. Le culte de Balbala, qui le premier ouvrit le sol à la culture, date de cette époque. Le frère de Vṛṣadeva, Bâlârčana, était son émule en piété et en vertu ; mais, moins heureux que lui, il vécut assez pour assister au triomphe de Çaṅkarâčârya et à la ruine du bouddhisme ; il dut se laisser raser la tête, perdit le cordon brahmanique, et fut marié de force à une religieuse. La légende, je l'ai déjà indiqué, n'a pas d'autre motif que le nom porté par le successeur de Vṛṣadeva : Çaṅkara deva. Mais le nom de Çaṅkara deva, comme le nom de Vṛṣadeva et tant d'autres noms royaux, est simplement une des appellations sectaires où s'exprime le zèle du Népal pour le culte de Çiva.

Çaṅkaradeva I a laissé un souvenir assez pâle. L'inscription de Paçupati se contente de le nommer comme le fils de Vṛṣadeva ; la stance qui lui est consacrée dans l'inscription de Changu Narayan est très vague : « Le fils de Vṛṣadeva, qui s'appelait Çaṅkaradeva, gouvernait un empire prospère ; il était invincible à ses ennemis dans les combats, libéral, sincère ; son courage, sa libéralité, sa dignité, lui valurent une gloire abondante. Il surveillait la terre, tel qu'un lion ». Le temple de Paçupati reçut de ce prince d'importantes donations : un triçûla de fer, dressé à la porte Nord ; un liṅga, le Virâṭeçvara, au Sud, près de la rivière ; une image de Nandi à la porte Ouest. Tous ces monuments subsistent encore, malheureusement sans inscription commémorative. Le couvent de Mayûravarṇa, à Patan, fut aussi fondé par Çaṅkaradeva, en faveur du brahmane Jayaçrî.

Dharmadeva, fils de Çaṅkaradeva, « était un prince respectueux de la loi ; ses actes se conformaient à la loi ; la loi était sa propre personne ; il cherchait à discipliner son âme ; ses mérites étaient excellents ; il avait hérité légitimement d'un puissant royaume, transmis par une suite d'ancêtres, et il l'étendit légitimement par sa sagesse politique. Il brillait avec les rayons de son énergie, qui avaient la puissance des formules magiques ; son cœur était pur comme son corps ; ce prince de la terre avait l'éclat de la

Lune » (*Inscr. de Changu Narayan*). Ce panégyrique n'est qu'une paraphrase du nom de Dharma-deva, formé de *dharma* « la loi ». D'après Kirkpatrick, c'est Dharmadeva qui a dédié à Paçupati la grande statue dorée du taureau Nandi, installée devant la porte d'entrée du temple ; il passe également dans certaines légendes pour le fondateur de Syambunath[1].

Dharmadeva eut pour successeur son fils, Mânadeva. Mânadeva le Sûryavaṃçi fait assez maigre figure dans la Vaṃçâvalî. « On dit qu'il bâtit le Khâsâ-čaitya (Budhnath). Il bâtit le Čakra-vihâra, près du Matirâjya-čaitya, à Patan ; le nom complet de ce monastère est : Mânadeva-saṃskârita-čakra-mahâ-vihâra ». La Vaṃçâvalî de Kirkpatrick ajoute « qu'il eut une entrevue, dit-on, avec le dieu *Sumbhoo* (Svayambhû) auquel il éleva un temple ». Ici déjà la légende envahit l'histoire ; elle s'est si bien développée qu'elle a fini par dédoubler Mânadeva. Elle a inventé un autre prince du même nom, fils du roi mythique Vikmântî ; ce prince, parricide par obéissance, édifia le temple de Budhnath pour expier son crime involontaire ; il composa en outre un hymne, resté populaire, en l'honneur des Trois Joyaux bouddhiques. Sa mère, cependant, avait gouverné le peuple avec une grande justice, si bien que tout était rempli de ses louanges. Elle bâtit nombre de monuments, et en dernier lieu consacra une image de Nava-Sâgara Bhagavatî, due à l'artiste qui avait déjà fait la Bhagavatî de Palanchauk et la Sobhâ-Bhagavatî. Plus tard, sous Çaṅkara-deva (II) le Thâkuri, le peuple, effrayé par l'aspect terrible de cette image, l'enfouit et la couvrit de pierres.

Les documents, en assez grand nombre, permettent d'analyser au moins en partie la légende. La mère de

1. Kirkpatrick, p. 189.

Mânadeva, qui s'est imposée au souvenir capricieux des annalistes, tranche, par sa personnalité vigoureuse, sur ce long défilé de personnages sans relief. L'inscription du pilier de Changu Narayan, gravée par ordre de Mânadeva, est presque tout entière consacrée à la gloire de la reine-mère : « Dharmadeva eut une épouse de race pure et de pure dignité, la très excellente Râjyavatî; on aurait dit la Lakṣmî (Fortune) de cet autre Hari (Viṣṇu). Quand il eut illuminé l'univers des rayons de sa gloire, ce souverain s'en alla au triple ciel, comme s'il fût allé dans un jardin de plaisance. Et elle resta alors abattue, consumée, agitée, ... languissante, elle qui se plaisait avant son veuvage à nourrir les dieux en des rites réguliers. Cette reine Râjyavatî, qu'on appelle la femme du monarque, ne sera en fait que Çrî, attachée à lui pour le suivre fidèlement sous cet autre aspect[1], elle, en qui est né ici-bas le héros irréprochable, Mânadeva le roi, de qui le charme ne cesse point de rafraîchir le monde, pareil à la lune d'automne. S'en étant retournée, la voix entrecoupée de sanglots, soupirant longuement, le visage en larmes, elle dit tendrement à son fils : « Ton père est parti au Ciel. Ah ! mon fils ! maintenant que ton père a disparu, qu'ai-je besoin de respirer ? Exerce la royauté, mon cher fils ! moi, je vais suivre la voie de mon époux ! Qu'ai-je à faire des chaînes de l'espérance, qui sont faites des mille manières de goûter le plaisir, pour vivre sans mon époux, puisque le temps d'être ensemble passe comme un songe illusoire ! Je vais partir, dit-elle ». Alors, son fils, affligé de la voir ainsi, appuyant tendrement sa tête sur les pieds de sa mère, lui adressa cette prière : « Qu'ai-je à faire des plaisirs, qu'ai-je à faire des joies de la vie, si je suis séparé de toi ? C'est moi

1. Lire *tad-âlokântarâ°* au lieu de *tadâ lokântarâ°* comme fait Bhagvanlal, au vers 7.

qui mourrai le premier, et tu partiras ensuite au Ciel. » Posé dans le lotus de sa bouche, mêlé aux larmes de ses yeux, le lacs de ces paroles filiales la retint enchaînée comme une oiselle prise au filet. Et avec son fils vertueux elle s'occupa en personne des cérémonies des funérailles, l'esprit tout purifié par la vertu, l'aumône, la mortification, le jeûne, les pratiques volontaires, et distribuant toute sa fortune aux brahmanes pour augmenter les mérites de son époux, elle semblait au milieu des rites, — tant elle l'avait au cœur — être Arundhatî elle-même. Et son fils, vigoureux d'énergie, d'héroïsme, de constance, patient, affectueux pour ses sujets, qui agit et ne se vante pas, qui sourit en parlant, qui toujours le premier adresse la parole, valeureux sans orgueil, parvenu au comble de la connaissance du monde, ami des pauvres et des orphelins, accueillant aux hôtes, dissipant la retenue chez ceux qui le sollicitent, manifestant sa réelle virilité par son adresse méritoire à se servir des armes d'attaque et de défense, aux bras puissants et gracieux, la peau tendre et lisse comme de l'or travaillé, les épaules charnues, rivalisant par ses yeux, avec l'épanouissement des lotus en fleur, est comme l'Amour incarné ; il est une fête pour les coquetteries des aimées. « Mon père, se dit-il, a paré la terre opulente de beaux piliers dressés ; j'ai reçu l'initiation à la mode des kṣatriyas, par les combats et les batailles ; je vais partir bien vite en campagne vers la région orientale pour détruire mes ennemis, et j'installerai des rois qui soient dociles à mes ordres ». Et s'inclinant devant sa mère dont la tristesse se dissipait, il lui parla ainsi : « O ma mère, je ne puis pas m'acquitter envers mon père par des austérités sans tache ; je ne puis que servir humblement ses pieds par les rites des armes où je suis compétent. Je vais partir ! » Et la mère du roi, toute joyeuse, lui donna congé. Il s'en alla par la route de l'Est ; les vassaux félons qui commandaient à l'Est se prosternèrent, courbèrent la tête et laissèrent glisser les guirlandes de leur front; il les réduisit au respect de son autorité sou-

Viṣṇu faisant les trois pas. — Image consacrée par le roi Mânadeva en l'honneur de sa mère Râjyavatî. (Hameau de Lajanpat.)

veraine. Puis, sans peur, comme un lion qui porte une crinière épaisse et formidable, il s'en alla vers la terre occidentale. Il apprit que son vassal s'y conduisait mal: alors remuant la tête, et touchant lentement son bras qui semblait une trompe d'éléphant, il dit résolument : « S'il ne vient pas à mon appel, mon héroïsme saura l'amener à l'obéissance. Mais à quoi bon de longues phrases qui ne servent à rien ? Peu de mots suffisent. Aujourd'hui, même, ô mon oncle, frère chéri de ma mère, traverse la Gaṇḍakî, émule de l'Océan en largeur, en accidents de surface, en agitation, où l'eau roule en vagues dans d'affreux tourbillons. Avec des centaines de chevaux et d'éléphants caparaçonnés, je traverse la rivière et je suis ton armée ». Sa décision prise, le souverain tint jusqu'au bout sa promesse. Il conquit la ville du Malla, puis retourna lentement dans son pays, l'âme joyeuse, et donna une richesse inépuisable aux brahmanes. Et Râjyavatî, la reine vertueuse, entendit son fils lui dire d'une voix ferme : « Et toi aussi, ma mère, si tu as le cœur heureux, fais de dévotes donations ! »

La mère de Mânadeva, Râjyavatî, ne cesse point d'être au premier plan dans le cours de cette longue inscription. Son panégyrique rejette dans l'ombre l'éloge funèbre de son époux défunt et balance le panégyrique du roi régnant. A la mort de Dharmadeva, c'est elle qui appelle, comme par un choix personnel, Mânadeva, son fils, au trône et qui lui remet le pouvoir. L'entrevue de la mère et du fils rappelle la scène, dépeinte avec une concision pittoresque dans l'inscription du pilier d'Allahabad, où Ċandra Gupta I désigne en présence de ses courtisans, agités d'émotions diverses, Samudra Gupta comme l'héritier de la couronne. « C'est un noble, dit-il en l'embrassant, son émotion trahie par un duvet hérissé ; la cour respirait d'aise, et ses égaux de naissance levaient sur lui des regards fanés ; l'œil frissonnant d'émotion, alourdi de larmes, perspicace, son père le regardait et il lui dit : Gouverne donc la terre entière ! » (l. 7). Mais ici la mère et le fils occupent seuls la scène, et leurs discours se poursuivent avec une abondance extrêmement rare dans l'épigraphie hindoue. La mère, — Agrippine ou Blanche de Castille ? — veut suivre son époux dans la mort et ne renonce au bûcher que devant les objurgations de son fils. Elle vit pour être le conseiller vénéré et avisé du nouveau roi ; associée au pouvoir, elle approuve les entreprises militaires de son fils ; elle désigne son propre frère, comme général en chef ; Mânadeva n'échappe à sa mère que pour passer sous la tutelle de son oncle maternel. Et quand il revient victorieux de ses campagnes, Râjyavatî n'entend pas confondre ses donations pieuses avec les donations de son fils. Elle a ses brahmanes et ses temples, ses pauvres et surtout ses obligés.

Le pilier de Changu Narayan est daté du mois de jyaiṣṭha 386. Onze mois plus tard, en vaiçâkha 387, une image de Viṣṇu est dédiée en faveur de la reine-mère Râjyavatî « en vue d'accroître ses mérites ». La formule a un caractère plutôt funéraire ; elle donne à croire, mais sans l'établir sûrement, que Râjyavatî était morte dans l'intervalle. Le monument qui lui est consacré est un bas-relief qui représente Viṣṇu sous son aspect de Trivikrama quand il couvrit le monde en trois enjambées ; autour de lui « dieux et saints adorent l'unique protecteur du monde des créatures ». Le style de l'œuvre est violent, presque brutal ; les Népalais d'aujourd'hui croient y reconnaître Vajrayoginî, une des formes tantriques de la déesse Devî. La Vaṃçâvalî rapporte de son côté qu'une image due à la mère de Mânadeva, la Nava-Sâgara Bhagavatî inspirait aux passants une terreur insupportable.

L'affection filiale, qui semble être un trait essentiel du caractère de Mânadeva, a également produit la longue inscription, fâcheusement anonyme, du pilier de Harigaon. L'auteur, inconnu, s'adresse au saint Dvaipâyana, plus populaire sous le nom de Veda-Vyâsa; il exalte sa science, sa sagesse, ses mérites, les services rendus au monde qu'il a instruit dans la pratique des devoirs, puis son hymne achevé, il s'écrie : « J'arrange comme je puis une parole bien frêle. Toi, veuille impartir ici le bonheur à mon père ! » L'analogie du sentiment, de la langue, du caractère, du monument même rapproche le pilier de Harigaon du pilier de Changu Narayan. Le pilier de Harigaon porte précisément une statue de Garuḍa, le Changu népalais, la monture de Viṣṇu associée à son culte sur la colline de Changu-Narayan. C'est aussi une image de Viṣṇu que Mânadeva consacre à l'accroissement des mérites de sa mère Râjyavatî. Ainsi Mânadeva semble témoigner une réelle prédilection en faveur du vichnouisme, comme Haridatta avait fait déjà, plusieurs générations avant lui. Mais les traditions qui lui attribuent une entrevue avec Svayambhû et l'édification du temple de Budhnath donnent à penser que sa dévotion n'avait rien de sectaire ni d'exclusif.

Le nom même de Mânadeva évoque un culte d'une nature énigmatique. Chez les rois népalais, et spécialement parmi les Liččhavis, les noms sont souvent empruntés aux mille vocables du dieu Çiva ; Vṛṣadeva, Çaṅkaradeva, Çivadeva, Rudradeva, etc. D'autres ont un caractère vichnouite : Harivarman, Haridatta ; d'autres dérivent des divinités secondaires : Vasanta, Kâma, etc. Mais le mot *mâna*, dans le nom de Mânadeva, semble être complètement étranger au lexique religieux ; le sanscrit possède bien le mot *mâna* ; il a même sous cette rubrique deux homonymes, différents d'origine et de sens ; l'un tiré de la racine *mâ* « mesurer » signifie : la mesure ; l'autre, de la racine *man* « penser » signifie : la haute estime de soi. Ces deux notions n'ont aucun rôle personnel dans le panthéon hindou. Faut-il interpréter ainsi : (le roi) qui a pour dieu le sentiment de sa valeur ? Si le mot *mâna* paraît dans les noms royaux, il entre aussi dans des noms de saints ou de savants[1] ; les Jainas comptent parmi leurs docteurs Mânatuṅga Sûri, Mânatuṅga Âčârya ; un hymne célèbre de cet âčârya, le Bhaktâmara-stotra, s'achève sur un calembour qui semble éclairer la valeur de *mâna* dans l'onomastique :

taṃ mânatuṅgam avaçâ samupaiti lakṣmîḥ.

« Qui s'exalte dans le sentiment de sa personne (*ou* : ce Mânatuṅga), la Fortune le suit, qu'elle le veuille ou non ! » Peut-être est-ce la devise qui convient comme paraphrase au nom de Mânadeva. Quoi qu'il en soit, lancé par le roi Mânadeva ou recueilli par lui, le mot *mâna* laisse une longue empreinte dans le passé du Népal. Après Mânadeva Ier, le Liččhavi, le nom de Mânadeva reparaît encore deux fois dans les listes dynastiques : une fois chez les Liččhavis, quatre générations plus tard ; une autre fois, chez les seconds Thâkuris, peu de temps avant les Mallas. Longtemps après les Liččhavis, au xive et au xve siècle de l'ère chrétienne, les Mallas continuent à vénérer comme une divinité tutélaire, en l'associant au glorieux Paçupati, une déesse mystérieuse « qui leur a accordé la faveur de sa protection », et cette déesse est *Mâneçvarî*, la Notre-Dame de Mâna[2]. La formule s'éclaire plus nettement

1. Au Népal même, un *gomin*, ancêtre du roi Jiṣṇugupta, porte le nom de Mânagupta.

2. *çrî Mâneçvarîvaralabdhapratâpa*... (Jayasthiti Malla, Nev. S., 506) ; ms. Cambridge, Add., 1698 ; — *°varalabdhaprasâdita*... (Jyotimalla, Nev. S., 533) ; Inscr.. no 16 de Bhagvanlal. — *çrîman-mânecvaristа devatâ-vara-labdha-prasâda* (charte de Jayaprakâça Malla Nev. 862 en faveur des Capucins ; v. *sup.*, vol. I, p. 110, note. — *çrî Gaṇḍakivaralabdhaprasâda*... Nev. S., 512 ; ms. Cambridge, Add., 1108.

encore, quand on voit un Thâkuri de Nayakot à la même époque se présenter, dans les mêmes termes, comme le protégé de Gaṇḍakî. La Gaṇḍakî, qui baigne de ses flots Nayakot, est naturellement la suzeraine de la vallée qu'elle donne en fief aux princes de son choix ; Mâneçvarî dispose de la vallée du Népal.

Le mot *Mâna* se retrouve aussi dans le nom du palais qui sert de résidence à la dynastie Liččhavi : *Mânagṛha* « la maison de Mâna », soit que Mânadeva l'ait fondée, soit que Mâneçvarî la protège. Une inscription d'Aṃçuvarman à Harigaon mentionne le couvent de Mâna (*çrî-Mâna-vihâra*) et le liṅga de *Mâneçvara*, auxquels le roi attribue des donations. Le successeur d'Aṃçuvarman, Jiṣṇugupta, a pour aïeul un certain *Mâna-gupta*. Enfin, une série de monnaies anciennes du Népal, en cuivre, portent comme légende : *Mânâṅka* « (monnaie) à la marque de Mâna ». Elles représentent à la face une divinité assise sur un trône de lotus, la main gauche posée sur la hanche, la droite levée avec les doigts étendus ; l'attitude suggère une figure bouddhique, comme l'a indiqué M. Bendall. Au-dessus, en beaux caractères Guptas : *Çrî Bhogini* (Cunningham) ou *Çrî Bhaginî* (Bendall). Le revers montre un lion en marche vers sa droite, avec un pied de lotus, une fleur et un oiseau sur le champ. La légende, en caractères Guptas, porte : *Çrî Mânâṅka*[1]. M. Cunningham n'a pas essayé d'expliquer ces légendes ; M. Bendall signale le rapport de la formule Mânâṅka avec Mânadeva et Mânagṛha, mais d'une manière assez inattendue il interprète *çrî bhaginî* comme une inscription commémorative, destinée à rappeler la dédicace d'un liṅga par Bhogadevî, sœur (*bhaginî*) du roi Aṃçuvarman.

1. Cunningham, *Coins of Ancient India*, p. 116 et planche XIII, fig. 1 ; — Bendall, *Z. D. M. G.*, XXXVI, p. 651.

C'est grossir démesurément l'importance d'une fondation fort qanale; on est en droit d'être surpris que le roi Aṃçuvarman, qui frappe ordinairement à son nom, se soit effacé dans la circonstance, et n'ait pas même mentionné le nom de sa sœur, comme il l'a fait dans l'inscription commémorative. En fait la lecture *çrî bhoginî* semble certaine. *Bhoginî* appartient bien à la langue des cours; d'après les lexiques d'Amara et de Hemačandra, il désigne les épouses du roi, à l'exception de celle qui a reçu le sacre; celle-ci s'appelle *mahiṣî*. D'après Bharata, la bhoginî est une épouse de second rang qui a bon caractère, peu d'orgueil, point de fierté, de la douceur, de la modestie et de la patience[1]. Mais on s'attend peu à voir figurer ce titre sur une monnaie et moins encore sans un nom de personne. Bhoginî a grande chance d'être le nom d'une divinité[2], qui serait justement la figure représentée. Le lion à droite, en marche, avec la queue retroussée, se retrouve sur d'autres monnaies népalaises, d'Aṃçuvarman, de Jiṣṇugupta.

Les numismates (Cunningham, Rapson) sont d'accord pour signaler dans la facture générale des monnaies anciennes du Népal un rapport avec le monnayage de cuivre des Yaudheyas, qui formaient longtemps une confédération puissante de tribus kṣatriyas dans le Mâlava et que le puissant Rudradâman, roi Kṣatrapa du Surâṣṭra, se glorifie d'avoir vaincus (vers 150 de J.-C.). L'un et l'autre monnayage est indépendant du monnayage des Guptas, et sort directement du monnayage de cuivre des Kouchans. La formule Mânâṅka semble attester au contraire une influence Gupta. Ce sont les Guptas qui paraissent avoir mis à la mode les appellations de ce type : Samudra Gupta marque

1. *Nâṭya-çâstra*, éd. Kâvyamâlâ, XXIV, 28 (= Hall, XXXIV, 29).
2. Peut-être en rapport avec le clan des Maukharis, d'après l'analogie des noms : Bhogavarman, Bhogadevî.

sa monnaie du mot *parâkrama* « marche triomphante », et dans son inscription d'Allahabad il prend (l. 17). le titre de *parâkramâṅka* « (le roi) qui a pour marque parâkrama ». Son successeur Čandra Gupta II affecte une prédilection pour le mot *vikrama* « héroïsme » et frappe sur une série de ses monnaies la légende : *vikramâṅka* « (le roi) qui a pour marque vikrama[1] ». Le procédé a trouvé au Népal d'autres imitateurs : une série de monnaies analogues aux Mânâṅka portent la légende *Guṇâṅka*[2]. La face présente une divinité assise dans la même attitude que sur les Mânâṅka ; au revers, un éléphant tourné vers sa gauche propre. Les Guṇâṅka sont manifestement la frappe d'un Guṇadeva, comme les Mânâṅkas de Mânadeva ; les Vaṃçâvalis placent justement un Guṇa(kâma) deva cinq règnes après Mânadeva Ier, et le nom du roi Gaṇa (Guṇa) deva se lit sur une inscription du ve siècle samvat, à Kisipidi.

Puisque le roi Mânadeva m'a amené à parler des anciennes monnaies du Népal, je signalerai ici aussi les monnaies à la marque de Paçupati qui sont de beaucoup les plus abondantes puisqu'elles forment à elles seules la moitié des anciennes monnaies du Népal actuellement connues. Une de ces pièces a été trouvée à Mahâbodhi, dans la statue du Bouddha du nouveau Vajrâsana ; une autre a été trouvée dans un petit stûpa voisin[3] ; d'autres encore, soustraites par des ouvriers au cours des excavations, ont été acquises au bazar de Gaya, voisin de Mahâbodhi. Ce sont évidemment des pèlerins népalais qui les avaient apportées et laissées en offrande au temple. Les

1. Cf. encore l'expression *garutmad-aṅka* dans l'inscrip. de Samudra Gupta à Allahabad, l. 24.

2. Pour ces monnaies, et aussi pour celles de Paçupati, cf. Cunningham, *loc. laud.*

3. Cunningham, *Mahâbodhi*, p. 24.

autres pièces anciennes du Népal entrées aujourd'hui dans les collections publiques ou privées viennent d'un vieux temple écroulé à Katmandou; on les a tirées des décombres; les manuscrits les plus anciens du Népal ont la même provenance. Que d'occasions analogues ont été perdues! Les Capucins du XVIIIe siècle laissèrent, entre autres, échapper une chance unique. Le P. Giuseppe rapporte en détail l'événement :

« A l'est de Cathmandou, à la distance d'environ deux ou trois milles, il y a un endroit nommé Tolou, baigné par une petite rivière dont la superstition a consacré les eaux. On y porte les gens d'une condition élevée, lorsqu'on les croit en danger de mourir. Ce lieu renferme un temple qui ne le cède en rien aux plus riches de ceux qu'on voit dans les capitales. La tradition rapporte qu'en deux ou trois endroits du royaume du Népal, des trésors précieux sont enfouis dans la terre; les habitants sont persuadés que Tolou est de ce nombre, mais à l'exception du roi, il n'est permis à personne de faire usage de ces trésors et le roi lui-même ne peut s'en servir que dans une nécessité urgente. Voici la manière dont on dit qu'ils ont été accumulés : Lorsque les offrandes avaient enrichi un temple, on le détruisait et on creusait sous terre des caveaux profonds, les uns au-dessous des autres, où l'on déposait l'or, l'argent, le cuivre doré, et tous les objets précieux. Pendant mon séjour dans le royaume du Népal, Gainpréjas (Jaya Prakâça), roi de Cathmandou, ayant le plus pressant besoin d'argent pour payer ses troupes, afin de résister à Prithivînârâyan, ordonna de chercher les trésors de Tolou. Après avoir creusé à une grande profondeur, on parvint à la première voûte, d'où l'on tira la valeur d'un lak de roupies en cuivre doré. Gainpréjas solda ses troupes avec cette somme. On trouva aussi quantité de petites figures en or ou en cuivre doré, que les ouvriers chargés de l'excavation emportèrent secrètement. J'ai la certitude positive de ce fait. Un soir que je me promenais seul dans la campagne, un pauvre que je rencontrai m'offrit la figure d'une idole en or ou en cuivre doré qui pouvait peser cinq ou six roupies sikkahs, et qu'il tenait sous son bras avec précaution : mais je la refusai. Les agents de Gainpréjas n'avaient pas encore tout à fait vidé le premier caveau quand l'armée de Prithivînârâyan arriva à Tolou, s'empara du lieu où le trésor était déposé et ferma la porte du caveau après avoir remis en place tout le cuivre qu'on avait enlevé à l'extérieur. » Pendant la même guerre, des soldats de Prithi Narayan qui s'étaient retranchés sur la colline de Syambunath « en creusant les fossés qui avoisinent les tombeaux, trouvèrent de grands morceaux d'or, les grands du Tibet ayant l'usage de se faire enterrer avec une grande quantité de ce métal[1] ». Les vieilles pièces de monnaie rentrées en circulation clandestine ou publique n'y restèrent pas longtemps ; Prithi Narayan, une fois maître du pays, fit verser de force au Trésor la monnaie d'or et d'argent et la refrappa tout entière, si bien que trente ans plus tard, Hamilton ne put pas se procurer à Katmandou des pièces antérieures aux Gourkhas[2].

Les monnaies au nom de Paçupati présentent des types très variés ; leur module, de 21 à 22 millimètres, est inférieur de peu aux Mânâṅka (24^{mm}) et aux Guṇâṅka (23^{mm}); leur poids va de 6^{gr},15 à 9^{gr},85, en passant par les intermédiaires 7^{gr},40, 8^{gr},20, 8^{gr},30, 9^{gr},72, tandis que les Mânâṅka pèsent 12^{gr},76, et les Guṇâṅka 12^{gr},63 et 9^{gr},46. Toutes ces monnaies sont de bronze. Le caractère essentiel des Paçupati, comparés aux frappes personnelles (Mânâṅka, Guṇâṅka, monnaies d'Amçuvarman, de Jiṣṇu-

1. *Description*, p. 352 sq. et p. 355.
2. Hamilton, p. 214.

gupta, de Vaiçravaṇa) est qu'ils représentent une unité de valeur moindre, environ les trois quarts des autres. Ils répondent à peu près exactement aux paisâs actuels du Népal. La face des Paçupati montre fréquemment le taureau de Çiva, Nandi, soit accroupi, soit debout ; parfois il est remplacé par le trident de Çiva, le *triçûla*, dressé et traversé en croix par une hache ; souvent aussi, on y voit figurer un personnage assis, en des attitudes variées, et qui porte une couronne. Au revers tantôt le disque du soleil avec des rayons étoilés, tantôt un vase d'où s'élève une branche fleurie. La légende, *Paçupati*, en caractères Guptas, est tantôt disposée sur une ligne horizontale, tantôt répartie en syllabes symétriques autour du motif central, trident ou vase de fleurs : $\frac{\text{PA}}{\text{PA}}\ \frac{\text{ÇU}}{\text{TI}}$.

Le nom de Mâna survit encore actuellement au Népal ; il désigne un des clans Thakurs, autrement dit un clan reconnu de sang royal[1]. Il y voisine avec les Mallas, héritiers d'un autre titre dynastique que nous trouverons dans la suite de l'histoire népalaise. Peut-être le nom de Mânadeva est-il emprunté à l'éponyme du clan Mâna.

Outre les deux inscriptions de Mânadeva que j'ai déjà étudiées, et qui datent de 386 et 387, il existe encore deux dédicaces particulières qui remontent à son règne : l'une découverte par Bhagvanlal (nº 2) est gravée sur une pierre carrée, qui formait jadis la base d'un liṅga, à Paçupati, et qui sert aujourd'hui de base au trident érigé par Çaṅkaradeva Ier. « Jayavarman à l'âme pure a, grâce à la faveur des pieds du souverain, Sa Majesté Mânadeva, en l'an 413, dressé avec dévotion un liṅga dénommé Jayeçvara, pour le

1. Vansittart, p. 81 ; Hodgson le mentionne, *Essays*, part. II, p. 43, sous la forme Maun (= Mâna ; cf. Nepaul = Nepâla).

bien du monde avec le souverain et il a fondé une rente perpétuelle pour le culte de ce vénérable liṅga. » La dédicace s'ouvre par un vers, en mètre vasanta-tilakâ. L'autre inscription, que j'ai trouvée à Katmandou, est tracée sur le socle d'une statue disparue, et remplacée depuis par un Mahâkâla : « En l'an 402, tandis que le roi Mânadeva gouverne sagement la terre, le quinzième jour de la quinzaine claire, au mois d'Aṣâḍha, le chef d'une compagnie de marchands Guhamitra a érigé par dévotion un saint Divâkara sous le nom d'Indra — un champ dans la localité de Yathâgûmpadçum, et une terre de la mesure d'un piṇḍaka. » Sauf l'indication du terrain donné, l'inscription est en vers anuṣṭubh. La dédicace du Viṣṇu-Trivikrama de Râjyavatî forme une stance sragdharâ; l'inscription du pilier de Changu Narayan est un véritable poème en çârdûla-vikrîḍita; l'inscription du pilier de Harigaon combine les mètres les plus compliqués. La culture du sanscrit est donc très florissante au Népal sous Mânadeva; le roi donne brillamment l'exemple, et les particuliers s'efforcent de le suivre. Le panégyrique de Changu Narayan est vraiment classique de style; l'expression n'y est jamais ampoulée; le lexique en est simple et sain; les composés les plus longs ne dépassent pas six termes, et atteignent rarement ce nombre. Si la littérature est en honneur au Népal sous Mânadeva, le commerce y prospère aussi. Guhamitra, qui dédie le Bhagavat Indra-Divâkara, porte le titre de *baṇijâṃ sârthavâha,* chef d'une compagnie de marchands et directeur de caravanes. Les échanges entre l'Inde et le Tibet enrichissaient le royaume et alimentaient un trafic régulier. L'histoire des T'ang, dans sa notice sur le Népal rédigée sur des documents chinois du VIIe siècle, note que « les marchands tant ambulants qu'établis, y sont nombreux ». L'influence hindoue est assez profonde pour s'exercer jusque sur les noms des marchands : le nom du sârthavâha Guhamitra est formé, comme le nom du sârthavâha Dhanamitra, par exemple, dans Çakuntalâ (acte VI), avec le mot *mitra* « ami »; le nom du dieu Guha, tout belliqueux qu'il est à l'origine, n'en est pas moins associé plus d'une fois à des noms de marchands, témoin Guhačandra et Guhasena dans la Bṛhatkathâ (Somadeva et Kṣemendra). Le culte de Viṣṇu Nârâyaṇa est en faveur dans la famille royale (Changu-Narayan, Viṣṇu-Trivikrama, pilier de Harigaon?), mais Paçupati n'est pas négligé (liṅga de Jayavarman). La divinité composite érigée et adorée par Guhamitra est d'un syncrétisme embarrassant : Divâkara, le Soleil, occupe sans doute une place éminente dans la religion officielle; son image paraît sur un grand nombre de monnaies. Indra, de son côté, est un des protecteurs du Népal.

Le royaume des Liččhavis, au temps de Mânadeva, s'étend au dehors de la vallée, vers l'Est et vers l'Ouest; à l'Ouest il dépasse même le cours de la Gandaki et englobe la forteresse des Mallas. L'organisation du royaume est toute féodale : le domaine royal, confiné sans doute dans la vallée, est entouré de vassaux indociles, qui prétendent échapper à l'autorité souveraine, et qui la reconnaissent seulement lorsqu'elle s'impose par la force des armes. On avait pu, sur la foi de documents incomplets, s'imaginer qu'à l'époque de Mânadeva le royaume népalais était partagé entre deux dynasties parallèles, les Liččhavis à l'Est, les Thakuris à l'Ouest; les derniers vers du pilier de Changu Narayan, rendus à la science par le zèle éclairé du Mahârâja Bir Sham Sher, ruinent définitivement cette opinion. Mânadeva était bien le maître unique de tout le Népal. Les dates connues de son règne sont comprises, si mon hypothèse sur l'ère des Liččhavis est exacte, entre 497 et 524 J.-C.; ou, si on préfère les interpréter par l'ère Çaka, entre 464 et 491 J.-C. Dans les deux cas, Mânadeva règne à la fin du ve siècle, au moment où l'empire des Guptas s'effondre, ébranlé par la poussée victorieuse des Huns Blancs.

Le Népal n'eut pas à subir le contre-coup de cette crise; l'empire des Guptas n'avait pas réussi à l'absorber ni à l'entamer. Le panégyrique de Samudra Gupta classe le Népal, avec son voisin ordinaire le Kâmarûpa, avec le Samataṭa (Bouches-du-Gange) et les pays énigmatiques de Ḍavâka et de Kartṛpura, dans le groupe des royaumes frontières (*pratyanta*) « qui payaient le tribut en totalité, exécutaient les ordres et venaient se prosterner devant le souverain pour satisfaire son autorité impérieuse ». C'est un groupe à part, distinct des rois qui furent « pris et relâchés », des rois qui furent « vigoureusement exterminés », et des princes étrangers ou barbares qui échangèrent des ambassades avec l'empereur Gupta. Le rang attribué aux royaumes « frontières » dans la classification impériale marque un lien de vassalité très lâche, une soumission amiable consentie sans résistance, qui laisse l'autonomie intacte. Au temps des Grands Mogols, les mêmes conditions établirent des relations du même genre entre le darbar népalais et la cour de Delhi. Le roi de Katmandou donnait tous les ans un éléphant comme tribut à l'empereur; il lui offrait à l'occasion de menus présents, allait même parfois jusqu'à lui rendre visite. L'empereur, en retour, autorisait la frappe d'une monnaie d'argent népalaise; mais l'action du Mogol ne s'exerça jamais sur le territoire du Népal. Les Gourkhas, à leur tour, entretiennent aujourd'hui avec l'empire de Chine des relations analogues; leurs ambassades vont tous les cinq ans porter le tribut au Fils du Ciel; chaque nouveau souverain sollicite respectueusement de son suzerain chinois une investiture nominale; la Cour de Pékin expédie en retour de politesse des brevets et des titres d'honneur; mais un fonctionnaire chinois serait mal venu s'il prétendait s'immiscer dans les affaires du pays. Les Liččhavis ne se comportèrent pas autrement avec les Guptas; ils se prêtèrent à des formalités vaines, mais ils ne cédèrent rien. Il aurait fallu d'autres circonstances pour introduire au Népal l'ère des Guptas; l'adoption d'une ère étrangère exprime pour l'Hindou la soumission définitive et la perte de la liberté.

Au reste, le terme de « royaumes-frontières » (*pratyanta*) employé dans le panégyrique de Samudra Gupta est une expression consacrée, qui définit avec précision des rapports officiels. M. Fleet a tort de dire que le mot peut s'appliquer « soit aux rois à l'intérieur des frontières du Népal, etc., c'est-à-dire aux rois de ces pays, qui sont voisins; soit aux rois en dehors des frontières de ces pays; et alors selon l'interprétation qu'on adopte, on décidera si l'empire de Samudra Gupta comprenait ces pays, ou bien s'il s'étendait jusque là et s'il les avait pour limites[1] ». Déjà l'empereur Açoka emploie dans un de ses édits (Girnar, II, 2) la même expression, et il en définit clairement la valeur : il oppose au domaine impérial (*vijita*) les pays frontières (*pračaṃta* = *pratyanta*) parmi lesquels il cite les Čoḍas, les Pâṇḍyas et Antiochus, roi des Grecs, qui n'était assurément pas le vassal d'Açoka; M. Senart observe justement que la catégorie des pračaṃtas « représente les peuples étrangers, complètement indépendants de Piyadasi » (II, 254). A l'époque classique, le dictionnaire d'Amara (II, 1, 7) explique *pratyanta* par *Mleččha-deça* « les pays barbares », en contraste avec *Madhyadeça* « l'Empire du Milieu », l'Hindoustan. L'astronome Varâha-Mihira, au VIe siècle, énumère comme les populations *pratyantas*

1. *Gupta Inscrips.*, p. 14, n. 1.

(Bṛhat-Saṃhitâ, XVI, 38) les Pahlavas ou Sassanides, les Çveta-Hûṇas ou Huns Blancs, les Avagâṇa ou Afghans, le Maru ou désert, les Cînas ou Chinois ; dans deux autres passages (V, 31 ; IX, 17) le commentateur glose *pratyantâḥ* par *gahvara-vâsinaḥ*, les Troglodytes. Ainsi, au point de vue brahmanique les *pratyantas* sont les peuples restés en dehors des frontières de la civilisation, comme au point de vue politique les pratyantas sont situés en dehors du domaine impérial, au delà des frontières. Le Népal n'avait donc pas été absorbé dans l'empire de Samudra Gupta; la chute des Guptas put le laisser indifférent.

Le successeur de Mânadeva n'est connu que de nom: l'inscription de Paçupati l'appelle Mahîdeva; Kirkpatrick le nomme Mahe Deo et lui donne un règne de 51 ans; les autres Vaṃçâvalîs l'appellent, par confusion, Mahâdeva au lieu de Mahîdeva, et lui donnent un règne de 51 ans ou de 36 ans. Les deux chiffres sont certainement erronés; Mânadeva régnait encore en 413, et Vasantasena règne en 435. L'intervalle entre ces deux dates est de 22 ans, le règne de Mahîdeva n'a pu dépasser ce chiffre d'années, et lui est probablement inférieur. Mahîdeva était le fils de Mânadeva; il eut pour successeur son fils Vasantadeva ou Vasantasena.

Ce prince au nom idyllique n'en sut pas moins imposer le respect et la crainte. « Aimé du monde à l'égal du printemps (*vasanta*), il apaisa les discordes hostiles; ses vassaux domptés l'adoraient » (*Inscr. de Jayadeva à Paçupati*). Les Vaṃçâvalîs, à l'exception de Kirkpatrick, prétendent enregistrer la date de son avènement, mais elles ne sont pas d'accord. Wright et Bhagvanlal indiquent 2800 du Kali-Yuga; la Vaṃçâvalî brahmanique 2785. Les deux chiffres sont également impossibles; ils placent Vasantadeva en 301 ou en 316 avant l'ère chrétienne.

D'autre part, à calculer sur les données mêmes des Vaṃçâvalîs, la durée assignée aux règnes intermédiaires depuis Bhûmivarman, qui monta sur le trône en 1389 du Kali-Yuga, ramène l'avènement de Vasantadeva en 2883 (Bhagvanlal) ou en 2830 (V.) du Kali-Yuga. L'indication fournie par les Vaṃçâvalîs est donc indépendante de leur teneur chronologique ; si elle n'exprime qu'une approximation, il est difficile de concevoir pourquoi Vasantadeva, de préférence à tous les autres rois Liččhavis, a obtenu le privilège d'être pris pour repère. En fait, le sacre de Vasantadeva ne saurait coïncider avec un changement de siècle du Kali-Yuga; le XXXVIIe siècle s'ouvre en 499 J.-C., le XXVIIIe, en 599, et le règne de Vasantadeva tombe au cours de cette période. Une inscription de ce prince est datée de saṃvat 435 qui répond, en ère Liččhavi, à 546/7 de J.-C. Je serais tenté de croire que la prétendue date en Kali-Yuga est la transposition fantaisiste d'une date réelle. Vasantasena serait monté sur le trône en 428 saṃvat, et les deux derniers chiffres isolés de la centaine encombrante auraient été garnis de deux zéros : 4/28 ; 2800.

Vasantadeva est l'auteur de la première charte de donation qui ait été trouvée au Népal ; les inscriptions antérieures, gravées sous le règne de Mânadeva, sont les unes des dédicaces, l'autre un panégyrique. Mais le premier spécimen marque déjà les caractères définitifs du genre, tels qu'ils se maintiennent ensuite à travers les siècles. La charte est gravée sur une dalle de pierre dressée avec soin, arrondie du haut, et décorée en guise de vignettes de figures sacrées ou propices ; ici, par exemple, un disque (čakra) entre deux conques (çaṅkhas). Le texte s'ouvre par des formules de bénédiction ; puis le roi décline ses titres et qualités, et s'adressant directement aux intéressés, qu'il spécifie, il les salue poliment et leur communique sa volonté ; il stipule la nature, les conditions, le bénéficiaire de la donation, invite ses successeurs à la respecter, menace de peines sévères les contrevenants. A partir de Çivadeva II, les vers célèbres de Veda-Vyâsa sur les donations sont régulièrement rappelés et cités. La charte s'achève par la date et par la désignation du fonctionnaire chargé d'en surveiller l'exécution (*dûtaka*). Ce formulaire est emprunté à la chancellerie de l'Inde; il a été créé probablement par les scribes des derniers empereurs Guptas ; les rois de Valabhî l'ont, eux aussi, adopté et reproduit à de nombreux exemplaires depuis le début du VIe siècle jusqu'au cours du VIIIe siècle de J.-C. Il apparaît pour la première fois, et déjà à peu près complet, dans une charte du mahârâja Pârivrâjaka Hastin, datée de Gupta 156 (= 475/6 J.-C.), dans le Bundelkhand ; on le retrouve ensuite dans une charte du même prince datée de 163 Gupta (= 482/3 J.-C.), dans la charte d'un prince voisin, le mahârâja Jayanâtha d'Uččakalpa, datée de 177 Gupta (496/7 J.-C.), dans une charte du mahârâjâ Lakṣmaṇa de 158 Gupta (477/8 J.-C.). Mais tous ces documents, à la différence des chartes népalaises, sont gravés sur des plaques de cuivre. Cependant le pilier sans date, de Bihar, laisse entrevoir à travers ses fragments sans suite les restes d'un édit de l'empereur Skanda Gupta (entre 136 et 146 Gupta = 455-465 J.-C.) qui employait aussi le même formulaire[1]. La date de Vasantadeva correspond bien à la diffusion de ce type diplomatique qui prend naissance vers le milieu du Ve siècle sur le cours moyen du Gange.

Le roi ne porte pas dans son inscription le nom de

1. V. pour les chartes de Valabhî mon mémoire sur les *Donations religieuses des rois de Valabhî* : pour les chartes de Hastin et Jayanâtha le *Corpus Inscr. Ind.*, vol. III ; pour la charte de Lakṣmaṇa, l'*Epigraphia Indica*, II, 364 ; pour le pilier de Bihar, le *Corpus*, III, nº 12.

Vasantadeva que l'inscription de Paçupati lui donne et que les Vaṃçâvalîs ont perpétué ; il s'appelle Vasantasena. Il a

Pilier couronné d'un Garuḍa, à Harigaon.
La face représentée porte un hymne (*stotra*) en l'honneur de Dvaipâyana.

le titre de *bhaṭṭâraka-mahârâja*; qui semble être le titre officiel des rois Liččhavis ; Vasantadeva l'applique à son propre père, et Çivadeva Ier le prend aussi dans ses inscriptions. Le titre emphatique de *parama bhaṭṭâraka mahârâjâdhirâja* que portent les empereurs Guptas ne se constate au Népal qu'à partir de Çivadeva II. Vasantadeva réside à Mânagṛha, d'où sa charte est donnée. A l'en croire, « sa science, sa sagesse pratique, sa compassion, sa générosité, son urbanité, sa piété, sa majesté ont fait éclore la blancheur de sa gloire ». Tout le détail de la donation est perdu. Le fonctionnaire chargé de l'exécution (dûtaka) est Ravigupta, général en chef et grand huissier, qui exerce ses fonctions à Brâhmuṅ Mahîçîla. Date : le premier jour du mois Âçvayuja (ou Âçvina), quinzaine claire, saṃvat 435.

Le même Ravigupta, titulaire des mêmes fonctions, est délégué à l'exécution d'un autre édit que j'ai trouvé à Kisipidi, près de Thankot, dans le voisinage immédiat de Mâtâ-tîrtha, vers l'Ouest de la vallée; cet édit est daté de 449, 10e jour de la quinzaine claire du premier mois d'Âṣâḍha. Le nom du roi a malheureusement disparu avec tout le formulaire d'introduction; mais il s'agit sans aucun doute de Vasantadeva ou de son successeur. Quel est le successeur de Vasantadeva? Les Vaṃçâvalîs l'appellent Udayadeva; l'inscription de Paçupati nomme aussi à la suite de Vasantadeva un roi Udayadeva, mais en les rattachant l'un à l'autre par un lien énigmatique. En fait une inscription à peu près illisible que j'ai trouvée à Kisipidi, près de l'édit de 449, et qui présente extérieurement des caractères identiques, permet de déchiffrer en partie à la fin le nom du fonctionnaire délégué : c'est le yuvarâjoda... La restitution qui s'offre d'elle-même est : *yuvarâjodayadevaḥ*, « l'héritier présomptif Udayadeva ». Udayadeva aurait été probablement le fils de Vasantadeva et son successeur désigné. Mais le successeur désigné fut-il aussi le successeur réel, l'héritier effectif du pouvoir? Le désaccord des traditions, l'obscurité voulue de l'inscription de Paçupati décèlent une crise politique et dynastique. L'épigraphie donne des lueurs incertaines et fuyantes. Une inscription de Kisipidi, datée du ve siècle des Liččhavis porte clairement le nom du roi Gaṇadeva qui réside à Mânagṛha; mais les dizaines et les unités de la date sont indéchiffrables. Je crois permis et presque légitime de reconnaître dans ce roi Gaṇadeva, le roi Guṇakâmadeva des Vaṃçâvalîs, petit-fils d'Udayadeva et arrière petit-fils de Vasantadeva. La similitude des noms a pu porter les chroniqueurs à une confusion facile; l'obscur Gaṇadeva rappelait de trop près un nom glorieux pour défendre son humble souvenir contre des syllabes familières qu'il avait le tort d'évoquer. Il faut observer au surplus que les noms ou les surnoms formés avec le mot *kâma* n'apparaissent que chez les Thâkuris au VIIIe siècle; Gaṇadeva, au contraire, entre régulièrement dans la série des Liččhavis où tant de noms sont seulement des épithètes de Çiva. Gaṇadeva est le dieu des Gaṇas, serviteurs de Çiva; il peut, comme Gaṇapati, par exemple, s'appliquer, soit à Çiva lui-même, soit à Gaṇeça, fils de Çiva et prince des Gaṇas. Le délégué de Gaṇadeva est Prasâdagupta. Entre Udayadeva et Gaṇadeva (= Guṇakâmadeva) les Vaṃçâvalîs placent Mânadeva II. « Sous ce règne le Népal souffrit pendant trois ans d'une sécheresse effroyable; Mânadeva II la fit cesser en offrant à Paçupati toutes ses richesses ». La Vaṃçâvalî de Kirkpatrick seule enregistre cette tradition. Après Gaṇadeva (Guṇakâmadeva) les Vaṃçâvalîs sont d'accord pour placer successivement Çivadeva, Narendradeva et Bhîmadeva, à qui elles accordent un total de 91 ans (K.) ou 129 ans (B. V.) de règne. A partir de ce point, elles se séparent profondément. Avant de discuter leur témoignage, il me semble utile de présenter dans des colonnes parallèles un tableau de leurs divergences.

[28. Bhimadevavarman
Bhem Deo Burmah.]

W. V. B.	K.
29. Viṣṇudevavarman 47 ans.	Pendant le règne de 28, les Ahirs, qui étaient originellement les souverains du Népal, recouvrèrent leur domaine :
30. Viçvadevavarman 51 ans (W. B.). Viçva gupta deva — V. Le 30 marie sa fille à Aṃçuvarman, fondateur de la dynastie Thâkuri.	
	Dynastie Ahir ou Abhira restaurée.
	29. Bishen Gupt 74 ans. (Viṣṇu Gupta)
	30. Kishnoo Gupt 61 ans. (Kiṣṇu Gupta)
	31. Bhoomy Gupt 40 ans. (Bhûmi Gupta)
	Seo deo Burmah (Çivadevavarman) de la postérité de Nevesit (Nimiṣa), expulse les Guptees (Guptas) et soumet à nouveau le Népal.
	Restauration des Sûryavaṃçis.
	32. Seo deo Burmah 41 ans. (Çivadevavarman)
	Il est suivi par Unghoo Burmah 42 ans. (Aṃçuvarman)

L'inscription de Paçupati n'est plus ici d'aucun secours positif. Après Vasantadeva elle saute par l'intermédiaire d'Udayadeva jusqu'à Narendradeva, père du roi Çivadeva qui règne un siècle après Aṃçuvarman, et grand-père du roi Jayadeva, auteur de cette inscription, datée de 153, un siècle et demi après Aṃçuvarman. La partie du vers qui énonçait la filiation de Narendradeva s'ouvre par une expression obscure et se continue par une lacune. Le seul fait certain, c'est que de Vasantadeva à Narendradeva, le pouvoir s'est transmis en ligne brisée, et que la dynastie légitime a subi une éclipse pendant un intervalle qui n'est pas précisé. Les mots *asyântare* qui servent à relier Narendradeva à Vasantadeva trahissent par leur embarras la gêne du panégyriste officiel, on peut essayer de les interpréter par : *asya (vaṃçasya) antare* « dans un intervalle de cette race », ou « dans une lacune de cette race », ou même « dans une autre [branche] de cette race », et autrement encore, car chacun de ces deux mots est susceptible de traductions infiniment variées. L'avènement d'Aṃçuvarman, fondateur de la dynastie Thâkuri, est un fait authentique et incontestable; mais la chute des Liččhavis paraît être le résultat d'une crise qui s'est compliquée d'autres accidents : la Vaṃçâvalî de Kirkpatrick, qui donne Aṃçuvarman pour le successeur direct et légitime de Çivadeva, garde le souvenir d'une conquête Abhîra sous le règne de Bhîmadevavarman; la dynastie pastorale qui passait pour une des plus anciennes dynasties du royaume aurait tenté une restauration; trois souverains Abhîras auraient exercé le pouvoir pendant 175 ans; mais le prédécesseur d'Aṃçuvarman, Çivadeva, ramène la dynastie solaire sur le trône.

C'est déjà sur un prince du même nom (26) Çivadeva, que je me suis séparé des listes dynastiques, aussitôt après le règne d'un Guṇakâma deva (25). Ce premier Çivadeva est, dans trois des Vamçâvalîs (W. V. B.), un personnage considérable, héros de nombreuses légendes et consacré par une multitude d'œuvres pies. Ses successeurs, Narendradeva (27), Bhîmadeva (28), Viṣṇudeva (29), ne sont connus que de nom; Viçva Gupta deva ou Viçvadeva (30), qui les suit, est associé comme Çivadeva à des souvenirs religieux. Le Çivadeva des inscriptions, le prédécesseur authentique d'Aṃçuvarman, est l'auteur de donations et de fondations nombreuses ; aucun roi n'est représenté dans l'épigraphie népalaise par un plus grand nombre de documents. Peut-être les deux Çivadeva de la liste de Kirkpatrick (26 et 32), le Çivadeva (26) et le Viçvadeva (30) des autres Vaṃçâvalîs doivent-ils se réduire à un seul personnage, identique au Çivadeva des inscriptions. Narendradeva et Bhîmadeva joueraient alors les Louis XVII et les Napoléon II, ils seraient les intermédiaires nécessaires pour garantir la transmission légitime du pouvoir au travers des révolutions et des crises dynastiques, depuis les prédécesseurs Liččhavis d'Aṃçuvarman jusqu'aux successeurs officiels de ce prince.

Avec Çivadeva, la dynastie se déplace ; elle abandonne son ancienne résidence de Bâṇeçvara où elle s'était maintenue depuis l'avènement de son fondateur Bhûmivarman, et elle se transporte à Deva-Pattana (Deo Patan) la ville contiguë au temple de Paçupati, fondée au temps d'Açoka, embellie et enrichie par Bhâskaravarman, successeur de l'antique Paçuprekṣa deva. Çivadeva y élève un palais de neuf étages ; il y fonde une porte, deux puits, trois fontaines, quatre images de Nṛtya Nâtha, cinq plates-formes à danser, six quartiers (*tolas*), sept Îçvarîs, huit Âgamas, neuf Gaṇeças ; puis, en raison de la forme arrondie de la ville, il lui donne le nom de *Gola* « la boule ». Il fonde aussi Nava-tola, y établit quatre Gaṇeças, quatre Bhairavas, quatre Nṛtya-Nâthas, quatre Mahâdevas, quatre Kumârîs, quatre Buddhas, quatre Khambas, quatre Gaganačâris, et quatre carrefours avec des images de Bhûtas. Il est aussi le fondateur de Mahânagara, et d'autres localités encore. La religion surtout l'intéresse, il institue et réglemente sans se lasser. Il installe aux côtés de Paçupati Nṛtya Nâtha du mont Çatarudra et Kâmeçvara Bhîmasena ; il érige un Vačana Vinâyaka. Il reconnaît Vatsalâ Devî pour la divinité principale du Népal, lui accorde un sacrifice humain par an, crée une procession de char en son honneur. Il restaure le culte de Bhuvaneçvarī, de Jayavâgīçvarī, de Râjeçvarī, etc. Il décide que la Vajrayoginī (de Sanku) sera repeinte tous les douze ans seulement. Docilement attaché à un yogi qu'il tient pour une incarnation de l'irascible Durvâsas, et qu'il adopte pour guru, il abdique, laisse le trône à son frère Narendradeva, et va vivre en humble disciple auprès du yogi. Le yogi mort, il s'attache à un bhikṣu qu'il prend pour guru, entre dans les ordres bouddhiques, construit un couvent où il se retire; mais au bout de quatre jours de vie monastique, il reconnaît qu'il s'est mépris sur sa vocation, demande à rentrer dans le monde, quitte la robe jaune du bhikṣu, reçoit le sacrement d'âčârya, et construit dans le voisinage du premier couvent un autre couvent où il va vivre en famille : c'est le couvent aujourd'hui connu sous le nom d'Onkulī Bihâr, à Patan. Un jour, tandis qu'il se livre à la méditation, son crâne éclate, et tandis que l'âme s'en échappe, il en jaillit une pierrerie mystérieuse, énigmatique de forme et de taille.

Puṇyadeva, un fils né de Çivadeva quand il était déjà devenu vajrâčârya, accomplit les rites funéraires, et Narendradeva continue à occuper le trône, qu'il lègue à son fils, Bhīmadeva. Viṣṇudeva règne ensuite, puis Viçvadeva ou Viçva Gupta deva. Ce roi veut supprimer le sacrifice humain qu'on offrait à Vatsalâ, mais une manifestation divine le détourne de son intention. Il fait exécuter une grande image de Viṣṇu, en pierre, sur le côté Nord de la Bagmati et de la Bitsnumati (c'est le Viṣṇunathâ, fondé d'après Kirkpatrick par Viṣṇu Gupta l'Abhīra); il élève aussi, pour gagner la faveur de Jayavâgīçvarī, une image des Navadurgâs et des Kumârīs. N'ayant point de fils, il donne sa fille en mariage à un Vaiçya Thâkuri de caste pure, nommé Aṃçuvarman, qui hérite du trône. Mais, avant qu'Aṃçuvarman recueille le pouvoir, Vikra-

-mâditya d'Ujjayinî arrive au Népal pour imposer à ce royaume l'ère qu'il vient de fonder, grâce à des richesses fabuleuses qui lui ont permis de solder partout toutes les dettes; c'est à ce prix qu'un monarque peut et doit fonder une ère. Il institue de plus au village de Harasiddhi une représentation dramatique, qui se répète depuis à des périodes fixes; puis il reprend la route de l'Hindoustan, et laisse Aṃçuvarman régner enfin sur le pays.

Trois inscriptions portent expressément le nom du roi Çivadeva comme leur auteur : l'une trouvée par Bhagvanlal à Budha Nilkanth (Jalaçayana), est sans date; une autre, découverte par M. Bendall à Bhatgaon, au Golmadhi-tol, est datée de 516 ou 518 (et non 316 ou 318); la dernière, que j'ai trouvée moi-même à Bhatgaon, au Tulacchi-tol, ne laisse lire clairement de sa date que le chiffre des centaines 5, suivi probablement du signe de la première dizaine. La première, l'inscription de Budha Nilkanth, est tronquée; il n'en subsiste que le formulaire d'introduction, mais ce fragment suffit pour constater l'identité du protocole dans nos trois textes. Çivadeva réside au palais de Mânagṛha, il n'a pas changé de « darbar », quoi que disent les Vaṃçâvalîs; il est « la bannière de la race des Liččhavis », le successeur régulier de son père (*bappa pâdânudhyâta*) qui continue à le suivre de sa pensée. Comme ses ancêtres Liččhavis, comme Vasantadeva ou Gaṇadeva, il se contente du titre de *bhaṭṭâraka-mahârâja*, qui paraît bien modeste en comparaison des titres royaux usités au VIIᵉ siècle, mais que la tradition consacrait comme l'expression de l'antiquité de la dynastie. L'inscription de Budha Nilkanth déclare que Çivadeva est « instruit, politique, bien élevé, héroïque, constant, et que c'est là seulement le commencement de ses mérites où rien ne manque ». Les deux chartes de Bhatgaon renoncent même à cet essai d'énumération. « Innombrable, l'ensemble de ses vertus développe sa gloire. » L'une et l'autre formule attestent la persistance des usages de chancellerie ; elles reprennent chacune à part les éléments de la formule employée un siècle plus tôt par Vasantadeva : « Instruit, politique, compatissant, libéral, courtois, pieux, majestueux, il épanouissait la blancheur de sa gloire ». Après ce préambule, le roi s'adresse aux intéressés directement : il les informe de sa santé, leur souhaite le bonjour et leur communique sa décision ; mais il prend soin chaque fois d'en reporter l'initiative, et par suite le mérite à son conseiller le « grand marquis » (*mahâ-sâmanta*) Aṃçuvarman ; par un renversement inattendu de situations, le vassal est plus pompeusement loué que le souverain : « Le grand marquis Aṃçuvarman a une renommée illustre, immaculée, étendue ; sa vaillance active a réduit au calme la puissance d'innombrables adversaires » (Bhatgaon) ; ou encore « la multitude des larges batailles qu'il a gagnées vaut à son héroïsme un lustre qui abat la puissance de tous ses adversaires ; la peine qu'il prend à bien veiller sur le peuple lui a mérité une gloire splendide qui remplit le disque de la terre » (Budha Nilkanth). Sur sa requête (*vijñâpitena*), le roi, par considération pour lui et par miséricorde pour les intéressés, confère des privilèges en quelque sorte classiques : les officiers de la couronne ne sont autorisés à pénétrer sur le territoire énoncé que pour percevoir les trois contributions ; il leur est interdit d'y pénétrer, soit pour remettre des notes écrites (citations à comparaître, avis de paiement ?), soit à l'occasion des cinq fautes réservées d'ordinaire à la juridiction royale. Les localités favorisées portent des noms nettement barbares, autrement dit névars : Khṛpuṅ (Bhatgaon), Mâkhoṣṭaṃ-Satsara (*ib.*, Golmadhi-tol). Le même délégué (*dûtaka*) est chargé de veiller à l'exécution des deux chartes de Bhatgaon ; c'est Bhogavarma-Gomin.

Deux autres inscriptions, très mutilées, doivent aussi être rapportées à Çivadeva en raison de leur date, de leur écriture et de leur formulaire ; elles se trouvent dans deux localités voisines, à Dharampur et à Thoka, au Nord de Katmandou et au Sud-Ouest de Budha Nilkanth. La stèle de Dharampur est datée de 520 ; la fin seule en est déchiffrable ; elle énonçait un double privilège concédé par le roi ; mais le détail manque ; les fragments mentionnent un Malla-kara qui reparaît dans une inscription de Jiṣṇu Gupta, et indiquent l'emploi du *paṇa* de cuivre comme unité monétaire. La stèle de Thoka est datée de 519 ; c'est une charte de donation, qui fixe avec la minutie ordinaire les tenants et aboutissants du terrain donné. Le dûtaka de Dharampur est Bhogavarma-Gomin ; celui de Thoka, Vârtta-Bhogačandra.

Ainsi, trois fois sur quatre, c'est le même personnage, Bhogavarma-Gomin qui est délégué comme le représentant du pouvoir royal. L'autre délégué, Bhogačandra, porte un nom fort voisin du premier, également formé du mot *bhoga* en combinaison. Or, les noms de ce type sont loin d'être ordinaires : le Corpus n'en cite pas, pour la période des Guptas, d'exemple en dehors du Népal ; les Listes de M. Kielhorn qui couvrent presque toute l'histoire du moyen âge et des temps modernes dans l'Inde, n'y ajoutent qu'un seul exemple, Bhogabhaṭa. Mais au Népal, outre Bhogavarman et Bhogačandra, les dûtakas du roi Çivadeva, les inscriptions mentionnent Bhogadevî, sœur de cet Aṃçuvarman qui fut le conseiller de Çivadeva avant d'usurper son trône ; Bhogadevî a un fils, neveu d'Aṃçuvarman, et qui se nomme Bhogavarman. Un siècle après Aṃçuvarman, un nouveau Çivadeva, roi du Népal, épouse une princesse née dans la race des Maukharis, dans la famille des Varmans, fille d'un Bhogavarman qui avait épousé la fille d'un roi puissant, Âdityasena de

Magadha. La race des Maukharis valait pour l'ancienneté les Liččhavis, et les surpassait en pureté ; au VIIe siècle, un contemporain d'Aṃçuvarman, Bâṇa, dans son histoire romanesque de l'empereur Harṣa, n'hésitait pas à déclarer que « pareille à l'empreinte du pied de Maheçvara, la race des Maukharis est au sommet des supports de la terre [rois ou montagnes] et que le monde entier l'adore religieusement[1]. » La sœur même de l'empereur Harṣa, Râjyaçrî, avait épousé un prince Maukhari, Grahavarman. Les noms de Bhogavarma(Gomin), Bhogačandra, Bhogadevî, rapprochés du nom de Bhogavarman le Maukhari, semblent dénoter l'origine Maukhari de ces trois personnages. Si un Maukhari authentique consentait à donner sa fille en mariage à un descendant d'Aṃçuvarman (Çivadeva), un Liččhavi du Népal devait, à plus forte raison, accepter volontiers pour gendre Aṃçuvarman lui-même. En fait d'alliances, les Liččhavis de la montagne ne pouvaient pas être plus exigeants que les Maukharis de l'Hindoustan.

Bhogavarman, dûtaka de la charte du Golmadhi-tol, est sans aucun doute identique au neveu d'Aṃçuvarman, qui porte le même nom. La charte, datée de saṃvat 518, n'est antérieure que de cinq ans à la charte d'Aṃçuvarman (saṃvat 39), où Bhogadevî, sœur d'Aṃçuvarman, est désignée comme la mère qui a enfanté « le noble (*çrî*) Bhogavarman » ; cette désignation semble indiquer que Bhogavarman occupait une haute situation. Bhogavarma-Gomin est certainement le même personnage que Bhogavarman. *Gomin*, en effet, n'est qu'un titre accolé au nom. Les lexiques ne permettent pas d'en définir exactement la valeur, mais ils sont du moins en accord avec les autres documents pour lui donner une signification spécialement

1. *Harṣa-čarita*, éd. Bombay, p. 156.

bouddhique. Le *Gomin* est un *upâsaka*, un fidèle laïque qui fait vœu d'observer les cinq abstentions essentielles et de venir en aide aux religieux[1]. Mais tous les upâsakas ne sont pas des Gomins. Le plus illustre des Gomins, Čandra-Gomin, poète, grammairien et théologien, s'appelait simplement Čandra, et le système grammatical dont il est le créateur est resté connu sous le nom de grammaire de Čandra, *Čândra vyâkaraṇa* ; il était primitivement upâsaka ; mais il devint upâsaka-gomin sur l'indication expresse d'Avalokiteçvara, quand la déesse Târâ l'eut transporté par miracle dans une île de l'Océan, déserte encore, mais qui se peupla bientôt, grâce à lui. « Dès lors, Čandra reçut le nom de Čandra Gomin[2]. » L'historien tibétain du bouddhisme indien nomme encore : 1° Kamala Gomin, un autre dévot d'Avalokiteçvara, qui était connaisseur du Tripiṭaka, upâsaka, serviteur des religieux qui vivaient dans la contemplation du Mahâyâna[3]. Ce Kamala Gomin était contemporain de Dharmakîrti qui vivait au temps du roi Srong-btsan sgam-po, le gendre même d'Aṃçuvarman. 2° Mudgara (le nom est douteux) Gomin, auteur d'un hymne célèbre, mais connu surtout pour avoir agrandi le monastère de Nâlanda ; c'était un brahmane d'origine, mais qui observait « les vœux de bhadanta d'un upâsaka[4] ». 3° Kumârananda, un upâsaka-gomin des pays du Sud qui instruisit 5 000 upâsakas et leur fit comprendre la Prajñâpâramitâ, tandis qu'un autre upâsaka, Matikumâra, engagé dans la vie domestique, popularisait le Dhyâna du Mahâyâna[5]. La littérature singhalaise compte parmi ses illustrations un Gomin, Guruḷu Gomi, auteur de l'Amavâ-

1. V. mon article : *La date de Čandragomin*, dans le *Bull. Éc. fr. Extr.-Or.*, 1903, spécialement p. 15 sq.
2. Târanâtha, p. 151.
3. *Ib.*, p. 193.
4. *Ib.*, p. 64 sqq.
5. *Ib.*, p. 268 sq.

tura et du Dharmapradîpikâva, que la tradition place sous le règne d'Aggabodhi Ier, à la fin du VIe siècle (564-598)[1]. D'Indra Gomin, le grammairien, il n'a survécu que le nom seul[2]. Les Tibétains traduisent régulièrement *Gomin* par *btsun-pa* qui signifie respectable, noble, vénérable, fidèle à l'observance des devoirs religieux. La Mahâvyutpatti, qui cite le nom de Čandra Gomin dans les cinq langues canoniques (§ 177) fonde toutes ses traductions sur l'interprétation tibétaine, par exemple en chinois, *miao-yue* « parfaite lune ». Cette interprétation se base sur le témoignage de Čandragomin lui-même, qui dans sa grammaire (IV, 2, 144) explique *gomin* par *pûjya* « honorable ».

Le vârtta Bhogačandra, l'autre délégué de Çivadeva, porte le titre de *vârtta*; le terme *vârtta* est un dérivé régulier du mot *vṛtti*, subsistance. Le *vârtta* correspondrait exactement, pour la forme comme pour la valeur réelle, aux *Vṛttiyas* du Népal moderne; les Vṛttiyas sont les vassaux qui ont reçu en donation perpétuelle un fief libre de charges, mais sans aucun droit de juridiction[3].

LES ROIS DU NÉPAL DEPUIS AMÇUVARMAN JUSQU'AUX MALLAS*

[Dynastie Thâkurî. W. V. B.]

1.	Aṃçuvarman	68 ans. B. V. (W.).
	Unghoo Burmah	42 ans. K.
2.	Kṛtavarman	87 ans. B. V. (W.).
	Kirtoo Burmah	18 ans. K.
3.	Bhîmârjuna	93 ans. B. V. (W.).
	Bheem Arjoon Deo	39 ans. K.

1. Geiger, *Literatur und Sprache der Singhalesen*, p. 4.
2. Kielhorn. *Ind. Antiq.*, XV, 181.
3. Hamilton, p. 107.

* W. Vamçâvalî bouddhique de Wright. — B. Vamçâvalî de Bhagvanlal. — V. Vamçâvalî brahmanique (mon manuscrit). — K. Kirkpatrick. — Bd. Vamçâvalîs de Bendall (*Journ. As. Soc. Beng.*, 1903).

4. { Nanda deva 25 ans. B.
» 95 ans. V. (W.).
Nund Deo 13 ans. K.
5. Vira deva 95 ans. B. V. (W.). [5] Seo Deo 16 ans. K.
6. Čandraketu deva B. W.
7. { Narendra deva 98 ans. V.
» 7 ans. W. B.
[6] Nurrender Deo 37 ans. K.
8. { Vara deva 8 ans. W. B.
Vala deva 23 ans. V.
[7] Bul Deo 17 ans. K.
9. { Çaṅkara deva 12 ans. B. V. W.
[8] Sunker Deo 12 ans. K.
10. Vardhamâna deva 13 ans. B. V. W. [9] Bhem Arjoon Deo (the 2^d^) 16 ans. K.
11. { Bali deva 13 ans. W. B.
» 12 ans. V.
[11] Sree Bull Deo 16 ans. K.
12. { Jaya deva 15 ans. W. B. V.
[10] Jye Deo 19 ans. K.

[12] Condur Deo 27 ans. K.
[13] Jye Deo (the 2^d^) 42 ans 7 m. K.
[14] Bul Deo (the 3^d^) 11 ans. K.

13. { Bâlârjuna deva 17 ans. B. W. V.
[15] Ballunjoon Deo 36 ans 7 m. K.

[16] { Ragheeb Deo 63 ans. K.
Râghava deva 46 ans 3 m. Bd.

Jaya deva 10 ans. Bd. { [17] Seeker Deo 88 ans 6 m. K.
[18] Soho Deo 33 ans 9 m. K.

14. { Vikrama deva 12 ans. B. W. V.
» 8 ans 9 m. Bd.
[19] Bickrum Deo 1 an. K.

[20] { Nurrender Deo 1 an 6 m. K.
Narendra deva 1 an 6 m. Bd.

15. { Guṇakâma deva 51 ans. W. B.
» 65 ans 5 m. Bd.
Guṇadeva 51 ans. V.
[21] Goonakam Deo 85 ans 6 m. K.

[22] { Oodoy Deo 6 ans. K
Udaya deva 5 ans 5 m. Bd.
[23] Nurbhoy Deo 7 ans. K.

16. { Bhojadeva 8 ans. W. B. V.
[24] Bhaj Deo Budro 9 ans 7 m. K.
17. { Lakṣmikâma deva 22 ans. W. B. V.
» 21 ans. Bd.
[25] Letchmi Camdeo Dutt 21 ans. K.

18. [26]	Jayakâma deva	20 ans. W. B. V.
	Jye Deb	20 ans. K.
	Vijaya	31 ans. Bd.

[Thâkuris de Nayakot. W. B. V.]

1.	Bhâskara deva W. B. V.	13 ans. V. 3 ans. Bd.
	Bhaskur Deo K.	
	[2] Oodoy Deo	7 ans 1 mois. K.
2.	Bala deva W. B. V.	12 ans. V. Bd.
[3]	Bul Deo K.	12 ans. V. Bd.
3.	Padma deva W. B. V.	11 ans. V.
	Puddiem Deo K.	6 ans.
[4]	Pradyumnakâmadeva Bd.	?
4.	Nâgârjuna deva W. B. V.	3 ans. V. 2 ans. Bd.
[5]	Naug Arjoon. K,	3 ans.
5.	Çaṅkara deva W. B. V.	11 ans. V. 15 ans. Bd.
[6]	Sunker Deo K.	17 ans.

[Thâkuris de Patan, de la famille d'Aṃçuvarman. W. B. V.]

6.	Vâma deva W. B. V.	3 ans. V. Bd.
	Bam Deo K.	3 ans.
7.	Harṣa deva W. B. V.	15 ans. V. 14 ans. Bd
	Sree Hurkh Deo K.	16 ans.
8.	Sadâ Çiva deva W. B. V.	21 ans. V.
	Seo Deo K.	27 ans 7 mois.
	Çiva deva Bd.	27 ans 5 mois.
[9]	Indro deo K.	12 ans.
	Indra deva Bd.	12 ans.
9.	Mâna deva W. B. V. Bd.	10 ans. 4 ans 7 mois. Bd.
[10]	Maun Deo K.	4 ans 7 mois.
10.	Narasiṃha deva W. B. V.	22 ans.
[11]	Nurrender Deo K.	6 ans 4 mois.
11.	Nanda deva W. B. V.	21 ans.
	Ânanda deva Bd.	20 ans.
12.	Rudra deva W. B. V. Bd.	19 ans. B. V. 7 ans. W. 8 ans 1 mois. Bd.
	Rudro Deo K.	80 ans.
13.	Mitra deva W. B. V.	21 ans.
	Amṛta deva Bd.	3 ans 11 mois.
	Omret Deo K.	3 ans 11 mois.
	(Rudra deva.)	
[14]	Someçvara deva Bd.	4 ans 3 mois.
	Soomeesur Deo K.	6 ans 3 mois.

[15] Guṇakâma deva Bd. 3 ans.
(Lakṣmîkâma deva)
[16] { Vijaya kâma deva Bd. 17 ans.
{ Buz Caum Deo ?

Le successeur de Çivadeva, Aṃçuvarman, est parmi les rois anciens du Népal l'enfant gâté de la fortune. Il est monté sur le trône sans y être appelé par la naissance; il a fondé une dynastie, il a introduit une ère nouvelle; les Chinois ont enregistré son nom, les Tibétains l'ont associé à leurs légendes. Au témoignage des Vaṃçâvalîs (sauf Kirkpatrick), Aṃçuvarman était le gendre de son prédécesseur; il quitta le palais de Deo Patan que Çivadeva le Liččhavi avait élevé, et transporta sa résidence à Madhyalakhu, un peu plus au Sud; il y éleva un grand « darbar » avec des cours (*čauka*) ravissantes; il y fit aussi construire des maisons pour ses ministres et ses fonctionnaires. Il était vigoureux, actif, redouté, infatigable à la poursuite des fins humaines[1]. Il s'en fut à Prayâga-tîrtha, et décida le Bhairava local, Prayâga-Bhairava, à le suivre et à demeurer auprès de son palais; en récompense il lui attribua une offrande de viande par an. Les dieux, qui jusqu'alors se montraient aux yeux des mortels, cessèrent après son règne de se manifester sous leur forme réelle. Les Vaṃçâvalîs de Wright et de Bhagvanlal placent son avènement en l'an 3 000 du Kaliyuga (101 av. J.-C.).

L'épigraphie nous permet de suivre la carrière d'Aṃçuvarman. Il paraît d'abord dans les inscriptions de Çivadeva, en 518, 519, et 520 S., comme « le grand marquis » conseiller privilégié et dispensateur unique des faveurs royales; le panégyrique des mâles vertus du ministre, savamment greffé sur l'éloge officiel du roi, y prend un air de menace.

1. Le texte parbatiya de la Vaṃçâvalî de Bhagvanlal, tel qu'il est cité dans son article (p. 44, n. 35) est exactement identique au texte de ma Vaṃçâvalî brahmanique (V.) sur Aṃçuvarman.

Sous le maire du palais, l'usurpateur perce déjà: Aṃçuvarman a vaincu d'innombrables ennemis: il est le héros; il a le *pratâpa,* ce rayonnement éblouissant de majesté qui est la marque de la personne royale. Avec les inscriptions de Harigaon, la révolution est accomplie. Çivadeva a disparu; Aṃçuvarman seul occupe la scène. Il a déserté, comme l'indiquent exactement les Vaṃçâvalis, le vieux palais de Mânagṛha consacré par le souvenir des Ličchavis; il s'est établi à Kailâsa-kûṭa, le Madhya-lakhu des chroniqueurs, et c'est là qu'il organise sa cour. Cependant il n'a pas pris encore le titre royal; il continue à se désigner comme le grand marquis; c'est seulement en l'an 39 qu'il laisse tomber ce titre, mais sans oser s'en attribuer un autre; il est simplement Çry-Aṃçuvarman, avec la plus banale des appellations honorifiques (*çrî*). Il reçoit pour la première fois, dans les documents qui nous sont connus, le titre majestueux de *mahârâjâdhirâja* dans une inscription du roi Jiṣṇugupta datée de l'an 48. La gêne d'une position mal définie se trahit encore à d'autres détails de protocole. Çivadeva, comme ses prédécesseurs, déclarait au début de ses inscriptions que « son père adoré le suivait de sa pensée » et affirmait par cette formule ses droits de naissance sur le trône qu'il occupait. Aṃçuvarman n'ose pas tout d'abord employer cette formule, quand le souvenir du coup d'état est encore trop proche, mais il l'adapte par une légère modification. Il substitue au père dont il ne peut se réclamer un personnage plus considérable et dont l'autorité suffit à couvrir tout: « le saint Paçupati, le souverain », c'est ce dieu qui veille sur Aṃçuvarman. Le père n'intervient qu'au second plan, dans l'expression: *bappa-pâda-parigṛhîta* » remarquable par la précision de la nuance. Le verbe *pari-grah,* tiré de la racine *grah* « prendre » s'applique à l'introduction solennelle et légale d'une personne étrangère dans la famille, dans la maison, etc... Si Aṃçuvarman a, comme l'indiquent les Vaṃçâvalîs, épousé la fille de Çivadeva qui n'avait point de fils, il est entré par une sorte d'adoption en qualité de beau-fils dans la famille royale. Tandis que la femme suit d'ordinaire le mari, ici le mari a suivi la femme pour s'élever au trône. Au reste Aṃçuvarman se débarrasse bien vite de cette formule compromettante ; à partir de l'an 32 peut-être, de l'an 34 certainement, il n'emploie plus que le libellé banal, reproduit fidèlement dans la suite par tous ses successeurs: *bhagavat-Paçupati-bhaṭṭâraka-pâdânugṛhîta bappa-pâdânuddhyâta*. « Le saint Paçupati le favorise ; son père adoré le suit de sa pensée. » Un exercice assez long du pouvoir a, dès l'an 34, transformé l'occupation en possession légitime.

Le panégyrique d'Aṃçuvarman subit à travers ses inscriptions des oscillations du même genre. Maire du palais, il étale pompeusement ses louanges en concurrence avec le roi, et il exalte par l'office des scribes ses vertus militaires et ses victoires éclatantes; maître du pouvoir il change de ton et proclame que le nouveau régime, c'est la paix: « Son activité ne se plaît qu'au bien d'autrui ». Passé l'an 30, l'éloge disparaît du protocole; mais, encore en l'an 32, dans un vers postiche attaché en queue à l'inscription, Aṃçuvarman proteste à nouveau de ses préoccupations sociales: « Mon cœur purifié n'a d'autre ambition que le bien du peuple... Comment mon peuple pourrait-il être heureux? me dis-je... » L'éloge ne reparaît plus à sa place propre qu'en 39; mais le personnage a une fois encore changé de peau. Aṃçuvarman se présente à la postérité comme un érudit et comme un philosophe: « Il a passé ses jours et ses nuits sur un grand nombre de traités techniques (*çâstras*), il a réfléchi sur leur sens, et il a ruiné les doctrines d'erreur. » L'éloge, pour inattendu qu'il est, semble mérité cependant. Hiouen-tsang, qui passa près du Népal au temps d'Aṃçuvarman, avait entendu vanter ce prince « qui se distinguait par la solidité de son savoir et la sagacité de son esprit. Il avait composé lui-même un Traité sur la connaissance des sons (*Çabdavidyâçâstra*); il estimait la science et respectait la vertu. Sa réputation s'était répandue en tous lieux[1] ». Les pandits de Bhatgaon, au temps de Kirkpatrick, conservaient encore une tradition qui « datait l'introduction de la première grammaire sanscrite au Népal du temps d'*Unghoo Burmah* (Aṃçuvarman) de la postérité de *Pussoopûsh Deo* »[2]. Les recherches que j'ai poursuivies pour retrouver la Grammaire d'Aṃçuvarman sont restées jusqu'ici sans résultat; la tradition même consignée en 1793 par Kirkpatrick semble entièrement tombée dans l'oubli. Les inscriptions d'Aṃçuvarman semblent porter la trace manifeste des préoccupations grammaticales du roi. Avant Aṃçuvarman, les Liččhavis ont pour pratique constante de redoubler la consonne qui suit immédiatement la lettre *r* soit à l'intérieur du même mot, soit à la rencontre de deux mots. Pâṇini (VIII, 4, 46) enseigne que cette pratique est facultative; elle est cependant suivie le plus souvent dans les textes épigraphiques. Aṃçuvarman, au contraire, s'abstient constamment dans ce cas de redoubler la consonne en combinaison. Le changement apparaît dans son nom même. Çivadeva le Liččhavi écrit Aṃçuvarmman avec une *m* redoublée : Aṃçu-

1. *Mémoires*, I, 408. — La mention du *Çabda-vidyâ-sûtra* d'Aṃçuvarman dans *Vie et Voyages de Hiouen-Thsang*, p. 50, est une addition purement arbitraire de St. Julien; le texte désigne simplement le Çabda-vidyâ-çâstra en général, *çâstra* et non pas : *sûtra*, qui est une faute d'inadvertance; Julien transcrit lui-même l'expression chinoise *Ching ming-lun*.

2. Kirkpatrick, p. 220. — La graphie *Unghoo Burmah* de Kirkpatrick prouve que ses informateurs se fondaient sur une tradition écrite, et de date ancienne. La confusion des lettres *çu* et *gu*, impossible dans l'écriture népalaise moderne, est au contraire difficile à éviter dans l'écriture ancienne. (Cf. l'erreur exactement parallèle que j'ai dénoncée : *gomin* lu *çvâmin* par M. Bendall).

varman, dans ses chartes, écrit Aṃçuvarman avec une *m* simple. Son successeur, Jiṣṇu Gupta demeure fidèle à cette graphie ; mais les simples particuliers restent attachés par négligence ou par routine à l'usage ancien. Dans une inscription datée des dernières années d'Aṃçuvarman, mais qui commémore une fondation privée, le nom du roi est écrit Aṃçuvarmman avec l'*m* double, comme aussi le nom du donateur, Vibhuvarmman.

La première inscription personnelle d'Aṃçuvarman, en l'an 30, le montre sans doute au lendemain de son avènement, réclamé par l'organisation de sa cour ; c'est le moment où il installe son personnnel à l'entour du palais neuf. Le site, que les Vaṃçâvalîs appellent Madhyalakhu, porte dans les inscriptions le nom de Kailâsa-kûṭa « la cime du Kailâsa » par allusion à la montagne où Çiva aime à résider, sur le haut plateau tibétain, vers les sources de l'Indus. Ce nom de Kailâsa-kûṭa reste encore attaché à une butte située au Nord et juste au-dessus du temple de Paçupati. Harigaon, où j'ai trouvé cette inscription dressée contre une chapelle, avec l'inscription de l'an 32 qui lui fait pendant, est situé à l'Ouest de Paçupati, séparé par le « Ruisseau des Blanchisseurs » (*Dhobi Khola*) du plateau qui porte Deo Patan, la ville de Paçupati, et qui retombe en pente abrupte à l'Est sur la Bagmati. Madhyalakhu, d'après Wright, est situé sur la route au Sud de Deo Patan ; pour ma part, je n'ai pas réussi à m'en faire désigner l'emplacement. Dans tous les cas, la nouvelle résidence royale était, soit au Nord, soit au Sud, soit à l'Ouest, dans le voisinage immédiat de Deo Patan, la capitale de Çivadeva et dans le voisinage immédiat du palais des Liččhavis, Mâna-gṛha, puisqu'une des portes indiquées dans la répartition d'Aṃçuvarman est appelée « la porte de Mâna-gṛha ».

L'inscription, en assez bon état, a cependant souffert un peu : elle règle un certain nombre de donations, mais l'énoncé des circonstances manque. Il apparaît qu'Aṃçuvarman institue des *jagirs* en faveur de ceux qui ont à des titres divers concouru à son sacre : le temple de la déesse Ṣaṣṭhī, une des formes de Durgâ, l'inspecteur général des armées, le préfet des donations, les éléphants du sacre, le cheval du sacre, le porteur de l'émouchoir, le porte-bannière, l'ouvrier de l'eau, le surveillant des pīṭhas, le porteur du Puṣpapatâka, le sonneur de conque, la balayeuse même, les portes, la grande rue reçoivent une somme, à titre de rente sans doute, évaluée en *pu* et *pa*, probablement en purâṇas et en paṇas.

La seconde charte, de l'an 32, attribue des donations à des institutions et des organisations religieuses, et aussi à des individus. Elle présente un tableau intéressant du Népal religieux au cours du VIIe siècle quand le Çivaïsme et le bouddhisme se partageaient sans se les disputer les faveurs royales. Paçupati occupe la place d'honneur, mais son jagir ne dépasse point les autres ; derrière lui vient Dolâ-çekhara-svâmin, le dieu de Changu Narayan. Puis les couvents bouddhiques, en tête le Guṃ-vihâra, nom névar du Maṇi-čaitya situé à l'extérieur de la ville de Sanku ; le Mâna-vihâra, probablement le couvent fondé par Mânadeva ; le Kharjurikâ-vihâra, et à leur suite les couvents de moindre importance, qui ne sont pas désignés nommément et qui reçoivent trois fois moins que les premiers. Les temples secondaires viennent après les vihâras de second ordre et sont traités comme eux : le Râmeçvara, le Haṃsagṛhadeva, le Mâneçvara, le Sâmbapura, le Vâgvatī-pâra-deva, le Parvateçvara, le Narasiṃhadeva, le Kailâseçvara, le Jalaçayana de Bhuṃlakkikâ reçoivent chacun 3 pu(râṇas) et 1 pa(ṇa). Les autres temples des dieux (*devakula*) ne reçoivent que 2 purâṇas et 2 paṇas. Enfin l'édit se termine par quelques attributions peu claires : Bhaṭṭâraka-pâdâḥ, la confrérie (Pâñčâlī) de

Sapelâ (?), la confrérie en général, un des serviteurs du palais, les gausṭhikas, les serviteurs en général.

De l'an 34, il reste deux chartes; l'une du mois de jyaiṣṭha (Bendall, 2), se trouve à Patan; elle attribue à la confrérie (*pâñcâlikâs*) du village de Mâtiṅ les revenus de plusieurs terrains pour être affectés à l'entretien d'un édifice, un temple, sans doute, qu'Aṃçuvarman a fait restaurer et qui était construit en briques et en bois; il avait fallu en remplacer les portes, les panneaux, les fenêtres. Aṃçuvarman confiè l'exécution de son ordre à Vindusvâmin, l'inspecteur général de l'armée. L'autre inscription de l'an 34 est datée du mois de pauṣa (Bhagv. 6); elle a été trouvée à Bugmati, la petite bourgade qui passe pour le berceau de Matsyendra Nâtha (en névar : Bug) et qui garde six mois par an l'image du dieu en dépôt. La teneur de l'édit est à peu près indéchiffrable. Le délégué du roi paraît être un fonctionnaire du nom de Vikramasena. Un kṣatriya (*râjaputra*) de ce nom est désigné comme délégué royal dans une charte mutilée de l'an 535, postérieure de dix-sept ans à la charte de Bugmati.

La première des deux inscriptions de l'an 34 marque un nouveau progrès de l'autorité d'Aṃçuvarman. Çivadeva, son prédécesseur, introduisait, selon l'usage consacré, à la fin de ses donations une prière et une menace : « Qu'on le sache et que désormais personne entre ceux qui vivent de mes faveurs ou tout autre n'agisse autrement. Et si quelqu'un au mépris de cet ordre agit ou fait agir autrement, je ne le supporterai absolument pas. Et les rois qui viendront après moi, respectueux de la loi et attachés aux faveurs accordées par leurs prédécesseurs royaux devront observer exactement cet ordre » (Bendall, 1). Aṃçuvarman, dans son premier édit de l'an 30 se contente de faire appel à la fidélité de ses fonctionnaires et des rois à venir; en 32, il supprime même cet appel. Mais en 34 il reprend avec des variations insignifiantes de détail la formule de conclusion de Çivadeva ; la seule différence qui vaille d'être signalée

Mahârâja Bir Sham Sher Jang Rana Bahadur.

est la substitution de la première personne du pluriel « Nous » (*vayam*) au singulier « Moi » (*aham*) qu'employait Çivadeva.

Le dernier édit d'Aṃçuvarman daté de l'an 39 (Bhagv. 7)

étend et développe cette formule. Cet édit, qui se trouve à Deo Patan, près du temple de Paçupati, confie à la confrérie d'Adhaḥçâlâ (*Adhaḥçâlâ-pâñcâlikebhyaḥ*) la surveillance de trois liṅgas, le Çûrabhogeçvara dédié à Paçupati par Bhogadevî, sœur d'Aṃçuvarman et mère de Bhogavarman, au profit des mérites de Çûrasena, époux de Bhogadevî; le Laḍitamaheçvara fondé par Bhâgyadevî, fille de Bhogadevî et nièce d'Aṃçuvarman; le Dakṣiṇeçvara fondé par les ancêtres de Bhogadevî. L'édit s'adresse aux *vṛttibhujaḥ,* tant présents qu'à venir, du paççimâdhikaraṇa, l'*adhikaraṇa* ou le ressort de l'Ouest; les *vṛttibhujaḥ* sont probablement les propriétaires féodaux qui jouissent (*bhuj*) des revenus du territoire donné en fief, identiques aux *vârttas* et aussi aux *vṛttiyas* du Népal moderne. Enfin le délégué royal est le *yuvarâja,* l'héritier présomptif, Udayadeva.

La dernière inscription du temps d'Aṃçuvarman émane d'un particulier; elle se trouve à Katmandou (Bhagv. 8). La date en est douteuse; le signe de 40 y est net, mais l'unité qui suit est indistincte. Bhagvanlal l'interprétait conjecturalement comme un 5; M. Fleet est tenté d'y voir un 4. « Par la faveur de Çry-Aṃçuvarman, le vârtta Vibhuvarman a fait faire cette conduite d'eau au profit des mérites de son père. »

Comme les inscriptions, les monnaies attestent la puissance d'Aṃçuvarman. Le premier des rois du Népal, il marque à son nom les pièces qu'il frappe. Il en subsiste plusieurs types, décrits par Cunningham. Le diamètre est d'environ 0,025 millimètres; le poids, très irrégulier, de 11 grammes à 16,20. L'emblème, constant, est une sorte de griffon ailé, tourné à sa droite propre, une patte d'avant relevée dans l'attitude de la marche; sur le champ, la légende *Çry-Aṃçuvarma* ou *Çry-Aṃçoḥ*. Au revers, tantôt le même lion avec un croissant de lune au-dessus de la tête ; tantôt un soleil radié avec la légende : *mahârâjâdhirâjasya*. Peut-être convient-il de voir ici une allusion au nom du roi, qui contient le mot *aṃçu* « rayon ». En fait la légende, sur cette monnaie, occupe exactement autour du disque solaire la place qui, sur certains coins de Paçupati, est occupée par le prolongement des rayons solaires. Sur une autre série, le revers porte une vache tournée à sa droite propre avec une légende qui a été lue jusqu'ici : *kâma dehi* ou (Bendall :) *kâmaṃ dehi*. Mais, d'une part l'anusvâra manque nettement sur les fac-similés publiés, et cette sorte de prière : « donne le désir ! » n'est guère justifiable ni par des analogies ni par des raisons. Il paraît plus naturel d'y chercher une désignation de la vache d'abondance, couramment appelée Kâma-dugh, « qui se laisse traire tout ce qu'on souhaite[1] ».

La distribution des inscriptions d'Aṃçuvarman, à Katmandou, à Patan, à Deo Patan, à Bugmati démontre que ce prince exerçait sa souveraineté sur le centre même du Népal ; la charte qui réglemente l'entretien des liṅgas élevés par sa sœur et sa nièce à Paçupati, et qui est adressée aux *vṛttibhujaḥ* du ressort occidental donne à croire que le pouvoir d'Aṃçuvarman s'étendait assez loin à l'Est ; du point de vue de la vallée même, Paçupati est certainement situé plutôt dans la partie orientale du Népal. Une indication de la Vaṃçâvali semble bien confirmer cette supposition : « Aṃçuvarman s'en fut à Prayâga-tîrtha et persuada à Prayâga-Bhairava de l'accompagner au Népal ». Wright ajoute, à tort, que le Prayâga-tîrtha est

1. M. Rapson (*Indian Coins*, pl. V) lit *kāmadehī*, qui pourrait être un féminin (irrégulier) de *kāma-deha*, composé susceptible de plusieurs sens, entre autres : « qui est le corps du désir », « qui a dans son corps tous les désirs [réalisés] », une très légère modification donnerait la lecture *kāmadohī*, formation parallèle à *Kāma-dugh*, °*dohī* étant un féminin irrégulier de *doha* en composition.

le confluent du Gange, de la Jumna et de la Sarasvatî, Prayâga étant le nom hindou de la moderne Allahabad. En fait, le Népal possède un tîrtha du nom de Prayâga ; il est situé à l'E.-S.-E. de la grande vallée, près de la ville de Panâvatî, dans une vallée écartée, à deux lieues S. de Banepa, à trois lieues S.-E.- de Bhatgaon. Le mont Namobuddha, que la légende locale désigne comme la scène du Vyâghrî-jâtaka, est au-dessus de Panâvatî. D'après la tradition, l'ancien nom de cette région était Pâñčâla-deça, le pays de Pâñčâla[1]. Aṃçuvarman aurait donc soumis à son pouvoir cette région reculée, et pour la rattacher plus étroitement au Népal propre, il aurait transporté dans son palais la divinité locale ; c'est la méthode romaine renouvelée dans l'Himalaya.

Immédiatement avant le règne d'Aṃçuvarman, les Vaṃçâvalîs indiquent une époque de troubles : Vikramâditya d'Ujjayinî conquiert le Népal et y introduit son ère. Les chroniqueurs népalais interprètent donc les dates d'Aṃçuvarman à l'aide du Vikrama-saṃvat ; d'après leur système, Aṃçuvarman aurait régné vers l'an 30 et 40 de cette ère, soit une dizaine d'années avant la naissance du Christ. Une autre doctrine paraît avoir interprété les dates de ses édits d'après la méthode du Loka-kâla, qui omet les chiffres supérieurs aux dizaines et se contente de dénombrer les années à l'intérieur de chaque siècle ; le 0 de l'ère employée par Aṃçuvarman a été tenu pour identique avec le 0 du xxxe siècle du Kali-Yuga. Aṃçuvarman serait monté sur le trône en 3 000 K.Y., soit en 101 avant J.-C. Entre deux systèmes qui comportent un écart d'un siècle, l'accord semble être plus que suffisant à des chronologistes hindous. Sans parler de toutes les raisons qui s'opposent à ces fantaisies, le témoignage de Hiouen-

1. Wright, p. 163.

tsang est décisif ; Aṃçuvarman appartient, à peu de chose près, à la même époque que le voyageur chinois, c'est-à-dire à la première moitié du VIIe siècle. Justement, au début de ce siècle, l'empereur de l'Hindoustan Harṣa Vardhana Çîlâditya fonde une ère qui part de 605/606 J.-C. Il a paru naturel et nécessaire à Bhagvanlal de ramener les dates d'Aṃçuvarman à l'ère de Harṣa. M. Bühler a cru trouver une preuve positive à l'appui de cette thèse dans un passage du Harṣa-čarita où Bâṇa, jouant sur les mérites divins de son héros, s'exprime ainsi : *atra parameçvareṇa tuṣâraçailabhuvo durgâyâ gṛhîtaḥ karaḥ.* La phrase, comme il convient, a un double sens ; elle signifie : 1° « En lui le seigneur suprême (Çiva) a pris la main de Durgâ (son épouse) fille du Mont-aux-Neiges (Himâlaya). » — 2° « En lui un seigneur suzerain a pris l'impôt de la région inaccessible des montagnes neigeuses. » M. Bühler, avec son ingéniosité de pandit, reconnaissait dans ce trait une allusion évidente à la conquête du Népal par Harṣa [1]. J'avoue que l'allusion me paraît manquer de transparence ; un artiste en équivoque tel que Bâṇa aurait su marquer son intention par des traits moins vagues ; aucun détail n'évoque ici le Népal. Le terme *tuṣâra* me semble au contraire introduit ici à dessein pour préciser le jeu d'esprit ; *tuṣâra* est identique à *tukhâra* ; les deux lettres *ṣa* et *kha* s'emploient constamment l'une pour l'autre, et les théoriciens posent en principe leur identité absolue dans les jeux de mots. Au second sens, la phrase signifie donc que Harṣa a reçu l'impôt de la terre montagneuse et inaccessible où vivent les Tukhâras, les Turcs, autrement dit de l'Hindou-Kouch. Les Tukhâras avaient fondé des royaumes durables sur la frontière Nord-Ouest de l'Inde ; les religieux

1. *Ind. Antiq.*, XIX, p. 40. Le passage se trouve dans l'édition du Nirnaya-Sagar, p. 101 ; cf. trad. Thomas, p. 76.

du Tukhâra avaient, au VIIe siècle, un couvent particulier dans le voisinage de Mahâbodhi, au cœur des états de Harṣa [1]. Une concession de ce genre, accordée à un état étranger, n'allait pas sans une sorte de redevance que les panégyristes avaient beau jeu de transformer en tribut. J'ai déjà signalé un cas analogue dans l'histoire de l'Inde; quand le roi de Ceylan obtint de Samudra Gupta un terrain, à Mahâbodhi également, pour élever un couvent destiné aux moines singhalais, Ceylan fut enregistré parmi les tributaires de l'empire Gupta [2].

Tandis que Harṣa Vardhana tenu en échec au Nord-Ouest par les barbares que l'Inde désignait sous le nom collectif de Hûṇas, au Sud par le Čalukya Pulikeçi, souverain du Dekkhan, fondait dans l'Hindoustan, du Guzerate au Bengale, un empire éphémère qui ne devait pas même lui survivre, une nation nouvelle se constituait soudainement sur les hauts plateaux adossés au Nord de l'Himalaya, sur la frontière même du Népal, et du même coup l'équilibre séculaire de l'Asie Orientale était ébranlé et rompu. Tournés vers l'Inde depuis leur migration dans les vallées méridionales, instruits, organisés, policés par l'Inde, à demi introduits dans le monde hindou, les Névars du pays népalais avaient oublié sans doute leurs frères lointains, restés fidèles aux alpages rudes d'outre-monts, à la vie nomade des pasteurs dans les solitudes glacées, au culte des esprits malveillants et des fétiches grossiers. Deux barbares de génie suffirent pour tirer en cinquante ans de ce bétail humain une armée formidable qui mit en péril l'Inde et la Chine, et un clergé instruit qui devait offrir à la science bouddhique un suprême asile. Les Chinois qui eurent en particulier tant à souffrir de ces nouveaux-venus

1. I-TSING, *Les Religieux Éminents*, p. 80.
2. *Les missions de Wang Hiuen-ts'e*, dans le *Journ. Asiat.*, 1900, I, p. 406.

ont noté avec soin les étapes de leur formation [1]. Sous la dynastie des Soei, dans la période nommée K'ai-hoang, entre 581 et 600 [2], un chef du nom de Loun-tsan so-loung-tsan (Srong tsan) qui habitait à l'Ouest du Tsang-ko (partie du Sse-tch'oan, du Koei-tcheou, du Koang-si et du Hou-koang) réunit en un royaume les clans dispersés, fixa la population dans des villes, et donna à ses sujets le nom de *T'ou-p'o,* transformé plus tard en *T'ou-fan* par une fausse prononciation. Dans la langue indigène, toutefois, le nom du pays est *Bod-(yul)* « (pays de) Bod » et c'est ce nom que le sanscrit reproduit sous la forme *Bhoṭa* ou *Bhoṭṭa,* qui se rencontre pour la première fois dans une inscription de Çivadeva datée saṃvat 119 (Bhagv. n° 12, l. 16). Par une ligne d'intermédiaires encore douteux, les Européens ont altéré ce nom en Tibet. Le premier roi du Tibet étendit son pouvoir vers le Sud-Ouest jusqu'au pays de *Po-lo-men,* le pays des Brahmanes ou l'Inde; au commencement de la dynastie des T'ang (vers 620), il disposait de 100000 soldats.

La tradition tibétaine [3] donne à ce personnage le nom de *gNam-ri Srong-btsan*; ce prince aurait conquis le pays de *Gru-gu* qui touche à l'Inde et aussi le *gÑa-zhur* occidental; dès son règne, le Tibet aurait reçu de la Chine les rudiments de la médecine et de l'astrologie. Mais si grand qu'eût été le fondateur de l'empire tibétain, sa gloire allait

1. Ma Toan-lin, chap. 334. — *Annales des T'ang,* ch. 256 et 257. Cette section des Annales a été traduite et annotée excellemment par M. Bushell dans le *Journ. Roy. As. Soc.*, new ser., XII, 435 sqq. — *Description du Tubet,* traduite par Klaproth dans le *Nouveau Journ. Asiat.*, 1829, 2, 81-158; 241-324.

2. Klaproth, dans l'article cité, donne par erreur comme date « vers 630 ».

3. Emil Schlagintweit, *Die Könige von Tibet* (traduction du *Rgyal-rabs*) dans *Abhandl. d. K. bayer. Akad. d. Wiss.*, 1866. — Köppen, *Buddhismus,* II, 47 sqq. — Cf. aussi *Alphabetum Tibetanum,* p. 298 sqq.

être éclipsée ; son fils et son héritier devait être le Clovis et le Charlemagne du Tibet. Les Chinois l'appellent Tch'i-tsoung loung-tsan ; les Tibétains *Srong-btsan sgam-po*. Les chroniques tibétaines s'accordent à fixer sa naissance en 618, son avènement en 629 et sa mort en 698 ; mais les annales des T'ang, sur la foi des documents officiels, enregistrent sa mort en l'an 650. L'exactitude ordinaire des historiens chinois est encore ici confirmée par le témoignage d'I-tsing et par d'autres preuves ; les dates tibétaines sont à rejeter. Srong-btsan sgam-po passe pour une incarnation du Bodhisattva Padmapâṇi. Dès le début de son règne il envoya dans l'Inde une mission de seize personnes sous les ordres de Thon-mi a-nu, pour y étudier les secrets de l'écriture ; la mission se rendit au Cachemire, y reçut les leçons du brahmane Li-byin (*Lipikâra?* « le scribe ») et du Pandit Lha-rig-pa seng-ge-sgra (*Deva-vidyâ-siṃha-nâda?*) et rapporta au Tibet comme le plus précieux des butins un alphabet qui reproduisait à peu près l'écriture en cours dans l'Inde du Nord et qui s'adaptait cependant à la notation la plus délicate des sons tibétains. Une fois maître de l'écriture, le barbare se crut le maître du monde, et l'événement sembla confirmer sa confiance naïve. Il conquit tour à tour le rTsa et le Shing à l'Est, le bLo-vo et le Zhang-zhung au Sud, le Hor au Nord ; ses domaines couvraient le Tibet entier, le bassin du Koukou-nor, les marches occidentales de la Chine, l'Assam et le Népal. « Il dominait sur la moitié du Jambudvîpa.[1] » Il résolut de consolider son pouvoir par des alliances de haut rang ; il brigua la main, dans l'Inde, d'une princesse népalaise, en

1. *Geschichte der Ost-Mongolen und ihres Fürstenhauses verfasst von Ssanang-ssetsen Chungtaidschi der Ordus*, traduit par JJ.-. Schmidt, Pétersbourg, 1829, p. 328 : « Ses ministres entrèrent en relations à l'Est avec les Chinois et les Miñak (Tangoutes), au Sud avec l'Hindoustan, à l'Ouest avec Balbo (Népal) et au Nord avec les Hor et les Gugi ».

Chine d'une princesse impériale. Thon-mi a-nu, surnommé Sambhoṭa, qui avait déjà fait ses preuves, fut chargé de se rendre auprès du roi du Népal, qui portait le titre de Devahla, et le nom de « Rayon-armure ». J'ai déjà démontré, dans un travail précédent, que ce prince est indubitablement Aṃçuvarman[1]. Le Bodhimör mongol ajoute que la résidence de ce prince s'appelait Erdenin Dvîp, qui équivaut au sanscrit Ratna-dvîpa, et que le palais portait le nom de Ku kum gLui[2]. L'envoyé de Sroṅg-btsan sgampo apportait en présent au roi du Népal « un casque merveilleux orné de pierres précieuses » qui semble faire allusion au sens du nom d'Aṃçuvarman « le casque de lumière »[3]. La princesse qu'il venait demander en mariage avait alors seize ans[4]; « son teint était pur, les traits de son visage annonçaient une destinée merveilleuse; elle était d'une vertu parfaite et d'une grande beauté; la correction de toute sa personne ne laissait rien à désirer; sa bouche exhalait le parfum du lotus bleu; elle dominait par sa gravité et sa grâce[5]. » Son nom était Lha-gcig (la princesse) Bribtsun[6]. Sa naissance même était miraculeuse. « Quand Chutuktu Niduler Usektschi reconnut que le temps était venu où les créatures qui respiraient dans le royaume des Neiges, au Töböt, allaient se convertir, il émit de sa personne quatre rayons. Le rayon sorti de son œil droit alla au royaume de Balbo (Népal) et il remplit tout ce royaume

1. *Note sur la Chronologie du Népal*, p. 12. — Ssanang-ssetsen rend ce nom par Gerelün-Chujak [*gerel* = lumière].

2. J.-J. Schmidt, p. 335. Le mot *gLu* traduit régulièrement le sanscrit *Nâga*; cf. sup. I, 54.

3. Telle est la traduction qu'en donne Hiouen-tsang.

4. Elle était née en 624 d'après la tradition tibétaine, qui place son mariage en 639.

5. Je donne ici la traduction du passage de Ssanang-ssetsen d'après une version chinoise de cet auteur que feu M. Devéria avait eu la bonté de me communiquer.

6. Georgi (p. 298) l'appelle « *Lha-ci-thrit-zuns, filiam Sama-briscio regis Jangbu tibetice, Kathmandu indostanice* ».

d'une lumière qui illumina par-dessus tout le roi de ce royaume appelé Devahla et aussi son palais. Et là-dessus l'épouse du roi devint enceinte[1]. » Srong-btsan sgam-po était né, lui aussi, d'un de ces rayons ; et les deux autres s'incarnèrent dans Thon-mi Sambhoṭa et dans la princesse chinoise.

Le Tibétain avait au service de sa diplomatie matrimoniale des arguments trop pressants pour craindre un refus. Aṃçuvarman accueillit sa demande et lui accorda sa fille ; il n'avait pas l'intransigeance farouche des Rajpoutes de Chitor, si chers aux légendes hindoues, et qui aimèrent mieux s'ensevelir sous les ruines de leur ville plutôt que de céder une fille de leur caste à un prince étranger. Pour adoucir l'amertume de cette mésalliance, il put tout au moins feindre de croire aux inventions complaisantes des généalogistes qui rattachaient la dynastie tibétaine soit aux Liččhavis, soit aux Çâkyas des montagnes, soit encore aux rois de Magadha et de Pañčâla[2]. Les Liččhavis du Népal, et leur allié Aṃçuvarman, auraient eu mauvaise grâce à protester contre la greffe d'un nouveau rameau sur un tronc chargé déjà de tant de branches suspectes.

Au reste, si les brahmanes maugréaient, le bouddhisme exultait. La jeune reine ouvrait à la Loi un immense domaine. Elle emportait dans sa nouvelle patrie trois images surnaturelles (*svayambhû*), l'une d'Akṣobhyavajra, une autre de Maitreya, une enfin de Târâ la blanche, faite en santal de goçîrṣa ; et de plus une collection complète des textes sacrés du Népal. Les grands de la cour népalaise l'accompagnèrent jusqu'à la ville de « Dschirghalangtu » du pays de Mangjul (où se trouve la passe de

1. D'après un document rapporté par Bogle et publié par M. Cl. Markham (*Tibet*, p. 343) « la Rani du Raja Niwar du Népal » s'appelait « *Dewalhaha- Maho-ye-ser* » (peut-être *Moho-ye-ses* = Mahâprajñâ = Târa) et la princesse « *Pálmosáthi-chun* ».

2. Köppen, II, 47.

Kirong) ; une escorte tibétaine la conduisit de là au palais de son époux.

Deux ans plus tard, au dire des Tibétains, mais certainement en l'an 641, une autre princesse venait l'y rejoindre, également à titre d'épouse, aussi pieuse, aussi dévote, mais de sang plus noble encore et d'origine plus lointaine. De 634 à 641, Srong-btsan sgam-po à la tête de ses hordes irrésistibles avait envahi et pillé le territoire chinois en poussant jusqu'à Soung-tchou (Soung-pan-t'ing du Sse-tch'oan) ; pour conclure la paix, il exigeait la main d'une princesse de la famille impériale. Indigné d'une prétention si exorbitante, l'empereur T'ai-tsoung, alors au faîte de sa puissance, refusait de céder. Les armes tibétaines finirent cependant par triompher des scrupules de l'étiquette chinoise, comme elles avaient fait des préventions de caste au Népal. La princesse Wen-tch'eng, parente de l'empereur, dut se résigner tristement à partir par une route longue et dure vers les contrées glacées où la réclamait le caprice politique d'un conquérant. Elle apportait, elle aussi, ses images et ses livres de piété bouddhique. Ferventes des mêmes dieux, les deux reines n'en comptaient pas moins les mettre au service de leur influence et de leurs intérêts respectifs ; les nobles, qu'avait trop souvent blessés la morgue chinoise, refusèrent de reconnaître Wen-tch'eng comme la première reine, et la princesse népalaise conserva son rang. Mais Srong-btsan sgam-po n'en subit pas moins profondément l'influence de la Chine : dès 641, il sollicitait l'admission de jeunes Tibétains aux cours de l'École impériale (*Kouo-hio*). Il se mit à porter un vêtement de soie, demanda des savants chinois pour apprendre à composer des vers, puis des ouvriers capables d'enseigner aux indigènes la fabrication du vin, des moulins, du papier, de l'encre. La civilisation de la Chine s'installait ainsi sur les confins du Népal. L'Inde, d'autre part, lui envoyait ses docteurs : Kumâra vint de l'Inde centrale, Çîlamañju du Népal, Tabuta et Ganuta (?) du Cachemire. Des vihâras s'élevèrent; sous la direction de Thon-mi Sambhoṭa, la traduction des Écritures bouddhiques fut entreprise. Le bouddhisme, adopté par le roi, se propagea chez ses sujets, et l'Église reconnaissante divinisa les deux princesses comme deux incarnations de Târâ ; unies dans la même vénération, on leur assigna des images identiques : assises sur un trône de lotus avec la jambe gauche repliée et la droite seule posée à terre, elles tiennent dans la main droite, qui s'appuie au genou, un lotus bleu. Seule, la couleur de leur corps les distingue : la princesse népalaise est blanche ; la chinoise, verte[1].

Beau-père de Srong-btsan sgam-po qu'il n'aurait pas choisi spontanément pour gendre, Aṃçuvarman passait dans la sphère d'influence du Tibet. Le Népal n'était qu'une dépendance de Lhasa ; il en était encore vassal au début du VIIIe siècle, d'après le témoignage formel des Chinois. Il faut évidemment goûter le paradoxe pour croire que ce même Aṃçuvarman ait adopté l'ère de Harṣa Çîlâditya ; j'ai dans ma *Note sur la Chronologie du Népal* montré les difficultés de calendrier où se heurte cette thèse ; l'impossibilité historique en apparaît ici éclatante. L'ère inaugurée par Aṃçuvarman ne peut pas venir de l'Inde, puisqu'il en est détaché par la politique ; elle doit avoir pour point de départ, comme je l'ai cru d'abord, l'avènement d'Aṃçuvarman, ou elle a son origine au Tibet et marque par son adoption même la soumission du Népal à son nouveau suzerain. Si Aṃçuvarman l'a fondée, il est surprenant qu'aucune des inscriptions de ce roi ne soit antérieure à l'an 30 ; au contraire, l'inscription de l'an 30 que j'ai

1. Cf. Godefroy de Blonay, *Matériaux pour servir à l'étude de la déesse Târâ*, Paris, 1895.

découverte à Harigaon semble bien se rattacher aux cérémonies du sacre. Pour des raisons d'ordre astronomique que j'ai discutées ailleurs, l'an 34 de cette ère ne peut correspondre qu'à 629 J.-C.; l'an 30 correspond alors à 625 J.-C. Les inscriptions au nom de Çivadeva comme roi et d'Aṃçuvarman comme maire du palais, datées dans l'ère traditionnelle des Liċċhavis, descendent jusqu'à l'an 520 qui répond, d'après mes calculs, à 631 J.-C. Il faut en ce cas admettre l'existence d'une période intermédiaire où les deux ères auraient été employées parallèlement, l'autorité personnelle d'Aṃçuvarman n'étant pas encore reconnue par tous. Aṃçuvarman aurait adopté l'ère des Tibétains pour leur faire la cour, comme s'il se déclarait spontanément leur vassal. Les incursions triomphantes de Loun-tsan-so-loung-tsan, qui avaient atteint l'Inde centrale (*P'o-lo-men*) avaient appris par expérience au Népal quel pouvoir se formait au Nord, et les premières victoires de Srong-btsan sgam-po avaient prouvé la vitalité du nouvel empire.

Il n'est pas possible, je l'avoue, de démontrer positivement l'origine tibétaine de l'ère d'Aṃçuvarman et des Thâkuris; mais des indices assez nombreux semblent corroborer cette opinion. L'encyclopédiste Ma Toan-lin, se fondant sur des documents chinois, fixe le début de l'empire tibétain dans la période K'ai-hoang, entre 581 et 601. Le savant historien des Huns, de Guignes, conclut de son côté que le Tibet « a été soumis à différents rois jusque vers l'an 589 de J.-C.[1]. » Le Dalai-Lama, dans sa correspondance diplomatique avec lord Cornwallis, date successivement de 1203 et de 1206 deux lettres écrites respectivement en 1789 et 1792 J.-C.[2]. Le point de départ de cette

1. *Histoire des Huns*, livre III, Tableaux chronologiques des nations tibétaines.
2. Kirkpatrick, Appendice n° II, B.

ère serait donc 586 J.-C. Une ère dont l'emploi est limité actuellement au Bengale, et qui y porte le nom de San, part de 593 J.-C. comme sa première année ; aucune information ne subsiste sur l'origine de cette ère, qui est purement traditionnelle. L'époque initiale est, à deux ans près, identique à celle d'Aṃçuvarman ; et pour qui connaît les complications du calendrier hindou, la confusion fréquente des années présentes et des années écoulées, une erreur de deux ans sur un espace de 1 300 ans semble négligeable. Enfin les Tibétains eux-mêmes enseignent qu'avant l'introduction (en 1025-6 J.-C.) du système appelé kâlačakra, et fondé sur le cycle de Jupiter, se place une période nommée Me-kha-gya-tsho. Ce mot est un composé de symboles numériques : *me,* le feu, exprime 3 ; *kha,* l'espace, 0 ; *gya-tsho,* les lacs, 4[1]. Lu d'après la méthode indo-tibétaine, *me-kha-gya tsho* signifie 403. Le point de départ de cette période, antérieure de 403 ans à 1025 J.-C., serait donc 622 J.-C. Mais j'ai déjà plus d'une fois signalé combien ces expressions en symboles numériques se prêtent aisément à des inversions de chiffres. Si on rétablit par hypothèse Kha-me-gya-tsho, on lira 430 au lieu de 403, et l'époque initiale (1025-430) correspondra à 595 J.-C. C'est la date même où m'avait conduit le calcul astronomique de l'ère Thâkuri. L'année 595 peut marquer soit l'avènement du premier roi du Tibet, Loun-tsang so-loung-tsan, soit la naissance de Srong-tsan sgam-po. Ce prince meurt en 650, laissant le trône à un petit-fils en bas-âge. S'il était né en 595, il avait alors en effet cinquante-cinq ans.

Les chroniques népalaises donnent à la dynastie d'Aṃçuvarman le titre de Vaiçya-Thâkuri. Les Thâkurs, encore à l'heure présente, sont tous les individus qui appartiennent

1. Csoma, *Journ. As. Soc. Bengal,* III, p. 6 ; reproduit dans Prinsep, *Useful Tables,* II, 162.

au clan royal, quelle que soit leur situation de fait, de fortune, etc. ; ils doivent à leur naissance certaines exemptions de charges, certains revenus, et même un droit positif à intervenir dans les affaires de l'État si le royaume leur semble en péril. Vaiçya, d'autre part, est le nom du clan rajpoute d'où sortait Aṃçuvarman. Il ne peut s'agir ici de la désignation appliquée par les codes à la troisième caste de la société brahmanique idéale, la caste marchande. D'ailleurs, au même moment, l'empereur de l'Inde Harṣa est aussi un Vaiçya, d'après l'indication précise et sûre de Hiouen-tsang qui a fréquenté sa cour. Le général Cunningham a cru retrouver les descendants de ce clan dans les Rajputs Bais (Vaiçya) qui habitent le sud de la province d'Aoudh, et qui prétendent avoir régné jadis sur le territoire entre Delhi et Allahabad.

Après Aṃçuvarman, l'histoire du Népal entre dans une période de confusion. Les listes dynastiques continuent à donner des noms et des dates ; mais l'épigraphie, toute fragmentaire qu'elle est, suffit pour les convaincre d'erreur. Je rapporterai d'abord les faits solides établis par les inscriptions ou par le témoignage des documents chinois.

Aṃçuvarman était mort vers 639-640. Le premier prince qui semble régner après lui est Jiṣṇu gupta. Il subsiste de ce prince quatre inscriptions, à Patan, à Katmandou, à Paçupati, à Thankot ; leur dispersion atteste que Jiṣṇu gupta dominait sur la vallée entière. Une seule (Bh. 9) porte une date intacte ; elle est de l'an 48, postérieure de trois ou quatre ans à la dernière du règne d'Aṃçuvarman (48 = 643 J.-C). L'inscription de Thankot, mutilée, laisse entrevoir le signe 500 ; les dizaines et les unités ont totalement disparu. Si ma lecture est exacte, Jiṣṇu gupta a employé parallèlement, ou bien à des époques différentes, l'ère d'Aṃçuvarman et l'ère des Liččhavis. Le fait serait en accord avec le récit des Vaṃçâvalîs qui mentionnent entre Aṃçuvarman et Narendra deva l'emploi de deux ères en concurrence. « Le roi Nanda deva, ayant appris que l'ère de Çâlivâhana (la Vaṃçâvalî brahmanique dit : de Vikrama) était en usage dans d'autres pays, l'introduisit au Népal. Mais certaines gens par reconnaissance pour Vikramâjit (Vikramâditya) qui avait payé les dettes du royaume ne voulurent pas renoncer à l'ère qu'il avait fondée ; et les deux ères se maintinrent en usage côte à côte. » L'emploi de l'ère Liććhavi s'expliquerait d'autant mieux que Jiṣṇu gupta semble affecter de se présenter comme le restaurateur et l'homme-lige de l'ancienne dynastie. Il réside à Kailâsa-kûṭa, dans le palais d'Aṃçuvarman, et c'est de là qu'il date ses édits ; mais il nomme tout d'abord, en tête de son protocole, un roi de la famille Liććhavi, résidant au vieux palais de Mânagṛha. Les titres qu'il confère à ce fantoche d'apparat manifestent au surplus des variations significatives. Dhruva deva, le suzerain fictif, est dans les inscriptions (Bh. 9 et 10) *Bhaṭṭâraka mahârâja çrî Dhruvadeva* ; Mânadeva qui remplace Dhruvadeva sur l'inscription de Thankot, n'y reçoit que le titre de *Bhaṭṭâraka çrî Mânadeva.* Les relations entre suzerain et vassal restent obscures, par la faute des pierres qui n'offrent point de lecture certaine, et par la volonté des scribes officiels qui ne se souciaient pas de préciser une situation délicate.

Il est évident que Jiṣṇu gupta n'était pas le souverain légitime ; son nom, formé avec le participe *gupta,* le sépare à la fois et des Liććhavis et de la lignée d'Aṃçuvarman. Les noms royaux en *gupta* ne se rencontrent au Népal que dans la dynastie mythique des Gopâlas (Jayagupta, Paramagupta, etc.), qui reçut le trône de Ne muni. Ils reparaissent toutefois, à l'époque historique, et tout près d'Aṃçuvarman, dans une dynastie d'usurpateurs que mentionne Kirkpatrick. « Sous le règne de *Bhem Deo Burmah* (Bhîmadeva varma), les *Aheers* (Abhîras) qui avaient été à l'origine les souverains du Népal recouvrèrent leurs domaines : *Bishen Gupt*, le conquérant, régna 74 ans[1] ; puis *Kishnoo Gupt*, 61 ans ; *Bhoomy Gupt*, 40 ans. Alors *Seo Deo Burmah* (Çiva deva varma) de la postérité de *Neresit* (Nimiṣa) soumit à nouveau le Népal, expulsa les *Guptees*, régna 41 ans ; puis il laissa le trône à *Unghoo Burmah* (Aṃçu varma). » *Bishen Gupt*, dans la graphie de Kirkpatrick, représente Viṣṇu Gupta ; *Kishnoo Gupt*, qui n'est pas un nom possible, dissimule sous une faute de copie ou d'impression (le cas est fréquent) *Jishnoo Gupt*, c'est-à-dire Jiṣṇu gupta. Le nom de *Bishen Gupt* (Viṣṇu gupta) donné par Kirkpatrick au premier roi de cette série, est porté dans les inscriptions de Jiṣṇu gupta par l'héritier présomptif du trône. Ces rois Abhîras manquent aux Vaṃçâvalîs de Wright et de Bhagvanlal ; mais ils semblent avoir laissé une trace légère dans la Vaṃçâvalî brahmanique : le successeur de Viṣṇu deva varman et le prédécesseur d'Aṃçuvarman y porte le nom de Viçva gupta deva. On a donc :

	KIRKPATRICK	VAṂÇÂVALÎ BRAHMANIQUE	WRIGHT ET BHAGVANLAL
	Bhem Deo Burmah	Bhîma deva varman	Bhîmadeva varman
3 Rois Aheers	Bishen Gupt		
	Kishnoo Gupt	Viṣṇu deva varman	Viṣṇu deva varman
	Bhoomy Gupt		
	Seo deo Burmah	Viçva gupta deva	Viçva deva varman
	Unghoo Burmah	Aṃçuvarman	Aṃçuvarman

Viṣṇu deva, à la suite de Bhîmadeva, est identique à Bishen Gupt ; Viçva gupta deva confond dans une personnalité unique la dynastie des Guptas et Çivadeva, leur vainqueur. Le souve-

1. Une tradition indépendante, recueillie également par Kirkpatrick, attribue la fondation de Viṣṇu Nâtha (N. de Katmandou, sur la rive O. de la Bagmati) à *Bishn Gupt* (Viṣṇu gupta), un *Asheer* (corr. *Abheer*, sc. Abhîra) de la race des premiers souverains du Népal qui dépouilla les successeurs de *Durrhum Deo* (Dharma deva, le prédécesseur de Mâna deva I) de leur royaume, que d'ailleurs ils recouvrèrent bientôt ». KIRKPATRICK, p. 191.

nir d'une usurpation a été préservé ; mais l'ordre chronologique a été bouleversé. Jiṣṇu gupta serait un *Aheer*, un Abhîra ; il est issu d'une famille indigène qui prétendait peut-être avoir donné des rois au pays ; en fait ses ancêtres sont de rang médiocre ; son arrière-grand-père, qu'il rappelle dans l'inscription de Thankot, porte le nom de Mâna gupta gomin ; il n'ose pas même lui décerner un titre d'honneur aussi banal que le mot *çrî* placé devant le nom. Ce nom du reste a bien un goût de terroir ; il rappelle les désignations de Mâna deva, Mâna gṛha, qui nous ont frappés déjà par leur caractère local. Il est possible, à se fonder sur l'analogie des noms, qu'il convienne aussi de rattacher à la même famille le Ravi gupta qui paraît dans les inscriptions de Vasanta deva, au VIe siècle, comme grand huissier (*mahâ-pratîhâra*) et généralissime (*sarva daṇḍa nâyaka*). Aussi Jiṣṇu gupta, à défaut de titres formels, se targue-t-il d'être « arrivé au pouvoir en suite d'une lignée pure (*puṇyānvayād āgatarājyasampat*, Bh. 9). Cette lignée, d'après l'inscription de Thankot, est celle de Soma (*Somānvayabhūṣaṇaḥ*), la Race Lunaire. Les chroniques d'autre part classent la dynastie Liččhavi dans la Race Solaire (Sûryavaṃçi). A l'instar des rois les plus légitimes, il déclare que « le saint Paçupati, souverain adoré, l'a pour favori » et que « son père adoré le suit de sa pensée ». Il se contente du nom de Jiṣṇu gupta, sauf à Thankot où il y joint orgueilleusement le mot *deva*. Sa dévotion à Viṣṇu, indiquée par son nom, s'exprime aussi dans les symboles qui décorent ses stèles : le poisson (Patan), ou le čakra (Katmandou) entre deux conques (Thankot).

Successeur irrégulier d'Aṃçuvarman, Jiṣṇu gupta ne s'en donne pas moins comme son héritier et son continuateur. Tandis qu'Aṃçuvarman avait hésité à prendre, avec le pouvoir, le titre royal, Jiṣṇu gupta le désigne expressément comme *mahârâjâdhirâja*. Il reproduit son formulaire et il reproduit aussi sa frappe. Les monnaies de Jiṣṇu gupta portent à la face le lion en marche qu'Aṃçuvarman avait adopté comme coin; au revers elles sont décorées d'une sorte de vajra. Leur légende, également imitée d'Aṃçuvarman, donne simplement le nom du roi au génitif, précédé de l'honorifique çrî : *çrî Jiṣṇu guptasya*. Leur diamètre est de 0,025 millimètres et leur poids de 12gr,37.

Il semble, en somme, qu'à la mort d'Aṃçuvarman la succession a été une fois de plus troublée. L'héritier présomptif, Udaya deva, mentionné dans une inscription de l'an 39, disparaît, soit qu'une mort prématurée l'ait enlevé, soit qu'un rival plus entreprenant l'ait supprimé. Jiṣṇu gupta, maître du pouvoir, ressuscite à son profit la fiction politique qui avait si bien réussi à Aṃçuvarman. Il installe sur le trône comme souverain nominal, un prince de la famille Liččhavi, et sous ce couvert, il exerce une autorité absolue, séparé de la royauté par des nuances à peine perceptibles, qu'il s'efforce toujours de rendre plus fuyantes. On peut s'étonner que le suzerain du Népal, Srong-btsan sgam-po, ait laissé dépouiller les héritiers d'Aṃçuvarman qui étaient ses parents, ses neveux sans doute ; mais les armées tibétaines étaient à ce moment même engagées dans de lointaines campagnes, vers le Koukounor ou la frontière de Chine, hors d'état d'intervenir. Dès qu'il eut les bras libres, le roi du Tibet s'empressa de rétablir l'ordre au Népal : Jiṣṇu gupta dut céder la place à Narendra deva.

Les chartes de Jiṣṇu gupta ont trait à de menues questions d'administration. Celle de Patan, datée de samvat 48, s'ouvre par une mention de Dhruvadeva le Liččhavi, aussitôt suivie d'un éloge en vers de Jiṣṇu gupta. Le premier quart de la stance manque ; le reste nous apprend que « Jiṣṇu gupta désire le bien des sujets, a une conduite irréprochable, sort d'une race pure qui l'a fait arriver à la plénitude de la royauté, et tous les habitants des villes se laissent guider par ses ordres ». Un marquis (*sâmanta*) du nom de Čandravarman l'a informé qu'une conduite d'eau installée au profit de trois villages (*Thambû, Gâṅgul, Mûlavâṭikâ*) par l'empereur (*mahârâjâdhirâja*) Aṃçuvarman était endommagée, faute de réparations; il l'a fait restaurer, et maintenant il accorde en don aux trois villages un certain nombre de champs irrigués pour que les revenus soient affectés à l'entretien de la conduite d'eau. En foi de quoi il leur octroie une charte sur pierre (*çilâ-paṭṭaka-çâsana*). L'héritier présomptif, Viṣṇu gupta, est chargé de l'exécution de l'ordre[1].

Les deux autres chartes intéressent le village de Dakṣiṇakolî; l'une et l'autre, de formulaire analogue, débutent par une invocation en vers, et dans un mètre compliqué : la littérature, au Népal comme dans le reste de l'Inde, s'est annexé l'épigraphie. Dans l'une (Thankot), datée, semble-t-il, en ère Liččhavi, Jiṣṇu gupta paraît confirmer une donation faite jadis par son arrière-grand-père, Mâna gupta gomin; les limites de la donation sont tracées avec la minutie ordinaire; puis le village reçoit, par surcroît, une nouvelle faveur : certains impôts de nature foncière sont réduits de moitié; on y voit figurer un impôt Malla (*Malla-kara*), qui a déjà paru dans une inscription de Çivadeva. Le délégué royal est encore Viṣṇu gupta, l'héritier présomptif. La troisième charte (Katmandou) règle à nouveau une question d'irrigation; le texte en est très mutilé; il était fait mention d'un grand marquis (*mahâsâmanta*) dont le nom se terminait en -deva. Les revenus fournis par l'irrigation sont affectés aux réparations du canal, au culte d'une divinité (*...leçvara svâmin*) et à l'entretien d'une pâñčâlî aux fonctions religieuses et administratives, compagnie et confrérie à la fois.

1. Parmi les trois villages, celui de Gâṅgul rappelle l'ancien nom de Katmandu, Gongool-pattan, cité par Kirkpatrick; v. sup. I, 54.

La quatrième inscription commémore une fondation privée : elle est tracée sur une pierre qui supporte un parasol au-dessus d'une image de Čaṇḍeçvara, dans le temple de Paçupati. Elle débute par une stance compliquée en l'honneur de *Čhattra-čaṇḍeçvara*, « Čaṇḍeçvara au parasol ». Suit l'énoncé fragmentaire d'une donation de terrains

Cour délabrée d'un vihâra (Asan tol) à Katmandou.

consentie « sous le règne triomphant (*vijaya-râjye*) de Jiṣṇu gupta, par l'âčârya Bhagavat-pranardana Prâṇakauçika, au profit de Čhattra-Čaṇḍeçvara et d'une conduite d'eau du village de Kû, en vue de payer les restaurations et les réparations. L'administration des revenus est remise à plusieurs communautés religieuses : Muṇḍaçṛṅkhalika Pâçupata-âčâryas, Soma-khaḍḍukas... »

L'héritier présomptif de Jiṣṇu gupta, Viṣṇu gupta, ne recueillit pas le trône, ou il n'en jouit que peu de temps, car vers 645 la dynastie légitime avait recouvré le pouvoir : Narendra deva régnait sur le Népal. Narendra deva figure au premier plan dans la légende et dans l'histoire du Népal. Son souvenir est indissolublement lié au culte de Matsyendra Nâtha, le patron de la vallée, qu'il alla chercher au loin en compagnie du saint Bandhudatta ; il a vécu en exil à la cour du Tibet, il a envoyé des ambassades à l'Empereur de Chine ; il a reçu la visite de prêtres, de pèlerins et d'ambassadeurs chinois. Et pourtant il ne nous reste rien de lui, ni charte, ni monnaie, ni aucun autre document direct. L'épigraphie ancienne n'a conservé qu'une seule mention de ce prince ; elle est insérée dans cette généalogie de Jaya deva (Bhag. 15) que j'ai déjà citée et discutée plus d'une fois à propos des Liččhavis. Après Vasanta deva, la généalogie passe brusquement, par une transition déconcertante, à Udaya deva, suivi lui-même par Narendra deva. Bhagvanlal avait cru lire, dans l'intervalle qui sépare ces deux noms à l'intérieur du même vers, un rappel collectif de treize rois anonymes destinés à garantir la filiation légitime de Narendra deva. Mais en fait la syllabe finale du mot *jâtas* « né » n'a pas la voyelle longue indiquée par Bhagvanlal, et qui servirait à soutenir son interprétation ; l'*a* est manifestement bref, et par conséquent exclut l'idée du pluriel. M. Fleet l'a reconnu sur l'estampage même de Bhagvanlal[1] ; une copie de ce texte, exécutée à vue d'œil, que je dois à la bienveillance du mahârâja Deb Sham Sher, porte aussi la lecture *jâtäs*, suivie de deux syllabes douteuses et d'une lacune de quatre syllabes, correspondant aux mots *trayodaça tatas* « treize ensuite » de Bhagvanlal. Il semble donc nécessaire de construire et de traduire

1. *Gupta Inscript.*, Introd., p. 187.

ainsi : « du roi Udaya deva naquit... Narendra deva ». Udaya deva est désigné dans la dernière inscription personnelle d'Aṃçuvarman (samvat 39) comme l'héritier présomptif (*yuvarâja*). Cet Udaya deva était-il fils d'Aṃçuvarman ? On s'attendrait dans ce cas à retrouver dans son nom l'élément *varman*, qui équivaut à un nom de famille ; d'autre part, on s'étonne de voir paraître à sa place le mot *deva*, qui caractérise surtout les Liččhavis en contraste avec Aṃçuvarman. Udaya deva serait-il un prince Liččhavi choisi comme héritier par Aṃçuvarman, afin d'écarter toute opposition à son autorité ? On s'expliquerait alors que Jaya deva reprenne à partir d'Udaya deva le fil de sa généalogie. Les Annales chinoises, bien informées sur cette époque de l'histoire népalaise, rapportent que « le père de Narendra deva fut renversé du trône par son frère puîné ; Narendra deva s'enfuit au Tibet pour échapper à son oncle[1] ». L'usurpateur ne peut pas être Jiṣṇu gupta lui-même, pour les raisons que j'ai marquées ; c'est peut-être un de ces Liččhavis que Jiṣṇu gupta avait hissés sur le trône pour exercer en leur nom le pouvoir.

« Narendra deva avait un sentiment exalté de l'honneur (*mâna*) ; tous les rois se prosternaient devant lui, et la guirlande de leurs diadèmes faisait comme une poussière sur l'escabeau de ses pieds. » Voilà tout ce que Jaya deva sait ou rapporte de son grand-père. La Vaṃçâvalî brahmanique, aussi bien que la Vaṃçâvalî bouddhique, associent Narendra deva à l'introduction du dieu Matsyendra Nâtha, et toutes deux s'accordent sur la date de cet événement, consignée dans un vers mnémonique : l'an 3623 du Kali yuga, soit 522 de J.-C. Cette date est inadmissible, mais une correction s'offre d'elle-même. Les annalistes, pour bâtir leur chronologie, opéraient sur des données expri-

1. *Annales des T'ang*, ancienne rédaction, ch. 221 ; cf. ma *Note sur la chronologie du Népal* dans le *Journ. Asiat.*, 1895, 2, 68.

mées tantôt en ère Vikrama, tantôt en ère Çaka puisque l'une et l'autre étaient simultanément en usage au Népal; avec la sereine indifférence des historiens hindous, ils ont brouillé les deux computs. L'introduction de Matsyendra Nâtha avait peut-être été portée, par une première réduction, à l'an 579 çaka qui correspond à 657 de J.-C. et à 3758 du Kali yuga. Ce chiffre de 579, transféré par substitution au Vikrama samvat, donnait 3623 du Kali yuga (= 522 de J.-C.). La date primitive, à la base de ces calculs, serait l'an 62 de l'ère Thakuri. L'an 657 de J.-C. tombe dans le règne de Narendra deva.

J'ai déjà conté tout au long (I, 348) l'histoire de Narendra deva, de Bandhu datta, de Gorakṣa Nâtha et de Matsyendra Nâtha, telle qu'elle est relatée dans la Vaṃçâvalî bouddhique. La Vaṃçâvalî brahmanique est moins prodigue de détails; elle met au premier rang, comme il fallait s'y attendre, Gorakṣa Nâtha et laisse dans l'ombre Bandhu datta. Elle place l'introduction du nouveau dieu sous le roi Narendra deva, qui occupe le trône pendant 98 ans; la Vaṃçâvalî bouddhique transporte l'épisode entier sous le règne de Vara deva, fils et successeur de Narendra deva. D'après son récit, Narendra deva ne garde que sept ans le pouvoir royal, juste assez pour bâtir quelques vihâras; puis, s'étant détaché des choses du monde, il abdique et entre au couvent. Son fils aîné Padma deva et son puîné Ratna deva l'y avaient précédé. C'est là que Vara deva vient le supplier de sauver le Népal que la sécheresse dévore. Narendra deva en mourant lègue à ses deux filles sa couronne, avec une copie de la Prajñâ-pâramitâ, et son âme passe dans le pied gauche de Matsyendra Nâtha.

C'est sous le règne de Narendra deva qu'une mission chinoise visita le Népal pour la première fois, en 643. Le roi accueillit avec déférence Li I-piao et sa suite qui se rendaient dans l'Inde auprès de l'empereur Harṣa. En

647/648, une nouvelle ambassade conduite par Wang Hiuen-ts'e traverse le pays ; elle y retourne bientôt, presque anéantie : assaillis par l'usurpateur qui s'est emparé du trône de Harṣa, Wang Hiuen-ts'e et son second ont perdu leur escorte ; ils demandent des secours aux alliés de la Chine. Le Népal donne 7 000 cavaliers ; le Tibet où Srong-btsan sgam-po règne encore, fournit 1 200 soldats. Avec ces contingents montagnards, Wang Hiuen-ts'e inflige aux Hindous une sanglante défaite et s'empare du roi qui l'avait outragé. Le Népal prouvait déjà, comme il fit en 1857, son loyalisme aux dépens de l'Inde. En 657, Wang Hiuen-ts'e passe encore une fois au Népal. Et pendant tout le règne de Narendra deva, les pèlerins chinois attirés sans doute par sa réputation de piété visitent le pays. J'ai déjà cité leurs noms (I, 156-166). Narendra deva, de son côté, avait envoyé en 651 une mission au Fils du Ciel pour lui porter ses hommages et ses présents.

Le Népal de Narendra deva, tel que le représentent les documents chinois, est un pays prospère, d'une civilisation avancée. Hiouen-tsang, qui n'avait pas visité le pays et qui le décrivait sur la foi de ses informateurs hindous, s'était fait l'écho des préventions malveillantes de la plaine contre la montagne : « Un climat glacial, des mœurs empreintes de fausseté et de perfidie ; les habitants d'un naturel dur et farouche, qui ne font aucun cas de la bonne foi et de la justice, dépourvus de toutes connaissances littéraires, avec un corps laid et une figure ignoble. » Un pandit de Bénarès ne parlerait pas autrement aujourd'hui des *Pahâris* (les gens de la montagne). D'autre part Hiouen-tsang ne sait rien sur l'état réel du bouddhisme, ni sur le grand nombre des vihâras, que l'épigraphie vient pourtant nous attester. Au moment même où Hiouen-tsang trace de loin sur des on-dit un tableau si fâcheux du Népal, Wang Hiuen-ts'e visite le pays en personne et note ses observations. Aidés de ces documents, que le témoignage des ambassadeurs népalais à la cour de Chine (651) a permis de contrôler et de compléter, les historiens des T'ang compilent à une date tardive (xe siècle) une notice officielle sur le Népal qui se rapporte en réalité à l'époque de Narendra deva. La description, dans son ensemble, est si juste qu'elle se vérifie encore dans le Népal d'aujourd'hui : maisons de bois aux murs sculptés et peints ; goût des bains, des représentations dramatiques, de l'astrologie, du calendrier ; pratique des sacrifices sanglants. Narendra deva, tel que cette notice le représente, a le prestige et la pompe d'un souverain oriental ; toute sa personne est décorée de joyaux ; il siège sur un trône, parmi les fleurs et les parfums, entouré de nobles et de soldats. Sa dévotion se marque à l'image du Bouddha qu'il porte en breloque. Les pavillons de son palais sont ouvragés avec autant de délicatesse que de luxe ; au milieu s'élève une tour, haute de sept étages, dont la hardiesse, la grandeur et la richesse émerveillent les Chinois.

Les données des inscriptions ne démentent pas ce tableau : le grand nombre des villages nommés dans les chartes prouve la densité de la population dans la vallée ; l'irrigation, largement pratiquée, minutieusement réglementée, met en valeur tout le sol ; rois, fonctionnaires, simples particuliers rivalisent de zèle à multiplier les canaux et les fontaines. Le bouddhisme et le brahmanisme possèdent des temples importants, enrichis de biens-fonds ; des conseils de confrérie, laïques et religieux, en administrent les revenus. Des couvents nombreux abritent le clergé bouddhique. Le commerce est florissant ; les marchands sont organisés en corporations dirigées par des syndics. L'impôt n'est pas un prélèvement arbitraire, mais une taxe proportionnelle nettement définie. Le sanscrit est en honneur ; les scribes de la chancellerie royale le manient avec aisance, et savent même se servir des mètres les plus compliqués ; l'orthographe réfléchit dans ses fluctuations les discussions académiques de la cour. Le Népal de l'an 650 soutient la comparaison avec les états les plus policés de l'Inde.

Après Narendra deva, les chroniques n'ont plus de point de contact avec l'épigraphie ; il est inutile de tenter un semblant d'accord entre des données trop divergentes. La généalogie de Jaya deva (à Paçupati) place à la suite de Narendra deva son fils Çivadeva, et consacre à ce roi un panégyrique étendu : « De Narendra deva naquit Çiva deva ; il distribuait un argent vertueux ; ses richesses étaient abondantes ; il triomphait des coalitions ennemies ; il réjouissait ses parents ; comme Yama, il protégeait les créatures ; il savait délivrer de toutes les misères la multitude des gens de bien réfugiés près de lui ; sa parole était véridique ; aimé du monde, il était le soutien de la terre. Il y avait une princesse de cette noble race des Maukharis qui a pour fortune la vigueur de son bras ; son père, célèbre comme le diadème des Varmans, humiliait de sa gloire la foule des rois ennemis ; il s'appelait Bhoga varman ; la princesse était en outre la petite-fille d'Âditya sena, empereur du Magadha ; son nom était Vatsa devî. Le roi Çivadeva la prit respectueusement pour épouse, comme une autre Çrî. » J'ai déjà signalé, à propos du nom de Bhoga varman, le rang éminent occupé par la famille des Maukharis dans la noblesse hindoue. Quant à l'empereur Âditya sena du Magadha, son nom et son règne sont connus par plusieurs inscriptions[1], dont une est datée de samvat 66 ; cette date, exprimée dans l'ère de Harṣa, correspond à 672-73 de J.-C. Le Chinois I-tsing, qui visite l'Inde de 673 à 685, cite une fondation pieuse de ce

1. V. Fleet, *Gupta Inscript.*, inscrps. 42-46.

prince[1]. Çivadeva, épouse de la petite-fille d'Âditya sena, date une de ses inscriptions de l'an 119. L'an 119, en ère d'Aṃçuvarman, répond à 714 de J.-C. Les données chronologiques sont donc ici en parfaite harmonie. L'alliance d'un Liččhavi népalais avec une princesse de noblesse si haute atteste que l'Inde avait admis la dynastie montagnarde dans le groupe des kṣatriyas authentiques.

L'inscription de 119 (à Katmandou, Bh. 12), séparée par une soixantaine d'années des inscriptions de Jiṣṇu gupta, montre l'épigraphie népalaise en voie de transformation. Le cadre reste immuable ; les formules sont consacrées par l'usage ; le sujet est uniforme ; et pourtant, dans l'ensemble, le ton a changé. La littérature envahit ; une rhétorique prétentieuse tend à remplacer la simplicité des chartes anciennes. L'appel aux rois futurs est ampoulé, ainsi que les menaces en cas de violation, et les stances citées sous le nom de Vyâsa s'allongent comme une péroraison de rhéteur. En fait, Çivadeva informe simplement les villageois de Vaidyaka qu'il a octroyé leur village en don aux âčâryas de Paçupati pour défrayer l'entretien du Çivadeveçvara qu'il a fondé. Le village devra toutefois fournir cinq porteurs par an pour la corvée du Tibet (*Bhoṭṭa-viṣṭi*). Le délégué royal est le prince (*râja-putra*) Jaya deva.

Le même formulaire final, avec la désignation du même délégué, se lit encore sur un fragment d'inscription que j'ai trouvé à Timi. Les symboles numériques de la date ont disparu, mais il n'est pas douteux que ce fragment appartienne aussi à Çivadeva. Bhagvanlal rapporte également à ce roi deux inscriptions douteuses : l'une (à Paçupati, Bh. 13) est très mutilée ; le nom du roi est illisible, et dans la date le symbole des dizaines est à

1. *Les Religieux éminents*, p. 81.

peu près indéchiffrable. Bhagvanlal déclare qu'on peut lire à volonté 123, 133, ou 143. Le délégué royal est bhaṭṭâraka-çrî-Çivadeva. Il est peu probable que le roi se soit désigné lui-même comme son propre délégué; et cependant le titre de *bhaṭṭâraka* semble bien être dans les inscriptions réservé au roi. On peut supposer que Çiva deva a volontairement abdiqué en faveur de son fils Jaya deva, et que Jaya deva une fois roi a confié à son père l'exécution d'un de ses ordres. La donation enregistrée a justement pour bénéficiaire un monastère qui porte le nom de Çivadeva (*Çivadeva-vihāra-caturdig-ārya-bhikṣu-saṅghāya*); c'était peut-être un monastère fondé par Çiva deva et où ce Charles-Quint népalais s'était retiré après l'abdication. L'autre inscription (à Patan, Bh. 14) est datée de 145; mais l'introduction avec le nom du roi manque. Le délégué royal est l'héritier présomptif Vijaya deva. Le texte très mutilé laisse deviner qu'il s'agit cette fois encore d'une question d'eau conduite et distribuée.

L'identité des caractères et du formulaire rapproche étroitement de ces deux inscriptions une inscription que j'ai trouvée à Nangsal (E. de Katmandou); les dernières lignes et la date sont entièrement illisibles; le reste est en assez bon état de conservation. Malheureusement le nom du roi est obscur; je crois lire Puṣpa deva ou Puṣya deva; c'est en tout cas un Liččhavi (*Liččhavi-kula-ketu*). La communauté du Çivadeva-vihâra recueille une nouvelle donation, avec les mêmes clauses que dans l'autre charte; l'intérêt particulier de ce document réside surtout dans le nombre des couvents qu'il mentionne à propos du bornage des terrains concédés: le Mânadeva-vihâra, le Kharjurikâ-vihâra, le ...yapa-vihâra, l'Abkaya-kavi (?) vihâra, le Gupta-vihâra, le Râja-vihâra, le Sačiva-vihâra. Évidemment les couvents avaient fini par occuper une grande partie du sol de la vallée.

L'inscription de Jayadeva à Paçupati (Bh. 15) clôt pour un long temps l'histoire épigraphique. J'ai déjà eu fréquemment l'occasion de citer la généalogie si importante, qui lui sert de préambule. L'inscription est datée de 153 samvat, soit 748 de J.-C. Elle est tout entière en vers. Fier de son œuvre, le poète a eu soin de la signer : il s'appelait Buddha-kīrti; c'est dire qu'il était bouddhiste. Mais le poème ne décèle pas un esprit sectaire; Buddha-kīrti célèbre comme un brahmane orthodoxe le dieu Paçupati « qui a pour essence impérissable les trois Védas ». Le roi Jaya deva avait offert un lotus d'argent doré à sa mère Vatsa devī, veuve de Çivadeva, et Vatsa devī à son tour en avait fait hommage à Paçupati; le poète de la cour s'évertue à exalter sur tous les tons, avec une incontestable adresse[1], et l'offrande et l'œuvre pie. Au reste, il avait dû se piquer d'honneur: le roi lui-même était entré

1. Une de ses stances en particulier roule sur une série de calembours classiques que ni Bhagvanlal ni Bühler n'ont signalés dans leur traduction ; comme une variation sur un thème connu, elle peut par sa banalité même donner à l'étude de l'alaṃkāra un point de repère intéressant :

> aṅgaçriyā parigato jitakāmarūpaḥ
> kāñcīguṇāḍhyavanitābhir upāsyamānaḥ |
> kurvan surāṣṭraparipālanakāryacintāṃ
> yaḥ sārvabhaumacaritaṃ prakaṭīkaroti || (16).

« Doué de la beauté des membres, vainqueur de l'amour en beauté, adoré par les belles qu'enrichit le cordon de leur ceinture, préoccupé d'assurer la protection de son beau royaume, toute sa conduite manifeste un empereur du monde. »

La pointe, inattendue, prend tout son sens si on adopte la seconde interprétation possible :

« Il est paré du diadème de Bengale ; il a vaincu le Kāmarūpa (Assam) ; les belles délicieuses de Kāñcī (Conjeveram) le servent ; il est préoccupé d'assurer la protection du Surāṣṭra (Kathiavar) ; toute sa conduite... »

Le *Kāvyālaṃkāra* de Rudraṭa (X, 10 ; éd. Kavyamala, p. 134) contient une stance très analogue :

> ākramya madhyadeçaṃ vidadhat saṃvāhanaṃ tathāṅgānām |
> patati karaḥ kāñcyām api tava nirjitakāmarūpasya ||.

en lice; pour célébrer le chef-d'œuvre de métal, il avait composé cinq vers que Buddha-kîrti a enchâssés dans son panégyrique; une indication expresse sauvegarde les droits d'auteur du poète couronné. Il est juste de reconnaître que ces cinq stances dénotent une réelle habilité de facture et, qualité plus rare, un goût assez pur. Au reste, si Buddha-kîrti qui est bouddhiste chante Paçupati, le roi Jaya deva qui est çivaïte salue avec respect Avalokiteçvara : çivaïsme et bouddhisme se pénètrent au point de se confondre.

Le panégyrique donne sur le roi Jaya deva lui-même quelques informations précises : fils de Çiva deva et de Vatsa devî la Maukhari, il avait, comme son père, contracté une alliance de haute noblesse : il avait épousé Râjyamatî, fille de çrî Harṣa deva, roi de Gauḍa, Oḍra, Kaliṅga, Kosala et autres lieux, issu de la race de Bhagadatta. L'ancêtre de la race, Bhaga datta figure avec honneur dans les rhapsodies épiques du Mahâ Bhârata; ses descendants continuèrent à régner sur le Kâmarûpa[1]. Une inscription trouvée à Tejpur, qui relate les vicissitudes du royaume d'Assam, semble désigner un roi çrî Hariṣa comme le dernier prince d'une dynastie montée sur le trône après la chute des descendants de Bhaga datta; on a pensé à identifier ce çrî Hariṣa avec le beau-frère de Jayadeva, malgré l'évidente contradiction des textes[2]. Jaya deva avait reçu ou pris le titre (*biruda*) de *Para-čakra-kâma* « désireux du domaine de ses ennemis » qu'il devait à son héroïsme et à ses victoires, si on en croit le poète Buddha-kîrti. Il inaugure ainsi dans l'onomastique royale du Népal l'usage du mot *kâma* qui paraît

1. Bhagadatta est nommé en tête des ancêtres des rois du Kâmarûpa dans le *Harṣacarita*, p. 217 de la trad. Thomas.

2. Cf. Kielhorn, *Journal Roy. As. Soc.*, 1898, 384-5; Hoernle, *Journ. Roy. As. Soc. Beng.*, LVI, 113-32; 285-97; LVII, 99-125.

plus tard dans le nom personnel de plusieurs souverains : Guṇakâma deva, Lakṣmî kâma deva.

Après Jaya deva, l'épigraphie et du même coup l'histoire positive s'interrompent brusquement. Les Vaṃçâvalîs, il est vrai, offrent bien un exposé continu; mais leurs tableaux dynastiques pour cette époque embarrassent la critique plus qu'elles ne la servent ou la guident. Parmi les princes qu'elles énumèrent à la suite d'Aṃçuvarman, on retrouve bien les noms de Narendra deva, de Çiva deva, de Jaya deva. Mais Narendra deva est séparé d'Aṃçuvarman par quatre (K.) ou cinq règnes, qui couvrent 86 ans (K.) ou 300 ans (W.) ou 370 ans (B.). Çiva deva ne paraît que sur la liste de K. (Seo Deo 5); mais il y précède Narendra deva, au lieu de le suivre. Jaya deva n'est que le cinquième successeur de Narendra deva, il monte sur le trône 45 ans (V.) ou 61 ans (K. W. B.) après la fin du règne de Narendra deva. Les souvenirs associés à tous ces princes sont d'ordre légendaire ou religieux. Kṛtavarman (2) n'est qu'un nom; Bhîmârjuna (3) de même. Nanda deva (4) a introduit dans l'usage local une des ères de l'Inde, soit celle de Çâlivâhana (W. Bh.), soit celle de Vikrama (V.). Vîra deva (5) qui manque à K., semble un doublet de Vara deva (8); il monte sur le trône en 3400 K. Y. (W. B.; = 299 J.-C.) ou en 3600 K. Y. (V.; = 499 J.-C.) et fonde Patan. Čandraketu deva (6), qui manque aussi à K., règne à une époque de troubles; des ennemis attaquent le pays de toutes parts et pillent le peuple. Accablé de douleur, le roi s'enferme avec ses deux épouses et passe douze ans à gémir sur son infortune. Un secours surnaturel, dû à l'intervention du vajrâčârya Bandhudatta rend la prospérité au pays; les rois qui avaient dévasté le Népal restituent leur butin. Parvenu à la vieillesse, Čandraketu deva passe la couronne à son fils Narendra deva, et monte au ciel. Après Narendra deva (7),

Vara deva (8) transporte sa résidence de Madhyalakhu à Patan. Le nom de Çaṅkara deva (9) amène par un lien fatal Çaṅkara âcârya sur la scène. Le terrible adversaire des hérésies visite le Népal sous Vara deva, et pour commémorer un si grand événement, Vara deva donne à son fils le nom de Çaṅkara. C'est sans doute un rapport du même genre qui vaut à Çaṅkara deva de passer pour le fondateur de la ville de Sanku; au reste son successeur Vardhamâna deva (10) lui dispute cet honneur. C'est aussi Çaṅkara deva qui a fondé, dit-on, le village de Changu Narayan, près du célèbre sanctuaire. Sous Bali deva (11), la vallée de Banepa est annexée au royaume du Népal[1]. Après Jaya deva (12), K. énumère trois rois qui manquent aux autres listes : Condur Deo [12]; Jye Deo II [13]; Bul Deo III [14]. L'accord unanime se rétablit avec Bâlârjuna deva (13), qui du reste n'a point d'histoire.

L'histoire des états voisins ne réfléchit guère de clarté sur cette période obscure de l'histoire népalaise. L'empire de Harṣa, démembré, émietté, semble se reconstituer pendant le VIIIe siècle autour des souverains de Canoge; mais les documents, fort rares, laissent place aux interprétations les plus variées. Aucun, du reste, ne met l'Hindoustan en contact avec le Népal. Le Tibet, au contraire, intervient certainement dans les affaires népalaises; à défaut d'informations indigènes, les notices des Annales chinoises laissent entrevoir le Népal à l'arrière-plan du Tibet, comme un facteur lointain de perturbations sensibles.

Après la mort de Srong-btsan sgam-po (650), son petit-fils, K'i-li-pa-pou (650-679) avait conduit une armée de 200 000 hommes dans la province du Sse-tch'oan, soumis à l'autre extrémité du plateau central Khotan, Kachgar,

1. KIRKPATRICK, p. 267.

les riverains de l'Issyk-koul, les T'ou-kou-houn du Kouoku-nor, envahi et pillé le Kan-sou, et entraîné dans son alliance les T'ou-kiue occidentaux. « Au Sud, ses domaines s'étendaient jusqu'à l'Inde centrale (*Po-lo-men*). Son empire couvrait plus de 10 000 li ; depuis le temps des Han et des Wei aucun peuple parmi les nations de l'Ouest n'avait été si puissant. »

Les Chinois profitèrent de la minorité de K'i-nou-chi-loung et des troubles qui accompagnèrent la régence de K'in-ling, pour reconquérir les « quatre gouvernements » : Koutcha, Kachgar, Khotan et l'Issyk-koul (692) ; mais Ki-nou-chi-loung à son tour prit l'offensive ; il parut devant Liang-tcheou en 696 et en 702, et réclama la main d'une princesse impériale qu'on n'osa pas lui refuser. Mais « à ce moment les états soumis à la frontière sud du Tibet, le Népal (*Ni-po-lo*) et l'Inde centrale (*Po-lo-men*) se révoltèrent à la fois ; le tsan-pou partit en personne les punir, mais il mourut pendant la guerre ». La révolte échoua cependant, et le nouveau roi du Tibet, K'i-li-so-tsan, sut maintenir sa suzeraineté. En fait, la charte de Çivadeva datée de 714 J.-C., qui concède un village libre de charge, stipule néanmoins l'obligation de fournir cinq porteurs pour « la corvée tibétaine » (*Bhoṭṭa-viṣṭi*). C'est à cette occasion que le nom donné en sanscrit aux Tibétains paraît pour la première fois. La « corvée tibétaine » consistait probablement à transporter à travers la montagne soit les articles payés en tribut au Tibet, soit les hauts personnages tibétains envoyés au Népal. C'est une corvée du même genre que l'autre inscription de Çiva deva indique par une allusion discrète, en stipulant l'obligation d'aller « dans les pays du dehors (*bahir-deça-gamana*). L'Inde centrale elle-même, si elle ne payait pas au Tibet un tribut régulier, ne resta pas à l'abri des déprédations : dans la période K'ai-yuen (713-741) une ambassade de l'Inde centrale vint demander au Fils du Ciel une armée de secours pour punir et les Tibétains et un autre ennemi, plus formidable encore, qui venait de faire son apparition : les Arabes (*Ta-chi*). L'empereur Hiuen-tsong, qui avait grand mal à défendre son propre territoire, se contenta d'octroyer par décret un titre d'honneur à l'armée indienne; il la nomma « l'armée qui aime la vertu » (*hoai-te-kiun*).

L'ambassade envoyée à la Chine par le roi du Cachemire, Muktâpiḍa, entre 736 et 747 n'eut pas plus de résultats, et cependant Muktâpîḍa se faisait fort d'entretenir une armée auxiliaire de 200000 hommes; il représentait que, de concert avec le roi de l'Inde centrale, il avait bloqué les cinq routes du Tibet et remporté plusieurs victoires sur les Tibétains. « Les Tibétains en auraient pâli, si leur teint blême n'avait dissimulé leur souci. Quand les singes sont en colère, peut-on distinguer la rougeur sur leur face[1] ? »

Vers 760, la perte du pays de Ko-long sépare définitivement les Chinois de l'Inde. La puissance tibétaine continue toujours à croître. En 763, So-si-loung-lie-tsan réussit même à s'emparer de Tch'ang-an, la capitale de l'Empire; mais il est aussitôt obligé de se retirer. L'apparition des *Hoei-ho* (Ouigours) sur la frontière du Nord, retarde un instant l'élan des infatigables envahisseurs, mais n'arrive point à le briser. En 786, les Tibétains sont les maîtres du Chen-si jusqu'à la Grande-Muraille; en 790 ils prennent Pei-t'ing (Ouroumtsi) et An-si (Koutcha).

Le Cachemire, qui fait cause commune avec l'Inde contre le Tibet, et qu'une ardeur inquiète d'expansion pousse depuis le début du VIIIe siècle tantôt vers le Gange

1. *Râja-taraṅgiṇî*, IV, 168 : et cf. *Itinéraire d'Ou-K'ong* par Sylvain Lévi et Édouard Chavannes, p. 350, n. 1.

et tantôt vers l'Asie Centrale, essaie à ce moment d'arracher le Népal aux Tibétains. Jayâpîḍa qui y règne est un bel esprit, ami des poètes qu'il rassemble à sa cour et qu'il prend pour ministres; exalté par leurs flatteries, il se croit destiné à la conquête du monde et se jette à l'étourdie dans les aventures les plus téméraires, souvent les plus désastreuses. La légende, complice des poètes de cour, a tout pardonné à ce Richard Cœur-de-Lion; elle l'a même doté d'un autre Blondel. Jayâpîḍa, qui a déjà poussé jusqu'au Bengale et réduit en route Kanyâkubja, et qui a déjà connu la captivité chez Bhîma sena, roi de l'Est, envahit brusquement le Népal à la tête d'une forte armée. Aramuḍi, roi du Népal, accourt lui barrer le chemin; la bataille s'engage; l'armée de Jayâpîḍa est taillée en pièces; Jayâpîḍa lui-même tombe aux mains de son adversaire qui l'enferme « dans une tour obscure » au bord de la Kâla gaṇḍikâ. Les ordres sévères d'Aramuḍi assurent le secret inviolable de la prison qui recèle le captif royal. Mais la poésie et le chant triomphent de la force brutale; un ministre de Jayâpîḍa errant à la recherche de son roi prête l'oreille aux plaintes que module le prisonnier, reconnaît sa voix, pénètre par un artifice auprès de lui et sacrifie joyeusement sa propre vie pour permettre à Jayâpîḍa de s'échapper[1].

M. Stein considère, sans doute avec raison, cet épisode comme un conte populaire: mais le fond peut en être exact. Aramuḍi ne figure pas, il est vrai, parmi les rois du Népal, et le tour barbare de son nom détonne parmi les noms sanscrits des rois authentiques. Mais la singularité même de ce nom le recommande à l'attention; un conteur en veine d'invention aurait forgé le nom du roi népalais sur le type courant; ainsi procède, par exemple, le poète de la

1. *Râja-taraṅgiṇî*, IV, 530 sqq.

Bṛhat Kathâ. La consonance étrange du mot Aramuḍi peut cacher un nom tibétain. Les Tibétains, protecteurs du Népal, et intéressés à couvrir leur frontière méridionale contre les entreprises renouvelées du Cachemire, avaient peut-être assumé la défense du territoire vassal et opposé à Jayâpiḍa un de leurs propres généraux. En tout cas, il est impossible de ne pas reconnaître dans la rivière Kâla gaṇḍikâ du récit le nom de la Kâla (ou Kâlî) Gaṇḍakî, la Gaṇḍakî noire, la plus occidentale des sept Gaṇḍakîs; c'est, en effet, la première barrière où une armée népalaise doit tenter d'arrêter un envahisseur venu de l'Ouest par les montagnes.

Le Népal resta donc sous le joug du Tibet. Khri lde srong btsan (816-838), appelé aussi Ral pa ćan (les Chinois le nomment K'o li k'o tsou et I-taï), était le suzerain, au Nord, de la Mongolie; à l'Ouest, des territoires qui confinent à la Perse; au Sud « des pays de l'Inde bLo Mon Li et Zahora (c'est-à-dire du Népal et de l'Hindoustan) jusqu'au lit majestueux de la Gaṅgâ[1] ». Mais une crise religieuse allait soudain amener et précipiter la décadence.

Tandis que la puissance politique du Tibet se développait, le bouddhisme avait fait des progrès énormes. Introduit par l'influence simultanée de l'Inde et de la Chine, sous les auspices de deux princesses gracieuses, il avait reçu bientôt de puissants renforts, dus au malheur des temps. L'Islam était né (hégire : 622 de J.-C.); une expansion irrésistible l'avait porté en triomphateur jusqu'au Pamir et jusqu'aux passes de l'Inde en moins d'un siècle. Les moines à la robe jaune fuyaient, éperdus, devant ces singuliers apôtres qui pillaient les temples et brûlaient les couvents. L'Inde effarée se resserrait autour des brahmanes qui représentaient cet ordre antique des choses, qu'on

1. *Rgyal rabs*, traduct. Emil Schlagintweit, *loc. laud.*

avait trop longtemps cru immuable ; elle se détachait du bouddhisme, suspect d'indulgence et de tendresse aux barbares. Les successeurs de Srong btsan sgam po virent qu'ils pouvaient tirer parti de la situation : ils accueillirent à bras ouverts les exilés, les expulsés qui apportaient au Tibet les sciences humaines et les connaissances surnaturelles et qui mettaient de plus au service des ambitions tibétaines leurs anciens fidèles, apostats par peur ou par entraînement, mais tout prêts à rentrer dans le giron de l'Église au jour de sa victoire. Les couvents se multiplièrent ; sous la direction de savants venus de l'Inde et du Népal, on commença à traduire les livres saints. En 824, une ambassade tibétaine vint demander à la cour de Chine une image de la montagne Ou-t'ai (*Pañča çirṣa*) où réside Mañjuçrî.

Une réaction formidable suivit ces progrès trop rapides. En 838, I t'aï mourait; le trône passait à son frère qui portait, par l'ironie du sort, le nom de D(h)arma (Glañ Darma ; en chinois Ta-mo). Les écrivains bouddhistes ont traité Darma comme les chrétiens Néron ; il est, dans l'histoire ecclésiastique, le monstre complet, l'abomination de la désolation. Les Annales mêmes des T'ang, rédigées sous l'influence bouddhiste, le représentent comme un ivrogne, amateur d'exercices violents, adonné aux femmes, cruel, tyrannique. Il fit murer les couvents, dispersa les moines, livra aux flammes les textes sacrés, entassa les impiétés sur les horreurs, jusqu'au jour où un Jacques Clément l'abattit d'une flèche (842). Darma ne laissait pas d'héritiers ; on lui supposa des fils posthumes qui servirent de ralliement à chacun des partis. La guerre civile s'engagea ; on appela l'étranger à l'aide. La Chine qui avait longtemps attendu profita de l'occasion pour recouvrer une partie des territoires perdus (849) ; Chang k'oung, qui avait pris le titre de tsan-pou, alla se faire tuer dans une bataille contre les Ouigours (866). Le royaume, scindé, eut deux capitales : Lhasa et Chigatze; il en eut bientôt une troisième; c'en était fait de l'empire de Srong btsan sgam po.

Ce bouleversement politique, qui change tout à coup la face de l'Asie intérieure, correspond, dans les fastes du Népal à une véritable révolution. Le jeudi 20 octobre 879 (1er kârttika çudi de Vik. 936 courant) est le point de départ d'une ère nouvelle qui porte le nom d' « ère népalaise » *Nepâla-saṃvat*. La fondation d'une ère est, même aux yeux des Hindous qui en ont abusé, un événement considérable; le prince qui y prétend doit avoir tué par millions des Çakas (envahisseurs scythiques), ou tout au moins payé sans exception les dettes du royaume. Les chroniques népalaises ne savent rien du fait réel qui créa le Nepâla-saṃvat; elles rapportent (W. V. B.) un conte populaire où rien n'est authentique. Un savant astrologue révèle au roi de Bhatgaon, Ânanda Malla, un secret merveilleux; sous l'influence mirifique du ciel, le sable ramassé au confluent de la Bhadrâvatî et de la Bitsnumati doit se transmuer spontanément en or. Le roi envoie des coolies recueillir au lieu dit, à l'heure dite, le sable à pleins sacs. Leur tâche accomplie, les coolies s'en retournent avec leur charge vers Bhatgaon. Mais un marchand de Katmandou, nommé Sakhvâ[1], les rencontre; il leur demande de lui livrer les sacs à domicile; ils n'auront qu'à prendre ensuite une autre charge pour le roi sur le chemin du retour. Les coolies, sans méfiance, acceptent l'arrangement. Ils rentrent enfin à Bhatgaon; Ânanda Malla qui s'impatiente ouvre vite les sacs; ils ne sont remplis que de sable. Le roi déçu court chez l'astrologue, l'accable d'injures, tourne

1. La forme sanscrite est Çaṅkhadhara. L'almanach népalais de 1902 (Nepâla deçîya Pañcâṅga 1959 vik.) appelle l'ère népalaise : çrî Çaṅkhadhara kṛta Nepâla saṃvat).

sa science en dérision, et l'astrologue saisi de dépit jette au feu son grimoire magique. Ânanda Malla, rentré dans son palais, découvre au fond des sacs quelques grains d'or pur; il s'enquiert, et comprend le tour joué à son détriment. Possesseur d'une fortune immense, Sakhvâ demande au roi de Katmandou, Jaya deva Malla, l'autorisation de payer toutes les dettes; il l'obtient, et inaugure une ère nouvelle. En témoignage de gratitude, il dresse sa propre statue en pierre à la porte de Paçupati, où on la montre encore.

La légende n'est évidemment qu'une malice des gens de Katmandou aux frais des gens de Bhatgaon. Les rois mêlés au récit datent en réalité du IVe siècle du Nepâla-saṃvat; le conte ne laisse donc pas de résidu à l'histoire. Mais la Vaṃçâvalî de Kirkpatrick introduit, à la suite de Bâlârjuna ḍeva (13, Ballunjoon Deo [15]) un prince appelé Râghava deva (Ragheeb Deo [16]), absent des autres listes et K. ajoute: « Ce prince introduisit l'ère Tambul [corr. Sambut = Saṃvat] ou ère de Bickermajeet, au Népaul, où le comput le plus employé aujourd'hui est pourtant chez les Purbutties l'ère Çaka. Les Névars, d'autre part, ont un style propre sur l'origine duquel je ne sais rien de certain, sauf qu'il apparaît avoir été institué il y a neuf siècles environ, l'an 914 de leur comput commençant le 15 de karteck ou 28 octobre 1793. Peut-être le commencement de ce comput serait-il en rapport avec la période du premier établissement de la dynastie de Semroun au Népaul. » La dynastie de Semroun est celle de Hari simha deva, qui envahit le Népal en 1324; le « premier établissement » à « Semroun » (Simangarh) est attribué par Kirkpatrick même à « Nan Deo » (Nânya deva) en l'an « de Bickermajeet » 901 (844 J.-C.). Kirkpatrick sépare formellement Râghava deva et l'ère du Népal. Prinsep[1], en « ajustant »

1. *Useful Tables*. éd. Éd. Thomas. London, 1858, p. 269.

la chronologie népalaise, substitue le Népàla-saṃvat au saṃvat de Vikramâditya, et porte l'avènement de Râghava deva à l'an 880 J.-C. ; il en fait ainsi le point de départ de l'ère nouvelle. Cunningham[1] reprend à son compte, comme un fait acquis, l'assertion de Prinsep; et M. Bendall, qui accuse à tort Kirkpatrick d'avoir omis Râghava deva, s'autorise de Cunningham pour représenter Râghava deva comme « le fondateur traditionnel de l'ère du Népal[2] ». Il observe de plus que la durée des règnes assignés à ce prince et à ses successeurs jusqu'à l'avènement de Lakṣmî kâma deva donne environ un total de 135 ans. La première date connue du règne de Lakṣmî kâma deva est justement l'an 135. La combinaison de Cunningham, ou plus exactement de Prinsep, a donc chance d'être exacte.

Il ne faut pas perdre de vue pourtant qu'il n'existe pas un seul texte qui rapporte expressément à Râghava deva la fondation du Nepâla-saṃvat. Le seul document publié jusqu'ici (K.) lui attribue simplement l'introduction du Vikrama-saṃvat. D'autres Vaṃçâvalîs, qui ignorent Râghava deva, rapportent à un de ses prédécesseurs un fait analogue. Nanda deva (4) introduit au Népal soit l'ère de Çâlivâhana (W. B.), soit l'ère Vikrama (V.). Et c'est ainsi peut-être qu'il convient d'expliquer l'origine de l'ère népalaise. L'an 879-880 qui est la première année courante de cette ère est la première année écoulée du IXe siècle çaka. Nous savons avec certitude que l'ère çaka avait à cette époque pénétré dans les régions himalayennes de l'Inde. La praçasti de Baijnâth[3] datée de « l'année écoulée 7[26?] de l'ère çaka » prouve que cette ère était alors en usage dans la haute vallée de Kangra, entre le Cachemire et le Népal. Elle se trouve justement associée dans cette inscription à

1. *Indian Eras*, p. 74.
2. *Journ. As. Soc. Beng.*, 1903, p. 5.
3. *Epigr. Ind.*, I, 112.

une date de nature indéterminée, « l'an 80 ». On y a reconnu sans hésitation le comput Saptarṣi ou Loka-kâla qui part de 3075 avant J.-C., mais qui laisse de côté dans l'usage réel les chiffres des centaines et des milliers. Ce genre de comput était très répandu au Cachemire, et sa commodité avait dû en propager l'emploi. L'originalité du Nepâla-saṃvat semble consister essentiellement dans l'application à l'ère çaka des procédés propres au Loka-kâla. Au lieu de compter 801, 802 etc., on compte 1, 2, etc... Pourtant l'année du calendrier névar ne copie pas servilement l'année çaka ; celle-ci en effet commence au mois de ĉaitra (mars-avril), dans l'Inde du moins[1]. L'année névare commence en kârtika (octobre-novembre), comme fait l'année vikrama. L'année névare combinant ainsi les traits des deux calendriers, on comprend que la tradition puisse en représenter la fondation comme l'introduction de l'un ou l'autre comput, çaka ou vikrama.

Si l'ère névare n'est qu'une adaptation de l'ère çaka, il est légitime de se demander pourquoi cette substitution s'est opérée. Le pâle Râghava deva n'a pas la figure d'un fondateur d'ère. Je ne puis m'empêcher de croire que le Népal, délivré du joug tibétain par le meurtre de Glaṅ Darma et l'anarchie qui suivit, salua le nouveau siècle comme une période nouvelle de son histoire ; nous savons quelle attente superstitieuse s'attache, en Europe même, à la naissance d'un siècle nouveau. Une croyance astrologique, répandue au Népal, put contribuer aussi à la création du nouveau comput. Les Névars, que les voyageurs chinois du VIIe siècle dépeignent déjà comme « entendus au calcul des destinées, et habiles dans l'art du calendrier[2] », croient à l'influence funeste du chiffre 8. « Toute année où se ren-

1. V. *sup.*, p. 44.
2. V. *sup.*, I, 154.

contre un 8 est une année de malheur[1]. » Le plus piquant c'est que le destin a voulu donner raison au préjugé. C'est

Temple de Lomri Mâi, près de Katmandou.

en l'année 888 du Nepâla-saṃvat (= 1768 J.-C.) que les Gourkhas ont conquis le Népal ! La peur de vivre pendant cent ans sous une menace aussi formidable aurait suffi

1. Wright, 268, n.

peut-être pour provoquer une révolution du calendrier chez un peuple si préoccupé d'astrologie.

Les premiers successeurs de Râghava deva ne sont que des noms et des noms assez mal établis. La liste de K. énumère Seeker Deo [17] avec un règne de 88 ans et 6 mois, puis Soho Deo [18] avec un règne de 33 ans et 9 mois. La liste de Bd.[1] substitue à ces deux princes un nouveau Jaya deva, avec 10 ans de règne seulement, en regard d'une période de 121 ans chez K. Pour expliquer et corriger un écart aussi grave entre des documents si étroitement unis d'ordinaire, on est tenté de considérer les deux nombres de K., 88 et 33, formés l'un et l'autre d'un chiffre répété, comme une dittographie, imputable soit à l'informateur de K., soit à K. lui-même, soit à son éditeur. Les deux règnes se trouveraient ramenés à un total de 12 ans et 3 mois. L'accord unanime des Vaṃçâvalîs, interrompu après Bâlârjuna deva (13), se rétablit avec Vikrama deva (14), encore que la durée de son règne soit assez flottante : 1 an (K.), 8 ans 9 mois (Bd.), 12 ans (B. W. V.). Après lui K. et Bd. insèrent Narendra deva [20], qui règne 1 an et 6 mois.

Guṇakâma deva (15) se laisse entrevoir comme une personnalité assez vigoureuse dans cette longue série de rois-fantômes. Son règne se prolonge plus d'un demi-siècle : 51 ans (B. W. V.), 65 ans 5 mois (Bd.), 85 ans 6 mois (K.). La légende, à défaut de l'histoire positive, s'est plu à le représenter comme un monarque puissant et somptueux. Il passe pour le fondateur de Katmandou. Cependant la tradition qui associe à ce souvenir le nom de Guṇakâma date la fondation de l'an 3824 écoulé ou 3825 présent du Kali-yuga, soit 723-724 J.-C. Je n'ai pas pu, malgré des recherches opiniâtres, recueillir une date plus détaillée,

1. A partir d'ici, je désignerai par ces lettres *Bd.* les nouveaux matériaux signalés et analysés par Bendall (v. *sup.*, I, 198 et note).

qui fût susceptible d'être vérifiée par le calcul. En fait, la date exclut le roi, et réciproquement. Prise en elle-même, la date semble acceptable ; elle est assez basse pour écarter les soupçons. Un annaliste en veine d'invention aurait gratuitement reculé dans le passé le plus lointain, jusqu'au premier des Guṇakâma deva, l'origine de la capitale. De plus, c'est vers la même époque que les chroniques placent la fondation de Patan et de Sanku. La naissance de ces trois grandes villes correspond logiquement à la transformation de la vie économique au Népal. Les inscriptions de la période antérieure ne mentionnent jamais que de simples communautés rurales (*grâma*) ; la population dispersée dans les champs vivait surtout de la culture. Deo Patan, appuyée au temple de Paçupati, était encore la seule ville (*pattana*). Le roi y résidait près de la divinité qui le protégeait ; la cour et les pèlerins assuraient au bazar une clientèle suffisante. Mais peu à peu les relations régulières avec l'Inde développent le commerce d'échange ; la constitution du royaume tibétain ouvre un nouveau marché qui s'étend sans cesse. Gardien des passes qui relient à longue distance l'Inde des râjas et la Chine des empereurs, le Népal se voit promu brusquement courtier de deux mondes. On déserte la terre trop peu lucrative pour se jeter dans le négoce. « Les marchands, tant ambulants qu'établis, y sont nombreux ; les cultivateurs rares » dit la notice des T'ang[1]. Les arts manuels, où triomphent l'ingéniosité et l'adresse des Névars, promettent un gain facile ; orfèvres, fondeurs, peintres, enlumineurs se multiplient sans encombrer le marché. Les exigences des professions nouvelles favorisent la vie de société, naturellement chère aux Névars. La puissance croissante des rois tend aussi à grouper autour d'eux une population plus nombreuse. Les villes surgissent. Il ne

1. V. *sup.*, I, 164.

s'agit pas d'une création de toutes pièces ; les inscriptions anciennes encore conservées dans leur enceinte montrent qu'elles se formèrent par la réunion de plusieurs villages, progressivement agrandis et rapprochés au point de se confondre. Il se peut toutefois que Guṇakâma deva ait mérité, par les travaux d'embellissement qu'il y exécuta, d'être considéré comme un autre fondateur de Katmandou. Il y avait, entre autres, construit une fontaine en or, dont le nom seulement s'est perpétué; c'est la Son-dhârâ (*Suvarṇa-dhârâ*) entre le Darbar et le vieux pont de la Bitsnumati. L'ancien nom de Katmandou, Kântipura, a pu conduire d'autre part à un rapprochement avec Guṇakâma ; *kânti* et *kâma* sont deux formations apparentées, tirées l'une et l'autre de la racine *kam* « aimer ». Parmi les institutions religieuses que la tradition rapporte à Guṇakâma deva, et que j'ai déjà signalées en étudiant le culte, je rappellerai ici la *yâtrâ* en l'honneur de Khasarpa Lokeçvara (cf. I, 354) clairement destinée à battre en brèche, au profit de Katmandou, la yâtrâ de Matsyendra Nâtha de Patan. Paçupati bénéficia aussi de sa munificence fabuleuse : il fit verser pendant quinze jours sur le liṅga de l'eau d'or, qui s'échappait de deux fontaines d'or, et couvrit le temple d'un toit doré. Malgré tant de prodigalités, il put encore mettre en réserve une somme de cinq cent vingt millions qu'il confia au Nâga Vâsuki dans les creux du mont Indrâcala. Sa puissance s'étendait au dehors de la vallée vers l'Est ; c'est de là qu'il amena la déesse Caṇḍeçvarî, comme Aṃçuvarman en avait amené déjà Prayâga Bhairava.

Par un contraste déconcertant, les documents directs reprennent au lendemain même de ce long règne, alors qu'on n'a signalé encore ni inscriptions ni manuscrits du temps de Guṇakâma deva. Udaya deva [22] figure sur les listes de K. (6 ans) et de Bd. (5 ans 5 mois). Nirbhaya deva [23] n'est nommé que par K. (7 ans) ; mais l'accord se rétablit sur les noms suivants. Ici encore, la liste de K. est la plus exacte. En regard de Bhojadeva (16), elle insère Bhaj Deo Budro [24]. Nous avons clairement affaire ici à une confusion graphique de l'éditeur, qui a lu ou transcrit B pour R. Nous devons lire Rudro, qui revient à Rudra dans la transcription usuelle. Rudra ne paraît sur aucune autre liste ; mais deux signatures de manuscrits garantissent l'authenticité de son nom et de son existence. La collection de Cambridge possède une copie (*Add. 866*) de la Prajñâpâramitâ en huit mille stances écrite en saṃvat 128 (1008 J.-C.)[1], sous la « double royauté » (*dvi-râjyaka*) de Nirbhaya deva et de Rudra deva, souverain de la terre.

L'expression *dvirâjykâ* semble bien désigner, comme l'a supposé M. Bendall, un gouvernement exercé par deux rois. Un drame de Kâlidâsa, Mâlavikâgnimitra, offre un terme presque identique, *dvairâjya,* et le contexte permet d'en fixer sûrement le sens. Le roi Agnimitra, informé d'une victoire remportée par ses troupes, règle les destinées de l'état conquis (Acte V, vers 13 et 14). « J'ai l'inten-

1. La date est assez détaillée pour se prêter à un calcul de vérification.

Abde çate sāṣṭakaviṃçatigate māse çubhe phālguṇāçuklapakṣe somavāre nakṣatraramyottarabhadrasaṃjñe.

An 128, Phālguṇa, quinzaine claire, lundi, nakṣatra Uttara-Bhadra. Le quantième de la tithi n'est pas indiqué ; mais, sur les données fournies, on obtient les résultats suivants : en 128 N. S. [Nepāla-saṃvat], *écoulé*, soit 1007-8 J.-C., deux lundis tombent en Phālguṇa, quinzaine claire ; 7e tithi, le nakṣatra est Rohiṇī (IV) ; 15e tithi, le nkṣ. est Pūrva-Phālguṇī (XI).

En 128 N. S., calculé comme année *présente,* contre l'usage, soit 1006-7 J.-C., le lundi tombe en phālguṇa çudi : 5e t., nkṣ. Bharaṇī (II) ; 12e t., nkṣ. Āçleṣā (IX).

Aucun des deux résultats ne convient.

Calculé d'autre part en ère d'Aṃçuvarman, la date donnerait pour 128 écoulé = 724-5 J.-C., le lundi 2 phālguṇa çudi, nkṣ. Uttara-Bhadrapada (XXVI) = 19 février 725 J.-C.

(Ici, comme dans toutes les dates que j'ai essayé de vérifier, mes calculs sont faits sur les éléments fournis par les Tables de R. Sewell et Ç. B. Dikshit dans *The Indian Calendar*. London, 1896.)

tion d'installer les deux princes Yajña sena et Mâdhava sena sur un double trône (*dvairâjya*). Que tous deux à part, ils gouvernent les rives de la Varadâ, au Nord et au Sud, comme l'astre froid et l'astre brûlant se partagent la nuit et le jour ! » Le roi envoie consulter sur ce projet le conseil des ministres, et le chambellan lui rapporte leur réponse : « Le conseil des ministres a les mêmes vues. Partageons entre eux deux la charge du pouvoir, comme le timon entre les chevaux du char, tenus par la même main ; ils resteront, Sire, sous ton autorité, sans en venir jamais à se nuire entre eux ». Le régime de « double-royauté » n'est donc point exactement un consortium, comme le donne à entendre la traduction de M. Bendall : « joint-regency ». C'est un régime bien défini dans la politique hindoue, où deux princes se partagent par moitié un seul état, sans en détruire pourtant l'unité organique. Ce régime semble supposer, comme dans le cas de Mâlavikâgnimitra, un pouvoir étranger qui se superpose en modérateur et en suzerain au-dessus des deux princes. L'hégémonie tibétaine ne saurait plus être en question à cette époque ; d'autre part l'histoire de l'Hindoustan nous est mal connue. Il n'est pas impossible que la dynastie des Pâlas, arrivée vers ce moment à son apogée, maîtresse du Gange entre Bénarès et la mer, ait rangé le Népal sous son autorité tout au moins nominale. On s'expliquerait mieux ainsi la présence dans les collections népalaises de manuscrits copiés sous le règne des Pâlas, spécialement de Mahî pâla et de Naya pâla qui occupent la première moitié du XIe siècle. La religion avait dû nouer des rapports étroits et fréquents entre le royaume montagnard et l'empire des plaines. Les Pâlas possédaient la Terre sainte du bouddhisme ; les deux sites saints entre tous, Bodhi-Gayâ et Sarnath (près Bénarès) ont conservé des inscriptions de Mahî pâla. Le couvent de Vikrama çîla, qui avait remplacé Nâlanda comme le foyer du savoir et de la piété bouddhique, s'élevait au milieu du domaine des Pâlas; parmi les maîtres qui y brillaient au début du XIe siècle, Târanâtha nomme trois Népalais : Ratna kîrti, Vairočana Paṇḍita et Kanaka çrî. La mission chinoise dite « des trois cents samanéens » (cf. I, 166, note), après avoir visité le Magadha soumis aux Pâlas, s'en retourne par le Népal. La mission tibétaine envoyée à Vikrama çîla, vers 1040 J.-C., pour en ramener le savant Atîça, rencontre à la frontière de l'Inde la compagnie d'un prince népalais qui se rendait au même monastère, et fait route avec elle. D'autre part, les savants de l'Inde montent volontiers au Népal : sous Deva pâla (Xe siècle), c'est Vajra deva ; arrivé au Népal, il y voit une sorte de mauvaise fée (*tîrthya-yoginî*) qui commettait des actes irréguliers ; il compose contre elle un poème de blâme. En retour elle le maudit et il attrape la lèpre ; mais un hymne qu'il écrit en l'honneur d'Avalokiteçvara, le Lokeçvara çataka, le délivre de cette hideuse maladie[1]. Un contemporain d'Atîça, Vâg îçvara Kîrti, magicien et sorcier, passe au Népal la seconde moitié de sa vie, occupé surtout de rites magiques (*siddhi*)[2]. Sous les successeurs immédiats de Naya Pâla, Pham-mthiṅ avec son frère et Jñâna vajra travaillent au salut des créatures dans le Népal[3]. Enfin, quand les Musulmans renversent Govinda Pâla et s'emparent du pays de Magadha, en 1197, Buddha çrî du Népal qui avait été le président (*sthavira*) des Mahâ-sâṃghikas au couvent de Vikrama çîla et qui avait publié au Népal beaucoup de Pâramitâs et de Mantras, reprend le chemin de sa patrie, escorté de ses disciples; et Ratna rakṣita l'ancien vient bientôt l'y rejoindre[4].

1. TÂRANÂTHA, p. 214. Le çataka existe encore ; dans la signature, l'auteur est appelé Vajradatta le grand archiviste (*mahâkṣapaṭalika*).

2. *Ib.*, 237.

3. *Ib.*, 249.

4. *Ib.*, 253 et 255.

Rudra deva, associé en double royauté avec Nirbhaya deva en saṃvat 128, reparaît sept ans plus tard dans la signature d'un autre exemplaire de la Prajñâ-pâramitâ (*Cambridge, Add. 1643*), écrit en saṃvat 135 (1015 J. C.)[1].

Les deux manuscrits, de 128 et de 135, proviennent du

1. Les données admettent une vérification. Je reproduis le texte du colophon tel qu'il a été rétabli par M. Foucher (*Études d'Iconographie Bouddhique*, p. 16).

pañcatriṃçādhike 'bde çatatamapragate caitramāse himābhe | vikhyāte'smin daçamyān ditijaripuguror vāsare saṃpraçaste ||

Au lieu de *pragate*, l'original porte *praçate* ; mais la ressemblance des deux caractères *ça* et *ga* dans la graphie népalaise est si forte que la correction s'offre d'elle-même. M. Bendall l'a proposée dans son Catalogue, et M. Foucher l'a admise. Cependant M. Bendall indique que *pragate*, comme *praçate*, qui lui équivaut en scansion, pèche contre la métrique ; l'*ă* final de *çatatama*, placé devant le groupe *pr*, devrait s'allonger par position. L'usage classique, en effet, n'admet pas le maintien d'une brève devant le groupe : muette + liquide. Mais le scribe, auteur des stances de signature de ce ms., laisse en pareil cas la quantité facultative. A l'intérieur du vers suivant, il scande successivement *rājñi çrī°* _ _ _, et *°labdha çrī* ◡ ◡ _. L'auteur de l'Ādikarmapradīpa (Laval-lée-Poussin, *Bouddhisme, Études et matériaux*, p. 204), dans la stance de signature de son œuvre, scande de même *cirabrahma°* ◡ ◡ _ ◡. Cette pratique était donc tolérée au Népal, tout au moins dans les parties les moins soignées d'une œuvre littéraire. J'en puis même signaler un exemple épigraphique, de la belle époque classique. Une inscription funéraire d'Eran (*Gupta Inscrps.*, p. 93) datée de 191 (Gupta = 510-11 J.-C.) scande dans une indravajrâ : bhaktānuraktā cā priyā ca kāntā.

Mais une autre difficulté, plus grave, se présente. En l'an 135 N. S. *écoulé* (comme le texte le spécifie : *pragata*), la 10e tithi de caitra çudi (*himābha*) tombe un jeudi en effet (3 mars 1015 J.-C.), si on admet que le calendrier népalais suit à cette époque le système des intercalations vraies. Mais alors, le mois de caitra est intercalaire cette même année, et dans ce cas on ne manque pas de spécifier si le mois en cours est le premier ou le second des mois doublés par intercalation. M. Kielhorn (*Ind. Antiq.*, XVII, 248) substitue hardiment à *praçate* le mot *itare* qui désignerait le mois intercalaire. Mais c'est là faire violence aux textes.

Le système des intercalations moyennes, d'autre part, fait tomber le mois intercalaire dans le courant de l'année précédente. L'année 135 commence alors, au lieu du mardi 22 février, le mercredi 23 mars, et la 10e tithi de caitra correspond non plus à jeudi, mais à un vendredi, 1er avril 1015.

Dans ce cas-ci encore, en partant de l'ère d'Aṃçuvarman, nous avons un résultat satisfaisant. 135 écoulé — 731-2 J.-C., la 10e tithi de caitra çudi tombe le jeudi 22 mars 731.

même couvent : le (*çrî*) *Hlaṃ vihâra*; le plus récent glorifie pompeusement ce monastère : « Les dynasties d'autrefois l'ont fondé avec joie pour la parure du pays de Népal; il est la passion de toutes les créatures; la parole du Bouddha y brille perpétuellement ». *Hlaṃ* n'est point un mot sanscrit; c'est évidemment une désignation indigène; actuellement encore, les vihâras sont connus sous deux noms; l'un, sanscrit, n'est employé que dans la littérature; l'autre, névar, est seul en usage dans la vie courante. Mais il arriva de bonne heure que la notoriété du nom réel fit tort au nom savant; une inscription d'Aṃçuvarman mentionne, dans une liste de temples et de couvents au nom sanscrit, le Guṃ-vihâra sous son appellation indigène. Les miniatures qui ornent le manuscrit de l'an 135 ont été finement étudiées par M. Foucher; elles attestent le degré d'habileté où les peintres du Népal étaient parvenus à cette époque.

En 135 comme en 128, Rudra deva n'est point installé seul au pouvoir; mais il a changé de compagnie. Il est associé cette fois à Bhoja deva (16) et à Lakṣmîkâma deva (17), ou plutôt il est mentionné avec eux, sans qu'on puisse déterminer avec précision les relations de ces trois personnages. Il semble que Bhojadeva, désigné comme le roi (*rājñi*), a gagné Rudra deva par la multitude de ses innombrables mérites, cependant que Lakṣmîkâma deva jouit de la demi-royauté (*ardharâjya*). M. Bendall en déduit que Rudra deva conservait la moitié du royaume, tandis que Bhojadeva et Lakṣmîkâma deva se partageaient entre eux l'autre moitié. J'incline à penser, avec M. Foucher[1], que Bhojadeva est en réalité le successeur de Rudra deva. Le scribe semble avoir péniblement machiné un jeu de mots sur *gaṇa* qui signifie à la fois « multitude » et « les

1. *Études d'iconographie bouddhique*, p. 17.

génies au service de Rudra (Çiva) ». Le mot *âlabdha* qui caractérise les rapports de Bhojadeva avec Rudradeva est interprété par Çrîdhara svâmin, dans son commentaire sur le Bhâgavata-Purâṇa (X, 57, 40) comme « interpellé » ou « touché au cœur, » et c'est ce dernier sens qu'adopte Hauvette-Besnault dans la traduction du passage[1]. Bhojadeva n'aurait pas succédé à Rudra deva comme son héritier naturel, mais en vertu d'un choix mérité. Lakṣmîkâma deva « foudre du monde de ses ennemis » dispose d'une « demi-royauté ». La même expression reparaît précisément dans la scène de Mâlavikâgnimitra que j'ai déjà citée. Une servante entend la décision du roi et félicite aussitôt Mâlavikâ, sœur de l'un des princes à qui le pouvoir va être confié. « Princesse, quelle chance ! Le prince va être installé à la demi-royauté (en prâcrit : *addharajje*) ! » Le terme a donc une valeur consacrée : il s'applique exactement au pouvoir d'un des deux membres du *dvirâjyaka* ou du *dvairâjya*.

Bhojadeva qui occupe le trône vers 1015 est exactement le contemporain d'un autre Bhoja deva qui régnait à Dhâr et à Ujjayinî et qui a laissé dans l'histoire littéraire de l'Inde une réputation incomparable à la fois comme écrivain, comme savant, et comme protecteur des gens de lettres. Le roi népalais n'a pas pu prendre, par esprit d'imitation, le nom du roi de Dhâr ; les dates des deux princes excluent formellement cette hypothèse. La mode, qui avait répandu ce nom dans l'Inde depuis le VIIIe siècle, s'était étendu jusqu'au Népal. La signature d'un manuscrit qui ne porte plus de date (*Camb. Add. 2191*) désigne Bhoja deva comme seul roi.

En 159, Lakṣmî kâma deva paraît à son tour comme seul roi (*Camb. Add. 1683*) ; la date indiquée (*vaiçâkha*,

1. « *Séduit* par ces paroles conciliantes..., etc. »

çudi, 3, Çukradine) répond exactement au vendredi 30 mars 1039. L'intervalle écoulé depuis l'an 135, où Lakṣmî kâma est mentionné pour la première fois, dépasse légèrement la durée de règne que les chroniques lui attribuent (22 ans, B. W. V. ; 21 ans, K. Bd.). Il passe pour le petit-fils de Guṇakâma deva ; l'analogie des noms semble déceler en effet un rapport de parenté. Convaincu que son grand-père devait à la faveur des Kumârîs ses triomphes et ses trésors, il voua à ces divinités un culte passionné. Il construisit, dit-on, le Lakṣmî varma vihâra, appelé en névar Hatkô, que Siddhi Nara siṃha fit abattre vers le milieu du XVIIe siècle, pour le reconstruire sur un autre emplacement.

Le successeur de Lakṣmî kâma deva est appelé Jaya, Vijaya (Bd.), Jaya kâma deva (W. B. V.), Jaya deva (K.); son règne dure 20 ans. (Bd. seul le porte à 31 ans.) Il restaura le culte du Nâga Vâsuki et lui fit hommage d'instruments de musique, en vue d'assurer la protection des richesses et le respect des lois ; à en croire la chronique (W.), le moyen eut un succès complet. L'état du pays justifiait cependant les préoccupations du roi. Jayadeva ne régnait que sur la moitié du royaume, à Patan (Bd.) ; un vassal puissant, Bhâskara deva, osa refuser l'hommage et revendiquer la couronne. Jaya deva mourut sans enfants ; le clan des Thâkuris de Nayakot élut, pour lui succéder, Bhâskara deva (W.). Manifestement, c'est la féodalité qui dispose alors du pouvoir royal. Si le récit de la Vaṃçâvalî est exact, la vallée du Népal a perdu son indépendance ; les burgraves nichés dans les montagnes voisines lui imposent un maître. C'est l'époque où le Mañjuçrî-mûla-tantra montre « dans le royaume du Népal, les petits rois du dedans et du dehors qui s'envahissent, se pillent, se tuent l'un l'autre[1] ». C'est au même moment qu'Atîça, traver-

1. V. *sup.* p. 64.

sant le Népal pour aller de l'Inde au Tibet (vers 1040), va d'abord saluer le čaitya de Svayambhû, où le râja local l'accueille dans son palais, et s'impose ensuite un long voyage vers l'Ouest, jusqu'à Palpa, pour y rencontrer le roi souverain du Népal, Anantakîrti (? en tibétain, *Grags-pa mtha-yas* « gloire infinie »)[1]. Affaiblis par les rivalités qui accompagnent leur croissance, Patan et Katmandou ont cessé d'exercer l'hégémonie.

Les chroniques (W. Bh. V.) considèrent Bhâskara deva comme le fondateur d'une dynastie ; un texte, malheureusement obscur (Bd.), mentionne pourtant « la couronne de son père ». La tradition lui attribue la fondation du monastère d'or (*Hiraṇya-varṇa mahâ-vihâra* ou *Hema-varṇa°*) à Patan ; il l'aurait construit pour y abriter la divinité du Piṅgalâ-vihâra, qui venait de s'écrouler. Un manuscrit[2] daté de saṃvat 167 (1046 J.-C.) donne à Bhâskara deva les titres impériaux « souverain seigneur, roi au-dessus des grands rois, maître suprême » (*parama bhaṭṭâraka, mahârâjâdhirâja, parameçvara*). A la suite de Bhâskara deva, K. seul nomme Udaya deva [2], qui aurait régné 7 ans et 1 mois. La suite de la liste ne présente aucune divergence. Bala deva fonde la ville de Haripur ; deux manuscrits, datés de l'an 180 (1059-60 J.-C.), le nomment comme le roi régnant[3]. Padma deva (3), appelé aussi Pradyumna kâma deva, reçoit un des titres souverains (*parama bhaṭṭâraka*) dans la signature d'un manuscrit (*Camb. Add. 1684*) du Saddharma puṇḍarîka daté de l'an

1. V. *sup.* I, 166 sq.

2. Mahāmahopādhyāya Haraprasad Shâstri, *Report on the search of sanskrit manuscripts*, Calcutta, 1901, p. 5 ; cf. du même, *Journ. of the Roy. As. Soc. Bengal*, LXVI, p. 312 ; et Bendall, *ib.*, LXXII, p. 6. C'est une copie du Viṣṇu-dharmottara.

3. Haraprasad, *loc. laud.*, p. 5, et Bendall, *loc. laud.*, p. 6. L'un des deux mss. est le Niçvâsâkhya Mahâtantra, l'autre, l'Upâkarma vidhi.

185 (1064 J.-C.)[1]. Ce prince rétablit l'usage de porter des couronnes, qui s'était perdu depuis le temps de Bâlârjuna deva (K.). Nâgârjuna deva rappelle par son nom de grands souvenirs; mais de son règne, nous ne savons rien que la durée : 3 ans (2 ans, Bd.). Çaṅkara deva nous est mieux connu ; il subsiste trois manuscrits datés de son règne : l'un (Dharma-putrikâ) de l'an 189 (1068 J.-C.) ; un autre (Aṣṭa-sâhasrikâ) de l'an 191, un autre encore (commentaire de Prajñâkara sur le Bodhičaryâvatâra) de l'an 198[2]. Le second de ces manuscrits est orné de miniatures intéressantes pour l'art et l'histoire du bouddhisme[3]; le scribe résidait à Patan « la charmante » (*Lalitā-pure ramye*) dans le couvent de Yaçodhara. Justement les chroniques racontent comment le couvent prit ce nom sous le règne même de Çaṅkara deva ; jusque-là, on le désignait comme le couvent de Vidyâdhara-varman, et c'est encore sous ce nom qu'il est désigné dans la signature de l'Âdikarma pradîpa datée de 318 (1197-98 J.-C.) ; mais une veuve de brahmane, Yaçodharâ, vint s'y réfugier avec son jeune fils, Yaçodhara, qu'elle y fit ordonner bonze par des rites

1. Bendall, *loc. laud.*, p. 22 cite un autre ms. (*Camb. Add.*, 2197) également daté du règne de Pradyumna kâma deva, an 186 (1065-66 J.-C.).

2. La signature du premier de ces trois manuscrits n'a pas encore été intégralement publiée ; j'ignore si elle comporte une vérification. Les dates des deux autres sont détaillées avec une grande précision, et c'est une rencontre singulière que les données de l'un et de l'autre soient en désaccord avec le résultat des calculs de vérification. Le ms. de 191 (*Asiatic Society*, Calcutta, A. 15) porte : an 191 écoulé, 10 Phālguṇa çudi, nkṣ. Rohiṇī, yoga Çobhana, jeudi. Or en 191 écoulé, la 10e tithi de Phālguṇa tombe le samedi 12 février 1071 ; le nkṣ. est Ârdrâ, le yoga Âyuṣmat. Au surplus, le nkṣ. Rohiṇī exclut le yoga Çobhana, et réciproquement. La date exprimée implique donc certainement une erreur.
Le ms. de 198 (Lavallée-Poussin, *Bouddhisme*, p. 388) donne : an 198 présent, 5 çrāvaṇa badi, mardi. Dans le système Amânta, qui est en usage avec le Nepāla saṃvat, le 5 çrāvaṇa de 198 présent tombe le *vendredi* 11 août 1077.

3. V. Foucher, *Études d'iconographie bouddhique*, p. 28.

irréguliers. Comme les bonzes du couvent s'étaient prêtés à cette violation des rites, on appela dès lors ce vihâra « le vihâra de Yaçodhara ».

Çaṅkara deva établit une yâtrâ annuelle en l'honneur de Nava Sâgara Bhagavatî, éleva le Çânteçvara afin d'apaiser les âmes turbulentes de cinq cents veuves brahmaniques qui s'étaient brûlées sur le bûcher pour vouer aux malédictions les meurtriers de leurs maris. Il institua Tânadevatâ en qualité de déesse de famille (*kula devatâ*) à Katmandou, et interdit d'élever aucun toit plus haut que le faîte de son temple.

Après Çaṅkara deva, les chroniques (W. V. Bh.) indiquent un nouveau changement de dynastie. Un descendant en ligne collatérale d'Aṃçuvarman, Vâma deva, soutenu par les Thâkuris de Patan et de Katmandou, chasse du pouvoir les Thâkuris de Nayakot et se proclame roi. Il ne règne que 3 ans. Cependant il subsiste un manuscrit (Sekanirdeça-pañjikâ [1]) écrit sous son règne ; il est daté de l'an 200 (1080-81) ; Vâmadeva y reçoit le titre très modeste de *râja*.

Une inscription de Patan [2], datée de l'an 203 [3], commémore l'érection d'une image du Soleil due à Vâṇa deva, fils du *bhûnâthâ* (prince ou kṣatriya) Yaçonâtha. Séduit par l'analogie étroite des noms et le voisinage des dates, M. Bendall avait proposé d'abord d'identifier Vâṇa deva et Vâma deva ; mais en fait Vaṇa deva et Vâma deva sont des noms tout différents ; de plus, Vâṇa deva est simplement gratifié du titre *çrî*, le plus modeste et le plus banal

1. S. d'Oldenbourg, *Journ. Roy. As. Soc.*, 1891, p. 687.

2. Bendall, *Journey*, p. 80.

3. M. Kielhorn a examiné les détails de cette date (*Ind. Antiq.*, XVII, 248) et a donné comme équivalent le mercredi 26 avril 1083. Mais il faut bien observer que ce résultat ne satisfait pas à une des conditions données : l'inscription donne : 7 vaiçâkha çudi, mercredi, et la 7e tithi tombe en réalité le jeudi 27 avril.

des titres. Il s'agit probablement d'un petit seigneur local.

Harṣa deva, successeur de Vâma deva, règne environ 15 ans (14, Bd. ; 16, K.). Une signature de manuscrit (Viṣṇu dharma[1]), datée de l'an 210 (1090 J.-C.), le nomme avec le simple titre de *nṛpa* « roi » ; il paraît encore dans la signature d'un autre manuscrit (Sad dharma puṇḍarîka[2]) datée de 213 (1093 J.-C.). La nouvelle Vaṃçâvalî de Bendall l'enregistre avec la date de 219 courant (1098 J.-C.), sans spécifier aucun événement particulier ; c'est sans doute la fin du règne.

Entre la dernière date connue de Harṣa deva et la première de son successeur (Sadâ-)Çiva deva s'étend un intervalle de vingt années (219-239) ; en outre Çiva deva est, d'après la généalogie de Bd., un fils de Çaṅkara deva, né au mois d'âṣâḍha 177 (1056-57 J.-C.) ; le pouvoir revient à l'ancienne dynastie. Ces perturbations ont leur origine en dehors du Népal, au pied des montagnes. En 1097, le samedi 18 juillet[3] — la tradition se pique d'être très pré-

1. HARAPRASAD, *Report...*, p. 5.
2. BENDALL, *Journey*, p. 46 = *Camb. Add.*, 2197.
3. En apparence la date varie avec chacun des documents. La Vaṃçâvalî brahmanique rapporte un vers traditionnel, en sanscrit, qui note les détails de la date, mois, tithi, nakṣatra, jour de la semaine :

induç ca somavasusaṃmitaçākavarṣe
tacchrāvaṇasya dhavale munitithyadhastāt |
svātau çanaiçcaradine ripumardalagne
çrī Nānyadevanṛpatir vidadhīta rājyam ||

« En l'année çāka 811, au mois de çrâvaṇa, la quinzaine claire, la partie inférieure de la septième tithi, le nakṣatra étant Svati, un samedi, au moment favorable pour écraser l'ennemi, Nânya deva le roi disposa du royaume. »

En 811 çâka écoulé (= 889-90), la 7e tithi de çrâvaṇa clair tombe le mercredi 9 juillet 889. En 811 çâka courant (= 888-89) la 7e tithi de çrâvaṇa clair tombe le vendredi 19 juillet 888. L'une ou l'autre solution n'est pas satisfaisante.

Kirkpatrick donne à l'avènement de Nan dev (= Nânya deva) la date cise ! — un Rajpoute du Dekkhan, Nânya deva, s'empare du pouvoir royal. Les listes de Bendall ignorent ce per-

de saṃvat 901 = 843 J.-C. Il est vraisemblable que Kirkpatrick, ou l'autorité qu'il suivait, a substitué par erreur ou par distraction le saṃvat de Vikrama au comput en ère Çâka, uniformément employé dans toutes les autres sources ; il faut sans doute rétablir 901 çâka (= 978 ou 979 J.-C.). Hamilton, sur la foi d'un garant « de qui les ancêtres avaient été archivistes [registrars] du Tirhout, » indique encore une autre date : Nanyop dev (Nânyupa ou Nânya deva), d'une famille kṣatriya, conquit la souveraineté du Tirhout et fonda une dynastie en l'an 496 de l'ère Bengali = 1089 J.-C. La date donnée par Hodgson diffère à son tour, mais sans s'écarter beaucoup de Hamilton : Nânyupa deva fonde en 1097 J.-C. la ville de Simraun où ses descendants continuent à régner jusqu'à Hari siṃha deva. 1097 J.-C. = 1019 écoulé ou 1020 courant çâka. Et c'est cette date que nous retrouvons dans un document népalais, d'origine officielle, et antérieur à toutes les autorités que je viens de citer. Le Muditakuvalayâçva, drame composé par le roi de Bhatgaon Jagaj jyotir Malla en 1628, trace dans son prologue la généalogie du royal auteur jusqu'à Nânya deva, dont il place l'avènement en çâka 1019 :

navendukhacandrayukte çâke.

Récapitulons les diverses dates, avec leurs garants :

Çâka 811 (= 888 ou 889 J.-C.). *Vaṃçâvalis* (W. V. B.).

« 901 (= 978 ou 979 J.-C.). Kirkpatrick (rectifié par substitution de çâka à vikrama).

Çâka [1012 ou 1011] = 1089 J.-C. = 496 Bengali. Hamilton.

« 1019 (= 1097 J.-C.). *Muditakuvalayâçva* ; Hodgson.

Les particularités de la date, nous l'avons déjà constaté, ne se vérifient pas en 811 çâka, soit présent, soit écoulé. De même en 901 çâka où la 7e tithi de çrâvaṇa tombe soit le lundi 14 juillet 978 J.-C. au cas de l'année courante, soit le vendredi 4 juillet 979 J.-C. au cas de l'année écoulée. De même encore en 1012 çâka présent, où, dans le système des intercalations vraies, çrâvaṇa est doublé par intercalation et se trouve par conséquent exclus ici, et dans le système des intercalations moyennes, la 7e tithi de çrâvaṇa clair est une kṣaya-tithi, annulée et comprise à l'intérieur du lundi 16 juillet 1089. Deux dates seulement répondent aux conditions exigées :

901 Vikrama saṃvat présent = samedi 7 juillet 843, nakṣ. Svâti.

1019 Çâka écoulé = samedi 18 juillet 1097, nakṣ. Svâti.

Laissons de côté désormais la date de Hamilton, qu'on peut considérer comme une variante accidentelle de la date 1019 çâka. Si nous comparons à cette dernière date les deux autres, il apparaît qu'elles se composent d'éléments identiques : 1019 et 901 sont des combinaisons diverses où figurent les trois chiffres 1, 0, 9. Un des deux chiffres 1 qui entrent dans le nombre 1019 manque à 901. La date de 811, comparée à 1019, montre un 8 substitué à un 9 en apparence ; mais le flottement des deux dates, en année présente et en année écoulée, permet toujours au sonnage ; Kirkpatrick (qui l'appelle Nan Deo) et Hamilton (qui l'appelle Nanyop Dev) bornent ses conquêtes au Tirhout ; il y prend pour capitale Simraun ; d'après Hodgson (qui l'appelle Nânyupa deva) il est même le fondateur de cette ville. Les chroniques modernes, tant brahmaniques que bouddhiques (W. B. V.), le représentent comme le conquérant du Népal entier. Il détrône les deux rois Mallas qui règnent l'un à Patan et à Katmandou (Jaya deva Malla),

chiffre final l'oscillation d'une unité. Les dates de la Vaṃçâvali bouddhique (W.), comparées aux dates de la Vaṃçâvali brahmanique (V.), présentent cette différence régulièrement. La date de 1019 suppose donc, comme une sorte de nécessité fatale, la date parallèle de 1018. Établie entre ces deux termes, la comparaison montre de part et d'autre trois éléments identiques, 1, 1, 8 ; c'est le 0 qui manque à 811. Comparons maintenant les énoncés de ces dates :

navendukhacandra
9 1 0 1

induç ca somavasu
1 1 8

qui se lisent selon la méthode indienne de droite à gauche : « *aṅkasya vāmā gatiḥ* ». Par une bizarrerie qui ne manque pas de surprendre, le premier mot symbolique de la seconde date est isolé, fléchi, et suivi de la copulative enclitique *ca*, totalement inattendue à cette place. Pourquoi ce *ca* ? Le rapprochement de la première date explique cette singularité ; *indu* répond à *indu* (lune = 1) ; *soma* (lune) répond à son synonyme *candra* ; *vasu*(8) correspond à *nava* (9) ; et le reste, l'injustifiable *ca*, s'est simplement substitué à *kha* (l'espace = 0). Le monosyllabe étant ainsi travesti, la date devait se lire : 118 çâka (196-97 J.-C.), elle devenait inadmissible. Il ne restait d'autre ressource que de lire le nombre à l'envers, de gauche à droite, comme il peut arriver par exception. (Cf. *Epigr. Ind.*, I, 332, n. « L'inscription [de Nāna ministre de Bhojavarman le Candella] fut composée par le poète Amara en Vik. 1345, nombre exprimé en chiffres et en mots ; les mots, contrairement à l'usage qui énonce les unités au premier rang, sont :

kṣaṇadeçekṣaṇagataçrutibhūtasamanvite saṃvatsare)
1 3 4 5

On a successivement :

9 1 0 1 ←   *8 1 0 1 ←   8 1 1 ←   811 →

La date recueillie par Kirkpatrick montre la méthode d'altération à l'œuvre ; un des deux mots qui désignaient la lune (= 1) a été supprimé soit par distraction, soit comme une répétition fautive, et le nombre restant a été de même manière rétabli à l'envers :

9 1 0 1 ←   9 0 1 ←   9 0 1 →

l'autre à Bhatgaon (Ânanda Malla), les oblige à s'enfuir au Tirhout, établit sa cour à Bhatgaon et règne sur les trois capitales ; il introduit l'ère çâka, et aussi les deux divinités nommées Mâju et Svekhû, et installe au Népal une colonie de soldats venus avec lui du pays de Nayera, et qui sont la souche des Névars. J'ai déjà signalé (I, 219) les inventions tendancieuses qui prétendent se fonder sur des ressemblances de nom et d'usages pour rattacher à une commune origine les Névars du Népal et les Nairs (Nayera) du Malabar. Nânya deva, dans tous les récits, est originaire du Karnâṭaka[1], dans le voisinage des Nairs ; la légende, en l'acceptant comme le conquérant du Népal, donne du même coup un appui solide en apparence à ses prétentions. Dès le XVIIe siècle, les Mallas (qu'il aurait pourtant expulsés) ramenaient officiellement leur origine à Nânya deva ; il figure comme l'ancêtre de la dynastie dans le prologue d'un drame, le Mudita kuvalayâçva, composé en 1628 par le roi de Bhatgaon Jagaj jyotir Malla, et dans une inscription de Pratâpa Malla, roi de Katmandou, écrite en 1648.

Le conquérant du Tirhout n'a guère laissé de trace positive dans l'histoire ; on a cru toutefois, avec assez de vraisemblance, reconnaître son nom dans une inscription qui exalte les victoires de Vijaya sena, roi du Bengale. Vijaya sena était le grand-père du célèbre Lakṣmaṇa sena, fondateur d'une ère (1119 J.-C.) qui n'est pas encore entièrement oubliée ; l'auteur du panégyrique, Umâpati dhara, est un poète de talent et d'esprit ; il sait vanter son héros

1. C'est le pays de Carnatique, dont le nom revient si souvent dans notre histoire au cours de nos guerres contre les Anglais pendant le XVIIIe siècle. Le pays de Karṇâṭaka a pour limites précises : au Nord, Bidar, au centre des États du Nizam, d'où la frontière descend droit au Sud vers Bangalore (Mysore) et Coimbatore (près du Malabar) ; elle suit alors les Ghats occidentales jusqu'aux sources de la Kistna, vers Pouna, d'où elle rejoint Bidar.

par de subtils détours. « Tu as vaincu Nânya, Vîra ; — ainsi chantaient les poètes, et, par méprise, la colère qu'il cachait éclata. Il courut sus au roi Gauḍa, il renversa le prince de Kâmarûpa, et triompha soudainement du Kaliṅga. — Tu te prends pour un héros, Nânya ! — Pourquoi te vanter, Râghava ? — Cesse d'être jaloux, Vîra ! ton orgueil n'est donc pas encore mort ! Les querelles des princes qui se prolongeaient ainsi nuit et jour aidaient les gardiens de ses prisons à lutter contre le sommeil[1]. »

La tradition qui représente Nânya deva comme un Rajpoute du Dekkhan est acceptable ; son nom même, mal explicable en sanscrit, semble être une transcription du mot canarais *nanniya* « affectionné, véridique, bon ». Une inscription (suspecte) du xe siècle donne à un prince Gaṅga du Karṇâṭaka le titre de Nanniya Gaṅga « le fidèle Gaṅga »[2]. On ne peut pas cependant s'imaginer Nânya deva à la tête d'une bande armée partant du fond du Dekkhan pour s'élancer à l'assaut de l'Himalaya. L'état politique de l'Inde se prêtait mal à une razzia aussi audacieuse. Le Dekkhan était soumis à un empereur puissant, Vikramâditya VI le Čâlukya, qui réussit à fonder une ère datée de son avènement (1076 J.-C.) ; sa capitale était Kalyâṇa, au Sud-Ouest et non loin de la moderne Bidar, dans les États du Nizam. Le Mysore, le Madouré, Goa, le Konkan, le Coromandel avaient dû reconnaître sa suzeraineté. Au Sud du Gange, deux souverains puissants, Karṇa le Kalačuri de Čedi et Kîrtivarman le Čandella de Kalanjar se disputaient la suprématie. Sur le cours inférieur du fleuve, les Pâlas affaiblis luttaient contre les Senas grandissants. Si

1. *Epigr. Ind.*, I, 309 (Kielhorn). La méprise dont il est question au premier vers consiste dans une fausse analyse du composé *Nânyavîravijayî* que le roi partage en : *na + anya°* ; il comprend alors : « Tu n'as pas vaincu d'autre héros ! » d'où sa colère et ses nouvelles expéditions.

2. *Epigr. Ind.*, III, 183.

Nânya deva était réellement originaire du Karṇâṭaka, il était sans doute venu chercher fortune dans le Nord ; comme tant d'aventuriers qui fondèrent des dynasties, il s'était engagé au service d'un prince local, et soutenu par les soldats qu'il avait menés à des campagnes heureuses, il avait renversé son maître[1]. Maître du Tirhout et des voies qui mènent au Népal, il avait pu contraindre les rois de la vallée à se déclarer ses vassaux.

Des documents, même officiels, confirment, nous l'avons vu, l'intervention de Nânya deva dans l'histoire du Népal. Cependant les Vaṃçâvalîs les plus anciennes (Bd.) passent sous silence Nânya deva et ses successeurs ; en

1. M. Bendall (*Journ. As. Soc. Beng.*, 1903, p. 18) a signalé un nouveau manuscrit daté de samvat 1076, « le Tirhut ayant pour roi Gaṅgeya deva Puṇyâvaloka Somavaṃçodbhava Gauḍadhvaja (*mahārājādhirāja puṇyāvaloka somavaṃçodbhava gauḍadhvaja çrīmad Gaṅgeya deva bhujyamāna Tīrabhuktau*). En acceptant 1076 comme date en ère Vikrama (=1019 J.-C.), M. Bendall conclut avec certitude que ce prince est identique au Gâṅgeya deva le Kalačuri de Čedi, qui règne en 1030 J.-C. au témoignage d'Albirouni. Les Kalačuris sont bien du Somavaṃça ; mais Gâṅgeya deva est un roi bien effacé ; le seul document qui subsiste de lui (daté de Kalačuri 789 ? = 1038 J.-C. ?) est tout près de Reva (Piavan Rock inscrip., dans *Arch. Survey*, XXI, 113) au Sud du Gange, et loin du Tirhout. Les titres du roi sont étrangers au protocole des Kalačuris : les titres formés avec °*avaloka* semblent caractériser les Râṣṭrakûṭas (cf. Fleet, *Epigr. Ind.*, VI, 188). Gauḍadhvaja, si la lecture en est exacte (? cf. les expressions Hanumad-dhvaja, pāli-dhvaja, etc.) indiquerait un pouvoir qui aurait eu pour centre le Gauḍa ; Čedi en était bien loin, et si Karṇa deva, le belliqueux successeur de Gâṅgeya deva, est mis en rapport avec le Gauḍa dans un panégyrique posthume (1160-1180 J.-C. ; inscr. de Jayasiṃha deva à Karambel), c'est dans une stance de jeux littéraires sans portée réelle, du même type que les vers cités *sup.* p. 170. Même nom et même date ne font pas même personne ; cf. par exemple, mon observation sur Bhoja deva, *sup.* p. 192. Il faut d'autres preuves pour supposer que le Tirhout ait été incorporé dans le royaume de Čedi sous Gâṅgeya deva. Peut-être il s'agit d'une branche locale des Kalačuris, comme celle de Gorakhpur dont nous avons une inscription datée du 24 février 1079 (inscr. de Soḍhadeva, *Epigr. Ind.*, VII, 85). Un des princes de cette petite dynastie, Çaṅkara gaṇa, avait justement remporté une grande victoire sur le roi de Gauḍa (*yena... āhṛtā Gauḍalakṣmīḥ*) ; un autre porte un titre du type Râṣṭrakûṭa : Mugdhatuṅga.

outre aucun des manuscrits retrouvés jusqu'ici au Népal n'est daté de son règne ou des autres princes de la dynastie. On pourrait être amené par prudence à révoquer provisoirement en doute la tradition. Mais la soumission, ne

Temple de Siddhi Vinâyaka, près de Deo Patan.

fût-ce que nominale, du pays à des conquérants Karṇâṭakas vers la fin du XIe siècle trouve sa garantie dans les documents du Dekkhan même. Nânya deva est le contemporain de Vikramâditya VI le Câlukya ; le successeur de Vikramâditya VI, Someçvara III Bhûloka malla « le champion du monde terrestre » « pose les lotus de ses pieds sur la tête des rois d'Andhra, de Draviḍa, de Magadha, de Nepâla ». L'auteur de ce panégyrique posthume, daté de

1162 J.-C[1], n'hésite pas à énumérer le Népal lointain parmi les vassaux de l'empereur Čâlukya. Après Someçvara l'empire s'écroule ; son fils Tailapa III Trailokya malla « le champion des trois mondes » est détrôné en 1161 par Bijjala ou Bijjaṇa de la famille Kalačuri. Bijjala meurt assassiné en 1167 ; un panégyrique posthume, daté d'environ 1200 J.-C. l'exalte pour avoir « écrasé le Čoḷa, abaissé le Lâṭa, privé le Népal de stabilité (*sthitihīnaṃ Nepālaṃ*), pulvérisé l'Andhra, pris le Gurjara, humilié le Čedi, moulu le Vaṅga, tué les rois de Baṅgâla, Kaliṅga, Mâgadha, Paṭasvara, et Mâlava[2] ». La liste est trop longue pour inspirer confiance, mais la mention du Népal n'en est peut-être que plus intéressante. Le Népal est entré décidément dans la poétique officielle ; il y a rejoint le Cachemire, le Bengale, familiers de longue date aux chantres des grandeurs royales. La renaissance du çivaïsme avait pu multiplier à cette époque les rapports réels entre l'Inde du Sud et le Népal ; le ministre de Bijjala, et son meurtrier, Bâsava, est le fondateur d'une secte nombreuse, les Liṅgâyats, voués à l'adoration fanatique du liṅga divin. Que Bijjala ait élevé au Népal, sur la route du Gosainthan, un caravansérail (*dharma-çâlâ*) à l'usage des pèlerins venus du Dekkhan ; c'était assez pour transformer dans un panégyrique cette œuvre pie en acte de suzeraineté.

Bijjala mort, l'hégémonie du Dekkhan passe aux Yâdavas, établis à Devagiri (près d'Ellora, E. de Bombay). Le second roi de la nouvelle dynastie, Jaitugi deva I (1191-1210) « soumet le Gurjara, le Pâṇḍya, le Čoḷa, le Lâṭa, le Gauḍa, tandis que son général (*daṇḍanâtha*) Sahadeva défait les forces de Mâlava, Kaliṅga, Pañčâla, Turuṣka et Nepâla[3] ». Et le Népal, désormais consacré comme un orne-

1. *Journal Bombay Br. Roy. As. Soc.*, XI, 268.
2. Inscr. d'Ablur (Fleet), dans *Epigr. Ind.*, V, 249 et 257.
3. Inscr. de Managoli (Fleet), dans *Epigr. Ind.*, V, p. 28-31.

ment littéraire, revient pour la seule joie de l'allitération dans le panégyrique du petit-fils de Jaitugi, Mahâ deva. Le roi lui-même se flatte simplement dans ses inscriptions d'avoir vaincu le Teliṅga, le Konkan, le Karṇâṭa, le Lâṭa et d'avoir inspiré la terreur aux Andhras. Mais son ministre, l'érudit Hemâdri, ne se contente pas à si bon compte. En tête d'une des sections (Dânakhaṇḍa) de son énorme compilation, le Čatur varga čintâmaṇi, il chante en ces termes la puissance de son maître : « Sa gloire enseigne de sages conseils aux souverains des Sept Iles : Hé ! dit-elle, Gurjara ! gagne sa bienveillance ! Prince du Népal ! (*Nepâla pâla*)[1] apprends à tout endurer ! Observe ses ordres, roi du Mâlava ! Andhra ! rappelle-toi que le péril est sans issue ! » (v. 8). Évidemment, le grave Hemâdri aurait souri cette fois de se voir pris au sérieux.

Des successeurs de Nânya deva, la tradition n'a retenu que les noms ; ils servent à relier par une généalogie authentique Nânya deva à Harisiṃha deva, le premier conquérant du Népal au second. Pendant cette longue période, les signatures de scribes népalais nous font connaître une série continue de princes locaux.

(Sadâ) Çiva deva reçoit, dans un manuscrit (Sphoṭikâ vaidya)[2] de l'an 240 (1120) les titres impériaux (*râjâdhirâja*

1. Le premier exemple de cette allitération que je connaisse se rencontre dans le Yaças tilaka de Soma deva, composé en 959 J.-C. Énumérant les ambassadeurs envoyés au roi Yaçodhara, il mentionne :

— kāçmīraiḥ Kiranâthaḥ kṣitipa mṛgamadair eṣa Nepālapālaḥ...

(3e âçvâsa, p. 470 de l'éd. de la Kâvyamâlâ).

2. Ind. Off. 73a. La date, très précise (*prathamāṣāḍha kṛṣṇadvitīyāyāṃ somadine*) est déconcertante. Qu'on ait recours aux intercalations moyennes ou vraies, il n'y a pas d'intercalation d'âṣâdha en 240 N. S. présent ou écoulé. S'il n'y a point erreur de la part du scribe, nous sommes en présence d'un système astronomique qui reste à expliquer. -- M. Bendall a dans son second voyage au Népal acquis un manuscrit daté de l'an 243, sous le règne de Çivadeva ; il est classé maintenant *Camb. Or.*, 142.

parameçvara). En 239 (Bd.), il inaugure un étang appelé Madana-saras, ou encore Mahendra-saras, du nom de l'héritier présomptif Mahâ-Indra deva. Les chroniques modernes (W. B. V.) racontent que Çiva deva conquit tous les pays aux quatre coins de l'horizon, autrement dit qu'il réduisit sous son autorité toute l'étendue du Népal ; il rapporta de ses guerres un riche butin, qu'il employa en partie à couvrir d'un toit neuf le temple de Paçupati. W. indique comme date de ce travail l'an 3851 du Kali-yuga (750 J.-C.) ; V. donne 4015 du Kali-yuga (914 J.-C.). Les deux dates, également inacceptables, et si discordantes, semblent l'interprétation d'une donnée commune qui fournissait les deux chiffres 1 et 5 (..51, ..15), accommodée tant bien que mal à des systèmes de fantaisie. Les mêmes sources (W. V. B.) rapportent à Çiva deva la fondation de Kirtipur, et la première émission des *suki,* monnaies en alliage de cuivre et de fer, portant l'image d'un lion, qui continuèrent d'être frappées jusqu'au début du XVIe siècle.

Indra deva, qui succède à Çiva deva, est sans doute son fils, né en l'an 199 (Bd.) ; il est aussi désigné comme *râjâdhirâja parameçvara* dans un manuscrit[1] d'astrologie (Jâtaka) copié en 249 (1128-9). Mânadeva, qui porte un nom glorieux, paraît sur toutes les listes. Il régna dix ans, puis abdiqua en faveur de son fils aîné et se retira dans le monastère de Čakra vihâra (W. V. B.), que l'ancien Mânadeva avait fondé. Bd. ne lui donne que 4 ans et 7 mois de règne. Il reste deux documents datés de ce prince, mais l'un et l'autre sont par hasard de la même année. Le manuscrit de l'Aṣṭa sâhasrikâ (*Camb. Add. 1643*) de l'an 135, qui nous a déjà fourni de précieuses informations pour l'époque antérieure, porte une note additionnelle datée de l'an 259 lundi, 5 kârtika (10 octobre 1138) « sous le règne

1. Ind. Off., 2928.

victorieux du roi (*nṛpati*) Mânadeva » ; en ce jour, un pieux bouddhiste du nom de Karuṇâ vajra se félicite d'avoir acquis quelque mérite en « sauvant (*uddhṛtā*) la mère de l'omniscient (la Prajñâ Pâramitâ) tombée aux mains d'un infidèle (*çraddhā-hīna-jana*)[1]. Une inscription trouvée à Katmandou (Bendall, n° 6), rédigée en sanscrit macaronique, à peine intelligible, et qui se rapporte à une question d'eau, est datée également de 259,7 bhâdrapada badi, sous le règne victorieux de Mânadeva *râjâdhirâja parameçvara paramabhaṭṭâraka*.

Narendra deva (Narasiṃha deva W. V. Bh.) « accomplit des rites magiques qui firent tomber pour la première fois la neige au Népal » (K.). Il est le successeur de Mâna deva, car nous avons un manuscrit[2] (Pañča rakṣâ) daté de l'an 261, lundi 13 pauṣa çudi (23 décembre 1140) « sous le règne victorieux de Narendra deva *râjâdhirâja parameçvara* ». Mais on a signalé[3] un autre manuscrit, récemment découvert, et daté du règne de Narenda deva l'an 254 écoulé (1134), cinq ans avant les deux documents de Mâna deva. On serait tenté de croire que Mâna deva, après avoir abdiqué comme le racontent les Vaṃçâvalîs, aurait gardé ou repris ensuite un pouvoir tout au moins nominal.

Ânanda deva (Nanda deva W. V. Bh.), « fils de Sîha deva, né en 219 » (Bd.) règne vingt ans. « Après consultation avec Sunandâčârya de Patan, il construisit pour la déesse Bhuvaneçvarî trois logements emboîtés l'un dans l'autre, où les initiés seuls pouvaient entrer » (W.). Plusieurs

1. Cf. Foucher, *Iconographie bouddhique*, p. 19.

2. Bibl. Nationale, Paris, D. 286. Tous les détails de la date se vérifient, y compris le nakṣatra, qui qui est Mṛgaçiras.

3. Bendall, *Journ. As. Soc. Beng.*, 1903, p. 7 (où Mahâdeva est un lapsus pour Mânadeva).

manuscrits sont datés de son règne : en 275[1] (*Camb. Or. 130*), en 278 (*Camb. Add. 2833*), en 284[2], en 285[3], en 286[4].

Rudra deva « confia le gouvernement à son fils, se fit bouddhiste, et s'adonna à l'étude des éléments (*tattvajñâna*),... il pratiqua d'abord la Bauddhačaryâ, puis la Mahâyânika-čaryâ, enfin la Trividhî bodhi. Il répara le vieux monastère d'Onkulî, bâti par Çiva deva, y reçut la tonsure, et s'y installa comme bandya. Une fois, il envoya à sa place une image du Bouddha Dîpaṃkara pour mendier sa nourriture. Il conserva au profit de son monastère une terre donnée en toute propriété au nom de ses ancêtres Vâma deva, Harṣa deva, Sadâ Çiva deva, Mâna deva, Narasiṃha (Narendra) deva, (Â)nanda deva et en son nom propre » (W.).

Amṛta deva (Mitra deva) a attaché son nom au souvenir d'une famine désastreuse (Bd. K.). Un manuscrit (Čaraka) copié sous son règne porte la date de 296 (1176). Un manuscrit de 303 (1183) est daté du règne de Rudra deva[5],

1. *Ib.*, p. 23.

2. *Ib.*, *ib.* La date : *māgha çukla* 8 *ādityavāra* [dimanche] ne se vérifie pas, ni en 284 écoulé (*samedi* 3 janvier 1164), ni en 284 présent (*lundi* 14 janvier 1163).

3. 1° Aṣṭa sâhasrikâ, éd. Raj. Mitra. Préface, p. xxiv, n. (lecture rétablie par M. Bendall). *Yāte 'bde madanāstranāganayane* [285] *māse site phālgune saptamyāṃ Bhṛguvāsare*. Mais en 285 écoulé [*yāte*] le 7 Phālguna çudi au lieu de vendredi [*bhṛguvāsare*] tombe un mardi, le 14 février 1165. Si on prend, contrairement au texte, l'année comme courante, on a pour correspondance *vendredi* 27 février 1164.

2° *Camb. Add.*, 1693. *Saṃvat* 285 *çrāvaṇa çuklāṣṭamyām ādityadine*. La correspondance exacte est le dimanche 18 [et non 8, Bd.] juillet 1165.

4. Ms. de la *Roy. As. Soc.* de Londres, *saṃvat* 286 *Phālguna sudi ekādaçyām ādityavāre*. La date correspondante est en année écoulée : *dimanche* 12 février 1166.

5. Bendall, *loc. laud.*, p. 24. M. Bendall se demande si la date de ce ms. est exprimée dans l'ère du Népal. La vérification écarte toute incertitude ; *saṃvat* 303 *caitra sudi pañcamyāṃ somadine*, en ère du Népal, correspond exactement au lundi 28 février 1183.

qu'aucune des listes découvertes jusqu'ici ne mentionne. Someçvara deva « fils de Mahendra [Indra deva ?], né en 240 » (Bd.) porte un nom isolé dans l'onomastique royale du Népal ; il évoque par une rencontre frappante le souvenir de Someçvara III le Čâlukya que l'épigraphie officielle célèbre comme le suzerain du Népal (*sup.* p. 203). Someçvara deva est né au moment où Someçvara III régnait encore ; il a peut-être reçu le nom du prince lointain qui prétendait étendre son influence jusqu'au cœur de l'Himalaya.

Les trois princes qui se succèdent ensuite reproduisent avec une régularité qui exclut l'idée du hasard des noms empruntés au passé de leur dynastie ; après l'anormal Someçvara, Guṇakâma deva, Lakṣmî kâma deva, Vijaya kâma deva semblent déceler une intention arrêtée de rentrer officiellement dans la tradition locale. Ces trois Kâmadeva ont laissé peu de souvenirs. Un manuscrit de 307 est daté du règne de Guṇakâma deva [1]. Lakṣmîkâma deva n'est enregistré sur aucune liste ; un manuscrit de l'an 313 [2] est la seule attestation de son existence. Ce manuscrit a un intérêt de plus ; il est le premier à désigner Katmandou, sous le nom de Yambu kramâ [3]. Deux manuscrits sont datés du règne de Vijaya kâma deva ; l'un, en 316 [4], l'autre en 317 [5].

1. *Ib.*, p. 24.
2. *British Museum*, *Or.* 2279 = Bendall, *Catalogue*, 550. La date : 313 *dvirāçāḍha paurṇamāsī çrāvaṇa nakṣatra bṛhaspativāsare* semble absolument fautive, qu'on prenne l'année courante ou l'année écoulée : il n'y a pas d'intercalation d'âṣâḍha en 313, aussi bien dans le système de l'intercalation vraie que dans celui de l'intercalation moyenne.
3. Cf. sup. I, p. 54, n. 2.
4. *British Museum*, *Or.* 3345 = Bendall, *Catalogue*, 542. La date est fort embarrassante ; elle comporte un âṣâḍha intercalaire que le calcul ne justifie pas. M. Kielhorn *(ad. loc. laud.)* propose comme équivalent le jeudi 11 juillet 1196.
5. Bendall, *Journ. Beng...*, p. 24.

Après la résurrection de ces noms historiques, un type nouveau de nom royal paraît sur les listes népalaises, où il est destiné à prendre bientôt la prépondérance. Le successeur de Vijayakâma deva n'est pas fils de ce prince ; il est fils d'un personnage inconnu : Jayaçi (?) malla deva, et s'appelle Ari malla deva. Les chroniques modernes (W. Bh. V.) le nomment Ari deva, et réservent à son fils le titre de *malla*. « Comme Ari deva était en train de s'amuser au pugilat, un fils lui naquit auquel il donna le nom de *Malla*. » L'histoire se reproduit presque uniformément, à de légères variantes près, dans le monde hindou chaque fois que la tradition rencontre un Malla[1]. Une des principautés du Népal féodal, située au pied du Dhaulagiri, au confluent de la Marsyangdi et de la Narayani, portait le nom de Malla bhûmi (vulg. Malebhum) « terre des Mallas ». On raconte que le râja du pays, Nag Bamba, triompha par sa force et son courage d'un champion (*malla*) de Delhi qui avait battu jusque-là tous ses adversaires ; en souvenir de cette victoire, le Padishah lui conféra le titre de Malla, qu'il légua ensuite à ses descendants[2]. C'est qu'en effet *malla* signifie en sanscrit « boxeur, athlète, champion ». Mais le mot a de plus une fonction ethnique, consacrée de vieille date, et lié peut-être par un rapport direct avec sa valeur professionnelle. Dès l'époque du Bouddha, les Mallas forment une confédération dans le voisinage de Vaiçâlî, la ville des Liččhavis ; c'est sur le territoire des Mallas que viennent mourir les fondateurs des deux grandes hérésies, le Bouddha Çâkyamuni à Kuçi nagara, le Jina Mahâvîra à Pâvâ. Les traducteurs chinois des textes bouddhiques rendent régulièrement le nom des Mallas par *Li-cheu* « les athlètes ». Le Mahâ-Bhârata nomme les

1. Cf. p. ex. Atkinson, *Himalayan Gazetteer*, vol. II, s. v. Malla.
2. Hamilton, p. 271.

Mallas avec le Kosala (le pays d'Aoudh) dans le récit des conquêtes (*digvijaya*) de Bhîma (II, v. 1077). Un millier d'années après le Bouddha, l'astronome Varâha-mihira enregistre les Mallas dans son catalogue des peuples, entre les Abhîras, les Çabaras, les Pahlavas, d'une part, et d'autre part les Matsyas, les Kurus et les Pañčâlas (Hindoustan central)[1] ; le scoliaste ne manque pas de gloser leur nom par « les boxeurs » (*bāhu yuddha jñān*). Le Mârkaṇḍeya Purâṇa énumère aussi les Mallas, comme un peuple de l'Inde orientale, avec le Videha (Tirhout), le Tâmraliptaka (Tamluk, bouches du Gange) et le Magadha (LVII, v. 44). La liste des Yakṣas locaux insérée dans la Mahâ mayûrî vidyâ râjñî désigne Haripiṅgala comme le Yakṣa patronal des Mallas, et le range avec les Yakṣas patronaux de Çrâvastî, de Sâketa, de Vaiçâlî, de Vâraṇâsî et de Čampâ[2]. Un ouvrage brahmanique de basse époque, le Rasika ramaṇa nomme encore au milieu du XVIe siècle la ville des Mallas (*Malla pura*) en compagnie du Kâmarûpa, du Tirhout et de la Bagmati[3]. Une tradition persistante les localise donc à la lisière du Népal. Le code de Manu a recueilli et préservé le nom des Mallas dans son organisation sociale ; il les classe à côté des Liččhavis et tout près des Khasas, parmi les castes issues de kṣatriyas déchus (X, 22)[4].

C'est à côté des Liččhavis encore que les Mallas surgissent dans l'histoire du Népal. Le pilier de Changu-Narayan commémore la campagne victorieuse conduite par le Liččhavi Mâna deva contre la ville des Mallas (*Mallapurî*), à l'Ouest de la vallée, par delà la Gandaki. Il est peu vraisemblable qu'une vaine fantaisie ait transporté

1. *Bṛhat-saṃhitâ*, V, 38.
2. Ms. de la Bibl. Nat., D 286, p. 59.
3. AUFRECHT, *Catal. Codd. Oxon.*, 148[b] et 149.
4. Cf. sup., p. 87 sq.

les noms antiques des deux clans à l'intérieur de l'Himalaya. Un même goût d'aventures, une même passion de liberté avaient sans doute entraîné les rejetons, authentiques ou suspects, des vieux Liččhavis et des vieux Mallas hors de leur territoire, absorbé désormais dans de grands empires ; retirés dans la montagne indépendante et fière, ils s'y étaient taillé des principautés, comme firent plus tard les Rajpoutes. Favorisés par le sort, les Liččhavis eurent la vallée centrale ; mais les Mallas continuèrent à leur disputer ce sol privilégié ; des inscriptions du VIIe siècle, sous Çiva deva et sous Jiṣṇu gupta, comptent parmi les charges permanentes imposées aux titulaires des donations « l'impôt Malla » (*Malla kara*) destiné soit à acquitter un tribut, soit à préparer la défense [1].

La révolution du calendrier qui introduisit au Népal une ère nouvelle en 880 paraît intéresser l'histoire propre des Mallas. Après cette date nous les voyons paraître en effet dans le Népal même. La Vaṃçâvalî bouddhique (W.) signale à la date de l'an 111 N. S., le 6 phâlguna çudi (lundi 23 février 991) la fondation du village de Chapagaon ou Čampâpurî, au Sud de Patan, par Râja Malla deva et Kathya Malla, de Patan. La chronologie de cette Vaṃçâvalî est généralement trop suspecte pour mériter la confiance; mais un document indépendant vient ici la confirmer. Un manuscrit (Devî Mâhâtmya) récemment découvert est daté du règne d'un Dharma Malla, en l'an 118 [2]. La même Vaṃçâvalî raconte que Nânya deva, maître du Népal par la conquête, chassa les rois Mallas au Tirhout. Le pilier d'Açoka à Nigliva porterait encore la trace de la domina-

1. Le Mallakara rappelle l'énigmatique Turuṣka daṇḍa si souvent mentionné parmi les taxes sans exemption dans les inscriptions de Govinda Čandra de Canoge à l'époque des invasions musulmanes (1104-1154). V. p. ex. *Ind. Ant.*, XVIII, 14 ; *Ep. Ind.*, IV, 104 ; 107, 111.

2. Haraprasad Shastri, *Report*, 1901, p. 5.

tion Malla dans cette région, s'il est vrai qu'une sorte de sgraffito, tracé sur ce monument[1] vénérable se lise ainsi : *Sri Tapu Malla jayastu sambat 1234*. Quatre-vingts ans après Nânya deva, en 1177 J.-C., un prince Malla aurait donc régné sur cette portion du Tirhout. Malheureusement cette lecture repose sur un témoignage notoirement insuffisant.

Avant d'appartenir aux souverains du Népal, le titre de Malla avait été déjà illustré par des rois de l'Inde. Les premiers à l'adopter semblent être les Pallavas de Kâñčî (Conjeveram) : au cours du VIIe siècle Narasiṃha [Viṣṇu] (Râjasiṃha) porte, entre autres *birudas* (noms de panégyrique), les titres de Mahâ malla et d'Amitra malla[2] ; Mahendra Varman s'appelle Çatru malla[3] ; Nandivarman est Pallava malla, Kṣatriya malla[4]. Les Čalukyas de Badami, adversaires acharnés des Pallavas, consacrent leurs victoires en s'appropriant le titre des vaincus. Le rival heureux de Narasiṃha, Vikramâditya I, devient ainsi à son tour Râja malla[5] ; au VIIIe siècle, le titre a émigré chez les Čalukyas du Guzerate : un d'entre eux se nomme Yuddha malla[6]. Les Čâlukyas postérieurs ressuscitent ce titre ; le fondateur de la dynastie, Tailapa, prend le nom d'Âhava malla (973) ; Vikramâditya VI est Tribhuvana malla ; Someçvara III (le prétendu suzerain du Népal) est Bhûloka

1. P. C. MUKHERJEA, *A Report... on the Antiquities in Tarai, Nepal*. Calcutta, 1901, p. 34. Ce travail destiné à « exécuter » le Dr. Führer réussit plutôt à le faire regretter. Le prétendu dessin de la planche XVI ne laisse rien voir qui ressemble à l'inscription publiée.
2. Inscr. du Râjasiṃheçvara (HULTZSCH), *South-Ind. Inscrps.*, I, 12.
3. *Ib.*, I, 29.
4. *Ib.*, II, 342.
5. Plaques de Haidarabad (FLEET), *Ind. Ant.*, VI, 75 ; XXX, 219. Leur authenticité absolue est douteuse ; M. Fleet les considère plutôt comme la copie ancienne d'un original authentique ; M. Kielhorn (*Götting. Nachr.*, 1900, p. 345) penche à les tenir pour authentiques.
6. Balsar grant. *Ind. Ant.*, XIII, 75.

malla. La mode en passa jusqu'à Ceylan, où règnent au XIIe siècle Kitti Nissaṅka malla et Sâhasa malla. Devenu banal à ce point, le mot *malla* n'éveillait plus sans doute aucune notion précise ; à peine s'il évoquait encore l'art du pugiliste, pratiqué comme un exercice noble à la cour des rois. Mais les premiers qui l'employèrent durent y attacher une valeur plus nette. Les Guptas impériaux, au faîte de la puissance, aimaient à rappeler leur alliance de sang avec les Liččhavis ; d'autres clans pouvaient mettre leur orgueil à tirer leur noblesse des Mallas. Il est singulier, en tous cas, que le Népal ici encore ait pour pendant l'Inde du Sud ; les premiers Mallas de l'Inde ont justement pour capitale cette ville de Kâñčî, d'où la légende népalaise fait venir un de ses premiers rois, Dharmadatta.

Trois manuscrits copiés sous le règne d'Arimalla deva (*râjâdhirâja parameçvara*) donnent les dates de 322 (1201, dimanche 27 mai), 326 et 336[1]. Comme pour attester l'instabilité du régime Malla à ses débuts, un manuscrit (British Museum, Or. 2208 ; Cat. 512) de 342 est daté du règne d'un Raṇaçûra, complètement inconnu de toutes les listes, et qui reçoit pourtant les plus hauts titres impériaux : *parama bhaṭṭâraka mahârâjâdhirâja parameçvara*. Mais le pouvoir revient aussitôt après à Abhaya malla. Le règne d'Abhaya Malla (19 ans, V. ; 48 ans, 2 mois, K. ; 42 ans, 6 mois, Bd.) est marqué par toutes sortes de calamités : grande famine, tremblements de terre fréquents. Déjà sous Arimalla, la famine avait dévasté le Népal (K. Bd.). Les dates des manuscrits copiés sous son règne

1. Bendall, *loc. laud.*, p. 24. En fait, la dernière des trois dates se lit positivement sur le manuscrit (Camb. Add. 1648) : 226, au témoignage de Foucher, *Étude sur l'Iconographie bouddhique*, Paris, 1905, p. 6. Mais il s'agit sans doute d'une forme particulière du 3, car la vérification du calcul justifie tous les éléments de la date, nakṣatra (Viçâkhâ) compris, pour l'année 336 = 1216, jeudi 14 janvier.

s'échelonnent sur une durée d'environ trente ans : 344, 351 (1231)[1], 358, 367 (1247), 373[2].

Les chroniques modernes (V. W. Bh.) racontent que Abhaya malla eut deux fils : Jaya deva Malla et Ànanda Malla. Ànanda Malla, le cadet, laissa son aîné régner sur Katmandou et Patan, et fonda pour son propre compte Bhatgaon et sept autres villes : Banepur, Panavati, Nala, Dhaukhel, Khadpu, Chaukot et Sanga. Toutes ces villes sont situées à l'Est de Bhatgaon, en dehors de la vallée. C'est lui aussi qui établit l'ère du Népal ; enfin, c'est sous son règne que Nânya deva aurait envahi et conquis le Népal. Il est difficile de comprendre pourquoi la légende a ainsi attaché au souvenir d'Ànanda Malla des événements qui se sont passés, l'un quatre cents ans, l'autre deux cents ans avant lui. Son nom même a été faussé ; il s'appelle en réalité Ananta Malla ; nous ne savons pas enfin si Jayadeva était son frère. Jayadeva eut un règne court (2 ans 8 mois, Bd. ; 2 ans 7 mois, K.). Un manuscrit de son règne est daté de 377 (1257). Le pays souffrit à cette époque de tremblements de terre qui se prolongèrent pendant quatre mois à partir du 7 juin 1255. Jayabhîma deva n'est classé que sur la liste de Bd., avec un règne de 13 ans et 3 mois ; un manuscrit de son règne est daté de 380 (mercredi 2 avril 1260). Jayaçâha (ou stha) deva, fils de Jagadaneka Malla,

1. La date de 351 m'est fournie par un manuscrit du Kalyâṇa saṃgraha que j'ai rapporté du Népal. *Saṃvat* 351 *vaiçākha çukla* 8 *çukra dine Abhayamâla devasya.* Cette date correspond exactement au vendredi, 11 avril 1231. — Pour les autres dates, je renvoie au tableau de Bendall.

2. Cette date publiée par d'Oldenbourg, *Journ. Roy. As. Soc.*, 1891, p. 687, est fort suspecte. Elle donne : *Saṃvat* 373 *mārgaçira çukla dvitīyāyāṃ çukravāsare svātinakṣatre*(2 mārgaçira çudi, vendredi, naks. Svâti). Calculée en année écoulée selon l'usage, la date du 2 mārgaçira çudi 373 équivaut à : mardi 5 novembre 1252, avec Jyeṣṭhâ pour naks. En année courante (contre l'usage), le résultat est aussi discordant : jeudi 16 novembre 1251, et nakṣ. Mûla. De plus le nakṣatra Svâti est absolument impossible à la date indiquée.

règne 2 ans et 7 mois (Bd.). Puis vient Ananta Malla, fils de Râjadeva, né en 366 (Bd.); son règne dura une trentaine d'années (33 ans 10 mois, K. ; 32 ans 10 mois ou 35 ans 11 mois, Bd.). Les dates des manuscrits copiés sous son règne sont : 399, 400, 405, 406[1], 422[2]. Bd. enregistre une donation à Paçupati en 417 (mercredi 26 juin 1297), et peut-être une autre en 427. K. rapporte que « sous le règne de ce prince, en l'an névar 408, ou samvat 1344 [1287-88 J.-C.] un grand nombre de Khassias (tribu occidentale) émigrèrent au Népal et s'y établirent ; et trois ans après, en névar 411, un nombre considérable de familles du Tirhout s'y installèrent aussi ». Bd. précise brutalement la nature de cette prétendue immigration. « Le roi Khasiya Jayatâri envahit le pays, en 408, au mois de Pauṣa. Les Khasiyas furent massacrés ; ce qui en restait se retira et le pays reprit son état ordinaire. La même année, le 13 Phâlguna, quinzaine claire [le second mois après Pauṣa] Jayatâri revint sous des dehors amicaux, incendia des villages ; il visita (?) le čaitya de Syeṃgu [Syambu? Svayambhû], vit l'image de Lokeçvara [Matsyendra Nâtha] à Bugama et Paçupati. Il retourna sain et sauf dans son royaume. Saṃvat 411. Ensuite le [roi] de Tirhout entra [au Népal], en saṃvat 409, au mois de Mâgha. » Les Vaṃçâvalîs modernes content à peu près la même histoire, à peu près vers la

1. Cette date, donnée par un ms. du British Museum (Or. 1439 ; Cat. 440) est en désaccord avec le calcul de vérification. *Saṃvat* 406 *caitra çukla tṛtīyāyāṃ çukravāsare kṛttikānakṣatre rājarājādhirājaparameçvara çrī 2 Anantamalladevasya vijayarājye*. Donc 406, caitra çudi 3, vendredi, naks. Kṛttikâ. Or, pour l'année écoulée, le jour correspondant est : jeudi 28 février 1286, nakṣ. Açvinî ; pour l'année présente, c'est : dimanche 11 mars 1285, nakṣ. Kṛttikâ.

2. La date (Camb. Add. 1306) se vérifie complètement. *netrākṣyabdhiyutābdake ca samaye rādhe çite pakṣake | āçāyāṃ ca tithau divākaradine vāhadviṣaddakṣake | rājyeçrīmad Anantamallanṛpateḥ*. Donc 422, vaiçâkha çudi 10 dimanche. Le jour correspondant est : dimanche 8 avril 1302.

même époque, mais en changeant les noms des personnages. « Sous le règne de Hari deva, un Magar attaché au service du roi fut renvoyé par l'effet des machinations des ministres. Le Magar retourna dans son pays, et s'y mit à vanter le Népal comme un pays où les maisons avaient des toits d'or et des conduites d'eau en or. Le roi Mukunda sena, qui était brave et puissant, excité par ce récit, vint de l'Ouest au Népal avec une quantité de troupes montées, et il soumit Harideva. Des soldats népalais, les uns furent tués, les autres s'enfuirent. Les trois capitales étaient bouleversées. Par crainte des troupes, les gens enfouirent leurs radis en terre, coupèrent le riz, l'empilèrent et le couvrirent de terre. Les vainqueurs brisèrent et défigurèrent les images des dieux et envoyèrent le Bhairava placé en avant de Matsyendra Nâtha dans leur pays, à Palpa et à Butawal. Le jour où Mukunda sena arriva à Patan, les prêtres étaient en train de célébrer la Snânayâtrâ de Matsyendra Nâtha. A la vue des ennemis, ils se sauvèrent en laissant le dieu dans sa baignoire. A ce moment, les cinq Nâgas placés dans le baldaquin doré au-dessus de Matsyendra Nâtha répandirent cinq jets d'eau sur la tête du dieu. Mukunda sena, saisi de respect, jeta sur l'image la chaîne d'or qui décorait le col de son cheval. Matsyendra la prit lui-même, se la passa autour du cou ; elle y est toujours restée depuis.

Avec ce roi, les castes Khas et Magar vinrent au Népal. Ces gens sans pitié commirent de grands péchés, et la face Sud (aghorâ mûrti) de Paçupati montra ses dents formidables, et elle envoya une divinité du nom de Mahâ-mârî (peste) qui débarrassa le pays, en quinze jours, des soldats de Mukunda sena. Le roi s'échappa tout seul vers l'Est, sous le costume d'un Saṃnyâsi ; de là il prit le chemin de son pays, mais en arrivant à Devi-ghat (près Nayakot), il mourut. C'est de ce temps-là que les Khas et les

Magars sont venus dans ce pays, et aussi qu'on prépare le sinki (radis fermenté) et le riz hakuwà » (W.).

Le roi Hari deva est, dans le système de W. et de Bh., le dernier descendant direct de Nânya deva; il ne figure dans aucune des autres généalogies de la dynastie Karṇâṭaka. V. qui raconte aussi l'invasion de Mukunda sena, la place sous le règne de Râma siṃha deva (de qui Haridèva serait le fils selon W. et Bh.). Le nom de Mukunda sena ne fournit pas de repère plus solide. La chronique de Palpa, recueillie par Hamilton [1], ne remonte pas si haut ; et dans les temps historiques, plusieurs des rois de Palpa portent ce nom. Mais quelle que soit l'authenticité ou la solidité du cadre chronologique, les détails du récit gardent toute leur valeur ; nous avons sous les yeux comme une image stylisée de ces invasions qui désolent alors le Népal, avec leur soudaineté, leur sauvagerie, et l'épouvante ahurie des Névars affinés en présence des barbares grossiers vomis par la montagne occidentale, et la terreur superstitieuse des vainqueurs en face des divinités consacrées, les désordres, les pillages et l'écrasement final des envahisseurs affaiblis. La date même est conforme aux faits connus. La snâna-yâtrà se célèbre le 1 čaitra (mars-avril) badi (vaiçâkha badi dans le comput actuel, qui est pûrṇimânta) ; c'est ce jour-là que Mukunda sena entre à Patan. Jayatâri, en 408, tente sa première invasion en pauṣa (novembre-décembre), et la renouvelle en phâlguna (février-mars) ; en 448, Âditya Malla envahit le Népal en phâlguna.

Les razzias des Khas et des Magars présageaient les calamités encore lointaines ; c'est seulement quatre siècles et demi plus tard que Prithi Narayan devait mener par la même route ses Gourkhas à la conquête du Népal. L'invasion du roi du Tirhout en 411 annonçait un péril immi-

1. Hamilton, p. 170.

nent. Ananta malla, toutefois, ne le vit pas se réaliser. Les temps troublés qui suivirent son règne sont presque impénétrables à l'histoire ; seuls, les documents de Bd. et les signatures des manuscrits y portent un peu de lumière. En 438 (vendredi 13 mars 1318), le jour où un scribe de Patan achève sa besogne de copiste au couvent de Māṇigala, le roi est Jayānanda deva. Il a pour successeur Jaya rudra Malla, qui a pour « associé au trône » (*saṃrāja*) Jayāri malla. Après la mort de Jayarudra Malla, ses quatre épouses montent sur le bûcher des veuves, à la date de 446, âṣâḍha, jour de la pleine lune. Le Népal venait d'échoir à un nouveau maître : Harisiṃha deva.

Les descendants de Nânya deva continuaient depuis la fin du XIe siècle, de régner sur le Tirhout. Maîtres des voies d'accès qui mènent au Népal, ils prétendaient maintenir sur le pays une suzeraineté au moins nominale. Leur histoire n'est pas connue, mais leurs noms ont été conservés. La dynastie des Mallas, après la restauration de Jayasthiti (vers 1380), les reconnut pour ses ancêtres authentiques, à l'exclusion des rois indigènes. J'ai déjà signalé, à propos de Nânya deva, deux documents du XVIIe siècle, œuvres personnelles de deux rois Mallas, qui contiennent une généalogie continue de la dynastie à partir de Nânya deva. Les Vaṃçâvalîs modernes, héritières des mêmes tendances, ont représenté de la même manière la transmission du pouvoir légitime. Pour accommoder cette conception aux faits, il leur a fallu bouleverser la chronologie réelle ; c'est un scrupule qui n'arrête pas un Hindou. Les princes indigènes, contemporains des Karṇâṭakas du Tirhout, ont été transportés en arrière, dans le passé indéfiniment élastique. Ananta malla, le dernier des princes qui aient laissé un souvenir persistant avant l'invasion de Harisiṃha deva, est devenu le contemporain de la première invasion Karṇâṭaka, sous Nânya deva. Une combinaison frauduleuse des chiffres réels a permis de porter ensuite Ananta (Ânanda) malla et Nânya deva jusqu'à l'origine de l'ère népalaise, vers 880. Une tradition que j'aurai bientôt à examiner fixait l'invasion de Harisiṃha deva à l'an 1245 çaka, ou 444 névar (1324 J.-C.). Nânya deva, dans ce nouveau système, avait envahi le Népal en 811 çaka. Entre Nânya deva et Harisiṃha deva, s'étendait par suite un intervalle de 434 ans. Dans cet intervalle, les chroniques modernes disposent les cinq successeurs de Nânya deva ; sous le dernier d'entre eux (Hari deva ou Râmasiṃha deva), l'invasion des Khas, conduits par Mukunda sena, renverse la dynastie légitime. Le Népal se débat dans l'anarchie pendant sept ou huit ans. Puis une féodalité morcelée à l'infini domine le pays ; à Patan, chaque *tôl* (îlot de maisons) avait son roi ; Katmandou était partagée entre douze rois. Bhatgaon avait un prince Thâkuri. Ce régime dure 225 ans.

DYNASTIE DE NÂNYA DEVA :

H. Hamilton. — P. Inscription de Pratâpa malla (Bh. 18). — M. Mudita Kuvalayâçva.

1.	Nânya deva W. B. V.	50 ans.	1. Nânya deva P. M.
	Nan Deo K.		
	Nanyop Dev H.	36 ans.	
2.	Gaṅga deva W. B. V.	41 ans.	2. Gaṅga deva P. M.
	Kanuck Deo K.		
	Gangga dev H.	14 ans.	
3.	Nara siṃha deva W. B. V.	31 ans.	3. Nṛsiṃha P.
	Nersingh Deo K.		Nara siṃha deva M.
	Narasingha dev H.	52 ans.	... (lacune dans M. ?)
4.	Çakti siṃha deva V.	39 ans.	4. Râma siṃha P. M.
	Çakti deva W. Bh.	39 ans.	
5.	Râma siṃha deva W. B. V.	58 ans.	5. Çakti siṃha P.
[4]	Ram Singh Deo K.		5. Bhâva siṃha deva M.
[4]	Ramsingha dev H.	92 ans.	
6.	Hari deva W. Bh.		6. Bhûpâla siṃha P.
[5]	Bhad Singh Deo K.		
[5]	Sakrasingha dev H.	12 ans.	
[6]	Kurm Sing Deo K.		6. Karma siṃha deva M.

Les noms des successeurs de Nânya deva sont assez solidement établis ; leur ordre est moins sûr ; enfin les années de règne qui sont attribuées à chacun d'eux varient au hasard avec les documents. Leur divergence irréductible ne laisse pas de surprendre. La surprise change de nature, si on les additionne. Les nombres de V. donnent au total 219 ans ; ceux de H., 226 ans. La différence apparente se réduit à zéro, car V. seul ajoute 7 années d'anarchie qui complètent le total : 219 + 7 V. = 226 H. Et ce total lui-même donne un pendant par trop symétrique à la période féodale de 225 ans. Nous saisissons ici sur le fait, une fois de plus, les procédés des annalistes. Les Karṇâṭakas du Tirhout avaient régné 226 ans ; en même temps qu'eux des princes indigènes avaient régné sur le Népal. On dédoubla les deux séries parallèles, et on les plaça bout à bout. Des raisons d'ordre positif nous ont déterminé plus haut à choisir entre les dates divergentes la date de 1097 J.-C. pour l'invasion de Nânya deva. Notre choix trouve ici une nouvelle justification. De 1097, invasion de Nânya deva, à 1324, invasion de Harisiṃha deva l'intervalle est de 227 ans.

Toutes les généalogies sont d'accord pour rattacher par une filiation continue Harisiṃha deva à Nânya deva. Pratâpa Malla (Bhagv. 18) l'appelle « le diadème du Karṇâṭa » ; Ćaṇḍeçvara qui fut le ministre de Harisiṃha deva, désigne son maître comme « le rejeton de la dynastie Karṇâṭa » dans ses deux grands ouvrages, le Kṛtya-ratnâkara et le Kṛtya-ćintâmaṇi[1]. Kirkpatrick enre-

1. *Kārṇāta vaṃçodbhavaḥ*. Introd. au Kṛtya ratnâkara, v. 4, cité dans Eggeling, *Catal. India Office*, III, p. 410. — *Karṇâṭâdhipa*. Introd. au Kṛtya ćintâ maṇi, v. 11, cité *ib.*, p. 511. Ćaṇḍeçvara écrit régulièrement Harasiṃha (et non Hari°). Le Cat. des mss du Mahârâja de Bikanir (Raj. Mitra, Calcutta, 1880) indique sous le n° 1072 (p. 500) un ouvrage de jurisprudence religieuse, le Vratasaṃgraha, composé par un protégé du roi Harisiṃha « rejeton de la tige Karṇâṭa » (*Karṇâṭa-vaṃçāṅkuraḥ*). J'ignore s'il s'agit de notre Harisiṃha ou d'un de ses descendants.

gistre une tradition qui rattachait aussi ce prince à un ancêtre nommé « Bamdeb (Vâma deva), des princes Sûryavaṃçi d'Ayodhyâ ». S'agit-il de Vâma deva, roi du Népal vers 1080, que W. désigne comme « un descendant d'une branche collatérale de la Race Solaire (*Sûrya vaṃça*) de l'ancien roi Aṃçuvarman? On croirait en ce cas que Harisiṃha cherchait à passer pour l'héritier légitime des dynasties indigènes. Très informés sur les aïeux de Harisiṃha, les généalogistes le sont moins sur son père même; Hamilton le fait fils de Çakrasiṃha; Kirkpatrick et Jagajjyotir Malla (prologue du Mudita kuvalayâçva), de Karmasiṃha; Pratâpa Malla, de Bhûpâla siṃha; Miçaru miçra (qui vivait sous un petit-fils de Harisiṃha), de Bhaveça (identique peut-être au Bhâva siṃha de M)[1].

Harisiṃha régnait sur le Tirhout; sa capitale était Simraun. Les grands empires brahmaniques des alentours avaient disparu, submergés par la marée musulmane. Pṛthvî râja, le héros des Rajpoutes et le dernier rempart de l'Hindoustan, avait succombé en 1192; un an plus tard, Delhi, Kalanjar, Bénarès, la ville sainte, tombaient au pouvoir du sultan; avant 1200, le Bengale était réduit en province de l'Islam. A l'écart des grandes routes, le Tirhout avait sauvé son indépendance; adossé à la montagne hérétique, il gardait en un suprême asile les vieilles traditions du savoir orthodoxe. Le ministre de Harisiṃha, Čaṇḍeçvara, présidait à la rédaction de deux Digestes de la loi hindoue; il poussait la dévotion jusqu'à offrir son pesant d'or aux dieux, dans un rite solennel, sur le bord de la Bagmati sacrée, en çaka 1236 (1314 J.-C.). Mais en 1321, une insurrection militaire renverse les Khiljis du trône de Delhi; le nouveau sultan, Gheyâs u dîn Tughlak, parcourt ses immenses domaines pour y faire reconnaître la nou-

1. Introd. au Vivâdačandra cité par Aufrecht. *Catal. mss. Oc.*, p. 296.

velle dynastie. Un hasard de route le ramène du Bengale par le Tirhout[1]. Incapable de résister, plutôt que de se

Temple du petit Matsyendra Nâtha, à Katmandou.

soumettre à un maître musulman, Harisiṃha s'enfuit au

1. Kirkpatrick nomme par erreur, au lieu de Gheyâs u dîn Tughlak, Sikandar Lodi (1488-1516). La Vaṃçâvalî bouddhique (W. 177) introduit ici l'empereur Akbar !

Népal. La tradition a enregistré le souvenir précis de l'événement. « En çâka 1245, la neuvième tithi du mois de Pauṣa, quinzaine claire, un samedi, Harisiṃha deva désertant sa capitale pénétra dans la montagne[1]. » 1245 çâka, s'il s'agit de l'année écoulée, répond à 1323-24 (et Kirkpatrick dit en effet : « ou vers le mois de décembre 1323 ») ; s'il s'agit de l'année courante, à 1322-23 J.-C. Mais ces deux dates sont l'une et l'autre impossibles ; le 9 pauṣa clair tomberait dans le premier cas un mercredi (7 décembre 1323), dans le second un vendredi (17 décembre 1322). Autre impossibilité de fait ; Gheyâs u dîn visite le Bengale, au témoignage formel des historiens musulmans, en 724-25 de l'hégire, soit 1324-25 J.-C. ; il meurt par accident au moment de son entrée triomphale à Delhi en février 1325. Son passage au Tirhout se place donc avec certitude dans l'hiver de 1324-25. Faut-il alors substituer, dans la stance traditionnelle sur Harisiṃha, l'an 1246 çaka écoulé à 1245 ? La vérification ne donne pas un meilleur résultat ; le 9 pauṣa çudi tombe un mardi (25 decembre 1324). Il faut descendre jusqu'à 1247 çaka écoulé pour obtenir la concordance nécessaire ; le 9 pauṣa çudi tombe un *samedi* (14 décembre 1325). En ce cas, deux années de distance séparent la date exprimée en ère çaka de la date réelle. Le même écart se constate dans une autre date enregistrée par les chroniques, un siècle plus tard, sous Çyâma siṃha deva. L'ordre des faits semble donc se rétablir ainsi : Vers la fin de l'hiver 1324, Gheyâs u dîn traverse le Tirhout ; Harisiṃha s'enfuit ; le sultan charge Ahmed Khan de gouverner le petit État. Harisiṃha profite de la saison chaude pour rassembler une

1. baṇābdhiyugmaçaçi samvat çăkavarṣe
5 4 2 1
pauṣyasya çuklanavamī ravisūnuvāre |
tyaktvā svapaṭṭanapurīm Harisiṃhadevo
durgeva daivaviparītagiriṃ praveça ||

(V.).

bande de partisans, et l'hiver venu il envahit le Népal. Y avait-il exercé déjà un pouvoir réel? Avait-il revendiqué déjà des droits sur le pays, comme héritier de Nânya deva? Čaṇḍeçvara, son ministre, se vante d'avoir « vaincu tous les rois du Népal »; mais nous ne savons pas si l'ouvrage est antérieur à l'an 1325[1]. Le Népal se soumit sans résistance, subjugué moins par les armes de Harisiṃha deva que par sa divine patronne, la déesse Tulajâ, venue avec toutes sortes d'aventures du Paradis à Laṅkâ, de Laṅkâ à Ayodhyâ, d'Ayodhyâ à Simraun. « Telle était son influence

1. La date de 1236 çaka, exprimée dans la stance de signature du Vivâda-ratnâkara (6e section du Kṛtya ratnâkara, *Cat. Ind. Off.*, p. 413), se rapporte exclusivement à la cérémonie où Čaṇḍeçvara donna son pesant d'or, comme l'a bien indiqué M. Eggeling; c'est à tort qu'on a appliqué cette date à la rédaction de l'ouvrage lui-même. La comparaison avec la stance parallèle du Kṛtya čintâmaṇi (*ib.*, p. 511) le montre jusqu'à l'évidence. Au sujet du Népal, la même stance présente dans les deux ouvrages une variante qu'il importe de signaler. le K° ratn° (2e section, Dâna°, v. 3; *loc. laud.*, p. 412) écrit :

Nepālākhilabhūmipālajayinā dharmendudugdhābdhinā.

«[Čaṇḍeçvara] a vaincu tous les rois du Népal; il est un océan de lait qui donne pour Lune la Loi. »

Le K° čint° (*loc. laud.*) écrit :

Nepālākhilabhūmipāla*parikhā*dharmendudugdhābdhinā.

« Il est l'océan de lait qui donne pour Lune la Loi, fossé de protection contre les rois du Népal. »

Si la variante est intentionnelle, comme elle paraît l'être, la situation politique aurait changé d'un texte à l'autre. Le Kṛ° č° indiquerait une attitude purement défensive; le Kṛ° r° marquerait une offensive victorieuse.

Le Népal reparaît dans une autre stance de l'introduction du Kṛ° čint°; mais cette stance est un simple jeu littéraire du type que j'ai déjà mentionné plus haut (p. 170); en outre, le passage relatif au Népal semble fautif :

Vaṅgāḥ saṃjātabhaṅgāç cakitavighaṭ[it]āḥ Kāmarūpā viṛūpāç
Cīnāḥ kuñjādilīnāḥ pramuditavilasatkiṃkarotāḥ |
Nepālād bhūmipālād bhujabaladalitās te calāṭāç ca Lāṭāḥ
Karṇāṭāḥ kena dūṣṭāḥ [*sic*] prasarati samare mantriratnākarasya.

Il faut enfin observer que, dans les deux ouvrages, Čaṇḍeçvara désigne son maître uniquement comme « le roi de Mithilâ » (Tirhout).

que les nobles et le peuple de Bhatgaon remirent paisiblement le palais à Harisiṃha. » (W.) Une des vaṃçâvalîs de Bd., qui passe sous silence Harisiṃha et son expédition, enregistre pourtant la mort du roi local, Jayarudra Malla, et le suicide de ses veuves en juin 1326. « La déesse Dvimâju donna en cadeau à Harisiṃha toutes les richesses qu'elle avait amassées depuis le temps de Nânya deva; pour l'en récompenser, le roi institua en son honneur une cérémonie annuelle, la Devâlî pûjâ » (W).

La conquête de Harisiṃha ne réussit pas à assurer au Népal un régime stable et paisible. Dès l'hiver de 448 (1328 J.-C.), un roi des Khasiyas Âdit(y)a Malla, pénétrait au Népal en envahisseur (Bd.). Déjà peut-être Harasiṃha était retourné au Tirhout, où des dynasties locales issues de lui continuèrent longtemps à régner sur des principautés prospères, et protégèrent avec succès la littérature et le droit[1].

Les descendants directs de Harisiṃha sont énumérés dans les chroniques modernes comme les souverains légitimes du Népal; ils y forment, avec Harisiṃha lui-même, la dynastie Sûryavaṃçi de Bhatgaon :

1. Harisiṃha deva 28 ans. W. V.
2. Matisiṃha deva 15 ans. W. V. Bh.
3. Çaktisiṃha deva 22 ans. W. 27 ans. V. 33 ans. Bh.
4. Çyâmasiṃha deva 15 ans. W. V. Bh.

Les généalogies officielles de l'épigraphie Malla ignorent cette lignée; elles passent directement de Harisiṃha à Yakṣa Malla, qui règne un siècle après lui. Kirkpatrick, les listes de Bendall n'en tiennent pas compte davantage. Enfin, parmi les manuscrits copiés durant cette période, il

1. Sur ces dynasties du Tirhout, v. : GRIERSON. *Vidyâpati and his cotemporaries*, dans *Ind. Antiq.*, XIV, 182-196 et *On some mediæval kings of Mithilâ*, ib., XXVIII, 57 sq; et BENDALL, *Journ. As. Soc. Bengal*, 1903, p. 18 sqq : JOLLY, *Recht und Sitte*, p. 36.

n'en est pas un seul qui, dans la signature du scribe, mentionne un de ces rois. Et cependant, les chroniques modernes ne se contentent pas d'enregistrer leurs noms; elles prétendent y associer des souvenirs de faits. Elles racontent de Çaktisiṃha (3) qu' « il abdiqua en faveur de son fils Çyâmasiṃha (4), qu'il s'établit alors à Palamchok, [en dehors et à l'Est de la vallée, par delà Banépa]; de là il envoya des présents à la Chine; l'Empereur en fut si content qu'il lui adressa en retour un sceau, qui portait gravé le nom de Çaktisiṃha suivi du titre de Râma, une lettre officielle accompagnait l'envoi, en l'an de Chine (čînâbda) 535 ». Sous Çyâmasiṃha, un formidable tremblement de terre désola le Népal; le temple de Matsyendra Nâtha et d'autres édifices s'écroulèrent; un nombre énorme d'habitants périt. Le désastre se produisit le lundi 12 adhika-bhâdrapada çudi, nakṣatra Uttarâ, en N. S. 528[1].

1. C'est la date donnée par V. Mais l'année 528 du Nepâla-saṃvat, soit courante, soit écoulée, n'a pas d'intercalation de bhâdrapada, quel que soit le système d'intercalations, moyennes ou réelles. Il y a un bhâdrapada intercalaire en 531 N. S. écoulé = 1409-10 J.-C.; cette année-là, la 12e tithi de bhâdrapada supplémentaire (adhika), quinzaine claire, tombe le *lundi* 11 août 1410. La lune entre dans le nakṣatra Uttara-Aṣâḍhâ 3 h. 36' après le lever du soleil (temps de Katmandou). La correspondance est donc parfaite.

L'écart qui sépare la date donnée de la date réelle est donc ici de 3 ans. Pour l'invasion de Harisiṃha j'ai déjà signalé un écart de 2 ans. La différence de ces deux écarts tient sans doute à la place des mois considérés dans le calendrier névar. L'année névare commence avec le mois de kârtika, qui est le 8e mois de l'année hindoue čaitrâdi; pour les mois compris entre čaitra et kârtika (bhâdrapada est dans ce cas), l'écart avec l'année čaitrâdi s'augmente donc d'une unité. Autrement dit, on a :

	kârtika. . .	čaitra. . .	bhâdrapada. . .	kârtika
N. S.	x. . . .	x. . . .	x.	$x+1$
çaka	y. . . .	$y+1$. . .	$y+1$. . . .	$(y+1)$.

Le flottement du comput, entre l'année courante et l'année écoulée, aboutit aisément à une confusion de ce genre si on passe d'une ère à l'autre. Kirkpatrick signale le même flottement de deux unités pour une date antérieure seulement de vingt-cinq ans à son passage. Il donne en effet pour 1793, année de son voyage au Népal, l'équivalence: N. S. 914,

Çyâmasiṃha n'avait pas d'enfant mâle, mais seulement une fille qu'il donna en mariage à un descendant des rois Mallas, et il laissa le trône à son gendre.

Dès que la Chine entre en scène, le contrôle est facile. Les Annales des Ming, dans un extrait que j'ai déjà rapporté (I, 168), signalent en effet la reprise des relations entre l'Empire du Milieu et le royaume himalayen dans le cours du XIVe siècle. La Chine avait fait les premiers pas; l'empereur Hong-wou avait envoyé en 1384 un bonze au Népal pour remettre au roi un sceau qui lui conférait l'investiture officielle. Le roi du Népal en retour dépêche un ambassadeur qui va porter à la Cour « des petites pagodes d'or, des livres sacrés du Bouddha, des chevaux renommés et des productions du pays »; l'ambassadeur arrive à la capitale en 1387. Le roi du Népal s'appelait *Ma-ta-na lo-mo*. En 1390 nouvelle ambassade du Népal; une autre encore avant 1399. Le successeur de Hong-wou, Young-lo, imite son exemple, et provoque spontanément la reprise des relations. En 1409, une ambassade du Népal vient apporter le tribut. En 1413, l'Empereur envoie des cadeaux « *au nouveau roi du Népal, Cha-ko-sin-ti* », qui rend la pareille en 1414. L'Empereur lui confère le titre de « roi du Népal », et lui fait remettre un diplôme contenant cette investiture, plus un sceau en or et un sceau en argent. Nouvel échange de cadeaux en 1418. En 1427, l'empereur Hiuen-te essaie de renouer la tradition; mais ses avances restent sans effet. Nul ambassadeur ne vint plus dès lors à la Cour.

Le roi Ma-ta-na lo-mo qui règne sur le Népal en 1387 ne peut être que le Matisiṃha des Vaṃçâvalîs modernes.

commençant le 28 octobre 1793; et d'autre part il place la conquête du Népal par Prithi Narayan « dans l'année névare 890, ou 888, selon une autre computation » (p. 268), c'est-à-dire, selon son propre rapport, « en 1768 A. D. » (p. 270).

Ma-ta-na suppose, il est vrai, un original Madana plutôt que Mati ; en sanscrit, Madana siṃha est, si l'on peut dire, plus vraisemblable aussi que Matisiṃha ; la forme Mati° semble être amenée sur les listes par l'analogie et le voisinage de Çakti°. La même alternance, Madana Siṃha deva et Çakti siṃha deva, se retrouve dans une autre branche de la même famille, vers le milieu du xv° siècle[1]. Les syllabes *lo-mo* accolées au nom de Ma-ta-na transcrivent le titre que les Vaṃçâvalîs (W. Bh.) rendent par Râma dans leur notice sur Çaktisiṃha. Dans les deux cas, c'est *Lama* qu'il faut rétablir en regard. J'ai signalé, dans mon étude des documents chinois et tibétains, les raisons politiques qui poussaient la dynastie des Ming à prodiguer ce titre. Les empereurs de Chine essayaient à ce moment de mettre le bouddhisme universel au service de leurs intérêts ; ils croyaient sur la foi des informations recueillies que « les souverains du Népal étaient tous des bonzes » (*seng*) ; ils espéraient flatter leur vanité en les qualifiant de *Lama*. La politesse ne fut pas perdue ; les Hindous crurent entendre *Râma* et s'honorèrent d'un nom qui rappelait tant de souvenirs héroïques et pieux.

La première ambassade de Ma-ta-na lo-mo arrive en 1387, soixante-deux ans après l'invasion de Harisiṃha au Népal. En 1414, Cha-ko-sin-ti est « le nouveau roi » ; quatre-vingt-neuf ans étaient écoulés depuis cette invasion. Or les Vaṃçâvalîs (W. V. Bh.) donnent à Harisiṃha un règne de 28 ans ; Matisiṃha, qui lui succède, règne 15 ans (1325 J.-C. + 28 = 1353), donc entre 1353 et 1368 ; Çaktisiṃha monte alors sur le trône ; il y reste jusqu'à 1390 (W.), 1395 (V.) ou 1401 (Bh.). Le désaccord est manifeste ; mais une critique sérieuse ne saurait hésiter entre

1. Bendall, *Journ. As. Soc. Beng.*, 1903, p. 20. Ces princes règnent à Champaran, dans le Tirhout ; l'ordre de succession des noms y est inverse. Çaktisiṃha deva est le père, et Madanasiṃha deva le fils.

les Vaṃçâvalîs et les Annales chinoises. Les Vaṃçâvalîs elles-mêmes trahissent l'artificiel de leur chronologie ; elles interprètent comme une prétendue « année chinoise » la date de 535, investiture de Çaktisiṃha par l'Empereur de Chine. Le calendrier chinois serait fort embarrassé d'expliquer cette date à cette époque ; le calendrier du Népal est seul en cause. 535 + 880 J.-C. = 1415 J.-C. La date ainsi obtenue concorde absolument avec les Annales des Ming. C'est en 1414 que Çaktisiṃha annonce son avènement par un tribut ; l'ambassade chinoise qui va lui porter son diplôme royal ne peut pas arriver au Népal avant l'année suivante, 1415 J.-C. Une fois de plus nous saisissons sur le fait les procédés simplistes des Vaṃçâvalîs : la date de 535 N. S. recule trop bas pour leur système le règne de Çaktisiṃha ; son avènement viendrait tomber après le tremblement de terre de 528 N. S., qu'elles placent sous son successeur Çyâma siṃha. On rapporte la date gênante à une ère spéciale, et tout s'arrange aussitôt.

Un fait subsiste, positif et certain. Entre 1387 et 1418, les Chinois ne connaissent pas d'autres rois du Népal que les descendants de Harisiṃha. C'est pourtant, en partie au moins, l'époque où règne Jaya Sthiti Malla, un des plus glorieux entre les princes indigènes. On ne saurait dire que les Chinois se sont laissé abuser par les prétentions mensongères des envoyés des Siṃha ; des fonctionnaires chinois sont venus en personne visiter le Népal, et c'est sur leur initiative que les relations se sont ouvertes et se sont maintenues. Si étrange que la combinaison puisse paraître, il faut admettre que les Siṃha exerçaient au Népal une autorité effective, à côté des princes indigènes. Peut-être ils résidaient à Bhatgaon, comme l'indiquent les Vaṃçâvalîs, en laissant à leurs vassaux les deux autres capitales. En tout cas, ces Vaṃçâvalîs modernes, qu'on exclut volontiers aujourd'hui comme une quantité négligeable, montrent ici la valeur sérieuse et originale des matériaux dont elles se sont formées.

Après le passage de Harisiṃha, l'histoire intérieure du Népal est une suite obscure de dissensions et de rivalités. Jaya-rudra Malla, mort au moment de l'invasion, avait laissé une fille, Satî Nâyaka-devî, qui fut confiée à la garde de sa grand'mère Padumalla devî. Elle fut couronnée reine, et mariée à Haričandra deva, roi de Bénarès (K.), ou simplement apparenté au roi de Bénarès (Bd.). Dans les deux cas, l'union était honorable ; elle alliait les Mallas à des Rajpoutes de l'Inde, et spécialement de la ville sainte et sacrée entre tous aux yeux des Hindous. Haričandra mourut empoisonné après quelques années de mariage. Sa veuve se mit à courir une carrière accidentée, comme la fiancée du roi de Garbe. Elle tomba d'abord au pouvoir de Gopâla deva, frère de son mari. Gopâla avait pour allié un prince Siṃha du Tirhout, du clan Kârṇâṭa (*Kârṇâṭa vaṃça ja*), Jagat siṃha kumâra. Gopâla et Jagat siṃha prirent ensemble Bhatgaon et Patan ; le trône échut à Gopâla ; mais le nouveau roi eut la tête tranchée par un serviteur, sans doute trop zélé, de Jagat siṃha ; Jagat siṃha recueillit tout ensemble la couronne et la veuve de son allié. Il n'en jouit pas longtemps, et alla finir sa vie en prison. Il avait eu de Nâyaka devî une fille, Râjalla devî ; la mère était morte en couches, et la jeune princesse fut élevée sous la tutelle de sa grand'mère Devala devî, mère de Jagat siṃha. En 467 (1347 J.-C.) « le consentement des deux familles royales, ratifié par l'assentiment général » (Bd.), appela au trône Jaya râja deva. Les deux familles royales signifient sans doute les Siṃha et les Malla, qui se disputaient le pouvoir. Jaya râja était le fils de Jayânanda deva, le successeur d'Ananta malla ; né le jeudi 10 mars 1317, il avait alors trente ans. Les manuscrits montrent qu'il régnait encore en 474 (1353-54) et en 476 (-56)[1]. Il eut pour successeur son fils, Jayârjuna Malla, que les scribes désignent comme prince régnant à partir de 484 (1363) jusqu'à çaka 1297 (1376 J.-C., vendredi 22 février). Vers 503 (1383 J.-C.) « la volonté des dieux le précipitait du trône ». Vaincu, il cédait la place à un rival plus heureux, Jaya Sthiti Malla. Avec ce prince s'ouvre une phase nouvelle de l'histoire népalaise. L'époque de l'anarchie féodale est achevée ; une succession régulière de princes légitimes va désormais gouverner les trois capitales.

La généalogie réelle de Jaya Sthiti a été falsifiée systématiquement par ses descendants, en vue de la rattacher par une filiation directe à la famille des Siṃha. Jaya Sthiti devient ainsi l'héritier légitime du pouvoir, et surtout le rejeton authentique d'une dynastie brahmanique, aussi réputée pour sa pureté que pour son orthodoxie. Le prologue du Mudita-kuvalayâçva et Kirkpatrick rapportent la même généalogie :

1. Harisiṃha deva	(Hurr singh Deva K.)
2. Vallâra siṃha deva	(Bullâl singh K.)
3. Deva malla deva	(Sri Deo Mull K.)
4. Nâga malla deva	(Nây mull K.)
5. Açoka malla deva	(Assoke mull K.)

Les chroniques modernes (W. V. Bh.) adoptent une autre combinaison. Elles prennent pour point de départ le dernier descendant de Harisiṃha au Népal, Çyâma Siṃha deva, qui est postérieur en fait à Jaya Sthiti ; et elles représentent le premier ancêtre connu de Jaya Sthiti comme le

1. Liebich, *Götting. Nachr.*, 1895, p. 313. Ms. du Ĉândra-vyâkaraṇa : saṃvat 476 phālguṇa çukla daçamyāṃ çukravāsare ārdrā nakṣatre rājādhirāja parameçvaraparamabhaṭṭāraka çrī çrī Jayarājadevasya vijarāje. La date correspond, nakṣ. compris, au vendredi 12 février 1356.

gendre de Çyâma Siṃha. Elles établissent ainsi la filiation de Jaya Sthiti :

1. Harisiṃha deva
|
4. Çyâma siṃha deva
|
une fille mariée à 5. Jayabhadra malla 15 ans.
6. Nâga malla 15 ans.
7. Jayajagat malla 11 ans.
8. Nâgendra malla 10 ans.
9. Ugra malla 15 ans.
10. Açoka malla 19 ans.

Réels ou fictifs, ces ancêtres sont pratiquement inconnus. La première liste, plus vraisemblable, tourne court après Vallâra Siṃha, et substitue brusquement les Mallas aux Siṃhas. Le nom de Ballâra ou Vallâra peut être authentique ; sous la forme dialectale de Ballâla, il est fort à la mode dans les familles royales du Dekkhan (Yâdavas, Çilâhâras, Hoysalas) au cours du XIIe et du XIIIe siècle ; le transport de ce nom au Népal ne serait qu'un indice de plus des rapports déjà signalés entre le Népal et l'Inde du Sud. Nâga malla et Açoka malla paraissent sur les deux listes. Açoka Malla passe pour avoir régné sur Patan et Bhatgaon.

En fait Jaya Sthiti était bien allié aux Siṃha, mais seulement par le mariage. Il avait épousé Râjalla devî, la fille de Nâyaka devî et de Jagat Siṃha, et cette union, rappelée plusieurs fois avec une sorte d'orgueil [1], le désignait comme l'héritier légitime des deux grandes familles royales. Les chroniques lui donnent 43 ans de règne ; mais les documents positifs, inscriptions et manuscrits, ne couvrent qu'un intervalle de 14 ans, depuis 500 N. S. (1380 J.-C.)

1. « Rājalla devī pati », Inscrp. 16 de Bhagvanlal, et aussi dans un ms. daté de 500 (1380), d'après BENDALL, *Journ. As. Soc. Beng.*, 1903, p. 14.

jusqu'à 514 (1394); c'est la période même où la cour de Chine échange une série de politesses diplomatiques avec Ma-ta-na lo-mo. L'œuvre accomplie par Jaya Sthiti atteste pourtant la réalité et l'étendue de son pouvoir : digne continuateur de Harisiṃha, il organisa définitivement la société sur le type brahmanique ; assisté de pandits hindous, il fixa dans des cadres durables les castes et les classes (I, 229 sqq.). C'est lui aussi qui dota le Népal d'un système de poids et de mesures (I, 298). Longtemps déchiré par des guerres civiles, le royaume semble renaître sous la tutelle intelligente de ce prince. Il avait voué à Râma un culte passionné ; il lui éleva une statue, ainsi qu'à Kuça et Lava, les fils du héros. A l'occasion de la naissance de son premier fils, il fit représenter les Aventures de Râma (Bâla-Râmâyaṇa) ; pour une autre cérémonie en l'honneur de l'héritier présomptif, un poète de sa cour composa un drame consacré à Râma [1]. Dans le prologue de ce drame, Jaya Sthiti reçoit le titre de Daitya-Nârâyaṇa ; une inscription de 512 (1492 J.-C.) [2] y substitue la variante : Asura-Nârâyaṇa. Le second fils de Jaya Sthiti, Jyotir Malla, porte dans le même prologue le titre de Bâla Nârâyaṇa ; plus tard, parvenu au pouvoir impérial, il reprend à son compte le titre paternel : Daitya Nârâyaṇa (Bhagv. Inscr. 16). Cette évocation de Nârâyaṇa peut sembler naturelle au Népal, où Viṣṇu est surtout honoré sous ce nom (I, 366) ; mais à la même époque, les appellations de ce type foisonnent à l'entour de la vallée. A Nayakot, un râja local se qualifie de Vîra Nârâyaṇa-avalaṃsa (Camb. Add. 1108). Au Tirhout, les descendants de Harisiṃha joignent presque tous à leur nom le nom de Nârâyaṇa : Narasiṃha s'intitule Darpa-Nârâyaṇa ; Dhîra Siṃha, Hṛdaya Nârâyaṇa ; Bhairava

1. Abhinava Râghavânanda par Maṇika. *Cambridge, Add. 1658.*
2. Bendall, *Journey*, Inscr. IX.

Siṃha, Hari Nârâyaṇa. La petite dynastie des Siṃha de Champaran suit la même pratique ; Madana Siṃha, en 1453, s'intitule Daitya Nârâyaṇa, tout comme Jaya Sthiti lui-même. Au XVIᵉ et au XVIIᵉ siècle, la famille royale de Bihar est une succession continue de Nârâyaṇas : Nara-Nârâyaṇa, Lakṣmî-Nârâyaṇa, Vîra-Nârâyaṇa, etc. (Bhagv. Inscr. 18). Toutes ces dynasties rayonnent autour de Hari-siṃha ; la communauté des *birudas* marquait la communauté d'origine ; Jaya Sthiti n'a pas manqué cette occasion d'affirmer une parenté qui lui faisait honneur. Son culte à Râma s'inspirait sans doute des mêmes prétentions. En outre, Jaya Sthiti est le premier à se donner pour le protégé de la déesse Mâneçvarî[1], qui reste après lui la protectrice officielle des Mallas.

Jaya Sthiti eut de Râjalla devî trois fils[2] : Dharma Malla, Jyotir Malla et Kîrti Malla. Ils exercèrent le pouvoir ensemble de 1398 à 1400. Mais entre la mort de leur père et leur commun avènement, la signature d'un manuscrit révèle en N. S. 516 (1395-96) le règne ou la régence d'un personnage nommé Jayasiṃha Râma. Un des documents de Bendall (Vᵉ Bd.) mentionne trente ans plus tôt, à la date de N. S. 486, un personnage du même nom à côté du roi Jayârjuna. En 507 (1387), un Jayasiṃha Râma accompagne Jaya Sthiti et sa famille à la procession de Matsyendra Nâtha, à Bugama. Le terme *jaya* n'est qu'un titre, analogue à *çrî* par exemple, devant le nom personnel. Les éléments *siṃha* et *râma* rappellent nécessairement les rois Siṃha de l'époque, décorés l'un et l'autre du titre de Râma (Lâma) : Madana Siṃha Râma et Çakti Siṃha Râma. Les textes chinois montrent que ces princes exerçaient un

1. Id., *ib.*
2. Ils sont exaltés tous les trois dans une inscription (date effacée) que j'ai relevée à Deo Patan, et qui commémore l'établissement d'une fontaine en souvenir de leur mère.

pouvoir effectif au Népal ; on ne saurait donc s'étonner de les voir paraître dans des cérémonies officielles à côté des rois indigènes, ni de voir l'un d'eux occuper le trône dans une période de transition.

Les trois fils de Jaya Sthiti résidaient à Bhatgaon ; ils ne s'étaient donc pas partagé le royaume ; ils le gouvernaient de compagnie. Dharma Malla est pourtant nommé seul dans une inscription de Patan, qui lui donne à la fois le titre d'héritier présomptif (*yuvarâja*) et la fonction de prince régnant (*vijaya-rājye*) en N. S. 523 (1403)[1]. Huit ans plus tard, le cadet, Jyotir Malla, est nommé seul dans une signature de scribe (Camb. Add. 1649) et il y reçoit les titres impériaux. Une inscription officielle (à Paçupati, Bhagv. 16) de l'année suivante (15 janvier 1413) montre en effet Jyotir Malla seul maître de l'empire.

Ses mérites justifiaient son succès, si l'on en croit le panégyriste à gages : « Les princes de la terre, prosternés par myriades, illuminaient ses pieds roses comme de jeunes pousses ; l'étude des maîtres tels que Câṇakya [le Machiavel hindou] l'avait purifié ; les sciences politiques étaient déposées en lui, perles dans un océan ; il était passé maître dans l'art musical ; Çiva n'avait pas de dévot plus ardent ; la race de Raghu épanouissait sa forêt de lotus sous les rayons de cet unique soleil ; toute sa nature allait à propitier les dieux, les brahmanes, les gurus ; tout son esprit, à acquérir les six doctrines philosophiques ; tous les nécessiteux trouvaient chez lui l'Arbre-aux-Souhaits. » Il rappelait si bien les mérites de son père qu'il a fini par se confondre avec lui. Kirkpatrick, qui ne connaît de Jaya

1. Bendall, *Journ. As. Soc. Beng.*, 1903, p. 15. Le texte dévanagari imprimé à la note 2 donne 513, et non 523. Mais la vérification montre qu'il s'agit bien du « mercredi 18 mai 1403 » qui donne la correspondance exacte du jour de la semaine, du nakṣatra (Revatî) et du yoga (Âyuṣmat) de vaiçâkha badi 10, N. S. 523.

Sthiti Malla que le nom (altéré par l'impression en Jestily Mull), raconte que « Jeit Mull (Jyotir Malla) son fils commença par distribuer des domaines entre ses soldats pour subvenir à l'entretien de l'armée ; puis il partagea tout le reste des terres de son royaume entre ses sujets, et par un surcroît de bonté il les déchargea de la taxe foncière qu'on levait avant lui. Il établit des mesures et des poids réglementaires, et agrandit considérablement la ville de Bhatgaon où il résidait. » Inversement, les chroniques (W. V. Bh.) ne nomment pas Jyotir Malla ; mais elles donnent à Jaya Sthiti 43 ans de règne, englobant ainsi dans un seul total les années du père et celles du fils. Elles rapportent en outre que Jaya Sthiti offrit à Paçupati un kalaça, accompagné d'une offrande de dix mille oblations (*koṭy âhuti*) le 10 mâgha clair, 515. L'inscription de Jyotir Malla commémore la dédicace à Paçupati d'un kalaça d'or, accompagné d'une offrande de cent mille oblations, le 13 mâgha clair 533. Le fils avait-il suivi l'exemple du père ou les Vaṃçâvalîs ont-elles dépouillé le fils au profit du père ?

Tout zélé qu'il était pour Çiva, Jyotir Malla se vante néanmoins (Bhagv. 16) d'avoir restauré le čaitya de Svayambhû et l'image de Dharma dhâtu Vâg îçvara sur le mont Padmâčala, à côté de Syambu Nath.

Il reste un monument des études de Jyotir Malla, le Siddhi sâra (Camb. Add. 1649). C'est un ouvrage « qui traite de l'astrologie et des saisons favorables » d'après l'analyse sommaire de M. Bendall. Outre le goût ordinaire des Népalais pour ces connaissances, si importantes dans la pratique de leur vie, une sorte d'harmonie préétablie, de prédestination semblait y vouer Jyotir Malla. *Jyotis*, en sanscrit, désigne les luminaires célestes. Dans les premiers vers de son traité, Jyotir Malla ne manque pas de souligner le rapport entre son nom et le sujet qu'il a choisi : « Le roi

Jyotis, prince Malla, sage, compose le Siddhi sâra pour développer la connaissance des *jyotis*. »

Jyotir Malla fut le contemporain des derniers descendants de Hari siṃha au Népal : Çakti siṃha deva et Çyâma siṃha deva. Ces princes lui avaient sans doute abandonné le Népal entier, puisque c'est de Palamchok, à l'Est et en dehors de la vallée, que Çakti siṃha deva envoyait ses présents à l'Empereur de Chine.

Jyotir Malla mourut entre 1426 et 1428 ; il eut pour successeur son fils aîné, Yakṣa Malla, à qui il avait confié déjà de son vivant le gouvernement de Bhatgaon (Bhagv. 16). Yakṣa Malla semble avoir été le plus puissant de tous les rois Mallas[1] ; d'après Kirkpatrick (qui le nomme Ekshah Mull ou Kosh Mull) « il annexa à ses domaines Morung, au pied des montagnes, le Tirhout, et même Gayâ ; à l'Ouest il conquit Gourkha, et au Nord il prit Sikharjong ou Digarchi aux Tibétains. En outre il soumit les râjas rebelles de Patan et de Katmandou ». Ainsi, même après Jaya Sthiti et Jyotir Malla, deux des trois capitales du Népal restaient encore à peu près indépendantes. Favorable aux brahmanes comme l'avaient été son père et son grand-père, il confia le culte de Paçupati à des Bhaṭṭas venus du Sud de l'Inde. Il éleva le temple de Dattâtreya, à Bhatgaon, et entoura cette ville d'un mur. Il mourut vers 1480, après un règne d'environ 50 ans (43 ans W. V.).

Avant de mourir, une bonté malencontreuse ou une sagesse illusoire l'avait décidé à opérer lui-même le démembrement de son empire ; il en forma quatre royaumes, destinés à s'entre-dévorer. Râya (ou Râma) Malla, l'aîné des fils, reçut Bhatgaon avec un territoire que bornait à l'Ouest la Bagmati, à l'Est la ville de Sanga, au Nord, la

1. Bendall, *loc. laud.*, p. 16, mentionne un ouvrage d'après lequel « Yakṣa Malla poussa jusqu'au Magadha, en conquérant Mithilâ, et pacifia tout le Népal en subjuguant les râjas des montagnes ».

ville et la passe de Kuti, au Sud la forêt de Medini Mall. Raṇa Malla, le second, eut la principauté de Banepa, limitée au Nord par Sangachok, à l'Ouest par Sanga, au Sud par la forêt de Medini Mall, à l'Est par la rivière Dudh Kusi. Mais cette principauté n'eut qu'une existence éphémère ; au bout de deux ou trois générations, la maison de Bhatgaon s'empara de Banepa, qu'elle dut céder ensuite à la maison de Katmandou.

Ratna Malla, le troisième fils, reçut Katmandou, avec une principauté bornée à l'Est par la Bagmati, à l'Ouest par la Tirsul Ganga, au Nord par les montagnes de Nilkanth, au Sud par les domaines de Patan.

Patan aurait été, d'après certains récits, donné par Yakṣa Malla à sa fille, avec un territoire limité au Sud par la forêt de Medini Mall, à l'Ouest par les monts de Lamadanda, à l'Est par la Bagmati et au Nord par le royaume de Katmandou. Mais Patan et son territoire revinrent bientôt à la maison de Katmandou, et n'en furent détachés à nouveau qu'au début du XVIIe siècle pour former un royaume à part.

ROYAUME DE BHATGAON.

L'histoire des premiers rois de Bhatgaon n'est connue que par le maigre récit des Vaṃçâvalîs. Râya Malla (ou Râma) régna 15 ans ; mais ce chiffre, régulièrement attribué à chacun des successeurs de Râya Malla jusqu'à Narendra Malla, est de pure fantaisie ; des synchronismes positifs en démontrent la fausseté.

Suvarṇa Malla (ou Bhuvana Malla) prit Banepa. Outre Bhatgaon, il possédait dans la vallée Timi, Nakdés, Budé, Sanku et Châgu.

Prâṇa Malla (15 ans ; 21 ans, V.) règne d'abord en compagnie de Jita Malla entre 1524 et 1533 ; puis il exerce seul le pouvoir.

Viçva Malla (Viṣṇu Malla, V. ; Bessou Mull, K.) installa des Nârâyaṇas autour de Paçupati, après en avoir référé au roi de Katmandou ; il éleva un temple de trois étages à Dattâtreya, lui donna des terres, et le remit aux Saṃnyâsis, pour lesquels il bâtit un collège (*maṭha*). Içangu Nârâyaṇa fut enseveli sous un éboulement de rochers.

Trailokya Malla, appelé aussi Tribhuvana Malla, fils de Viçva Malla et de Gaṅgadevî, annexa à son royaume les possessions de la maison de Banepa. Les inscriptions de son règne vont de 1572 à 1585.

Jagaj jyotir Malla institua la procession du char d'Âdi Bhairava à Bhatgaon et à Timi ; un jour qu'il jouait aux dés avec la déesse Tulajâ, il lui passa par l'esprit une pensée impure, et la déesse disparut. Il arriva aussi sous son règne que du grain de maïs fut introduit de l'Est dans le pays, mêlé avec des pois chiches. Les sages du royaume consultés déclarèrent que ce grain-là amènerait la famine, et qu'il valait mieux le renvoyer d'où il venait. Puis, pour conjurer le mauvais présage, on rendit hommage aux dieux et on donna à manger à des brahmanes (W.)[1].

Les manuscrits, en même temps qu'ils donnent des dates

1. Ce récit de la Vaṃçâvalî bouddhique est le pendant saisissant d'un récit de Hiouen-tsang. Le pèlerin chinois, pour traverser l'Indus en retournant vers la Chine, avait chargé sur un bateau les manuscrits et les graines de fleurs rares qu'il rapportait de l'Inde. Mais une tempête s'éleva, et le bateau fut si violemment secoué que cinquante manuscrits se perdirent et toutes les graines de fleurs. « Le roi de Kapiça... alla lui-même au-devant de Hiouen-tsang sur le bord du fleuve, et il lui dit : « J'ai appris, vénérable maître, qu'au milieu du fleuve vous avez perdu beaucoup de livres sacrés. N'apportez-vous pas aussi des graines de fleurs et de fruits de l'Inde ? » — « J'en apportais en effet », répondit-il. Ç'a été, ajouta le roi, la cause unique du malheur qui vous est arrivé. Depuis l'antiquité jusqu'à nos jours, tel a été le sort des personnes qui ont voulu traverser le fleuve avec une collection de graines de fleurs et de fruits. » (*Vie de Hiouen-tsang*, trad. St. Julien, p. 263.)

précises (1617-1633) pour ce prince, nous le font aussi connaître plus intimement [1]. Jagaj jyotir Malla, en véritable Népalais, était épris de musique, de danse et de théâtre. Il multiplia ses efforts pour se procurer dans le Sud de l'Inde un exemplaire du Saṃgîta čandra qui traitait de toutes les questions relatives à l'art dramatique ; il l'étudia laborieusement, en compagnie d'un pandit du Tirhout, Vaṅga maṇi, et avec l'aide de ce savant collaborateur, il en composa un commentaire, le Saṃgîta bhâṣkara « le Soleil des arts musicaux ». Il étudia aussi l'ouvrage classique de Bharata sur l'art théâtral, les chapitres de l'Agni Purâṇa, le traité (inconnu) de Vipra dâsa et résuma ses lectures dans le Saṃgîta sâra saṃgraha « la Quintessence des Arts musicaux en abrégé ». La musique était, au reste, une passion de famille. Le fils d'une fille de Jagaj jyotir Malla, Ananta, fit composer par Ghana çyâma un commentaire sur la Hasta muktâvalî « le Collier de Pierreries des mains » qui traite des attitudes expressives ; le commentaire de Ghana çyâma était destiné à l'instruction du fils d'Ananta.

Jagaj jyotir Malla ne négligea pas non plus l'art érotique si important dans la littérature sanscrite ; il choisit comme texte d'études le Nâgaraka sarvasva « le Trésor d'urbanité » composé par un moine bouddhiste, Padma çrî jñâna, qui avait reçu les leçons du brahmane Vâsudeva ; pour compléter l'enseignement légué par ces deux vénérables maîtres, le roi composa un commentaire de l'ouvrage.

Mais Jagaj jyotir Malla ne se contenta pas d'étudier la théorie du théâtre ; il prétendit mettre en œuvre les connaissances qu'il avait péniblement acquises. En 1628, il

1. Sur ces ouvrages de Jagaj jyotir Malla, v. HARAPRASAD, *Report*, 1901, p. 10 et 11.

composa un drame, le Mudita Kuvalayâçva[1], que j'ai déjà cité plusieurs fois pour les renseignements historiques du prologue. La pièce ne reproduit pas le type classique de la comédie héroïque (*nâṭaka*) consacré par Kâlidâsa et Bhavabhûti ; c'est une sorte d'opéra où les vers seuls sont fixés ; les parties de prose sont abandonnées à l'improvisation des acteurs. La langue n'en est ni le sanscrit, ni le prâcrit des grammairiens, mais la langue populaire relevée de mots sanscrits. L'élément principal est, comme on pouvait s'y attendre, le chant et la mélodie. L'année suivante, en 1629, à l'occasion d'une éclipse qui se produisit le 21 juillet, le royal écrivain fit jouer un autre drame de sa façon, le Hara gaurî vivâha[2] « le mariage de Çiva et de Devî » ; c'est également une espèce d'opéra, du même caractère que le Mudita Kuvalayâçva.

Narendra Malla (21 ans) manque à V.

Jagat prakâça Malla (21 ans) se piquait de littérature, comme son contemporain le roi de Katmandou Pratâpa Malla. Il composa cinq hymnes en l'honneur de Bhavânî et les fit graver sur une pierre, en 1662. Il composa aussi des hymnes en l'honneur de Garuḍa dhvaja « le dieu qui a Garuḍa pour étendard », Viṣṇu. Il se qualifie lui-même dans une inscription datée de 1667, de « maître ès arts et ès sciences ». Il construisit un ghat sur la rivière Hanumati, à l'Est de Bhatgaon, et éleva divers monuments. C'est lui que le P. Grueber (*sup.* I, 84 et 88) désigne dans sa relation sous le nom de Varkam.

Jitâmitra Malla (21 ans) fut un grand constructeur de temples et d'édifices religieux. Une monnaie frappée à son nom porte la date de 1663, du vivant de son père ; les chroniques relatent des fondations pieuses de ce roi en

1. Analysé dans le *Katalog der Bibliothek der Deutschen Morgenländischen Gesellschaft*, vol. II ; ms. n° 6.
2. *Cambridge*, *Add. 1695*.

1682 et 1683. Jitâmitra Malla avait composé un drame, l'Açva medha nâṭaka, dont il avait emprunté le sujet au Jaimini Bhârata[1].

Bhûpatîndra Malla (34 ans) est l'auteur des deux monuments les plus beaux de Bhatgaon : le Darbar (Palais Royal) et le Temple à Cinq Étages. Le darbar, qui subsiste encore, a 99 cours ; la cour principale a une porte dorée, que tous les voyageurs ont célébrée pour sa richesse et sa beauté. A l'une des 55 fenêtres du palais, le roi avait fait enchâsser comme une curiosité exposée à l'admiration de ses sujets, un morceau de verre qu'un Hindou de la plaine lui avait offert en présent. Le darbar fut achevé en 1697. Le Temple aux Cinq Étages[2] était destiné à loger une divinité secrète du Tantrisme, qu'aujourd'hui encore on ne montre à personne. Pour stimuler le zèle des ouvriers, le roi donna l'exemple en apportant lui-même trois briques ; et l'entrain fut tel que dans l'espace de cinq jours tous les matériaux furent rassemblés. Le couronnement (*čûḍâ maṇi*) du temple fut posé en 1703. Le règne de Bhûpatîndra Malla semble se terminer en 1721 ; au cours de cette année il dédie encore une cloche à Vatsalâ Devî ; en 1722, une monnaie porte déjà le nom de Raṇa jit Malla.

Le nom de Raṇa jit Malla est si étroitement mêlé aux événements qui amenèrent l'invasion et la conquête Gourkha, qu'il est préférable de réserver le récit de son règne.

Royaume de Katmandou.

Ratna Malla, le troisième fils de Yakṣa Malla, qui reçut pour sa part le royaume de Katmandou, était actif, remuant, ambitieux, sans scrupules. La légende raconte

1. HarapRasad, *Report*, 1901, p. 18.
2. V. la photographie, I, p. 373.

qu'il ourdit une ruse savante pour recevoir de son père mourant la formule mystérieuse d'invocation à Tulajâ devî, réservée légalement à l'aîné de la famille. Désigné pour régner sur Katmandou, il lui restait encore à prendre possession de son trône ; si la ville avait reconnu Yakṣa Malla pour suzerain, douze Thakuris en étaient les maîtres effectifs, comme au temps de Hari Siṃha deva. Ratna Malla s'en débarrassa par le poison. Les Thakuris de Nayakot, pour affirmer leur indépendance, donnèrent l'ordre de repeindre la statue de la déesse Râjyeçvarî sans lui en demander l'autorisation préalable ; il leur déclara la guerre et les battit en 1491, et pour consacrer son triomphe il rapporta de Nayakot un monceau de fleurs et de fruits qu'il offrit à Paçupati. Les Tibétains appelés Kuku, et d'autres encore du pays de Deva dharma (Bhoutan) l'attaquèrent à leur tour ; mais quatre brahmanes du Tirhout décidèrent le roi de Palpa, leur disciple, à secourir Ratna Malla ; les Tibétains furent mis en déroute à Kuku-syânâjor. Les brahmanes furent récompensés par des donations de terres. Allié avec les brahmanes contre l'aristocratie qui s'appuyait sur le bouddhisme indigène, il nomma prêtre de Paçupati un svâmin venu du Dekkhan et nommé Soma Çekharânanda. Les Névars furent relégués à des emplois secondaires dans l'administration du temple. Poursuivant le travail de fusion hindoue qui s'opérait depuis l'invasion Karṇâṭaka, Ratna Malla, sur les avis du svâmin qu'il avait pris pour guru, prétendit reconnaître et montrer dans Âdi-Buddha une forme de Devî.

Possesseur des mines de cuivre de Tâmbâ Khânî, dans la vallée de Chitlong au Sud du Népal, Ratna Malla fit frapper des « paisâs » pour remplacer les anciennes pièces dénommées suki ou sukičâs qui valaient huit fois plus. L'accroissement des transactions imposait sans doute la création d'une petite monnaie.

C'est sous le règne de Ratna Malla qu'on vit paraître pour la première fois des Musulmans au Népal.

Image de Narasiṃha, à Patan.

Ratna Malla mourut après un long règne (71 ans, W. V. B.). Il eut pour successeur Amara Malla (47 ans, *ib.*). Amara Malla était le suzerain de 26 villes ou bourgs : Patan, Bandegaon, Thecho, Harsiddhi, Lubhu, Chapagaon,

Phirphing, Bogmati, Khokhna, Panga, Kirtipur, Thankot, Balambu, Satangal, Halchok, Phutum, Dharmasthali, Tokha, Chapaligaon, Lelegram, Chukgram, Gokarn, Deo Patan, Nandigram, Namsal, Maligram. Sa résidence était à Katmandou. Il possédait donc toute la moitié occidentale de la vallée. Intéressé au passé, il voulut connaître l'origine des villes dont il était maître, et ordonna de recueillir les traditions courantes ; malheureusement le dossier de l'enquête n'est pas parvenu jusqu'à nous.

Amara Malla paraît avoir été grand amateur de danses. Il en institua ou en réforma un grand nombre, dans toute l'étendue de ses domaines. Il créa aussi de nouvelles processions de char.

Sûrya Malla (8 ans) prit Changu Narayan et Sanku au roi de Bhatgaon. Adorateur dévot de Vajra yoginî de Sanku, il alla s'installer près d'elle, dans sa ville, et institua une procession en son honneur. Il resta six ans à Sanku, puis rentra à Katmandou, où il mourut.

Narendra Malla (5 ans) ; deux documents tracés sous son règne portent la date de 653 (1533 J.-C.) et de 671 (1551). Les quatre premiers règnes couvrent donc en réalité un peu plus d'un demi-siècle.

Mahendra Malla (21 ans) a perpétué son nom par sa monnaie dans le Népal et les pays voisins. Les Vaṃçâvalîs racontent qu'il alla lui-même rendre hommage à l'Empereur de l'Inde (Padshah) à Delhi, et qu'il lui apporta en présent un cygne tout blanc et des faucons. L'Empereur en fut si content qu'il lui donna l'autorisation de frapper à son nom des pièces appelées *mohar* et pesant six mâṣas. L'histoire est au moins suspecte. Le règne de Mahendra Malla tombe en effet entre 1550 et 1570, dans une période où le trône de Delhi est violemment ébranlé. Le Mogol Houmayoun, battu à Baxar par l'Afghan Sher Khan (1539) s'enfuit de l'Inde ; et son vainqueur prend la couronne impériale sous le nom de Sher Shah (1540-1545) ; les successeurs de Sher Shah s'épuisent à des guerres intestines ; Houmayoun revient, reprend Delhi (1555) et meurt six mois après. Son fils Akbar est mineur ; il n'exerce personnellement le pouvoir qu'à partir de 1560, et passe d'abord sept ans à réduire les séditions qui éclatent de toutes parts.

Les mohars d'argent frappés par Mahendra Malla reçurent le nom de *Mahendra Mallî*, et les pièces que tous les souverains du Népal continuèrent ensuite à frapper sur ce type conservèrent ce nom. La valeur en est de huit annas ; elles reproduisent exactement la demi-roupie musulmane. L'argent dont on les fabrique vient de Chine en lingots timbrés. La mahendra mallî constituait une monnaie d'usage facile, dans les transactions entre l'Inde et le Népal, puisqu'elle empruntait l'étalon monétaire des musulmans, accepté déjà dans toute l'Inde. Mais elle dut surtout son succès à son adoption par les Tibétains ; le Tibet qui n'avait pas de monnaie, sauf celle qui lui venait de la Chine, accueillit avec faveur les mohars népalais, qui restent encore la monnaie courante du pays ; ils circulent soit entiers et intacts, soit en fractions soigneusement découpées, par moitiés, par quarts ou par huitièmes[1]. Mahendra Malla, qui avait vu clairement quel profit il pouvait tirer de sa monnaie, lui donna un caractère à demi népalais, à demi tibétain. Au dire de Kirkpatrick, les anciennes mahendra mallîs portaient à la face une représentation de Lhasa, et au revers le nom, le titre et les emblèmes du souverain de Katmandou[2]. Mais une monnaie figurée dans la *Missio Apostolica* porte simplement à la face l'effigie du roi, et au revers un cheval tourné vers sa gauche et retour-

1. Markham, *Tibet*, p. 129 n. et cf. Grenard, *Le Tibet*, Paris, 1904, p. 307.
2. Kirkpatrick, p. 217 sq. ; cf. Hamilton, p. 215.

nant la tête[1]. Le roi de Katmandou avait, comme emblème monétaire, le sabre ; celui de Patan, le trident ; celui de Bhatgaon, la conque.

Mahendra Malla rendit visite à Trailokya Malla, roi de Bhatgaon, et pendant son séjour un désir le hantait d'élever à Tulajâ devî dans sa capitale un temple aussi beau que celui de Bhatgaon. Le choix d'un plan convenable l'arrêta longtemps ; enfin un Saṃnyâsi vint au secours des architectes, et le temple fut achevé en 1549[2]. C'est à partir de ce moment-là qu'il fut permis de construire à Katmandou des maisons élevées. Mahendra Malla s'efforça d'attirer de nombreuses familles à Katmandou en leur donnant des maisons et du terrain. . . .

Le fils de Mahendra Malla, Sadâ çiva Malla (10 ans) se rendit intolérable par sa luxure et sa tyrannie. Passionné de chevaux, il laissait tranquillement les bêtes de son écurie paître les récoltes de ses sujets ; s'il voyait à une procession une jolie fille, il s'en emparait. Le peuple finit par le chasser à coups de bâtons et de marteaux, et il dut se réfugier à Bhatgaon. Le roi de Bhatgaon, qui était au courant de ses méfaits, le retint prisonnier. Un beau jour, il disparut. Avec lui s'éteignit la dynastie légitime des Sûrya vaṃçis à Katmandou.

Après l'expulsion de Sadâ Çiva Malla, Çiva siṃha Malla (25 ans) fut choisi pour roi. Les Vaṃçâvalîs qui déclarent la dynastie des Sûrya vaṃçis éteinte avec Sadâ Çiva, n'en font pas moins de Çiva siṃha un frère de Sadâ Çiva. Cependant la Vaṃçâvalî brahmanique lui donne le nom de Çiva Siṃha Malla le Thakuri ; il est probable en effet que le nouveau roi fut choisi parmi les Thakuris de Katmandou

1. *Missio Apostolica thibetano-seraphica*..., p. 202.

2. La date fournie par W. et V. est doublement impossible. Mahendra Malla monte sur le trône après 1551, et de plus pour 1549 le 5 mâgha clair donnerait le vendredi (et non le lundi) 4 janvier.

qui étaient, au moins en partie, des Mallas; témoin le Bhâskara Malla père de Keça čandra qui fonda le Couvent-du-Pigeon. Çiva siṃha était marié à Gaṅgà Râṇî qui a laissé le souvenir d'une dévotion ardente; c'est elle qui paraît avoir dirigé réellement les affaires. Elle répara le temple de Paçupati et y installa comme prêtre un svâmin du Sud de l'Inde, Nityânanda. Elle fit, dit-on, relier par une étoffe le faîte de Paçupati au faîte du palais de Katmandou. Çiva Siṃha, de son côté, avait pris pour directeur spirituel un brahmane du Mahâ râṣṭra (pays Mahratte). Les dates connues de Çiva siṃha Malla vont de 1585 à 1614[1].

De son vivant même, le royaume de Katmandou s'était scindé. Le second de ses fils, Hari hara siṃha, violent et emporté, avait chassé du palais royal l'aîné, Lakṣmî Nara siṃha Malla, qui dut se cacher à Deo Patan, dans la maison d'un blanchisseur. Hari hara siṃha s'établit à Patan, et prit le titre de roi. Il y régnait dès 1603[2].

Le pauvre Lakṣmî Nara siṃha Malla régnait à Katmandou, du vivant même de son père, s'il est vrai qu'il construisit le vaste hangar en bois qui valut à l'ancienne Kântipura son nom moderne (*kâṣṭha maṇḍapa, kâṭh maṇḍao,* Katmandou). La construction de ce hangar est datée de 715 (1595 J.-C.).

Heureusement pour lui, Lakṣmî Nara siṃha Malla avait à son service un ministre intelligent et dévoué, le kâjî Bhîma Malla. Bhîma Malla s'efforça de resserrer et de multiplier les relations avec le Tibet où les guerres civiles, déchaînées par les haines religieuses, offraient au Népal

1. Inscr. à Patan.

2. La suscription d'un manuscrit de l'Aṣṭa sâhasrikâ en lettres d'or conservé au couvent de Hiraṇya varna à Patan porte : *Saṃvat 723 çrāvaṇa çukla pratipadi tithau māghā nakṣatre parighayoge çuklavāsare tasmin dine çrī 3 jaya Çiva siṃha deva putra Thākula Siṃha deva vijaya rājye.* La date correspondante est le vendredi 29 juillet 1603 où le nakṣatra et le yoga sont parfaitement exacts.

une occasion propice pour étendre son influence. Il alla en personne à Lhasa, décida des marchands névars à s'y établir et conclut une sorte de traité de commerce avec le Lama ; les biens des sujets népalais mourant dans la capitale du Tibet, au lieu d'être confisqués par l'autorité tibétaine, devaient faire retour au gouvernement du Népal. La légende, plus éprise de la gloire militaire que des succès économiques, a travesti le souvenir de Bhîma Malla. Sur la route qui mène de Nayakot au Gosain Than, près du village de Taria, on montre un abri naturel formé par une énorme roche qui surplombe ; c'est le Bhimal Gupha, la grotte de de Bhîma Malla. Comme Bhîma Malla conduisait une armée à la conquête du Tibet, un lama détacha au moyen d'un charme puissant une roche de la montagne et la laissa rouler sur la troupe népalaise ; mais Bhîma Malla n'eut qu'à lever la main pour arrêter d'un seul coup la chute du rocher[1]. Le roi de Katmandou dut encore au zèle et à l'adresse de son ministre l'acquisition de Kuti qui le rendait maître de la passe la plus fréquentée. Mais l'envie et la calomnie arrachèrent sans difficulté au débile Lakṣmî Nara siṃha une sentence de mort ; en récompense de ses services, Bhîma Malla fut livré au bourreau. Sa veuve monta sur le bûcher et avant de disparaître dans les flammes elle lança une malédiction formidable : « Puisse la sagesse, s'écria-t-elle, n'habiter jamais dans ce Darbar ! » Peu de temps après, le roi tomba en démence ; on y reconnut l'effet de la malédiction. C'était en 1639 ; Lakṣmî Nara siṃha vécut encore jusqu'à 1657.

Son fils, Pratâpa Malla, appelé à le remplacer, exerça le pouvoir pendant 50 ans (1639-1689). Les Vaṃçâvalîs énumèrent avec une complaisance infatigable les innombrables fondations religieuses de ce long règne ; mais Pratâpa Malla

1. Oldfield, I, 164.

a tenu à instruire directement la postérité de sa gloire et de ses mérites. Malgré les ravages du temps, son nom arrête l'œil à tous les temples, à tous les carrefours de Katmandou et de sa banlieue, enchâssé dans de savants panégyriques composés par le roi lui-même. Si la poésie qu'il courtisa pendant un demi-siècle s'obstina à lui faire grise mine, il réussit du moins à forcer les faveurs de la métrique ; au demeurant, esprit curieux, éveillé, fureteur, et qui mérita bien de laisser dans le peuple la réputation d'un magicien. On raconte encore qu'il sut faire sourire la statue d'un Bhairava placée devant le palais et qu'il parvint même à lui faire branler la tête. Une pierre oblongue encastrée dans la plinthe de la façade étale encore aux passants l'érudition de ce singulier prince et pose à la curiosité déconcertée une énigme puérile que la légende n'a pas manqué de grossir. Dans les sept lignes de ce document, Pratâpa Malla a donné des spécimens de quinze écritures qu'il avait apprises et dont il énumère avec orgueil la liste : *golmol, pârsi, tirahuti, rañja, mâghapat, devanâgara, seyâḍajana, gotriya, ârbi, kayathi nâgara, kaṭa, sayâ umeta, nevâra, kâspiri, phiriṅgi.* L'écriture *golmol* est une modification décorative de l'écriture nâgarî ; la *pârsi* est l'écriture perso-arabe ; la *tirahuti,* celle du Tirhout ; le *rañja* est une variété népalaise de la nâgarî. J'ignore ce qu'est le *mâghapat,* et l'aspect des caractères n'est pas fait pour éclaircir le problème ; le *deva nâgara* est l'écriture commune de l'Hindoustan ; *seyâḍa* est le nom du Tibet en langue névare ; le *seyâḍa jana (âkhar)* est l'écriture tibétaine ; le *gotriya* est encore une autre modification de la nâgarî ; l'*ârbi* est l'écriture arabe ; *kayathi nâgara* désigne sans doute la nâgarî employée par les scribes (*kâyastha, kaith*) ; *kaṭa* est l'écriture de l'Orissa ; *sayâ umeta* est un nom aussi mystérieux que l'écriture correspondante ; *nevâra* est l'écriture névare ; *kâspiri,* celle du Cachemire ; *phiriṅgî,* l'écriture européenne (*Phiringa,* Franc). Les spécimens de l'écriture phiringî, tracés en belles capitales du XVIIe siècle[1], sont les mots: AUTOMNE, WINTER, L'HIVER, que la coupure de la ligne et les irrégularités de l'orthographe dissimulent au premier coup d'œil (AVIOM-NEWINTERLHIERT). Deux de ces trois mots sont français. L'allemand et l'anglais peuvent à titre égal réclamer le troisième, bizarrement encadré entre les deux autres. La solution de ce petit problème restera incertaine, tant qu'on ne saura rien des informateurs de Pratâpa Malla. L'inscription est datée du 5 mâgha clair 774 (vendredi 14 janvier 1654); elle est (à cinq jours près) exactement antérieure de huit années au passage des PP. Grueber et Dorville; avant eux, on ne connaît aucun Européen qui ait visité le Népal.

L'inscription s'ouvre par une invocation à Kâlikâ, suivie d'un vers écrit au moyen des quatorze premières sortes d'écritures. Seule la phiringî n'y a pas été employée; elle a été rejetée au bout de l'inscription, soit mépris, soit faute d'en connaître l'usage. Le pieux Pratâpa Malla a pu éprouver des scrupules à transcrire avec les caractères des plus vils barbares les mots sacrés d'une prière à la déesse Kâlikâ; peut-être aussi était-il fort embarrassé de les accommoder à la transcription du sanscrit; les modèles manquaient encore. Cependant les mots européens employés ne semblent pas ramassés au hasard; l'inscription est gravée en décembre-janvier; l'aspect équivoque de janvier au Népal suggérait assez naturellement les mots: « automne » et « hiver ». Les particularités de la date astronomique sont minutieusement énoncées deux fois, en sanscrit littéraire et en névar-sanscrit. « C'est en samvat 774 névar, au mois de mâgha, à la quinzaine claire, le cinq, jour de Çukra (Vénus), dans le yoga nommé Çiva, l'astérisme étant Utta-

1. V. la photographie, I, p. 89.

râbhâdra, que l'ornement de la race des poètes, le joyau qui couronne son chignon, le noble Pratâpa, le roi, a écrit cette phrase incomparable ». Cette phrase incomparable, je dois m'avouer incapable de la déchiffrer. Et pourtant, quelle humiliation! « Le prince des poètes », « le diadème de la famille littéraire », « l'empereur roi des rois Pratâpa Malla » le déclare par deux fois, en langue névare, comme si le sanscrit se refusait à tant de brutalité: « Qui peut comprendre le sens de ce çloka, celui-là est un docteur; qui n'est pas en état de l'expliquer, sa naissance est inutile; qui ne peut le commenter, ses parents en vieilliront!... Qui comprend le sens de ces lettres, sa naissance est vraiment utile; qui échoue n'est qu'une bête! » J'ai radicalement échoué à déchiffrer ce grimoire, compliqué certainement par la gaucherie du scribe et coupé d'écritures inconnues. Un autre aura la gloire, et le profit, d'y lire l'indication exacte du lieu où Pratâpa Malla a enterré quatre koṭis de roupies, sous la cour de Mohan-chok, dans le darbar; car ce grimoire de sorcier ne peut avoir trait, naturellement, qu'à un trésor caché.

Pratâpa Malla multiplia avec une libéralité impartiale ses hymnes gravés sur pierre. En 1650, il en dédia un à Svayambhû, la stèle y est encore intacte; en 1654, un autre à la déesse Guhyeçvarî qu'il avait fini par découvrir, sur les indications d'un sorcier, en faisant creuser un puits profond. Les marches du temple élevé en face du Darbar portent aussi des hymnes dus à l'inspiration royale. Fier de son talent, il prit officiellement le titre de Kavîndra « prince des poètes » et l'accola partout à son nom, sur les inscriptions et sur les monnaies.

La poésie n'était chez lui qu'une autre forme de l'exaltation religieuse. Il passa tout le temps de son long règne à des combinaisons de divinités et à des machinations de culte; il jouait avec les dieux comme avec les écritures; son syncrétisme bon enfant s'accommodait de quatre directeurs spirituels, un svâmin tantriste, un fakir brahmane, un magicien et un prêtre bouddhique. Le svâmin était un Hindou du Dekkhan, Jñânânanda, qui fut nommé prêtre de Paçupati et qui se fit construire par le roi une maison à Deo Patan. Le fakir était un brahmane du Mahârâṣṭra, Lamba karṇa bhaṭṭa, qui obtint du roi autant de terrain qu'il en pourrait couvrir dans sept jours. La promesse faite, on s'empressa d'en annuler autant que possible l'effet: on fit monter Lamba karṇa en palanquin et on lui donna comme porteurs et comme domestiques des boiteux, des aveugles et des paralytiques. Le magicien, Narasiṃha Thâkura, était un brahmane du Tirhout qui connaissait la formule avec laquelle on maîtrise Nara siṃha. Enfin le prêtre bouddhique s'appelait Jâmana.

En proie à ces influences, le roi répandit une pluie d'aumônes sur toutes les confessions. Jeune homme, il avait donné dans le libertinage et ses concubines s'élevaient alors au nombre de trois mille; il alla même jusqu'à violenter une fillette toute jeune, qui en mourut. Pris d'horreur pour son crime, il se retira au temple de Paçupati et y passa trois mois à façonner de ses propres mains des liṅgas par myriades. Puis, en 758 (Bhagv. 19), il accomplit le rite du tulâ-dâna qui consiste à présenter en offrande une masse d'argent, de pierreries, d'or et de perles égale au poids du donateur, et il y ajouta encore un don de cent chevaux. Il fit dresser tout le long de la route entre Katmandou et Paçupati des liṅgas de pas en pas, et fit comme jadis sa grand' mère Gaṅgâ Râṇî rattacher par un fil le faîte du temple au palais. Pour écarter les mauvais esprits, les sorcières, les épidémies, surtout la petite vérole, toujours si redoutée, il éleva à la porte du darbar une statue de Hanumat, le singe épique. Il amena l'eau de Budha-Nilkanth à un étang dans l'intérieur du palais et prescrivit que les rois du Népal ne devraient plus jamais porter en personne leurs hommages à Budha-Nilkanth ; autrement leur mort était assurée. Il creusa en l'honneur d'une Râṇī le joli bassin du Râṇī Pokhri, à l'Est de Katmandou et construisit au milieu un temple où il logea la divinité de sa famille. Vers 1670, il offrit à Svayambhû Nâtha le grand vajra qu'on voit à l'entrée du plateau sacré.

Ce râja pacifique et studieux dut pourtant faire la guerre. Avant 1649 il avait pris ou repris aux Tibétains Kuti, Khâsâkira (?), obligé le roi de Bhatgaon, Narendra Malla, à lui offrir en tribut un éléphant, vaincu le roi de Gorkhâ Ḍambara Çâha (1633-1642), enlevé à Siddhi Nṛsiṃha de Patan plusieurs de ses forteresses (Bhagv. 18). En 1658 il eut à soutenir l'attaque des rois de Patan et de Bhatgaon alliés contre lui ; en 1660, la guerre reprit ; mais le roi de Patan, Çrī Nivâsa Malla, avait changé de camp et soutenait Pratàpa Malla. Vaincu dans une série de rencontres, Jagat prakâça de Bhatgaon dut solliciter la paix en janvier 1662. Les deux jésuites Grueber et Dorville traversaient à ce moment le Népal ; ils assistèrent à l'un des derniers engagements et leur intervention contribua même au succès : la lunette d'approche qu'ils prêtèrent au roi de Patan lui permit de reconnaître les positions où le roi de Bhatgaon s'était dissimulé.

Pratâpa Malla avait pris deux épouses royales : l'une, Rûpamatī, était de la famille des rois du Bihar ; elle était fille de Vīra Nârâyaṇa, petite-fille de Lakṣmī Nârâyaṇa, arrière-petite-fille de Nara Nârâyaṇa, et sœur de Prâṇa Nârâyaṇa. La formation de ces noms dénote des descendants authentiques ou prétendus de Hari siṃha deva. L'autre reine, Râjamatī, était de la famille Kârṇâṭa, la race de Nânya deva et de Hari siṃha deva[1].

1. Une inscription datée de N. S. 777 = 1657 J.-C., et qui commémore l'installation d'un Viçvarûpa par Pratâpa Malla, nomme la seconde

De ces deux épouses, il eut quatre fils : Pârthivendra, Nṛpendra, Mahîpatîndra et Ćakravartîndra. Sur le conseil du svâmin Jñânânanda, il leur confia successivement la royauté pendant un an, à partir de 1666. Mais le quatrième, Ćakravartîndra, mourut après un seul jour de règne (1669) ; on incrimina le svâmin qui avait choisi pour les monnaies de ce prince une combinaison de mauvais augure ; il avait eu le tort d'y associer au *ćâmara* (émouchoir), au *kamala* (lotus), à l'*aṅkuça* (croc de cornac), au *pâça* (nœud), l'arc et la flèche (*bâṇâstra*), qui présagent la mort[1]. L'alternance dut se poursuivre entre les trois autres : une monnaie au nom de Nṛpendra porte la date de 1679 ; une au nom de Bhûpâlendra la date de 1682[2].

Pratâpa Malla eut pour successeur son troisième fils Mahîndra (Mahîpatîndra) Malla (1689-1694) qui nomma le svâmin Vimalânanda prêtre de Paçupati, et institua la procession de Çveta Vinâyaka, dont il confia l'organisation et les fonds aux Banras de Chabahil.

Bhâskara Malla (1694-1702) n'avait que quatorze ans quand il devint roi. Gâté par la société des femmes où il se renfermait, il ne craignit pas, en l'année 1700 (où le mois Âçvina était redoublé par intercalation), de célébrer la fête du Dasâîn pendant le mois intercalaire. Pour le punir de cette dérogation, la peste éclata. Le symptôme du mal, c'était une douleur dans la tête, près de l'oreille ; et la mort arrivait sur-le-champ. Le nombre des morts finit par s'é-

épouse Lâlamatî, et rapporte ainsi sa généalogie : Siṃha Nârâyaṇa, roi de Bhagavatî pura → Vâgha Nârâyaṇa → Padma Nârâyaṇa → Lakṣmî Nârâyaṇa → Bhavana Nârâyaṇa → Jîva Nârâyaṇa → Kîrti Nârâyaṇa, père de Lâlamatî.

1. D'après Wright (220, n. 1) on recherche ces monnaies, devenues fort rares, pour un usage de médecine magique ; l'eau où on les a trempées passe pour assurer un accouchement rapide. On attribue la même vertu au sabre qui a tué un homme.

2. Le ms. Add. 1475 écrit en 1682 donne comme roi Pṛthivîndra Malla.

lever à 80 et 100 par jour. Par précaution, le roi était tenu enfermé avec ses deux femmes, un domestique et les provisions. Au bout de six mois, impatient de cette claustration, le jeune roi sauta par la fenêtre et courut au darbar. Il y mourut dans la même nuit.

Le roi ne laissait pas d'héritier. Les reines, avant de monter sur le bûcher, donnèrent la couronne à un parent éloigné de la famille royale, Jagaj jaya Malla, qui prit le titre de Mahîpatîndra. Jagaj jaya avait déjà deux fils, Râjendra prakâça et Jaya prakâça. Devenu roi, il lui en naquit trois autres, Râjya prakâça, Narendra prakâça et Čandra prakâça. En 1711, l'aîné, Râjendra prakâça, mourut. Jagaj jaya voulut désigner comme son héritier le second, Jaya prakâça; mais les soldats Khas qu'il employait à son service repoussèrent ce choix et prétendirent imposer Râjya prakâça, parce qu'il était l'aîné des fils nés au palais. Ces discordes de cour favorisaient les progrès des Gourkhas qui poussaient alors leurs conquêtes vers le Népal. Le royaume Malla de Katmandou n'avait plus longtemps à vivre quand Jagaj jaya Malla mourut en 1732.

ROYAUME DE PATAN

Le fondateur de la dynastie de Patan est Hari hara siṃha Malla, fils de Çiva siṃha Malla, roi de Katmandou; Hari hara siṃha, du vivant de son père, occupa le trône de Patan; il y était installé dès 1603. Il affecta de devoir son élévation à la protection du Bhairava Pañča liṅga.

Son fils Siddhi Nara siṃha (ou Nṛ siṃha) Malla régna à peu près quarante ans (d'environ 1620 à 1657). Sa personne et son règne sont enveloppés par la tradition d'un nuage de mystère mélancolique et divin. On disait qu'il avait été conçu tandis que son père vivait dans une pieuse retraite à Paçupati, et qu'il était né à une heure propice. Son père, pour fêter sa naissance, avait dédié le village de Bhulu et avait fait graver en commémoration une inscription sur cuivre. Siddhi Nara siṃha s'était voué au culte de Kṛṣṇa; mais pour honorer ce dieu de grâce et d'amour, il s'imposait les plus formidables austérités. Il dormait sur la pierre, passait ses journées à prier, et s'astreignait à la diète du čândrâyaṇa, réglée sur le cours de la lune; au jour de la nouvelle lune, il ne prenait comme aliment qu'une poignée de riz, augmentait graduellement jusqu'à la pleine lune, puis diminuait par degrés sa portion. En 1652, il confia les affaires publiques à un régent et partit en pèlerinage, mais les événements le rappelèrent bientôt. Dès lors les présages inquiétants se multiplient; la procession du char de Matsyendra Nâtha en 1654 est restée célèbre par les accidents qui la retardèrent; le trajet se prolongea près de trois mois et il fallut renoncer à l'achever régulièrement. A la même époque, la sueur coula quinze jours sur le visage de Gaṇeça; en 1656, la foudre tomba sur le temple de Matsyendra Nâtha; quelque temps après, pendant la procession de la divinité, un enfant de six mois s'assit sur le char et prononça ces mots: « Viens, roi Siddhi Nara siṃha! Je ne suis pas content de te voir construire un temple si haut! » Le roi ne vint pas à l'appel. « C'est bien, ajouta l'enfant, je ne parlerai plus! » En 1657, Siddhi Nara siṃha disparut; on crut qu'il était parti à Bénarès en religieux errant. Les brahmanes célèbrent sa mémoire par ces vers:

« Siddhi Nara siṃha, l'omniscient, est parvenu vivant à la délivrance, car il avait triomphé des sens; il était l'ami de Mâdhava (Kṛṣṇa), le dévot de Çrî (Râdhâ), le prince des yogis, le prince des poètes, libéral et désintéressé, ce fils de Hari siṃha. Qui récite cet éloge est libéré de tout péché[1]. »

1. Je reproduis ces vers, conservés dans les Vaṃçâvalis (W. V.), et

Ce prince mystique ne négligea pas pourtant l'administration des affaires publiques. Il paraît avoir employé une bonne part de ses efforts à introduire l'ordre dans l'anarchie dangereuse des couvents bouddhiques. Pour faire échec à leurs prétentions rivales, il leur distribua des rangs de préséance ; il leur imposa une organisation centrale, une représentation commune, des règles de discipline civile. Comme les relations avec le Tibet se multipliaient, il se préoccupa d'instituer des rites de purification pour les marchands qui revenaient de Lhasa. La population de Patan avait décru ; il y attira de nouveaux habitants. Il ouvrit aux banras des professions nouvelles.

Les brahmanes éprouvèrent à maintes reprises la ferveur profitable de sa dévotion : en 1637, pour l'inauguration du temple de Kṛṣṇa et Râdhâ à Patan, il offrit aux prêtres deux cents mohars d'or par jour pendant quarante jours, aux brahmanes « une montagne de riz », un « arbre-à-souhait », de la nourriture et d'autres dons. En 1647, à l'occasion d'une restauration du temps de Degutale, il distribua à chaque brahmane un mohar ; et dans la même année, à propos d'une autre cérémonie, il renouvela cette largesse. En 1649, il distribua 250 000 livres de riz aux brahmanes Névars et aux mendiants venus de partout à l'aubaine.

Il eut à lutter contre ses voisins de Bhatgaon et de Katmandou ; en 1637, il remporta un succès sur ses ennemis le jour même où il dédiait à Kṛṣṇa et Râdhâ un temple ; en 1652 les hostilités s'étaient encore rallumées.

Le fils de Siddhi Nara siṃha, Çrî Nivâsa Malla continua à

qui montrent sur quel genre de documents se fondaient les auteurs de ces chroniques :

Siddhi Narasiṃhaḥ sarvajño jīvanmukto jitendriyaḥ |
mādhavapriyaḥ çrībhakto yogīçvaraḥ kavīçvaraḥ ||
virakto bhavati tyāgī Harisiṃhasya nandanaḥ |
ity ākhyānaṃ paṭhan nityaṃ sarvaiḥ pāpaiḥ pramucyate ||

guerroyer, d'abord (1658) en qualité d'allié du roi de Bhatgaon Jagat prakâça Malla contre le roi de Katmandou, Pratâpa Malla ; puis, par un revirement brusque, Pratâpa Malla et son adversaire de la veille Çrî Nivâsa se réconcilièrent ; ils échangèrent un serment d'amitié sur le Harivaṃça, sur le Kâlî purâṇa, sur un couteau népalais (*Kukhrî*). En décembre 1659, Jagat prakâça surprit un poste ennemi au pied de Changu, décapita huit hommes, emmena vingt et un prisonniers, et le lendemain il les sacrifia aux divinités. Les troupes de Katmandou et de Patan réunies vengèrent ce désastre ; elles prirent Bundegram, Champa, Chorpuri, Nadesgaon ; le 19 janvier 1662, Timi fut occupé. Les PP. Grueber et Dorville étaient alors au camp de Çrî Nivâsa « qui était un jeune prince bien fait » ; ils le prirent pour un frère de Pratâpa Malla. Le 20 janvier, Çrî Nivâsa rentra en vainqueur dans sa capitale. En 1667 il bâtit plusieurs temples dans l'intérieur du darbar ; en 1681, il bâtit le grand temple de Bhîma sena et répara le temple de Matsyendra nâtha.

La piété exaltée et triste de Yoga narendra Malla (1680? — 1700 ?) et aussi sa fin mystérieuse rappellent son grand-père Siddhi Nara siṃha. Il témoigna beaucoup de zèle à Matsyendra Nâtha, éleva en son honneur le Maṇi maṇḍapa, lui donna des terres. Mais il eut l'imprudence d'autoriser le roi de Bhatgaon Bhûpatîndra Malla, cet infatigable constructeur, à élever un temple dans Patan, au Sud du darbar ; c'était une ruse perfide du roi de Bhatgaon, qui comptait par ce moyen détruire la postérité de son voisin. Il y réussit. Siddhi Nara siṃha, l'héritier présomptif du trône de Patan, mourut en bas-âge, et Yoga narendra, accablé de chagrin, quitta le monde. Avant de disparaître, il donna ses instructions suprêmes à son ministre : tant que le visage de sa statue resterait clair et brillant, tant que l'oiseau sur sa tête ne se serait pas envolé, on connaîtrait à ces signes qu'il était encore vivant ; aussi tous les soirs on continue à placer un matelas dans une salle sur la façade du darbar, et on laisse la fenêtre ouverte, dans l'attente du retour de Yoga narendra. Mais une inscription de Yogamatî, fille de Yoganarendra (Bhagv. 22), datée de 1723, fait tort à la légende ; d'après ce témoignage digne de foi, Yoga narendra s'était retiré au temple de Changu Narayan où il mourut, suivi sur le bûcher par ses vingt et une femmes.

La Vaṃçâvalî bouddhique place à sa suite Mahîpatîndra ou Mahîndra siṃha Malla, roi de Katmandou, qui aurait réuni les deux couronnes jusqu'à sa mort, en 1722. La Vaṃçâvalî brahmanique ne le nomme pas. Une monnaie datée de 1709 porte, en fait, le nom de Jaya Vîra Mahîndra ; deux pièces de 1711 et 1715 sont frappées au nom de Mahîndra siṃha deva. Mais Mahîndra Malla de Katmandou était mort en 1694, et Jagaj jaya Malla de Katmandou, qui prit le titre de Mahîpatîndra, meurt en 1732. Mahîpatîndra est suivi (dans la Vaṃçâvalî bouddhique seulement) par Jaya Yoga prakâça, dont le nom se lit sur une monnaie de date douteuse, peut-être de 1722. En 1723 Jaya Yoga prakâça fit l'offrande des dix mille oblations.

Ensuite Viṣṇu Malla, fils d'une fille de Yoga narendra, fut élu roi. Son règne dura 19 ans, selon la Vaṃçâvalî brahmanique (1723-1742 ?) Il construisit un nouveau darbar, écarta une sécheresse menaçante par les rites que Çânti kara avait enseignés jadis à Guṇa kâma deva, offrit en 1737 une grande cloche à la déesse Tulajâ, adopta des brahmanes pour ses fils, leur distribua des terres, et désigna comme son successeur Râjya prakâça, fils de Jagaj jaya Malla roi de Katmandou.

PRITHI NARAYAN ET LA DYNASTIE GOURKHA.

Quand Prithi Narayan (Pṛthvî Nârâyaṇa) monta sur le

trône de Gourkha en 1742, à l'âge de douze ans, sa petite principauté faisait médiocre figure dans l'étendue de l'empire népalais. Sa capitale était une bourgade, de huit à dix mille âmes, à soixante kilomètres environ de Katmandou, sur la route à peine tracée qui mène de la vallée centrale à la frontière de l'Ouest. Le souverain de Gourkha était un des vingt-quatre roitelets, soi-disant Rajpoutes d'origine, qui formaient dans le bassin des Sept Gandakis, une sorte de confédération, présidée par le râja de Yumila : chacun d'eux adressait tous les ans à ce râja une ambassade avec des présents ; chaque nouveau prince lui demandait l'investiture, symbolisée par l'empreinte du doigt sur le front (*ṭikâ*) ; enfin dans les cas de conflit le rôle de médiateur lui était naturellement dévolu.

Les rois de Gourkha, comme toutes les bonnes familles de la montagne, se piquaient d'avoir pour ancêtre un Rajpoute de Chitor, échappé du désastre où tant de nobles hindous avaient péri. J'ai déjà raconté (I, 254) leurs origines jusqu'à Dravya Sâh (1559-1570). Parmi les successeurs de ce roi, Râma Sâh (1606-1633) a laissé le souvenir d'un législateur ; son héritier Dambara Sâh (1633-1642) eut maille à partir avec le roi de Katmandou Pratâpa Malla qui se vante de l'avoir vaincu. Le père de Prithi Narayan, Nara bhûpâla Sâh (1716-1742) essaya sans succès l'entreprise où son fils était destiné à réussir. Il pensa profiter des rivalités et des dissensions qui déchiraient le Népal pour s'emparer du pays, et passa la Tirsul Gandak ; mais les Thakurs autonomes de Nayakot, les Vaiçya râjas, lui barrèrent la route ; il dut battre en retraite.

Nara bhûpâla Sâh avait deux femmes ; l'aînée devint enceinte. La cadette, une nuit, rêva qu'elle avalait le soleil ; sitôt réveillée, elle le raconta au roi. Il ne lui répondit que par des duretés, tant qu'elle ne put se rendormir jusqu'au matin. Le soleil une fois levé, le roi donna l'explication de sa conduite brutale ; un pareil rêve présageait certainement la grandeur du royaume ; mais suivi d'un nouveau somme il aurait perdu son efficacité. De fait, la jeune reine conçut à son tour, et sept mois après elle mit au monde un fils qui fut Prithi Narayan.

La légende a entouré d'une auréole miraculeuse la naissance et les premiers ans du héros Gourkha[1] ; elle raconte encore, par exemple, le songe de ce paysan névar (I, 352) à qui Matsyendra Nâtha annonça en rêve l'arrivée prochaine des conquérants gourkhas. En fait, des signes évidents présageaient la fin imminente des trois royaumes Mallas. Les souverains régnants, Raṇa jit à Bhatgaon, Jaya prakâça à Katmandou, n'étaient certes pas sans mérite. Raṇa jit était entendu et économe ; il tirait un gros bénéfice de la monnaie qu'il fournissait au Tibet ; il aimait les raretés, les curiosités. Jaya prakâça était actif, courageux, énergique. Mais leur volonté s'usait à de misérables zizanies. Raṇa jit apprend que Jaya prakâça a élevé dans sa capitale un pilier monolithe ; il lui demande ses ouvriers pour en dresser un pareil à Bhatgaon. Jaya prakâça ne refuse pas, mais, à son instigation, les ouvriers s'arrangent pour que l'ouvrage tourne mal ; ils laissent tomber le pilier qui se brise en trois morceaux. Une autre fois, c'est Raṇa jit qui manifeste sa joie d'apprendre que Jaya prakâça a perdu son fils ; il retient prisonniers des gens de Katmandou, venus à Bhatgaon pour assister à une procession, « parce qu'ils sont trop fiers de leurs habits ». Jaya prakâça, en revanche, emprisonne des sujets de Raṇa jit venus à Paçupati.

A l'intérieur de chaque darbar, les intrigues se croisent

1. L'épopée sanscrite s'en est emparée. Il existe à la Bibliothèque du Darbar, à Katmandou, un poème de Lalitâ vallabha, le Bhakta vijaya kâvya qui a pour sujet les conquêtes de Prithi Narayan. (Harapraṣad, *Report*, 1901, p. 18.)

dans l'ombre, et se dénouent par des crimes. Les sept fils illégitimes de Raṇa jit, les *Sât Bâhalyas,* complotent contre le prince Vîra Nara siṃha, héritier présomptif de la couronne, et provoquent sa mort par une sorte de messe noire. A Katmandou, Jaya prakâça prend la couronne que son père lui a léguée, malgré l'opposition des soldats Khas qui soutiennent les prétentions de Râjya prakâça ; il exile son père, qui va régner et mourir à Patan ; mais sa morgue indispose les fonctionnaires du Darbar (Tharîs) ; ils enlèvent Narendra prakâça, le dernier des trois frères, le transportent à Deo Patan, et le proclament roi des cinq villes : Sanku, Changu, Gokarn, Nandigram et Deo Patan. Au bout de quatre mois, Jaya prakâça soumet les rebelles, et le petit roi déchu va mourir à Bhatgaon. Les Tharîs humiliés et cruellement punis prennent leur revanche ; avec la complicité de la reine Dayâvatî, ils proclament roi le fils de Jaya prakâça, Jyotiḥ prakâça, un enfant de dix-huit mois, lui prêtent serment de fidélité ; Jaya prakâça est obligé de s'enfuir, toujours traqué de gîte en gîte, de Katmandou à Mâtâ tîrtha, de Mâtâ tîrtha à Godâvarî, de Godâvarî à Gokarṇeçvara, et enfin à Guhyeçvarî. Après deux ans et demi de courses inquiètes, un dévot lui remet un sabre miraculeux. Il s'élance sur Katmandou, défait les partisans de son fils, reprend le pouvoir et se venge par des supplices. Sa rancune patiente épie ses adversaires ; il attend huit ans pour se venger d'un Thâpâ qu'il accuse d'avoir voulu livrer Nayakot à Prithi Narayan, et se voue à la haine de cette puissante famille.

A Patan, les luttes séculaires de l'aristocratie et du pouvoir royal aboutissent à l'anarchie permanente. Viṣṇu Malla adopte pour héritier Râjya prakâça, le frère et le concurrent malheureux de Jaya prakâça. Mais Râjya prakâça est un dévot bénin, qui passe ses journées à adorer Viṣṇu manifesté dans le coquillage çâligrâma. Les six échevins (*pradhânas*) lui font crever les yeux (1754); bientôt après il meurt. Raṇa jit de Bhatgaon est invité à prendre la couronne, mais il déplaît à ses électeurs qui le congédient rudement au bout d'une année (1754-1755). On s'adresse à Jaya prakâça (1755-1757); mais son caractère autoritaire le rend intolérable; après un an, Patan se sépare à nouveau de Katmandou. Les échevins sacrent un petit-fils de Viṣṇu Malla, Viçvajit Malla (1757-1761); il se maintient quatre ans. Ses électeurs le trouvent alors encombrant; ils l'accusent d'adultère et le tuent à la porte du palais. La reine qui assiste au meurtre appelle en vain à l'aide; elle demande aux dieux de laisser, à l'heure de détresse, les appels de Patan sans écho.

Les échevins jettent alors leur choix sur Prithi Narayan, qui s'est déjà rendu célèbre par ses guerres, et qui semble peu dangereux à cause de son éloignement. Prithi Narayan se réserve; il refuse, mais propose pour le remplacer son propre frère, Dala mardana Sâh (1761-1765). Dala mardana Sâh d'abord accepté comme lieutenant du roi de Gourkha, est ensuite proclamé roi de Patan pour faire échec à l'ambition croissante de Prithi Narayan. Au bout de quatre ans il est déposé, et les nobles élisent « un pauvre homme de Patan, qui descendait de la famille royale » Tejo Nara siṃha Malla, le dernier des rois de Patan (1765-1768).

Une sorte de fermentation religieuse accompagne, comme d'ordinaire, ces troubles politiques. La Vaṃçâvalî bouddhique raconte l'histoire singulière d'un bouddhiste, le gubharji Çodhana du couvent de Bu bahal qui tenta d'accomplir une véritable révolution : Il allait chaque matin au temple de Vaiṣṇavî, escorté de vingt ou trente compagnons. Un beau jour il y surprend un Saṃnyâsi qui venait d'immoler une victime humaine, et s'occupait à préparer l'onguent magique. A la vue de la troupe, le Saṃnyâs s'enfuit ; Çodhana prend sa place ; il continue l'opération, l'achève, et distribue à ses compagnons l'onguent magique qui les asservit à son empire. Ils vont tous ensemble s'installer dans une maison du Nakavihâra ; Çodhana, par la suggestion, transforme chacun de ses acolytes en un dieu ; puis il engage le peuple à déserter les temples et à honorer les dieux manifestés chez lui. Il pousse l'audace jusqu'à se faire apporter des temples les attributs des divinités. Enfin Jaya prakâça intervient ; il fait arrêter les sacrilèges et ordonne de les offrir un à un en sacrifice aux divinités qu'ils prétendaient respectivement incarner.

Faut-il voir dans ce récit, avec M. Wright, le souvenir travesti d'une persécution contre les Chrétiens de Patan ? L'hypothèse est peu vraisemblable, car les missionnaires ne font aucune allusion à des violences exercées contre eux. Je crois plutôt à un contre-coup de la prédication des Capucins ; à les voir gagner des prosélytes, Çodhana et ses compagnons avaient pu comprendre que la carrière était lucrative. Depuis 1715 (I, 101 sqq.) les Capucins étaient établis à demeure au Népal ; ils avaient d'abord fondé un hospice à Katmandou ; puis, pour échapper aux vexations des brahmanes, ils avaient passé à Bhatgaon, qu'ils prirent pour siège central en 1722. Bientôt ils eurent aussi une maison à Patan. En 1754, le pauvre Râjya prakâça, au cours de son règne éphémère, leur y concédait un terrain ; en 1742, Jaya prakâça leur en avait octroyé un à Katmandou, et en 1741, Raṇajit avait rendu un édit en leur faveur. Les prosélytes ne venaient guère ; mais la présence de ces étrangers, qui parlaient de peuples, de dogmes et de dieux inconnus, éveillait dans les esprits le goût et l'attente des nouveautés.

Prithi Narayan était homme à tirer parti des circonstances. Il joignait à une ambition insatiable une obstination que rien ne lassait ; il voyait net, décidait vite, agissait de sang-froid ; il récompensait largement les services rendus, et punissait les résistances avec une cruauté sauvage ; la religion, les dieux, les prêtres n'étaient à ses yeux que des instruments de domination mis au service de sa volonté.

Temple de Guhyeçvarî, près Paçupati.

Ses premiers actes firent éclater la vigueur de son tempérament. Tout jeune encore, il va pieusement à Bénarès faire ses dévotions. Aux portes de la ville, les receveurs de l'octroi (*chauki*) lui manquent d'égards ; il les tue. La police, avisée, se met à ses trousses ; il se cache, gagne par des cajoleries et des promesses un religieux mendiant (*Vairâgi*) ; déguisé en disciple, il sort de la ville avec le saint homme qui le conduit à Palpa, où règne un cousin du prince Gourkha, Mukunda Sena. Mukunda Sena accueille le jeune prince avec affection et le fait reconduire à Gourkha. Prithi Narayan, une fois installé sur le trône, n'eut rien de plus pressé que de conquérir et de s'annexer trois petites principautés, jusque-là vassales de Palpa. Le Vairâgi, plus tard, connut aussi par expérience l'ingratitude de son obligé : instruit des succès de Prithi Narayan au Népal, il y accourt à la tête d'une bande de 500 hommes, tous mendiants et vagabonds religieux, empressés à la curée, et il réclame son dû. Prithi Narayan reconnaît les promesses faites, mais les déclare nulles, comme extorquées par le danger. Le Vairâgi, qui n'entend pas être dupe, appelle sa compagnie à son secours et prétend se payer de force ; Prithi Narayan les fait appréhender, et livre au supplice le chef et les acolytes. Observateur sagace et patient, il n'hésite pas à venir se présenter en hôte chez ceux qu'il a déjà choisis pour victimes. C'est ainsi qu'il se rend à Bhatgaon, où Raṇa jit Malla le reçoit avec une bonté paternelle, et l'installe en ami intime près de son fils Vîra Nara siṃha. Prithi Narayan sème sournoisement la zizanie, excite les Sât bâhalyas contre leur père et contre l'héritier légitime de la couronne, et machine les intrigues qui aboutiront à la ruine de Raṇa jit.

Prithi Narayan pour entraîner ses troupes guerroie d'abord autour de son château féodal. Les succès de la Compagnie au Bengale lui ont appris la valeur des armes à feu et l'utilité de la discipline militaire. Bientôt il se croit assez fort pour mettre la main sur Nayakot, clef de la route qui mène au Népal. Jaya prakâça accourt de Katmandou et le repousse. Il attend une heure plus favorable, et tourne la vallée ; il a épousé la fille d'un roitelet du même sang que lui, mais installé sur les confins du pays Kirâta, à l'Est du Népal, entre la Kusi et la Karnala. Son beau-père meurt, laissant ses domaines à un fils insignifiant. Prithi Narayan gagne sous main l'armée, paraît un beau jour, confisque le pouvoir, et emmène son beau-frère en captivité (1761). Le P. Giuseppe, qui assista à la conquête du Népal et qui suivit les menées du Gourkha depuis 1764, a bien montré les manœuvres qui préparèrent son triomphe : « Le roi de Gorch'a (Gourkha), autrefois sujet de Gain préjas (Jaya prakâça), mettant à profit les dissensions des autres rois du Népal, attira dans son parti plusieurs chefs montagnards, leur promettant de leur conserver leurs possessions et d'augmenter ainsi leur importance et leur autorité. Lorsque quelques-uns d'entre eux manquaient à leurs engagements, il s'emparait de leurs domaines, comme il s'était emparé de ceux des rois de Marécadjis, quoiqu'il fût leur parent. »

Le roi de Bhatgaon, exaspéré contre son rival Jaya prakâça, roi de Katmandou, appelle à son secours Prithi Narayan. Prithi Narayan saisit l'occasion d'intervenir : Il prend Nayakot, et passe dans la grande vallée, où il va mettre le siège devant Kirtipur, à une lieue Sud-Ouest de Katmandou. Il voulait mesurer sa force avant de s'attaquer aux capitales. Kirtipur avait « huit mille maisons » (Giuseppe), un peu moins que la moitié de Katmandou. Juchée sur un plateau presque à pic, elle se croyait inexpugnable. Le roi de Patan, suzerain de Kirtipur, ne bouge pas ; mais Jaya prakâça accourt avec son impétuosité ordinaire, livre bataille et remporte une victoire complète. Un frère du roi de Gourkha fut tué sur le champ de bataille ; Prithi Narayan vit la mort de près. Un soldat de Jaya prakâça levait déjà son sabre sur lui quand un camarade, trop imbu des doctrines hindoues, s'écria : « C'est un roi ! On ne doit pas le tuer ». Il dut son salut à deux individus de basse caste, un Duân et un Kasâi, qui le portèrent en une nuit jusqu'à Nayakot.

Le caractère soupçonneux et brutal de Jaya prakâça l'empêcha de recueillir le fruit de sa victoire. Les gens de Kirtipur lui demandèrent d'être leur roi ; les nobles, chargés de régler avec lui l'affaire, se réunirent sur son invitation. Il les fit arrêter par ses soldats, et en livra plusieurs au bourreau, pour humilier ou abattre définitivement cette aristocratie turbulente et brouillonne qui le tenait en échec à Patan. Un noble appelé Danuvanta fut promené dans la ville en habits de femme avec plusieurs autres vêtus d'un accoutrement ridicule ; ils furent tenus ensuite dans une longue captivité.

La noblesse se vengea par la trahison. Les Tharts livrèrent à Prithi Narayan plusieurs des places du Népal qui dépendaient de Katmandou. Le roi de Gourkha, convaincu maintenant de l'insuffisance de ses forces, se flatta de réussir au moyen de la famine. Il posta des troupes à tous les défilés des montagnes, pour intercepter toutes les communications du dehors ; ses ordres furent exécutés à la rigueur. Quiconque était trouvé en chemin avec un peu de sel ou de coton était pendu à un arbre. Il fit mettre à mort de la façon la plus cruelle tous les habitants d'un village, coupables d'avoir fourni un peu de coton aux habitants du Népal ; les femmes mêmes et les enfants ne furent pas épargnés... on ne pouvait voir sans horreur tant d'hommes pendus aux arbres sur le chemin. En même temps, l'intrigue faisait son œuvre ; deux mille brahmanes au service du roi de Gourkha couraient librement le pays en achetant les consciences. Enfin Prithi Narayan reparut devant Kirtipur ; après un siège de plusieurs mois, il somma la ville de se rendre. Le commandant de la ville, secondé par l'approbation des habitants, lui transmit au bout d'une flèche une réponse injurieuse et insolente. Il en fut si courroucé qu'il ordonna un assaut général ; mais les habitants se défendirent avec courage et tous les efforts de ses soldats n'aboutirent à rien. Surûpa Ratna, frère de Prithi Narayan, fut blessé d'un coup de flèche. Il fallut lever le siège une seconde fois.

Incapable de repos, Prithi Narayan n'en laisse pas à ses troupes ; il tourne sa colère contre le roi de Lamji, un des vingt-quatre rois confédérés des Sept-Gandakis, lui livre plusieurs batailles sanglantes, conclut un accommodement, et retourne devant Kirtipur. Le péril trop clair rapproche les trois rois Mallas qui s'assemblent à Katmandou et tentent une attaque combinée contre les Gourkhas. La trahison déjoue leurs efforts ; plusieurs des nobles avaient juré de se sacrifier pour la ruine de Jaya prakâça. Après un siège de six mois, le noble Danuvanta de Patan, qui avait été si cruellement offensé, livre Kirtipur à Prithi Narayan. Les habitants pouvaient encore se retirer dans la ville haute, qui était fortifiée ; mais les Gourkhas publièrent une amnistie générale, et les courages lassés cédèrent. « Deux jours après, Prithi Narayan envoyait de Nayakot l'ordre de faire couper le nez et les lèvres à tous, même aux enfants qui n'étaient plus à la mamelle. L'ordre portait aussi de garder le nez et les lèvres qui seraient coupés pour constater le nombre des habitants, et de changer le nom de la ville en celui de Naskatpur, qui signifie la ville des nez coupés. Cet ordre fut exécuté avec la plus horrible barbarie. On n'épargna que les individus qui savaient jouer des instruments à vent. C'était une chose horrible à voir que tant d'hommes vivants dont les visages ressemblaient à des têtes de morts » (Giuseppe).

Aussitôt après, Prithi Narayan investit Patan. Les habitants font mine de se préparer à la résistance. Les Gourkhas les menacent de leur couper, outre les lèvres et le nez, le poignet droit s'ils ne se rendent pas au bout de cinq jours. Une diversion sauve la ville de ces horreurs. La Compagnie Britannique, sollicitée par les trois Mallas et inquiète des progrès de Prithi Narayan, croit l'occasion venue d'étendre son influence dans la montagne. Mais le pays est encore mal connu. Le capitaine Kinloch, qui commande le détachement anglo-indien, pénètre jusqu'à Hariharpur ; les ruisseaux enflés par la saison des pluies l'arrêtent, emportent les ponts qu'il a bâtis ; la malaria ravage ses troupes ; les communications lui manquent pour se ravitailler (octobre 1767). Il est obligé de battre en retraite au début de décembre. La chronique Gourkha représente naturellement l'échec de Kinloch comme une victoire positive des Gourkhas sur les Anglais.

Affranchi d'inquiétude, Prithi Narayan ramène ses troupes au Népal et assiège Katmandou, tandis que des Brahmanes à sa solde y gagnent les principaux habitants. Enfin, le 29 septembre 1768, tandis que la population de Katmandou célébrait l'Indra-yâtrâ par des ripailles et des orgies, les Gourkhas pénètrent le soir dans la ville sans rencontrer la moindre résistance. Jaya prakâça, qui était alors dans le temple de Tulajâ, répand de la poudre sur les marches, s'enfuit à Patan, entraîne avec lui le roi Tejo Nara siṃha, et tous deux se sauvent ensemble à Bhatgaon. Au moment où les Gourkhas entrent dans le temple abandonné, la poudre fait explosion et tue un grand nombre des vainqueurs. Prithi Narayan ordonne de continuer la fête et reçoit à titre de roi le présent (*prasâda*) de la Kumârî.

Il envoie dès le lendemain un messager à Patan, promet à la noblesse de lui laisser ses propriétés, et même de les accroître. Pour dissiper les méfiances, il déclare par l'organe de son prêtre que, s'il vient à se parjurer, il appelle lui-même les malédictions des dieux sur ses descendants jusqu'à la cinquième génération. La noblesse l'acclame. Pendant plusieurs mois il la ménage, lui propose même de choisir dans son sein un vice-roi. Avant d'entrer soleunellement dans la ville, il se fait remettre la plupart des enfants nobles, pour les attacher à sa cour, dit-il ; en réalité il les garde en otages. Le jour de la cérémonie venu, il fait arrêter les nobles réunis en corps, les livre au bourreau, et donne l'ordre de mutiler les cadavres.

Bhatgaon tenait encore ; les trois Mallas, réunis par l'infortune, restaient encore menaçants. Il fallait s'attendre à une résistance désespérée ; une bourgade, Dhulkhel (Dhaukhel), dans la montagne, à l'Est de Bhatgaon, avait arrêté six mois les Gourkhas. La résistance de Chaukot, voisin de Dhulkhel, a dans la Vaṃçâvalî la beauté d'une ballade épique : Les Gourkhas investirent Chaukot. Les gens s'enfuirent, qui à Pyuthana, qui ailleurs. Nam Siṃha Rât alla trouver Mahîndra Siṃha Rât, et lui dit : Nous ne pouvons pas tenir tête aux Gourkhas, avec cinquante maisons seulement. Le reste de la population a fui ; je viens te le dire. Ne tarde pas ; fuis bien vite. Mahîndra Siṃha le traita de couard : Ne reste pas pour moi ; sauve ta vie. Moi je repousserai les Gourkhas, je gagnerai une grande renommée et je jouirai en paix de mes biens. Si je ne réussis pas, je laisserai mon corps sur le champ de bataille, j'obtiendrai une place au ciel, et j'assurerai le bonheur de mes fils et de mes petits-fils. Il réunit alors ses fidèles compagnons, qui voulaient aussi le bonheur de l'autre monde, et il les encouragea. (La bataille se livre ; les Gourkhas sont repoussés). Enfin un soldat, passant derrière Mahîndra Siṃha, le tua d'un coup de lance ; il blessa Nam Siṃha à l'épaule gauche d'un coup de couteau, et Nam Siṃha tomba sans conscience sur le sol. Les gens de Chaukot à cette vue s'enfuirent, et le village fut livré aux flammes. Dans cette bataille les Gourkhas perdirent 201 hommes ; la veille, ils en avaient perdu déjà 131. Nam Siṃha Rât, revenu de son évanouissement, ne vit plus de Gourkhas près de lui ; il pansa sa blessure avec son costume et s'enfuit à Pyuthana par Basdol.

Il vit Mahîndra Siṃha Rât étendu sur le sol, inanimé, percé par derrière d'un coup de lance, mais il n'avait pas le temps de s'arrêter.

Le lendemain matin, Prithi Narayan inspecta le champ de bataille, et voyant le corps de Mahîndra Siṃha Rât inanimé, percé de coups, il loua sa bravoure, fit chercher ses parents et leur déclara qu'il prenait sous sa protection la famille d'un homme si brave. Il les fit nourrir matin et soir par la cuisine royale. Après cela il prit aisément les cinq bourgades de Panauti, Banepa, Nala, Khadpu, Sanga et retourna à Nayakot.

Huit mois plus tard, il arrivait devant Bhatgaon. Il avait gagné par de belles promesses les Sât bâhâlyas (les sept fils illégitimes de Raṇa jit Malla) ; il leur laisserait le trône, les revenus, et se contenterait d'une souverainelé nominale. Les troupes des Sât bâhâlyas tirèrent à blanc, laissèrent approcher les Gourkhas jusque dans l'enceinte des murs, et leur passèrent même des munitions. Introduits sans obstacle dans la ville, les Gourkhas coururent au palais. Jaya prakâça, toujours énergique et vaillant, fit front à l'ennemi ; mais il reçut une balle au pied qui le mit hors de combat. Raṇa jit Malla avait pris à son service des mercenaires tibétains ; mais, soupçonnant leur fidélité, il les fit brûler vifs dans leurs casernements.

Prithi Narayan entra dans le palais, suivi de ses compagnons. A la vue des trois Mallas, ils éclatèrent de rire. Grave, Jaya prakâça leur dit : C'est la trahison de nos serviteurs qui a tout fait ; autrement vous n'auriez pas de quoi rire. Les Gourkhas se tinrent alors silencieux. Prithi Narayan s'approcha respectueusement de Raṇa jit Malla et le pria de garder son royaume. Raṇa jit répondit qu'il devait céder à la volonté des dieux et qu'il demandait seulement d'être autorisé à partir à Bénarès ; la trahison des Sât bâhâlyas l'avait définitivement guéri du monde. Il prit la route de l'Inde, et, sur la passe de Chandragiri, il tourna une dernière fois les yeux vers son royaume, et prononça contre les Sât bâhâlyas et leur postérité de formidables imprécations. Puis il dit adieu à Tulajâ, à Paçupati, à Guhyeçvarî et descendit vers le Gange.

Prithi Narayan fit alors venir les sept traîtres, leur reprocha publiquement leur infamie, leur fit couper le nez et confisqua leurs biens. Puis il s'informa des intentions de Jaya prakâça. Le roi de Katmandou demandait seulement d'être porté à Paçupati, au terrain de crémation des rois, pour y mourir. Sa requête fut exaucée ; un message du vainqueur mit même à sa disposition tout ce qu'il voudrait donner en aumônes. Jaya prakâça ne demanda qu'un parasol et une paire de chaussures. A cette demande, qui surprit la cour, Prithi Narayan devint pensif : il avait bien compris que Jaya prakâça souhaitait par ces symboles de renaître roi, car le parasol marque la dignité royale, et les chaussures représentent la terre, épouse des rois. Il monta à cheval, courut à Paçupati, remit à Jaya prakâça le parasol et les chaussures, en ajoutant : Je te donne ce que tu veux ; n'en jouis pas de mon vivant, mais sous mon petit-fils. Jaya prakâça y consentit. Bientôt après il mourut.

Tejo Nara siṃha, le roi de Patan, s'obstina à garder le silence. Rien ne put le décider à parler ; on l'enferma en prison, et il mourut dans les fers.

La vieille mère de Jaya prakâça, que l'âge avait rendue presque aveugle, demanda, comme Raṇa jit, à finir ses jours à Bénarès. On lui permit de partir, mais au préalable on la dépouilla d'un collier de pierreries qu'elle portait ; elle alla s'éteindre dans la misère au bord du fleuve sacré.

Maître du Népal, Prithi Narayan établit la capitale du royaume Gourkha à Katmandou. Mais il ne se laissa pas endormir par le succès. A peine Bhatgaon soumis, il reprit la campagne contre les Vingt-quatre rois confédérés des Sept-Gandakis, qu'il voulait éliminer l'un après l'autre, comme il avait fait au Népal. Il réussit d'abord, au moyen de ses deux instruments favoris, la guerre et l'intrigue. Mais le roi de Tanahung lui infligea un revers sanglant. Fidèle à sa méthode, il alla réparer et essayer ses forces ailleurs ; il se dirigea vers l'Est du Népal, envahit le pays des Kirâtas qui avaient maintenu jusque-là leur indépendance presque intacte et menaça même le Sikkim. Ses troupes sous la conduite du Kâjî Kahar Siṃha soumirent le Nord du pays jusqu'aux passes de Kirong et de Kuti, le Sud jusqu'au Téraï. Obligé d'entretenir une armée énorme sur les revenus d'un royaume assez pauvre, il pressura le peuple et surtout les marchands qui désertèrent le Népal. Il pensa chercher des compensations du côté du Tibet : il écrivit au Lama une lettre[1] pour lui demander d'établir des marchés d'échange sur la frontière des deux pays ; il était disposé à permettre le transport des marchandises indiennes, mais décidé à prohiber l'importation du verre et des curiosités de ce genre. Il demandait au Tibet de décliner toutes relations avec les Fringhis (Européens) ou les Mongols, et de leur refuser l'entrée du pays, comme il faisait lui-même. Enfin il entendait rester, comme les Mallas avant lui, le fournisseur d'argent monnayé du Tibet, et il adressait un premier envoi de 2 000 roupies frappées à son nom.

Cette lettre datée des derniers jours de Prithi Narayan met bien en lumière un aspect essentiel de son caractère : la haine et la méfiance de l'Européen ; il étendait sa suspicion jusqu'aux marchandises d'Europe, qu'il refusait de laisser passer par son territoire. Il craignait de voir le marchand suivre de près la marchandise. Prithi Narayan mourut à Mohan Tîrtha, sur la Gandaki, dans les premiers

1. Lettre analysée par Bogle, dans MARKHAM. *Tibet*, p. 158. Cette lettre parvint au Tibet en janvier 1775.

jours de 1775 ; trois de ses femmes et deux de ses concubines montèrent sur le bûcher[1].

Il eut pour successeur son fils, Siṃha Pratâpa Sâh, qui régna trois ans[2] (1775-1778). Siṃha Pratâpa se montra plus généreux envers les dieux que son père, qui avait fait pendant toute sa vie un seul don à Paçupati. Il s'engagea à offrir en sacrifice à Guhyeçvarî, patronne du Népal, 125 000 animaux. Il honora aussi la déesse Tulajâ ; enfin il fit apporter au darbar le liṅga de Nayakot. Il aimait à résider en hiver dans le Téraï, et se préoccupa d'améliorer cette partie trop négligée de ses domaines[3]. A sa mort, il laissait comme héritier un enfant au berceau, Raṇa Bahâdur Sâh. Le désastreux régime des longues minorités et des régences disputées à coups de poignard commençait avec le petit-fils de Prithi Narayan pour se continuer désormais sans interruption. Le P. Giuseppe, qui écrivait sa notice sur le Népal au moment où éclataient les premières rivalités de cour, après la mort de Pratâpa Siṃha, et qui ne pardonnait pas aux Gourkhas l'expulsion des missions franciscaines, voyait avec une joie mal contenue poindre déjà la vengeance divine. « Peut-être le serment que Prithi Narayan ne craignit pas de violer (le serment prêté aux nobles de Patan et qui vouait en cas de parjure le roi et cinq générations derrière lui à l'enfer) aura son effet avec le temps. » Si sa vie s'était prolongée par miracle, le

1. Bogle, *ib.*, 159. — La date de 1775 est également donnée par la Vaṃçâvalî ; cependant on donne couramment la date de 1771. M. Markham, l'éditeur de Bogle, répète lui-même cette erreur, p. 107 de son ouvrage. A la page 159 où Bogle mentionne l'arrivée à Lhasa en mars 1775 d'un message annonçant la mort de Prithi Narayan et l'avènement de son successeur Siṃha Pratâpa (Sing Pertab), M. Markham imprime en note que le roi Pertab Sing mourut en 1775. — La date de 1775 pour la mort de Prithi Narayan est encore confirmée par deux autres passages du même livre, p. 197 et p. 205.

2. Le P. Giuseppe dit : « deux ans tout au plus ».

3. Hamilton, p. 196.

P. Giuseppe aurait pu féliciter la Providence de sa ponctualité dans la rétribution des fautes.

Le frère puîné de Pratâpa Siṃha Sâh, Bahâdur Sâh, qui vivait alors à Bettia, en territoire britannique, sur la lisière du Népal avec son oncle Dala mardana Sâh, l'ancien roi de Patan, se hâta d'accourir à Katmandou pour prendre possession de la régence. C'était un prince actif et entreprenant ; mais il trouva en face de lui un adversaire de sa trempe, la reine Râjendra Lakṣmî, mère du jeune roi, qui prétendait exercer le pouvoir au nom de son fils. Depuis ce moment jusqu'à la mort de la reine en 1795, les deux concurrents se livrèrent une guerre acharnée, coupée par de courtes réconciliations, et marquée à chaque nouvel éclat par une série de massacres. Le vainqueur frappait sans pitié sur les partisans du vaincu. Un mariage secret, conclu, dit-on, entre la reine et le régent, et inspiré des deux côtés par la même ambition, ne mit pas de trêve aux hostilités.

Cependant l'élan donné aux Gourkhas par Prithi Narayan ne s'était pas encore ralenti. Le nouveau régime ne manquait ni de forces ni d'hommes ; la conquête se poursuivit avec des succès qui surpassaient l'attente. A l'Ouest, Palpa gardait son indépendance, défendue par une ceinture de principautés tributaires. Bahâdur Sâh demanda et obtint en mariage une fille de Mahâ datta, roi de Palpa ; sous le couvert de cette alliance matrimoniale, le régent proposa à son beau-père une alliance politique, dirigée contre les derniers chefs qui restaient indépendants. Le butin devait être partagé par moitié. Mahâ datta donna dans le piège ; les troupes népalaises arrivèrent, conduites par un officier Khas aussi brave que rusé, Damodar Panre (Dâmodara Pâṇḍe). Trahis par le roi de Palpa, le seul chef qui fût assez fort pour les protéger, les princes des Vingt-quatre Royaumes, dans le domaine des Sept-Gandakis, et les princes des Vingt-Deux Royaumes dans le bassin de la Kali furent en grande partie dépouillés. Les Gourkhas se réservèrent la part du lion ; Mahâ datta reçut trois petits états, enlevés à ses anciens alliés, et qu'il ne devait pas conserver longtemps. Poursuivant sa marche victorieuse, Damodar franchit les limites traditionnelles de l'empire népalais, et pénétra dans le Kumaon, qu'il soumit.

A l'Est, l'expansion des Gourkhas débordait aussi les vieilles frontières. Déjà les Kirâtas étaient assujettis ; en septembre 1788, une force de 6 000 hommes pénètre au Sikkim. Un mois après, la capitale était occupée. Le Bhoutan était menacé ; le Tibet voyait ses frontières violées ; la province tibétaine de Kuti était envahie. Un habile mouvement des Tibétains rappela les Gourkhas en arrière ; mais le mouvement s'arrêta trop tôt. Les Gourkhas, sûrs de leurs communications, reprirent leur marche offensive sur le Sikkim, l'occupèrent une seconde fois, et le déclarèrent annexé (1789).

Le Tibet, avec ses monastères enrichis par la piété de l'Asie, semblait offrir une proie aisée. Sous des prétextes insignifiants, les Gourkhas se ruèrent à l'assaut des lamaseries, franchirent les passes, pillèrent Shikar jong (Digarchi) (1790) ; mais ils se laissèrent berner par les promesses magnifiques des Chinois et des Tibétains. Bientôt, exaspérés par la duplicité des lamas et des mandarins, ils reparurent au Tibet, impatients de vengeance et de pillage (1791). L'empereur de Chine K'ien long leur adressa en vain un message de menaces ; l'envoyé chinois fut insulté. Le Tibet était en péril. K'ien long, sans retard, assembla des forces importantes qu'il confia au général Fou-K'ang. Devant le nombre, les Gourkhas durent battre en retraite ; les Chinois vainqueurs s'élancèrent sur leurs traces et les poursuivirent jusqu'au cœur du Népal, à une journée seulement de Katmandou (1792). Le darbar épouvanté demanda la paix, reconnut la suzeraineté de la Chine et s'engagea à payer un tribut régulier[1].

Au plus fort de ses terreurs, le darbar, infidèle aux leçons de Prithi Narayan, avait sollicité l'intervention des Anglais. Lord Cornwallis se décida trop tard. Les Gourkhas s'étaient ravisés ; ils avaient préféré sagement un suzerain lointain à un protecteur trop proche. Cependant Lord Cornwallis insista pour envoyer au Népal une mission chargée de régler sur place les difficultés courantes, et surtout de réclamer la mise en vigueur loyale d'un traité de commerce signé en mars 1792, à Bénarès, entre le Népal et la Compagnie. Ce traité stipulait des droits fixes d'importation et d'exportation (2,5 pour cent ad valorem) sur les marchandises transportées d'un territoire à l'autre ; mais le Népal a toujours su l'éluder en substituant à la douane de frontière des perceptions partielles réparties aux étapes successives de la pénétration. Le colonel Kirkpatrick monta au Népal (mars-avril 1793) ; s'il ne rapporta point de ce séjour trop court des avantages politiques ou commerciaux, il y recueillit les matériaux d'un ouvrage excellent (I, 133 sq.).

La guerre chinoise n'avait suspendu qu'un instant les opérations dans l'Ouest. Jagaj jit Pâṇḍe y continuait les conquêtes de son frère Damodar. Après le Kumaon, le Gharwal à son tour devint une province népalaise (1794). Le Népal s'étendait à présent du Bhoutan au Cachemire.

Soudain un drame de palais termine brusquement la régence. Raṇa Bahâdur avait grandi comme grandissent les rois mineurs sous la tutelle de régents ambitieux, enfermé dans son palais, livré à une débauche précoce qui absorbait toute sa vigueur. En 1795, il veut tout à coup régner, par caprice. Il fait arrêter son oncle Bahâdur Sâh, qu'il

1. Pour les affaires du Tibet et de la Chine, v. I, 174-181.

garde en prison pendant deux ans, jusqu'à sa mort. Alors s'ouvre une ère de violences, de fureurs, de désordres tels que le Népal n'en avait pas connus. Raṇa Bahâdur est un impulsif, un Néron de petite taille : il aime la musique ; il règle les airs qu'on doit jouer dans tous les grands temples, à Guhyeçvarî, à Changu Narayan, à Vajra Yoginî, à Dakṣiṇa kâlî, à Tulajâ. Aux bonnes heures, il donne sans compter ; aux grands jours il distribue mille vaches en aumônes ; il nourrit des troupes de brahmanes et de faquirs ; mais à la première contrariété, il blasphème les dieux, il dépouille les brahmanes. Les Népalais reconnaissaient en lui le roi de Katmandou Jaya prakâça, qui devait revenir au monde dans la postérité de Prithi Narayan.

Son premier acte, c'est de confisquer la principauté de Yumila, sauvée jusque-là par le prestige de son ancienne préséance. Raṇa Bahâdur avait épousé la fille du râja de Gulmi, Lalita Tripura Sundarî, princesse intelligente et dévouée à son époux ; mais elle ne lui donna pas de fils. Il la délaissa d'abord pour une simple esclave, dont il eut un fils illégitime, puis pour la fille d'un brahmane qui fut la mère du roi Gîrvâṇa Yuddha Vikrama Sâh. Ce prince était donc de naissance illégitime, car la loi interdit le mariage entre un kṣatriya et une femme de sang brahmanique. Les brahmanes furent scandalisés de cette union qui leur semblait incestueuse. Pour mettre un terme rapide à l'abomination, les Brahmanes firent publier une prophétie fondée sur l'astrologie et qui annonçait à bref délai la maladie de la favorite et la mort du roi. De fait, la favorite tomba bientôt gravement malade. Le roi, anxieux par amour et tourmenté par la part de prophétie qui le concernait, consulta les brahmanes sur les mesures à prendre ; ils indiquèrent des cérémonies coûteuses, qui devaient leur rapporter cent mille roupies. Raṇa Bahâdur se laissa faire ; mais, en dépit des rites, la jeune femme mourut en peu de jours. Furieux d'être atteint au cœur et à la bourse, le roi somme les brahmanes de rendre l'argent, sous la menace de terribles supplices ; il se fait livrer l'idole de Tulajà qu'ils ont adorée, la souille d'excréments, la brise en pièces, fait transporter les débris au cimetière de Karavîra, avec un cortège funéraire d'âcâryas en larmes, aux sons des trompettes ; les restes sont brûlés sur le bûcher et les cendres jetées à la rivière.

C'en était trop ; le peuple épouvanté du sacrilège craignait d'en payer les suites. Raṇa Bahâdur comprit qu'un sacrifice opportun pouvait sauver la dynastie et lui ménager personnellement des chances de retour. Il prétexta que son deuil l'avait détaché du monde, entra en religion, prit le nom de Nirguṇânanda Svâmi, et annonça son intention d'aller mourir saintement à Bénarès. Il désigna pour lui succéder son fils Gîrvâṇa Yuddha Vikrama, malgré sa naissance irrégulière ; et, pour dissiper toutes les préventions, il pria le roi de Palpa, Pṛthivî pâla, de venir comme le plus authentique des Rajpoutes népalais poser au front de l'enfant la marque royale. L'armée et le peuple prêtèrent serment d'obéir à leur nouveau maître. Au moment de partir, le Svâmi sentit sa vocation déjà ébranlée ; il alla s'installer dans Patan, s'y fortifia, recruta des partisans. Mais l'opposition des brahmanes le condamnait à échouer ; il s'en rendit compte, et se décida. La reine Tripura Sundarî avait refusé la régence pour suivre son mari ; il désigna comme régente l'esclave qu'il avait aimée. Damodar Panre, le conquérant de l'Ouest, devait exercer les fonctions de premier ministre (1800).

A Bénarès, Raṇa Bahâdur ne tarda pas à s'éprendre d'une nouvelle beauté, et pour satisfaire aux exigences de sa passion il commença par enlever à la reine tous ses bijoux, puis il contracta des emprunts avec la Compagnie. Le Darbar eut peur que Raṇa Bahâdur mît les Anglais dans son jeu, ou que la Compagnie pour se couvrir voulût intervenir dans les affaires du Népal ; il offrit de renouveler le traité de commerce resté en suspens depuis sa signature, et de recevoir au Népal un résident britannique. Le capitaine Knox fut chargé de remplir le poste, et il arriva à

Sanctuaire de Dakṣiṇa Kâlî, près de Phirphing.

Katmandou en avril 1802. Mais fatigué des tergiversations incessantes du Darbar, qui ne cédait jamais que pour se rétracter aussitôt, Knox, accompagné de son assistant Buchanan Hamilton (I, 136 sq.), retourna définitivement dans l'Inde en mars 1803.

Dans l'intervalle, des événements considérables s'étaient passés. La reine Tripura Sundarî, lasse des mauvais traitements de son époux, avait quitté Bénarès et guettait sur la frontière une heure favorable pour rentrer au Népal ; elle y craignait l'hostilité de son ancienne rivale. Quand la saison des pluies rendit le Téraï inhabitable (avril 1802), elle se décida à risquer un coup d'audace, encouragée peut-être sous main par Damodar Panre qui avait accepté à contre-cœur une ancienne esclave comme régente. Une troupe de soldats envoyée contre elle n'osa point agir ; le chef du fort de Sisagarhi s'enferma avec ses hommes derrière les murailles pour n'avoir pas à l'arrêter. Un dernier détachement fut envoyé contre elle. Elle tira un poignard, en porta un coup à l'officier qui se retira honteux de sa besogne, et les soldats se débandèrent. Dès qu'elle fut descendue au Népal, Damodar Panre vint au-devant d'elle et la salua ; la multitude l'acclama et la conduisit au palais, tandis que la régente esclave fuyait dans un temple avec son propre fils, le jeune roi, les trésors et les joyaux de la couronne.

La reine laissa le pouvoir à Damodar Panre ; mais elle se hâta de renvoyer à Palpa le roi Pṛthivî pâla qui était resté à Katmandou depuis l'avènement de Gîrvâṇa Yuddha Vikrama, et qu'on soupçonnait d'aspirer à la couronne du Népal. Raṇa Bahâdur, qui se savait en droit de compter sur le dévouement de sa femme, partit de Bénarès à la première nouvelle des événements. Informé de son arrivée, Damodar Panre se mit à la tête des troupes pour le recevoir, et pour le surveiller au besoin. Mais Bhim Sen (Bhîma sena) Thâpâ, qui s'était poussé dans l'intimité de Raṇa Bahâdur à Bénarès, et qu'une vieille haine de famille excitait, autant que l'ambition personnelle, contre le chef du clan Panre, conseilla au roi de brusquer les événements. Avec sa décision coutumière, Raṇa Bahâdur s'avança vers les soldats et leur cria : « Eh bien, mes braves Gourkhas ! qui est pour le Sâh, qui est pour le Panre ? ». Les soldats répondirent par des acclamations, et Raṇa Bahâdur entra triomphalement à Katmandou, suivi de Damodar Panre et son fils enchaînés. Peu après, l'ancien ministre fut, avec son fils, livré au bourreau. Il mourut avec courage, sans vouloir faire appel à ses partisans, par crainte de provoquer la ruine complète de sa maison.

Bhim Sen Thâpâ devint alors ministre. Il devait conserver le pouvoir pendant trente-trois ans, sous une suite de rois. Il s'empressa de rendre à son maître le prestige nécessaire, par de nouvelles conquêtes. Pṛthivî pâla paya d'abord ses manœuvres louches ; attiré malgré lui à Katmandou sous prétexte d'un projet de mariage entre sa sœur et Raṇa Bahâdur, il fut massacré avec ses officiers. Puis Amara Siṃha Thâpâ, le père du ministre Bhim Sen, fut chargé, avec le titre anglais de « général », de réduire Palpa. Il n'eut qu'à prendre possession de la ville (août 1804). Le dernier des états indépendants avait vécu ; le Népal était tout entier aux Gourkhas. Amara Siṃha continua sa marche vers l'Ouest, occupa de nouveau le Garhval, et menaça le Kangra ; mais il dut s'arrêter devant un autre conquérant, qui travaillait à se tailler un empire dans l'Himalaya occidental, comme Prithi Narayan avait fait dans l'Himalaya central : le fameux Ranjit Singh (Raṇa jit Siṃha) avait groupé les clans Sikhs, entraînés à la guerre par une lutte séculaire contre les Musulmans, et les avait lancés à la conquête du Penjab et du Cachemire. Le Kangra n'échappa aux Gourkhas que pour tomber au pouvoir des Sikhs.

Raṇa Bahâdur ne craignit pas de s'attaquer à des ennemis plus dangereux : les brahmanes. Devenu maître de Palpa, il déclara que les brahmanes du pays avaient forfait, par l'indignité de leur conduite et par l'abomination de leurs pratiques, aux lois de la caste ; en conséquence tous leurs domaines devaient revenir à la couronne. Les brahmanes furent atterrés de cette audace. Ils vinrent à Katmandou réclamer justice, et récitèrent le vers connu : « O roi, le poison n'est pas du poison, les biens des brahmanes, voilà le poison ; le poison tue la personne ; mais les biens des brahmanes tuent les fils et les petits-fils[1] ». Le roi resta sourd, mais un présage indiqua que le ciel avait entendu : le 7 de vaiçâkha clair, en 927 (1807) un grand chacal entra en ville, passa par le bazar, et sortit de la ville par la porte du Nord. C'était la conséquence des fautes de Raṇa Bahâdur, qui avait repris aux brahmanes leurs terres, fermé les grandes routes, mal traité les enfants, commis le sacrilège et l'inceste. Raṇa Bahâdur, instruit d'un complot que son frère illégitime Sher Bahâdur avait formé contre lui, mande Sher Bahâdur, lui ordonne de quitter la capitale et de rejoindre l'armée dans les provinces de l'Ouest. Sher Bahâdur réplique par une insulte ; le roi crie de le mettre à mort. Sher Bahâdur tire son sabre, blesse mortellement le roi, et tombe lui-même sous l'épée de Bâla Nara siṃha Konvar, un Thâpâ qui devait avoir pour fils Jang Bahâdur, le grand ministre (1807). Bhim Sen Thâpâ, resté le premier ministre de Gîrvâṇa Yuddha Vikrama, oblige la plus jeune épouse royale, qui lui était hostile, à monter sur le bûcher, donne l'ordre de mettre à mort la plupart des chefs qu'il craint, comme les complices de Sher Bahâdur, et partage le pouvoir réel avec la reine régente Tripura Sundarî. L'histoire du Népal est dès lors pendant trente ans l'histoire du ministère de Bhim Sen.

Le roi Gîrvâṇa Yuddha Vikrama Sâh, qui portait le titre royal depuis l'abdication de son père en 1800, ne possède aucun pouvoir et n'exerce aucune action jusqu'à sa mort. Il avait deux ans quand une combinaison politique de Raṇa

1. na viṣaṃ viṣam ity âhur brahmasvaṃ viṣam ucyate |
viṣam ekâkino hanti brahmasvaṃ putrapautrakaṃ ||

Bahâdur l'avait porté sur le trône, neuf ans quand la mort de son père l'avait laissé comme un jouet aux mains de la reine et du premier ministre, dix-huit ans quand il fut enlevé par la petite vérole en 1816. La Chronique le représente avec assez de vraisemblance comme pieux, dévot, pacifique, adorateur de Viṣṇu. Il respectait profondément les Brahmanes et les Saints Enseignements (*çâstras*). Il se fit expliquer le chapitre de l'Himavat Khaṇḍa qui exalte les lieux sacrés du Népal (*Nepâla mâhâtmya*), jeûna le jour et la nuit de la Çivarâtri suivante, et dédia la ville de Deo Patan à Paçupati, le 14 phâlguṇa sombre de l'an vikrama 1870 (1813 J.-C.). En 1810, un tremblement de terre violent secoua le Népal, et causa nombre de morts à Bhatgaon ; c'était un présage funeste. Enfin, sous son règne, une guerre éclata dans le Téraï avec les Anglais ; mais le roi les affola et sauva le pays. Alors il manda les Anglais, fit la paix avec eux, et leur permit de vivre près de Thambahil (faubourg de Katmandou).

Tel est le récit indigène et officiel de la guerre anglo-népalaise qui aboutit au traité de Segowlie et qui paralysa définitivement la conquête gourkha. Les empiètements obstinés des Gourkhas sur la frontière méridionale avaient fini par lasser la patience de la Compagnie et rendu nécessaire un recours aux armes. De 1787 à 1813, plus de deux cents villages avaient été saisis par les Népalais sous des prétextes injustifiables. Lord Hastings, décidé à agir, en réclama l'évacuation dans le délai de vingt-cinq jours. Bhim Sen répondit à l'ultimatum par une déclaration de guerre.

Commencée le 1er novembre 1814, la guerre se prolongea jusqu'au 4 mars 1816. Les Gourkhas n'avaient que 12000 hommes de troupes à opposer aux 30000 soldats et aux 60 canons que les Anglais mirent en ligne dès l'ouverture de la campagne ; mais leurs vertus militaires, leur bravoure, leur ténacité, leur souplesse faillirent contrebalancer leur infériorité numérique, et leur résistance mérita l'estime et l'admiration de leurs vainqueurs. L'incapacité des commandants britanniques amena d'abord une série de désastres : le général Gillespie, venant de Meerut, passe les Sivalikhs, pénètre dans le Dehra Dun, et se laisse arrêter un mois par le fort de Kalanga (ou Nalapani), tenu par 600 Gourkhas sous les ordres de Bala bhadra ; le corps anglais y perd 31 officiers, 718 hommes, et son chef lui-même blessé mortellement. Quand le poste n'est plus tenable, Balabhadra se fraie une issue à la tête de 90 hommes qui lui restent encore. Le général Martindell, qui a remplacé Gillespie, mène ses troupes devant Jythak, mais il subit un grave échec ; il perd 12 officiers et 450 hommes. En février 1815 une compagnie de 200 Gourkhas met en déroute 2 000 irréguliers au service de l'Angleterre. Le général Marley, chargé de marcher sur Katmandou par Bichakoh et Hetaura, se laisse surprendre par l'ennemi qui lui tue ou lui met hors de combat 500 hommes. Le major Hearsey qui opère vers Almorah, est défait, blessé et pris. Mais le colonel Nicolls investit Almorah qui capitule, et les Gourkhas perdent le Kumaon. La tactique prudente d'Ochterlony répare tous les désastres. Opposé à Amara Siṃha, le père de Bhim Sen et le plus redoutable des généraux gourkhas, il le fatigue, il l'use par de petites manœuvres, le force de se retirer à Malaon, où il est réduit à capituler. Ochterlony, généreux dans la victoire, lui permet de sortir avec armes et bagages « considérant la bravoure, l'habileté, la fidélité avec lesquelles il a défendu le pays confié à ses soins ».

Interrompue par la saison des pluies et par les négociations que le Darbar traîne en longueur, la campagne rouvre en février 1816. Ochterlony, qui n'a pu forcer la passe de Bichakoh, la tourne et paraît devant Makwanpur. Les forts gourkhas opposent une résistance désespérée, mais l'artillerie finit par en avoir raison. La route de Katmandou est ouverte. Le Darbar demande la paix. Le 4 mars 1816, un traité signé à Segowlie consacre la défaite du Népal, qui perd le Sikkim, le Kumaon, le Garhwal, tout le Téraï à l'Ouest de la Gandaki, et qui se résigne à accepter un résident britannique. Lord Hastings avait fait de cette clause la condition fondamentale de la paix, et avait repoussé d'avance toute discussion sur ce point. Edward Gardner fut nommé résident au Népal, où Hodgson vint le rejoindre comme assistant en 1820[1].

Le Népal comprit la leçon et en profita ; jamais les Gourkhas ne se risquèrent plus à attaquer l'Angleterre. Le gouvernement de l'Inde montra d'autre part sa sagesse ; il se garda prudemment de provoquer un adversaire dont il avait éprouvé le mérite. Le général Ochterlony déclarait confidentiellement à Lord Hastings que « les soldats hindous de la Compagnie ne seraient jamais en état de résister au choc de ces montagnards énergiques sur leur propre sol ». En conséquence Lord Hastings donnait comme instructions à Edward Gardner de travailler à transformer le voisin turbulent en allié amical ou tout au moins tranquille. Pour mieux marquer son intention, il consentit dès la fin de 1816 à modifier une clause du traité, conformément aux plus chers désirs du roi. La Compagnie s'était engagée par le traité à payer une indemnité de 200 000 roupies par an pour compenser la perte des revenus que la cession du Téraï causait aux détenteurs antérieurs de ces fiefs ; par un nouvel arrangement, une partie du Téraï fut

1. Pour la période qui correspond au séjour de Hodgson, j'ai utilisé la biographie écrite par Sir W. W. HUNTER : *Life of Brian Houghton Hodgson*, London, 1896. Hunter a utilisé un grand nombre de documents à demi confidentiels qui se trouvent à l'India Office, et dont on verra l'indication précise dans les notes de son excellent livre.

rétrocédée au Népal comme équivalant à 200 000 roupies de revenus par an. Les Anglais s'aperçurent trop tard du mauvais marché qu'ils avaient conclu. En 1834, Hodgson estimait à 991 000 roupies les revenus annuels des terrains rétrocédés.

Aussitôt après la guerre, le roi Gîrvâṇa Yuddha Vikrama était mort. Il fut remplacé par son fils en bas-âge, Râjendra Vikrama Sâh (1816). Le changement de princes, qui ouvrait une nouvelle minorité à long terme, consolidait le pouvoir du premier ministre Bhim Sen, et de la reine Tripura Sundarî, grand'mère de Râjendra Vikrama Sâh.

Bhim Sen devait faire face à une situation difficile. Les Gourkhas étaient une nation militaire, incapable de vivre autrement que de guerres et de conquêtes. Les revenus du sol népalais ne pouvaient suffire à l'entretien d'une population oisive, et la guerre avec l'Angleterre avait démontré aux Gourkhas que l'ère des razzias était passée. Bhim Sen s'efforça d'encourager le trafic entre le Népal et ses deux voisins : Inde et Tibet. Les revenus des douanes, évalués à 80 000 roupies en 1816, s'élevaient en 1833 à 250 000 roupies. Mais la défaite avait imposé aux vaincus de nouvelles charges ; les Gourkhas avaient compris que pour échapper à la puissance envahissante qui absorbait peu à peu l'Inde entière, le rempart des montagnes ne suffirait pas sans les armées et les canons. Bhim Sen installa des fonderies de canons, des arsenaux, éleva de grandes casernes, maintint et développa la discipline et l'instruction militaires. L'argent manquait ; Bhim Sen fit appel, au nom du patriotisme hindou, aux brahmanes et aux temples qui possédaient par donation des biens libres de charges. Peu répondirent à l'appel. Trop sûr de sa force, il ne craignit pas alors d'annuler ces donations et d'exiger la remise des chartes et diplômes qui les sanctionnaient. Il avait déchaîné contre lui des adversaires qui ne pardonnent pas.

En 1832 la vieille reine Tripura Sundarî mourut. Bhim Sen vit disparaître sans regret une autorité qui lui faisait contrepoids. En fait il restait dès lors à découvert, seul responsable d'un régime paradoxal qui laissait depuis vingt-huit ans le pouvoir absolu aux mains d'un simple serviteur de la couronne. Un de ses frères Raṇa Vîra Siṃha Thâpâ s'était poussé dans l'amitié du jeune roi qu'il avait sous sa surveillance et l'excitait par ambition à ressaisir l'autorité. Au sérail la vieille rivalité des Thâpâs et des Panres préparait un nouvel éclat ; la première épouse de Râjendra Vikrama était affiliée aux Panres ; la seconde, par sa naissance et par ses intérêts, était attachée aux Thâpâs. Dès 1833 (l'année même où Hodgson fut nommé résident au Népal), il apparut que l'autorité du premier ministre était minée ; à la cérémonie annuelle de la paijnî, où tous les fonctionnaires sont soumis à une nomination nouvelle, Bhim Sen ne fut pas confirmé dans son poste, qui resta sans titulaire ; ses partisans, auxquels il avait confié sans discrétion tous les emplois de l'état, furent remplacés par des adversaires. Quelques jours après, Bhim Sen fut rappelé au ministère ; mais cette péripétie annonçait une prochaine catastrophe. Les dieux mêmes se tournaient contre lui. Un tremblement de terre formidable ébranla tout le pays dans la nuit du 12 bhâdrapada intercalaire, quinzaine claire (25 septembre 1833) ; quatre secousses se succédèrent qui jetèrent bas ou endommagèrent à Katmandou 643 constructions, à Patan 824, à Bhatgaon 2747, à Sanku 257, à Banepa 269. Depuis le règne de Çyâma siṃha deva on n'avait vu pareil désastre au Népal. En 1834, le 6 d'âṣâḍha sombre, la foudre tomba sur la poudrière de Timi qui fit explosion. Quatorze jours plus tard, nouvelles secousses de tremblements de terre, pluies diluviennes ; la

Bagmati déborde. En 1836, une femme de Patan met au monde deux enfants soudés ensemble. Tant de prodiges ne parlaient que trop clairement.

Au printemps de 1837, le neveu de Bhim Sen, Matabar Singh, le chef le plus populaire de l'armée, est révoqué du gouvernement de Gourkha, et sa place est donnée à un fils de ce Damodar Panre qui avait été le prédécesseur et la victime de Bhim Sen. En juin, le fils aîné de Damodar, Ran Jang Panre (Raṇa Jaṅga Pâṇḍe) est remis en possession des titres et biens qu'avait possédés le père. Quelques jours plus tard, le plus jeune fils de la première reine meurt brusquement ; on accrédite le bruit que Bhim Sen a voulu empoisonner la reine, et que l'enfant est victime de ses manœuvres coupables ; il est arrêté, jeté en prison, avec Matabar Singh et tout le reste de sa famille. Les médecins du palais, qui étaient des créatures de Bhim Sen, sont aussi incarcérés. Tous sont rayés de la caste, mis à la torture ; leurs biens sont confisqués. Ran Jang Panre remplace Bhim Sen au ministère. Mais le retour brusque des Panres inquiète les autres partis. Les Chauntrias, collatéraux de la famille royale, que Bhim Sen a tenus à l'écart depuis 1804, les Brahmanes qui ont perdu le plus clair de leurs revenus par des spoliations successives, réclament leur part de la curée. Les ambitions rivales qui épuisent toutes leurs forces à se neutraliser provoquent un semblant de réconciliation générale. Bhim Sen s'humilie aux pieds du roi qui lui octroie son pardon ; les prisonniers sont relâchés et rentrent en grâce ; l'armée fait à son vieux chef et à son jeune favori une conduite triomphale. Ran Jang descend du pouvoir où il vient de se hisser, et laisse la place au chef du parti brahmanique, Raghu nâtha Paṇḍita, qui cherche à ménager tout le monde, mais que l'armée regarde avec antipathie comme le représentant d'une concurrence dangereuse. Ran Jang, nommé commandant en chef, cultive à son profit cette désaffection de la soldatesque ; il prend avantage du départ des officiers attachés à Bhim Sen, et qui ont donné leur démission pour le suivre dans sa retraite forcée.

Temple de Kṛṣṇa et Râdhâ, sur la place du Darbar, à Patan.

Au palais, les deux reines se disputent l'influence au profit de leurs partis. La première reine, qui s'était crue triomphante à la chute de Bhim Sen et qui avait vu avec rage les brahmanes escamoter la victoire, se décide à un scandale. Elle quitte le darbar et s'installe à Paçupati, sous la garde de son fidèle Ran Jang. Le misérable roi vient tous les jours l'y rejoindre sans arriver à la calmer ; elle exige que Ran Jang soit ministre. Matabar Singh, qui sent approcher une nouvelle tempête, s'en va chasser les éléphants au Téraï, franchit prudemment la frontière, se retire chez le vieux Ranjit Singh à Lahore. Raghu nâtha Paṇḍita donne sa démission de premier ministre ; un Chauntria est appelé à constituer le cabinet, où Ran Jang est tout-puissant ; bientôt il jette le masque, renvoie ses collègues, et garde seul tous les pouvoirs, au commencement de 1839. L'accusation d'empoisonnement lancée contre Bhim Sen en 1837 est aussitôt reprise, étayée par un arsenal de faux qui ne trompent personne, mais qui donnent à la comédie judiciaire un air de dignité. Le vieux ministre, accusé de trahison par le roi, est jeté en prison, menacé, poussé au suicide, car nul n'ose encourir la responsabilité de sa mort. On va, lui dit-on, le plonger jusqu'au cou dans une fosse d'excréments, promener sa femme à travers la ville, toute nue. Épouvanté, le vieillard se frappe de son couteau (kukhri) et meurt de sa blessure neuf jours après. Son corps est démembré, les tronçons exposés en public sont ensuite jetés aux bêtes. Le médecin qui avait soigné le petit prince, un brahmane que la loi interdit d'exécuter, est brûlé au front et sur les joues tant que le crâne et les mâchoires se montrent ; son collègue, un Névar, est empalé, et, tout vivant, on lui arrache le cœur. Un décret royal exclut les Thâpâs de tous les emplois pour sept générations (juillet 1839).

Pour pallier ces horreurs et pour capter la faveur publique, le parti des Panres exploita le chauvinisme des Gourkhas, que Bhim Sen avait eu tant de peine à contenir depuis la paix de Segowlie. On fit répandre des prophéties qui annonçaient la chute prochaine des Anglais ; on fondit des canons, des fusils, on commanda 800 000 livres de poudre, des balles, des boulets ; on envoya des officiers préparer des travaux de défense ; on fit un recensement militaire qui donna 400 000 hommes en état de porter les armes. On noua des relations secrètes avec les états rajpoutes, Gwalior, Satara, Baroda, Jodhpur, Jaypur, Kotah, Bundi, Reva, Panna; avec le débile héritier de Ranjit Singh qui venait de mourir, avec la Birmanie, avec la Perse, avec l'Afghanistan, avec la Chine. Mais cette politique coûtait cher et l'argent manquait. Ran Jang feignit de restituer à l'État tous les biens qu'il avait reçus libres de charges, et il exigea le même sacrifice de tous ceux qui avaient reçu des donations royales depuis la chute de son père ; de lourdes amendes s'abattaient tout à coup sans raison. On voulut même rogner la solde de l'armée, sous prétexte que le roi n'avait pas de ressources pour élever ses six enfants. Les troupes se mutinèrent, réclamèrent une guerre contre l'Inde ; le roi dut paraître devant elles pour les apaiser.

Le mécontentement universel servait les fins de la première reine. Pour posséder plus sûrement le pouvoir et le partager avec Ran Jang, elle travaillait à discréditer le roi dans l'espoir qu'un soulèvement le déciderait à abdiquer en faveur de son fils, et à la désigner pour régente. La mort déjoua ses calculs ; elle fut emportée par la fièvre en octobre 1841. Déjà depuis un an la chute des Panres était consommée. L'Angleterre, lasse de provocations ridicules, avait imposé un arrangement au Népal en 1839 ; puis, à la suite d'un mouvement des soldats contre la Résidence, elle avait exigé la démission du ministre Ran Jang ; un Chauntria, Fateh Jang, avait été chargé de former un cabinet de concentration.

La disparition de la première reine ne simplifiait guère la politique intérieure du Népal ; la seconde reine, qui avait supporté impatiemment la suprématie de sa rivale, aspirait à prendre le pouvoir ; par l'élimination successive du roi et de l'héritier présomptif, elle assurait le trône à sa progéniture, et s'assurait la régence. L'héritier présomptif, alors âgé de douze ans, était une espèce de fou sanguinaire, qui se délectait à voir torturer et mutiler des animaux et des hommes ; il lui tardait de régner et de mettre à l'écart son père qui s'obstinait à durer. Enfin le roi Râjendra Vikrama, ahuri, imbécile, passait d'une influence à l'autre sans s'arrêter jamais ; il fuyait devant les querelles et ne demandait que la paix ; mais personne autour de lui n'était disposé à la lui laisser goûter.

La situation devint si grave que la noblesse, jugeant l'État en péril, oublia un instant les compétitions de partis. Une réunion générale, tenue en décembre 1842, nomma un comité chargé de demander et de proposer au roi des mesures pour la protection de la vie, des propriétés, et des droits légitimes, publics et personnels, de tous les sujets de la couronne. La pétition fut successivement soumise aux ministres, aux chefs, aux autorités municipales des villes de la vallée, aux officiers, approuvée, signée et portée par une immense députation au darbar royal, le 7 décembre. Le roi la reçut, la signa et la ratifia. La crise avait duré douze jours.

La reine, qui devait à cette sorte de charte un surcroît de puissance, destiné à contre-balancer l'action du prince héritier, s'empressa de rappeler les Thâpâs au pouvoir. Matabar Singh, qui vivait depuis quatre ans hors du Népal, est rappelé. Il réclame et obtient la réhabilitation publique de Bhim Sen, le châtiment de ses accusateurs ; enfin il est nommé premier ministre en décembre 1843. Maintenu malgré lui au pouvoir, il perd l'appui de la reine, qu'il a refusé de seconder dans ses desseins criminels ; le 17 mai 1845, dans la nuit, il est mandé au palais, s'y présente devant le roi et la reine ; trois coups de fusil le blessent ; il demande grâce pour sa mère et ses enfants, étend les mains vers le trône ; un serviteur lui tranche le poignet ; le cadavre pantelant est descendu par une fenêtre.

L'assassin qui avait abattu Matabar était son propre neveu, Jang Bahadur.

Le personnage qui entrait en scène avec un si fâcheux exploit était voué aux tragédies de palais. Son père, Bâla Narasiṃha, avait assisté jadis au meurtre de Raṇa Bahâdur et avait de sa propre main abattu le meurtrier, qui était frère du roi. Petit-neveu de Bhim Sen, il avait obtenu de bonne heure un grade élevé; mais, fatigué de la caserne, il avait déserté, franchi la Kali, visité les provinces de la Compagnie, et songé à s'enrôler sous Ranjit Singh; ramené au Népal par des parents, il obtint son pardon. Bientôt la chute de Bhim Sen l'obligeait à se cacher; il parcourut le Népal en observateur discret, s'initiant aux coutumes, aux mœurs, aux langages de toutes les races, assouplissant son corps aux plus rudes fatigues. Rentré à Katmandou, il s'y manifeste par un coup d'éclat; un éléphant affolé bouleversait la ville et personne n'osait l'arrêter. Jang se laisse glisser d'un toit sur le dos de l'animal, lui jette sur les yeux une étoffe qui l'aveugle, et s'en rend maître. Le darbar lui offre un costume d'honneur et une somme d'argent qu'il refuse; il rentre dans l'armée comme capitaine, est employé à une mission secrète près du râja de Bénarès, arrêté par les Anglais qui le ramènent à la frontière. Il a déjà des envieux qui essaient de le perdre; il les confond par son audace. On en cite des traits nombreux. Un jour, tandis qu'il traverse à cheval un torrent furieux sur une passerelle de deux planches, à une hauteur vertigineuse au-dessus de l'abîme, le prince héritier le rappelle. Sans hésiter, il fait, dans un bond hardi, tourner sa monture et rejoint le bord. Un autre jour, pour échapper à la férocité du même prince, il se jette dans un puits, s'y maintient jusqu'à la nuit; quand ses amis viennent l'en tirer, il a les ongles entièrement usés de s'accrocher aux briques des parois. Quand Matabar Singh, rentré en grâce, revint de l'Inde, Jang fut le premier à saluer le retour du nouveau favori. En le choisissant pour être l'instrument du crime, la reine l'avait bien jugé : c'était un homme à tout faire. Elle s'en aperçut plus tard à ses dépens.

Après le meurtre, Jang Bahâdur nommé général avec le commandement de trois régiments fut chargé du ministère à titre provisoire, puis il céda la place au Chauntria Fateh Jang, et resta en dehors du nouveau cabinet ; mais les trois régiments qu'il commandait garantissaient son influence. Le véritable pouvoir appartenait au général Gagaṇa Siṃha, ancien domestique du harem, devenu l'amant de la reine. Le roi, menacé d'être sacrifié à cet amour adultère, loua les services d'un bandit de profession qui abattit d'un coup de fusil Gagaṇa Siṃha, tandis qu'il priait dans sa chambre (septembre 1846).

Folle de douleur à cette nouvelle, la reine saisit dans ses mains le sabre royal, emblème de l'autorité suprême, que le roi l'avait autorisée à porter depuis janvier 1843 ; elle donne l'ordre aux trompettes d'appeler les soldats, et convoque tous les fonctionnaires civils et militaires de l'État. Le roi, embarrassé, s'esquive sous prétexte d'informer la Résidence. Les nobles accourent, sans prendre le temps de s'armer. « Qui de vous a tué mon fidèle ami? » leur crie la reine, elle bondit sur un des Panres qu'elle soupçonne du crime, et qu'elle veut tuer de ses mains. On la retient. Elle s'échappe, se précipite vers l'escalier qui conduit à l'étage supérieur où est son appartement ; trois des ministres s'élancent à sa suite quand des coups de fusil, partis on ne sait d'où, les étendent morts à terre. En tombant, Abhimâna Siṃha désigne Jang Bahâdur comme son assassin. Le fils d'Abhimâna se jette sur un des frères de Jang et le frappe de son épée : il va en frapper un autre quand Jang apparaît sur l'escalier et l'abat d'un coup de fusil. Dans l'obscurité de la salle et des couloirs, à peine trouée par la lumière tremblante des veilleuses, un duel meurtrier s'engage à l'aveugle entre les partisans de Jang, ralliés autour de lui, et ses adversaires; on frappe, on égorge, on massacre sans connaître les victimes. Au dehors, les régiments de Jang gardent les issues; leurs couteaux s'abattent sans pitié sur les ennemis ou les suspects qui croient trouver le salut dans la fuite. La reine, d'une fenêtre, les excite à la venger. Le roi, qui revient de la Résidence, est épouvanté par les ruisseaux de sang qui coulent du palais, et se sauve vers Patan pour gagner Bénarès. On le ramène malgré lui. La reine donne l'ordre d'expulser les femmes et les enfants de tous ceux qu'elle a fait tuer, et de tenir sous une étroite surveillance le prince héritier et son frère.

Jang, en apparence docile à l'ordre, installe auprès des deux princes des gardiens chargés en réalité de les défendre contre les fureurs de la reine. Déçue, la reine organise un nouveau complot, contre Jang cette fois. Mais, averti à temps, le ministre la devance, saisit et met à mort les conspirateurs, qui appartenaient au clan des Bashniats, paraît devant le roi et l'héritier présomptif, leur déclare que la sûreté de l'État exige le départ de la reine. Celle-ci, qui se sent vaincue, se soumet; elle réussit cependant à entraîner avec elle son époux imbécile. Le prince héritier est chargé de la régence, et Jang des fonctions de premier ministre.

Le couple royal, retiré à Bénarès, intrigue avec tous les mécontents et les exilés du Népal qui se donnent rendez-vous dans la cité sainte; la reine étale publiquement le scandale de ses amours adultères. Le pauvre roi Râjendra Vikrama Sâh, trompé par tout le monde, prend le chemin du Népal sur la foi de rapports mensongers qui lui promettent un soulèvement tout prêt en sa faveur. La petite bande qui lui fait cortège se disperse à la première attaque, et le roi rentre en prisonnier dans sa capitale (1847). Il est déposé sans qu'une voix s'élève en sa faveur, et le prince héritier Surendra Vikrama Sâh monte sur le trône.

La politique de Jang tend dès lors à se concilier la faveur des Anglais, peut-être en vue d'une éventualité que son ambition et ses talents lui permettent d'envisager. En 1848 il offre au gouvernement de l'Inde le concours des troupes Gourkhas pour réduire les derniers défenseurs de l'indépendance Sikh ; il est poliment éconduit. En 1850, après de longues négociations, il part pour l'Angleterre comme le chef d'une mission chargée « de porter à la reine les respects du roi et les assurances de son amitié ; de voir la grandeur et la prospérité du pays, et l'état du peuple ; d'examiner à quel point les applications des arts et des sciences sont utiles au confort et à la commodité de la vie ». De fait, il espère doubler son prestige au Népal par ses relations avec les puissants de l'Europe, gagner par sa séduction le gouvernement anglais à ses intérêts personnels ; il veut aussi, en homme d'état positif, connaître exactement ces maîtres mystérieux de l'Inde qui font sentir leur puissance sans la montrer à leurs sujets. A Londres, à Paris, où il se rend ensuite, il est le lion de la saison ; l'étrangeté de son costume, la richesse de ses parures, les légendes qui courent la presse, le prestige d'une contrée qui reste impénétrable le signalent à l'attention ; on lui donne des bals, des fêtes, des représentations. A Paris, le ministre des Affaires étrangères vient lui rendre visite ; on le promène officiellement au Musée du Louvre ; il donne un bracelet de diamants à la Cérito qui l'a ébloui par ses pirouettes dans le ballet à la mode : le Violon du Diable. On chuchote des bruits étranges sur la cuisine de l'ambassade, qui prépare sa nourriture dans un coin de l'hôtel Sinet. Rentré dans l'Inde en janvier 1851, Jang et ses compagnons (Jagat Shamsher et Dhir Shamsher, ses deux frères, des officiers, un médecin, un peintre, deux cuisiniers et des serviteurs) s'arrêtent à Bénarès pour accomplir à grands frais sur les bords du Gange les cérémonies de purification imposées à tout Hindou qui sort du pays ; le grand-prêtre des Gourkhas, le Râjya guru, vient lui-même présider à ces rites, pour dissiper toutes les préventions.

La précaution n'était pas superflue : dix jours après le retour de Jang au Népal, une conspiration éclate ; elle a pour chefs un frère de Jang et l'aîné de ses cousins ; ces vengeurs de la pureté brahmanique déclarent que Jang a irrémédiablement perdu sa caste en mangeant et en buvant avec des étrangers ; le frère du roi est entré dans le complot. La fortune de Jang le sert encore ; averti à temps, il s'empare des coupables, mais refuse de leur appliquer la peine de mort ou la perte de la vue que le roi veut leur imposer comme châtiment ; politique avisé, il se contente de remettre les prisonniers au gouvernement de l'Inde qui accepte de les garder dans une forteresse pour les sauver d'une peine plus grave. Dès lors Jang est tout-puissant ; il marie ses fils et ses filles avec les filles et les fils du roi.

Les insolences et les violences commises sur le territoire tibétain contre les ambassadeurs népalais envoyés à Pékin amenèrent une nouvelle guerre entre le Tibet et le Népal en 1854. Malgré les efforts énormes accomplis par le Népal, les hostilités se prolongent plus de deux ans sans avantage marqué, paralysées sans cesse par les difficultés insurmontables d'une région diabolique où les tempêtes de neige, les avalanches, les précipices, la stérilité du sol défient les plus rudes courages. Les passes de Kuti et de Kirong, occupées d'abord par les Gourkhas, sont perdues, puis reprises. Dhir Shamsher, frère puîné de Jang et père du mahârâja présent, sauve l'honneur du Népal par son énergie infatigable ; les Tibétains, épouvantés de le voir partout reparaître, l'appelaient « le Kaji volant ». Le 25 mars 1856, le Tibet se décide à signer la paix : les Gourkhas évacuent les territoires qu'ils ont occupés, mais en compensation, le Tibet paie au Népal une indemnité annuelle de 10.000 roupies ; il renonçe à percevoir des droits de douane sur les marchandises népalaises ; il autorise le Népal à entretenir à Lhasa un résident chargé de défendre les intérêts des marchands népalais.

En août 1856, Jang feint de renoncer inopinément au pouvoir, passe le ministère à son frère Bâm Bahâdur, et veut se contenter d'une sorte de dictature occulte. Le roi, à cette occasion, lui confère le titre de Mahârâja pour lui-même et pour ses héritiers, et lui cède avec tous les droits souverains les deux principautés de Kashki et de Lamjang, dans l'ancien territoire des Vingt-Quatre royautés. La charge de premier ministre doit se transmettre perpétuellement dans sa famille, à ses frères d'abord, à ses fils ensuite. Enfin Jang doit exercer un pouvoir de contrôle absolu sur les relations du Népal avec l'Angleterre et la Chine.

L'Angleterre refuse d'adhérer à cette combinaison, qui interposerait un tiers entre elle et le roi, seule autorité officiellement reconnue au dehors. Jang reprend le pouvoir en 1857, au moment de la mutinerie des Cipayes ; quand l'Hindoustan se demandait s'il allait changer de maîtres, Jang offre à plusieurs reprises de s'unir aux troupes britanniques pour combattre la rébellion. L'Angleterre, qui ne veut pas d'un sauveur, attend d'avoir repris Delhi et dégagé Lucknow, et elle accepte alors la coopération des Gourkhas. Jang envoie d'abord 3000 hommes, puis il part en personne à la tête de 8000 hommes. Pour récompenser ces services, l'Angleterre restitue au Népal par le traité de 1860 (1er novembre) la partie du Téraï limitrophe du pays d'Aoudh qui lui avait été enlevée par le traité de Segowlie.

Jang cependant n'entend pas s'inféoder à l'Angleterre ; pour marquer son indépendance et pour réserver l'avenir il ouvre discrètement le Népal aux vaincus ; le fameux chef de la rébellion, Nânâ Sahib, avec une cinquantaine de ses principaux lieutenants, trouve un asile complaisant dans l'inextricable Téraï où il disparaît, emporté par la fièvre, ou peut-être recueilli au Népal. Le Népal accorde une hospitalité officielle aux femmes de Nânâ Sahib et à la begam de Lucknow.

Jang Bahâdur, créé G. C. B., mourut en 1878, soit de la fièvre, soit d'une blessure reçue en luttant avec un tigre. Jang avait en effet gardé la passion de la chasse aux bêtes fauves ; il aimait à les poursuivre et à les forcer tout seul, souvent sans autre arme que le couteau népalais ; ces distractions périlleuses plaisaient à son courage indomptable, à son infaillible présence d'esprit, à sa connaissance intime de la nature et des êtres vivants. Il donnait volontiers le spectacle de sa vigueur et de son sang-froid aux prises avec le tigre ou le léopard pour s'épargner l'ennui de les exercer plus souvent contre ses adversaires, aux dépens de l'humanité. Après avoir débuté par l'assassinat d'un oncle et conquis le pouvoir par un effroyable massacre, Jang eut l'honneur de reviser et d'adoucir la sévérité féroce du code et des coutumes gourkhas ; il abolit la peine capitale pour tous les crimes, sauf le meurtre ; il réserva la mutilation, employée jusqu'alors sans scrupule, au châtiment des fautes les plus rares ; il essaya même discrètement de restreindre les suicides plus ou moins volontaires des veuves sur le bûcher conjugal.

A sa mort Raṇoddîpa Siṃha, son frère, devint premier ministre, en attendant que son fils aîné fût en état de recueillir la charge. En 1881 le roi Surendra Vikrama Sâh mourut après trente-quatre ans de règne purement nominal. Son petit-fils Pṛthivî Vîra Vikrama Sâh, né en 1875, monta sur le trône qu'il occupe encore aujourd'hui.

Le 22 novembre 1885, un nouveau drame de famille amenait au pouvoir les neveux de Jang Bahâdur, les fils de son frère Dhir Shamsher. Raṇoddîpa Siṃha fut assassiné ; des fils de Jang, les uns subirent le même sort, les autres disparurent dans l'exil. Vîra Çama Sher (Bir Sham Sher) Jang Rana Bahadur devint premier ministre. Il eut à déjouer d'abord un complot de son frère cadet Khaḍga Çama Sher (Kharga Sham Sher) qui fut pour tout châtiment déporté à Palpa comme gouverneur du district (1886) ; puis un coup de main organisé par un fils de Jang Bahâdur, Raṇa Vîra (Ranbir) Jang (1888) ; enfin une nouvelle conspiration dirigée contre sa vie en 1888. Renouvelant un exploit de son oncle Jang, il accourut à cheval sans débrider jusqu'à Katmandou et punit de mort les coupables. Dans l'administration des affaires il s'est aussi montré le digne continuateur de Jang : il a par de coûteux travaux d'adduction et par la construction d'un réservoir fourni à Katmandou une eau potable et saine ; il a élevé un hôpital, une grande école (*Durbar School*), fondé une collection de manuscrits sans rivale pour l'importance et l'antiquité des textes. Les indianistes ne peuvent pas oublier que la science doit à sa bienveillance éclairée la première reconnaissance archéologique du Téraï népalais si féconde en découvertes éclatantes (piliers d'Açoka, site de Kapilavastu) ; enfin ceux qui ont eu le privilège d'être admis au Népal sous son gouvernement peuvent attester sa hauteur d'esprit, sa largeur de vues, sa conception nette et précise des questions scientifiques. Le mahârâjâ Bir Sham Sher Jang Bahadur a été enlevé par une mort soudaine le 5 mars 1901. Son frère Deva Çama Sher (Deb Sham Sher) Jang Bahadur, qui exerçait les fonctions de commandant en chef, appelé à recueillir son héritage dut l'abandonner presque aussitôt (mai 1901). Il a été remplacé par un de ses frères, le mahârâja Čandra Çama Sher (Chander Sham Sher) Jang Rana Bahadur, qui porte les titres de « Mahârâjâ, Premier Ministre et Maréchal du Népal ».

Bronze népalais.

DEUX MOIS AU NÉPAL

(JANVIER-MARS 1898).

CARNET DE SÉJOUR.

12 janvier 1898, 7 heures et demie du soir, fort de Sisagarhi, Népal, 1 950 mètres d'altitude.

Récapitulons. Parti de Calcutta samedi 8 janvier à 9 heures et demie du soir j'ai roulé mes 685 kilomètres coupés par trois changements de voiture, à 5 heures et demie, à 6 heures et demie, à 7 heures et demie. Le dimanche 9, à 4 heures et demie après-midi (soit 19 heures de wagon), je saute en calèche et roule encore cinq ou six kilomètres par les chemins les plus rudement cahoteux. Soirée charmante avec le colonel Wylie, résident britannique au Népal. Le lendemain, lundi, j'écoute religieusement les conseils et les leçons du colonel et de Mme Wylie sur le Népal ; je dîne avec eux, en cérémonie, à la factorerie d'indigo voisine. Un des convives arrive tout joyeux ; il vient de tuer son tigre, un tigre inattendu, tapi dans la jungle près de son bangalow. Il a bien vite envoyé chercher un éléphant et un fusil, et il a servi l'animal. Chacun ici a son tigre ou ses tigres à son compte ; le colonel Wylie ne les compte plus. En ce moment même il sollicite officiellement une autorisation en faveur d'un gentleman et d'une lady qui voudraient aller chasser le tigre dans le Téraï népalais. Début alléchant, n'est-ce pas?

Le matin les chevaux et la calèche du râja de Bettiah me ramènent à Segowlie où mon escorte m'attend: palanquin, dooly [chaise de montagne], 16 porteurs pour moi, 8 pour mon boy Francesco, 7 pour les bagages, plus le cipaye chargé de faire manœuvrer ce monde. L'entreprise n'est pas toujours aisée; parfois les coulies plantent là leur client, en pleine jungle, et prennent la clef des champs: Mme Wylie elle-même a connu cette mésaventure. Le sort me l'a épargnée. Les cipayes du colonel Wylie, de beaux Hindous avec des colliers de barbe noire, ont tous rivalisé de soins, de complaisance, d'attentions, et si je me ruine en bakchichs, au moins suis-je bien servi. Le voyage au Népal est plutôt ruineux; je compte qu'il me coûtera au moins 400 roupies, 650 francs, autant que de Marseille à Bombay, avec un peu moins de confort. Les porteurs sont prodigieux de force et de vitesse; le palanquin est une vraie chambre en bois; avec la literie, les provisions, l'ameublement et le locataire, la charge est bien de 100 kilogrammes, et, à quatre hommes pour la porter, ils font aisément leurs 8 kilomètres à l'heure. Impossible de marcher avec eux; il faut courir, ou s'empalanquiner. La résultante des forces est représentée exactement par les mouvements éperdus du pendule quand on tire violemment une horloge à soi; oscillation de droite à gauche et projection violente en avant et en arrière. En outre, la consigne est de ronfler, ou tout au moins d'être immobile. Le moindre geste rompt l'équilibre de la charge et l'effort des porteurs; on se sent peu à peu et bien vite craqué jusqu'au plus profond des os.

A une heure, halte à Hardia, la dernière factorerie anglaise sur la route. Le propriétaire, M. F..., avisé par le colonel Wylie, m'attend pour déjeuner et dîner. Il vit là, tout seul, à une lieue du Népal, à deux du Teraï, exploitant l'indigo ; un fusil toujours chargé lui tient partout compagnie ; avis aux indigènes et aux fauves de mauvaise composition. Mon hôte est ravi ; les visites sont rares sur la route de Katmandou ; et il essaie de me retenir par les meilleures et les pires des raisons. Je visite sa factorerie. L'année a été désastreuse : famine d'indigo comme de grains, et la concurrence des indigos de laboratoire a fait tomber les prix. Là encore (à quoi sert de se boucher les yeux ?), c'est l'Allemagne qui l'emporte. Les acheteurs d'indigo à Calcutta sont des Allemands ; ils y viennent d'octobre à janvier, règlent les prix et rentrent ensuite chez eux.

Mais les Wylie m'ont bien recommandé d'éviter le moindre retard. A 5 heures je demande à dîner ; puis en route. Le cortège se reforme. La nuit tombe ; l'expédition s'est enrichie d'un moussalji, un éclaireur qui brandit une longue torche constamment arrosée d'huile. La précaution n'est pas superflue ; la route, déjà mauvaise, empire, coupée de fondrières et de marécages où le palanquin frise la surface de l'eau. A Raksaul, nous quittons le territoire britannique et le Népal commence avec Gahawa. Des ordres ont été envoyés partout ; nulle part on ne m'arrête. En passant devant les postes de surveillance, mes coureurs jettent le mot magique « *Sarkar* », et c'est assez. *Sarkar*, c'est le gouvernement, et tout ce qui y touche, et tous les blancs et même les domestiques des blancs. Et toujours la longue bande de poussière blanche entre les champs tout plats, tout de poussière blanche eux aussi ; et tout ce blanc commence à s'illuminer, éblouissant, sous le lever de la lune tardive. Le froid vient, le froid humide et pénétrant du Téraï qui glace les os avant la peau, je m'enfonce entre mes rézaïs et renonce aux séductions du paysage lunaire. Je ferme mes portes et ne les entr'ouvre que de temps en temps pour observer la route. Toujours le pas de charge, rhytmé par le halètement scandé des porteurs où paraît gémir une longue servitude de peines, avec parfois des syllabes attendrissantes comme notre « dodo, enfant do! » C'est : « babou, dors! babou, dors! » Pauvres gens qui triment si dur et qui endorment encore de leur chant cadencé leur oppresseur.

Nous voilà dans la jungle, la jungle redoutable, étrangement mystérieuse sous cette claire lune qui illumine les contours sans entamer les ombres épaisses. A minuit il fait si froid que mes coulies s'arrêtent. Ils allument des feux sur la route et se rôtissent voluptueusement. J'en profite pour me secouer. A droite, à gauche, deux éléphants attachés aux arbres continuent bruyamment dans la nuit grelottante leur incessante mastication des branchages, silhouettes surnaturelles qu'entoure un frémissement de feuilles arrachées. Nous sommes chez les Tharus, les énigmatiques Tharus. Derrière une clôture de paille, qui symbolise le mur de la vie privée, une femme chante une mélodie sans fin et s'accompagne d'un tambourin. A minuit! par ce froid! que fait-elle? Une adoration, une incantation? Comment le savoir? Enfermés dans leur retraite que nul ne peut leur disputer, ces Tharus ne s'engagent jamais dans les factoreries voisines. Ils vivent entre eux, cachant jusqu'au secret de leur langue, ne s'adressant aux étrangers qu'en hindoustani. Soudain, sans rien qui l'annonce, sans un soulèvement du sol, sans une roche perdue, sans un caillou dans cette poussière fine, nous sommes au pied de l'Himalaya. C'est Bhichakoh, mon premier relai. Il est 3 heures et demie du matin.

Katmandou, 13 janvier 1898, 8 heures soir. — Décidément on arrive à tout, même à Katmandou ; il ne faut qu'y mettre le temps. Mais je reprends mon récit où je l'ai laissé, à Bhichakoh. Donc, à Bhichakoh, c'est la montagne qui s'ouvre tout à coup, comme en un changement à vue; la passe s'engage entre des collines hautes déjà, au profil de montagnes et qui dévalent en pentes raides couvertes de forêts. Le sol disparaît sous les cailloux et sous les roches éboulées des flancs ou descendues avec les torrents à la saison des pluies, saison formidable ici. Le chemin, ou plutôt l'itinéraire, car il n'y a plus trace de route, traverse une large étendue d'eau, rivière ou étang, je l'ignore; la nuit m'en dérobe les aspects lointains. La passe se resserre, s'étrangle entre des pentes grandioses, ruisselantes de rosée; entre les vastes cirques de pierres qui s'étagent en gradins successifs, le sentier monte abrupt sur un sol glissant de sable humide ; des huttes isolées s'accrochent çà et là aux flancs des hauteurs, pauvres abris de branchages où les bergers se réchauffent auprès de grands feux. Sur ce sentier, qui s'effrite et s'émiette sous les pas, se développent des processions de chars traînés par des buffles; presque tous apportent des « *tins* » de pétrole. Décidément je pourrai m'éclairer à Katmandou. Le jour se lève si blanc qu'il se confond avec la clarté de la lune, mais il grandit vite et pénètre en vainqueur les dessous et les fourrés qui arrêtaient la lune.

J'ai mis pied à terre pour soulager mes porteurs. Passé les quelques cabanes de Chiriya, la vallée s'ouvre et le chemin, large, aisé, sablonneux à souhait, semble une allée de parc ombragée de hauts arbres avec pour fond des hauteurs qui vont de 1 500 à 2 000 mètres. Nous passons sur un pont un joli torrent limpide et sonore que mes coulies appellent le Kori; le pont n'est qu'une légère passerelle de bois; les buffles passent à gué. Nous atteignons la *dharmsala* (abri) de Hetaura, où un autre cipaye vient relayer le camarade qui nous accompagne depuis Bhichakoh; les coulies allument bien vite un feu de paille, tout glacés de rosée, et en route. Le chemin traverse maintenant la Rapti et suit le milieu d'une énorme combe que les hauteurs boisées semblent enfermer sans issue ; tout au long, à droite et à gauche, transformant la route en grande rue, les boutiques de Hetaura, marchands de grains, de boissoins, de houkkas, d'étoffes, de mercerie, de poterie. Le banyan hindou a disparu ; c'est bien fini de l'Inde. Les hommes sont des montagnards petits, trapus, les yeux bridés et retroussés, les lèvres épaisses, largement écartées, découvrant de grosses dents jaunes ; les cheveux noirs et presque ras ; la face plate, large, aux pommettes saillantes ; au menton un peu de poil hirsute; la moustache assez forte, rude et tombant au coin des lèvres ; les femmes plus petites encore, plus jaunes encore, les bras et les jambes massifs, la poitrine splendidement opulente, la tête sans voiles, la chevelure d'ébène, grasse d'huile, soigneusement lissée, tombant en longue natte ou relevée en chignon sur le sommet de la tête, étrangement japonaises, et si près encore des Mâyâdevî, des Sîtâ et des Damayantî.

On sort du cirque par le défilé où la Rapti s'écoule, et le chemin suit le cours du torrent, accroché aux flancs des montagnes — c'est bien les montagnes maintenant — épousant toutes leurs sinuosités. Halte au bord de la Samri, que traverse encore une jolie passerelle ; nous nous espaçons sur un large replat et tout au long du ruisseau, nous faisons tous une toilette sommaire. Je déjeune en hâte, et à 10 heures, encore en route. Le torrent réduit à son minimum gronde pourtant et mène encore beau tapage au fond du ravin. Nous avons déjà monté ; Bhichakoh n'est qu'à 990 pieds, 330 mètres ; le pont de la Samri est à 1 600 pieds, plus de 500 mètres. Des hameaux sont installés au bord de la route, tapis entre les roches, sur tous les replats ; quand les pentes s'allongent, des villages se pressent, riants, entourés de cultures, et qui grimpent bien haut, bien haut, vers les 2 000 mètres. Et toujours le torrent qui gronde, et qui écume, et qui se brise contre les hautes roches éboulées. Le soleil est maintenant haut, il descend dans les ravins. Oh! la divine, l'incomparable lumière, plus belle encore que sur les plaines poudreuses et sèches, dans cet air si pur, où l'eau flotte en vapeur très légère, estompant la crudité des contours sans rien ravir à la netteté des horizons, illuminé jusque dans les ombres par le resplendissement de l'azur le plus glorieux. J'ai retrouvé là, sous d'autres formes, les joies enivrantes de la couleur que la mer Rouge m'avait fait connaître.

La route aboutit à Bhimpedi (3 660 pieds, 1 200 mètres) dans un cul-de-sac ; les hauteurs tombent partout à plomb. Adieu les palanquins, je liquide avec des bakchihs mes *kahars* (porteurs de palanquin) et mes coulies et mon cipaye et je passe aux mains des Népalais. Des kahars, des coulies et un cipaye sont venus de Katmandou avec une *dandi* pour moi et une autre *dandi* moins somptueuse à l'usage de Francesco. Ma dandi, une dandi de luxe, est très exactement un canot ; à la proue et à la poupe on passe des perches, deux hommes à l'avant, deux à l'arrière et comptons pour le reste sur les lois de l'équilibre stable ; mon Francesco a une simple pirogue, et encore une pirogue en toile, à la façon d'un hamac ou d'un linceul, avec le même système de suspension. Ici on est hindou, hindou de culte, s'entend. Les bénédictions tracées au minium sur les murs des maisons et dans les boutiques sont des adorations à Gaṇeça, à Kṛṣṇa, à Sarasvatî. J'apprends — depuis deux jours je n'ai parlé que l'hindoustani — que Bhimpedi doit son nom à Bhîma. Le temple du village, simple carré enclos de murs, décoré d'un linga et d'une cloche, est dédié à Bhîmasena. Outre le temple de Bhîmasena, Bhimpedi a une toute petite chapelle avec une statue certainement ancienne de Lakṣmî-Nârâyaṇa. Le dieu et la déesse se tiennent amoureusement et Garuḍa est à leurs pieds. Je prends un repas sommaire dans une boutique vide, et toute clôturée — heureux présage — avec les planches des caisses où l'on expédie d'Amérique (New-York, U. S.) le précieux et économique pétrole. Du reste Bhimpedi est à moitié construit avec ces planches. Les porteurs qui remplacent à partir d'ici les chariots à buffles ne se soucient pas de traîner une charge inutile. D'ici à Sisagarhi, une dure escalade sur un chemin rugueux, rocailleux, constamment à pic. En 2 milles, soit 3 forts kilomètres, on passe de 3 660 pieds à 5 875, de 1 200 mètres à 1 900 mètres et sous un soleil de 35° sans une apparence d'ombre. Mes porteurs ne se fatigueront pas, je fais le chemin à pied. Francesco, qui fait l'apprentissage de la montagne, gît dolent en son linceul, pleurant la fièvre. Et tout le long de cette rude escalade, les portefaix se succèdent: des groupes de quarante, cinquante hommes traînent péniblement des tuyaux de canalisation destinés à Katmandou. Si c'est là la seule route vers Katmandou, comme les Népalais prétendent le faire croire, ils peuvent dormir tranquilles. On grimpe sous les canons du fort de Sisagarhi qui domine la vallée de Bhimpedi et commande la passe. Dans l'enceinte du fort, un petit bangalow a été installé à l'usage du résident, bien primitif au reste: comme lit une planche ; en fait d'autres meubles, une table et deux chaises. Sur la demande expresse du colonel Wylie, le bangalow m'est ouvert ; la sentinelle gourkha me présente les armes ; les officiers, la plaque en diadème, s'alignent, et je prends possession de ma chambre, ma cage ou ma prison. Le colonel Wylie m'a bien recommandé de rester contre le mur du bangalow, il y est tenu lui-même : la moindre curiosité, le moindre pas à l'écart vous ferait crier à l'espion.

Il est 4 heures et demie, le soleil descend au fond de la vallée, disparaît derrière les hauteurs ; des nuages, des nuées légères descendent aussi sur les sommets et s'étirent aux branches. La forêt monte jusqu'au faîte ; contre le bangalow un bananier épanouit son feuillage ample et fragile. La nuit arrive, scintillante d'étoiles, mais fraîche. Ce matin à 7 heures, mon thermomètre marque + 3° et j'ai l'onglée en cueillant des fleurs. Encore une nuit réduite à sa plus simple expression. Ce matin, réveil aux lumières. Déjeuner hâtif; chacun prend sa charge et soufflant sur mes doigts tout rouges, j'escalade au galop la passe de Sisagarhi : 6 500 pieds, 2 500 mètres. O spectacle inoubliable et soudain ! Devant moi, la paroi descend à pic dans le feuillage ; en face, des pentes grillées (les pentes qui s'ouvrent au Sud, brûlées et desséchées par le soleil, sont ici sans verdure) ; au fond le torrent large et sombre encore, et quelle ligne d'horizon ! Une bande énorme de pics glacés. Une descente précipiteuse enlevée au galop nous amène au bord du torrent, la Panoni ; le chemin suit la rive du torrent, tournant et contournant toutes les parois ; les cultures gravissent les pentes, et les hameaux ont des maisons charmantes à un, deux ou même trois étages, avec des toits en courbe et des châssis de portes et de fenêtres en bois ouvragé. Je vois des pièces qui feraient l'honneur d'un musée, perdues en ces recoins de montagnes.

Vers 10 heures, le chemin quitte le torrent, monte en pente raide le long du Chandragiri et va aboutir au cul-de-sac de Chitlong, à 6 125 pieds, 2000 mètres. Arrêt à la dharmsala. Une caravane de Tibétains, Tibétains du Tibet, passe, en route pour Calcutta, image vivante et parlante de ces pénétrations continues que l'histoire n'enregistre pas. On les remarquerait à peine parmi les Gourkhas sans leurs chapeaux de feutre dressés en cône, tout ronds, aux bords petits et retroussés ; les femmes sont presque identiques à celles d'ici, traits, allure, opulence des chairs, chevelure, coiffure, parures, mais le teint est d'un jaune plus foncé, plus franc, moins bruni. Arrivés à Chitlong à 11 heures et demie, nous n'y restons qu'une heure, et en route pour la passe de Chandragiri. 1 600 pieds, 500 mètres à monter sur une pente à pic, mais dans la forêt. A 2 heures nous sommes en haut : 7 700 pieds, plus de 2 500 mètres avec + 35° au soleil et une magnifique forêt verdoyante. Toute la vallée du Népal est à mes pieds : Katmandou, Patan, Bhatgaon occupent l'Est ; partout, au fond et sur les pentes, des villages et des cultures, et de l'Est à l'Ouest, par-dessus les montagnes d'enceinte, une ligne continue, ininterrompue, sans lacune, de cimes blanches, neiges ou glaces qui ferment entièrement l'horizon. Les voilà tout près, trois ou quatre vallées à franchir, et par delà, l'autre revers, c'est le Tibet, un morceau de la Chine.

La descente sur le Népal serait impraticable sans un escalier ; il a fallu du haut en bas, sur une hauteur de 700 mètres, établir des marches grossières. Francesco, le pauvre Francesco lui-même doit mettre pied à terre. On atteint la vallée à Thankot et 14 kilomètres de route plate mènent à Katmandou. Je m'installe en dandi, et mes porteurs m'enlèvent au galop. Je traverse la Bitsnumati, et dédaignant la route du résident qui contourne la ville, je traverse le bazar, les porteurs criant, gesticulant, poussant, renversant dans les rues étroites. A 4 heures et quart je suis au bangalow.

Vendredi, 14 janvier. — Aujourd'hui, recueillement obligatoire. J'ai vu tout juste de Katmandou les quatre murs du jardin qui entoure le bangalow. Le guillotiné par persuasion était déjà connu ; je suis le prisonnier par persuasion. Ce matin, vers 9 heures, le Captain Sahib Bhairab Bahadur m'envoie demander par un havildar à quelle heure je puis le recevoir. Le Captain Sahib est par droit d'héritage, comme son père et son grand-père le furent, le messager régulier entre la Résidence et le Darbar. Je lui propose 10 heures, il arrive à 11. Matinée perdue à l'attendre. Manières charmantes, presque onctueuses, de beau soldat. « Comment donc ! Tout à votre service ! Vous voulez ? Mais ne vous gênez donc pas ! Et quoi encore ? » Et je lui répète ce qu'il sait déjà par ma première demande de passe, puis par le colonel Wylie, puis encore par la lettre que le colonel Wylie m'a donnée pour lui et que je lui ai adressée dès mon arrivée, mes intentions, mes travaux, la hâte où je suis de commencer. « Mais certainement, je vous prie de me considérer comme un ami. Un poney ? Vous l'aurez. Et aussi deux cipayes pour vous guider et vous aider (le joli déguisement que prend ici la police !). Et je vais trouver le mahârâja intérimaire et arranger une entrevue entre lui et vous. Vous êtes fatigué du voyage, il est si pénible ! — Mais non ! — Oh si, on a besoin de repos, reposez-vous aujourd'hui ; demain, j'arrangerai tout ». Demain, l'éternel demain de l'Orient. Il ne faut pas moins que l'éternelle transmigration pour garantir tant de lendemains. A bon entendeur salut. Je n'ai qu'à me résigner à faire les cent pas dans ma maisonnette et mon jardinet.

Heureusement j'ai un compagnon de captivité, le babou S. Mitra, qui représente à lui tout seul en ce moment tout le personnel de la Résidence, un Bengali ventru, joufflu, chevelu et barbu, membre du Sadharan Brahmo Somaj, célibataire, dégagé des préjugés de caste, instruit à l'anglaise, nourri des « Quotations from Shakespere » et qui par délégation représente ici ma Providence au nom des Wylie. Il m'a, par ordre et aussi par amabilité personnelle, ménagé un charmant chez moi : petite salle à manger, bureau-salon, une table bureau avec tout ce qu'il faut pour écrire ; chambre à coucher : une toile tendue sur quatre pieds de bois, le lit réduit à sa plus simple expression ; salle de bain. C'est encore Mitra qui m'envoie les légumes et les conserves de la résidence que Mme Wylie a mis à ma disposition. Il n'y a, paraît-il, que les montagnes qui ne se rencontrent pas ; je finis par douter même de l'exception. En cette demi-captivité, à 4 700 pieds d'altitude, au fond d'une vallée qu'enferme l'Himalaya, isolé entre l'Inde et la Chine, unique représentant de l'Europe, je rencontre une connaissance. Mitra me connaît, sait que je fais du sanscrit, que je suis marié, que j'ai au moins un fils, et que ne sait-il pas ? Quoi ! tant de gloire et de renommée ! Tout simplement ceci : Mitra a été pendant six ou sept ans l'agent de Protap Chandra Roy ; tandis que ce brave homme courait l'Inde et remuait l'univers pour mener à bout sa grande œuvre de relèvement moral et proposait comme idéal aux générations nouvelles la vieille épopée sanscrite du Mahâ-Bhârata, Mitra écrivait les lettres que signait Protap ; il m'a écrit à moi, comme à tant d'autres, et il a lu naturellement les réponses. Il passerait volontiers la journée à causer. Très curieux de l'Occident qu'il rêve de visiter, bon observateur, bien informé sur le Népal où il est depuis cinq ou six ans, il a fait sous le costume du pèlerin le voyage de Muktinath que je ne pourrai pas faire ; je suis trop blanc.

Le fils du pandit de la Résidence vient ensuite ; il m'amène un vieux pandit, Todârânanda ; tous deux vrais Névars, petits, tout petits, face plate et nez plat. Ils sont absolument, totalement, radicalement ignorants. Ces pauvres pandits bouddhiques ne savent rien, rien de la littérature bouddhique, pas même les titres, en dehors des neuf « Dharmas » qu'ils n'ont pas lus au reste. Ils me promettent de se mettre en quête de manuscrits et de m'amener un vrai pandit qui demeure à Patan. La renommée a volé ; arrive dare-dare le jemadar, l'officier factotum de la Résidence, un Hindou du Madhyadeça, vichnouïte dévot qui sait autant de sanscrit que moi d'hébreu. Je lui récite la

Gâyatri et son admiration ne connaît plus de bornes, puis des mantras à Kṛṣṇa, Keçava et toute la litanie. Voilà un homme qui tomberait à mes pieds. Il est vraiment touchant de voir son émotion en présence d'un sahib qui connaît la langue sacrée. Bref, il se met pieds et poings liés à mon service, et Mitra m'avertit que c'est le plus utile des auxiliaires : depuis vingt ans il est attaché à la Résidence.

J'ai passé le reste de ma journée à soigner mon pauvre Francesco, bien abattu, bien fiévreux, grelottant ; il a changé en quelques jours de manière effrayante. Il est désolé, et moi aussi. J'ai dû pour le remplacer provisoirement prendre un cuisinier de rencontre qui a juré de me délabrer l'estomac et pour le seconder il a fallu un khidmatgar, un serveur, un poème de crasse, une épopée d'ordures. Le pays est froid ; si les Névars ne se lavent guère, lui ne se lave certainement pas. Les infâmes guenilles qui couvrent sa peau enrichissent encore sa saleté d'une annexe repoussante. Je ferme les yeux ou détourne la tête quand il apporte le plat ou fait mine d'essuyer une assiette.

Samedi, 15 janvier. — Je serais entièrement satisfait si je n'avais appris à me méfier des Népalais. J'ai passé une matinée à attendre sous l'orme, ou plus exactement sous l'oranger, car mon jardin est planté d'orangers, et d'orangers chargés d'oranges. Il n'y fait pas chaud le matin, au pays où fleurit l'oranger. A 7 heures, le thermomètre oscille entre + 3° et + 5° et, jusqu'à 10 heures, on y vit dans une brume fine, une vraie brume de vendanges. Le soleil ne la dissipe que vers 10 heures et demie ; il la chauffe tout de suite, 25°, 28°, 30°, 32°, vers deux heures ; mais l'ombre est tiède et rien de plus ; le thermomètre n'y dépasse guère 15° aux heures chaudes. C'est le froid pour un vieil Hindou ; je me suis commandé un costume népalais, culotte collante aux jambes à fond très ample, tunique à pans très amples serrée à la taille par une ceinture, le tout en une sorte de lustrine couleur lie de vin et bourrée d'ouate.

Décidément les Népalais ont raison de fermer la porte ; s'ils l'entr'ouvraient on la ferait vite sauter. Il ferait si bon vivre ici : Un paysage divin — la vallée du Grésivaudan avec Grenoble et son cirque d'Alpes, mais des Alpes qui s'appellent l'Himalaya. Le pic de l'Ouest est le Dhaulagiri ; le pic de l'Est est le Gaurisankar. Un éternel printemps sous un ciel toujours bleu, la caresse douce d'une vapeur lumineuse, les pins côte à côte avec les orangers et les bananiers ; les oiseaux, muets en bas, sont jaseurs, chanteurs, roucouleurs, un concert sur tous les arbres ; au lieu de l'isolement qui sent son lazaret, on vit ici, même dans les limites de la Résidence, avec les indigènes. Le Post-Office est mitoyen avec le bangalow et grouille d'enfants qui chantent, rient, jouent, se battent, piaillent, font la vie. Et la ville est une merveille de pittoresque avec ses pagodes à toits étagés, ses maisons multicolores, les ravissants encadrements des fenêtres et des portes où le bois se plie à tous les caprices d'une imagination féconde et combien libre ! les bazars où les Tibétains huileux et jaunes et sales se croisent avec les Pathans farouches, presque blancs et parfaitement sales eux aussi. Une infinie variété de types allant de l'Aryen hindou aux longs yeux, au nez fort et régulier, et au teint clair jusqu'au Mongol tout jaune, trapu, massif, les yeux bridés et obliques. En traversant les villages, on voit assis au seuil monsieur vêtu d'une ficelle, madame vêtue d'un jupon, et la tribu des enfants vêtus d'innocence.

Et, comme dans les pièces militaires, un parfum de poudre flotte sur tout cela. A trois heures du matin un coup de canon annonce l'ouverture des portes ; à neuf heures du soir, un autre coup de canon annonce la clôture, et malheur à qui se laisse surprendre plus tard dans les rues. La police népalaise se charge de le passer... à opium. Et tout le long du jour on entend les clairons, les coups de fusil de la parade ; les rayons lumineux des hélios dansent sur le haut des montagnes d'alentour.

Francesco se rétablit. J'ai pris à mon service un aide de cuisine, 8 roupies ; un balayeur à tout faire, 5 roupies ; un dhobi (blanchisseur), 6 roupies ; j'ai un cipaye népalais qui me garde, et un cipaye de la Résidence qui me sert de courrier. Bref la maison est montée, et sur quel pied ! à l'échelle de l'Himalaya. Tout ce monde grouille dans mon compound sans étouffer la voix mélodieuse des oiseaux. Il y a même des moineaux au Népal !

Le Captain Sahib m'a fait demander un rendez-vous. A l'heure dite il arrive et m'annonce que le commandant en chef, mahârâja par intérim, Deb Sham Sher, serait heureux de me recevoir à 3 heures. A 3 heures la calèche royale vient me prendre ; Captain Bhairab a passé la grande tenue, un beau costume sévère bleu noir avec quelques brandebourgs d'or, et sa calotte est bordée d'un filigrane d'or et couronnée d'une plaque d'or. Je mets mes gants de cérémonie qui symboliseront le « full-dress », l'étiquette n'imposant pas l'habit. Fort belle calèche somptueuse et confortable ; les Gourkhas ébahis me regardent passer. Deb Sham Sher vit au coin S.-E. de Katmandou, le bangalow est au coin N.-E., nous longeons la ville, le Champ-de-Mars, et voici le palais : un enchevêtrement de bâtisses toutes modernes, œuvre d'un architecte des écoles anglaises, sans caractère, avec des portiques grecs, mais dans un cadre admirable. Entrée qui serpente, porte sur porte, sentinelle sur sentinelle. Il me semble retrouver les darbars du Kattiavar. Une foule de serviteurs qui ne servent à rien, de courtisans qui font acte de présence, de fonctionnaires, d'employés, de babous, sous les galeries, sur les marches, aux fenêtres. Je suis l'événement, le cri du jour, on m'attend.

Deb Sham Sher Jang Rana Bahadur, commandant en chef (et plus tard Mahârâja).

Captain Bhairab m'introduit dans un salon énorme, quarante ou cinquante mètres de long, qui occupe toute la façade du premier étage, farci du bric-à-brac obligatoire de canapés, chaises, consoles, tables, fauteuils, lustres, miroirs dorés ; aux murs, les portraits peints par des artistes anglais et par des artistes indigènes du mahârâja présent et de ses devanciers : Jang Bahadur, Bhim Sen, etc., grandeur nature, en des cadres tout dorés, et partout des œuvres d'art en bronze doré, l'industrie par excellence du Népal. Enfin, pressé par la poussée d'un entourage trop curieux, le Commandant en chef entre, petit, large, coiffé d'une toque dorée, enveloppé d'une longue robe de chambre, la bouche ensanglantée de bétel, au front le santal et le minium, restes de la pûjâ quotidienne. Il m'invite à prendre place à ses côtés sur un canapé, et fait amener son fils, un bambin de dix ou onze ans qui apprend l'anglais, physionomie intelligente et énergique comme le papa. Tuniques blanches de brahmanes, uniformes de chefs, soutanes de babous tout à l'entour. Deb Sham Sher est au courant et va droit au fait. Le tournoi s'engage. Un pandit ou soi-disant tel m'adresse la parole en sanscrit, péniblement, incorrectement ; un second pandit survient, mon succès est facile. Deb Sham Sher essaie d'articuler quelques syllabes en sanscrit : Pūrvasmin... kāle... Yudhiṣṭhira... king... was... then... sanskrit bhākhā... in use..., et s'effondre sous l'effort. Il me parle de la représentation de Çakuntalâ à Paris ; il me demande si je crois aux *devas*, si à mon avis les prophéties du Bhaviṣyat-Purâṇa sont exactes ; puis si on imprime du sanscrit à Paris. Je lui parle du Bhâgavata de Burnouf. Le nom de Burnouf ne doit pas rester ignoré au pays des manuscrits d'Hodgson. Il me demande de lui lire la légende en français qui accompagne une gravure anglaise : la mort de Tipou-Sahib, et s'exclame sur la mélodie du français (ah ! si j'avais la « voix d'or » !). Je mets fin à l'entretien qui n'en finirait pas, et Deb Sham Sher me déclare qu'il est à mon service, que je puis aller où je voudrai, qu'il m'aidera à la recherche des manuscrits et des inscriptions. « Un tel savant, venu de si loin, n'est-ce pas notre devoir? » Assurément, Monseigneur, mais nous verrons ce qu'en vaut l'aune népalaise. Liberté d'entrer, de travailler, de lire, de faire copier les manuscrits recueillis à la Bibliothèque du Darbar, pas demain, naturellement, après-demain; il faut mettre en ordre, — toujours le même système. Et il donne l'ordre à Captain Bhairab de me « drive » à travers Katmandou par les deux ou trois rues où peut passer une voiture.

En rentrant je fais mes comptes de ménage; 2 volailles, 8 *annas*; 1 douzaine d'œufs, 3 *annas* 1/2; 1 balai, 1 *anna*; 1 pot à eau, 1 *anna*; sucre, 2 *annas* 1/2; beurre, 3 *annas*; 1 bidon à pétrole pour mettre l'eau, 2 *annas*; légumes, 1 *anna*; oranges, 1/2 *anna*; farine, 2 *annas*. Et enfin la puissante intervention du Captain Sahib et subséquemment de la police m'ont rendu possible l'achat d'un mouton. Il est vrai que je l'ai payé cher: 2 roupies. Tant il est vrai qu'au Népal on exploite les étrangers.

Dimanche 16 janvier. — Enfin j'ai commencé à travailler. A midi le *mukhya*, simple soldat en dépit du nom ambitieux qu'on lui donne, est venu m'informer de la part du Captain Sahib Bhairab Bahadur que le cheval promis ne viendrait pas avant deux ou trois jours, le mahârâja ayant emmené dans sa tournée d'hiver tous les chevaux disponibles; en même temps il se mettait à mes ordres. Le cipaye que m'octroie la Résidence m'attendait à la porte. Je me mets donc en marche avec, pour avant-garde, le mukhya, un Gourkha petit, trapu, dépenaillé et puant, et pour arrière-garde le cipaye, grand, barbu, truculent et bonasse, une bonne d'enfant en uniforme. Je tombe sur Mitrânanda, le fils du Pandit de la Résidence, qui m'amène son oncle Bhuvanânanda, un petit vieux au visage fripé qui rumine le bétel. Sera-t-il le pandit souhaité? Je l'aborde en sanscrit ; il bafouille indignement, mais en y mêlant cinquante pour cent d'hindoustani, il arrive à s'expliquer. Sa science des textes bouddiques ne dépasse pas le Lalitavistara. Je lui énumère les titres d'ouvrages traduits en chinois et que je veux retrouver en original ; il n'en connaît pas un, il ne comprend même pas. Enfin, faute de grives... je lui propose de m'accompagner dans mes tournées, moyennant salaire ; il me servira de couverture et d'introduction auprès des bouddhistes d'ici. Il a un rhumatisme, marche à peine, demeure à Patan ; enfin, il compte être guéri jeudi et viendra me trouver. Tant vaut le pandit, tant vaut le fidèle. J'ai fait connaissance avec les fidèles de Çâkyamuni. *O tempora ! o mores !*

Mon mukhya est un assez brave homme, tout ébloui de voir un sahib qui sait du sanscrit : il faut entendre le ton dont il parle de moi à la foule. J'ai traîné l'après-midi à mes trousses la moitié de la population, et encore je n'ai ni photographié ni estampé ; que sera-ce alors ? Le mukhya tapait dans le tas en avant, et le cipaye sur les côtés. Au temple de Nârâyaṇa, je rencontre un brahmane qui parle assez bien le sanscrit juste au moment où la foule choquée crie : *juthi ! juthi !* comme on crierait chez nous : *chapeau ! chapeau !* Mes chaussures de cuir souillent le sol du temple. Je fais face à l'orage, offrant à haute voix un dialogue en sanscrit. Le brahmane répond, et voilà la conversation engagée ; joute publique. Plus de protestations, le flot grossit, s'avance, m'entoure et quand je quitte le temple, le brahmane m'accompagne et me signale les inscriptions du voisinage ; mon cortège suspend la circulation. J'ai visité ainsi tous les temples de Katmandou, Çiva, Viṣṇu, le Bouddha, Gaṇeça, Bhîmasena, sans aucune préférence, dressant l'inventaire de toutes les pierres inscrites que je rencontrais. Elles sont légion. Je n'ai rien trouvé d'extrêmement ancien, mais à dater du quinzième siècle, que de stèles, et de stèles admirablement gravées ! Il faudra des kilomètres et des kilogrammes de papier. Je voudrais prendre tout indistinctement sans choix ni méthode ; le tri et la classification se feraient plus tard aisément. Impossible au reste, sous la poussée de la foule, de déchiffrer ligne à ligne et de séparer l'ivraie du bon grain. Le mukhya a certainement reçu l'ordre de m'aider, et c'est un spectacle piquant de voir le petit Gourkha et le grand cipaye tournant autour des temples et s'évertuant à découvrir des inscriptions.

J'ai fait des bouddhistes du Népal une triste expérience. De la rue je vois ou j'entrevois par la porte basse, dans la cour rectangulaire d'une maison, une façon de stûpa. J'entre, on m'arrête. C'est ici un vihâra, cela promet des pandits, des moines, une bibliothèque. Allez y voir. Les vihâras d'ici servent de logement à des pères de famille entourés de leur progéniture et qui y exercent un métier ou n'y font rien du tout. Ils ne savent rien que les seuls noms des neuf *dharmas* népalais. Il y a dans la cour deux inscriptions. Je reviendrai avec mon vieux perclus de Bhuvanânanda et, si on m'arrête, il prendra les estampages. Le bouddhisme se meurt ici ; stûpas et čaityas se rencontrent partout encore, mais à l'intérieur de la ville ils sont abandonnés et à demi ruinés. Les seuls fidèles qui leur restent sont les basses classes rejetées dans les faubourgs, et les Tibétains malpropres. Oh ! être porté dans un flot de Tibétains mâles et femelles, avec leurs peaux de chèvre, leurs nattes huileuses, leurs cheveux épais et tombants ! C'est à souhaiter de perdre l'odorat.

Au reste, c'est ici le domaine de l'ordure. Le sol est empoisonné. Bénarès est propre, le Calcutta des indigènes est un paradis si on les compare à Katmandou. Si on n'était pas ici à 1 200 mètres d'altitude, si on n'avait pas le vent des glaciers, Katmandou serait un cimetière. Les rues étroites, serrées, laissent au passant une chaussée inégale entre deux fondrières de boues accumulées, et c'est là le champ clos des buffles. Tête énorme, œil torve, ils circulent librement dans les rues. Bénarès a ses vaches ; la ville des Gourkhas devait avoir ses buffles. Pas de fauve qui soit plus redoutable avec ses accès violents de colère brute, et ces aimables quadrupèdes ont autant de sympathie pour l'Européen que le cheval pour l'éléphant. Jeudi, en traversant le bazar au galop de ma *dandi,* nous sommes, porteurs et dandi, rejetés brusquement par un remous intense ; des cris s'élèvent de partout. Deux buffles se sont pris aux cornes et c'est un sauve-qui-peut. Nous esquivons par une ruelle où la *dandi* heurte les murs. Aujourd'hui, je dresse paisiblement mon inventaire au pied d'un temple. Nouveaux cris, nouveaux remous ; encore un combat de buffles. Dès qu'on en voit un à l'horizon, le mukhya prend ma droite, le cipaye prend ma gauche, tous deux le bâton menaçant.

Demain matin, distraction pacifique, j'irai examiner la collection de manuscrits du mahârâja. Et j'aurai peut-être mon complet népalais bourré d'ouate que j'attends avec impatience. Le *darji* qui m'a pris mesure dédaigne les œuvres de la Révolution française, fi du centimètre ! Un bout de ficelle qu'il rapporte comme unité de mesure à son avant-bras et à ses doigts, voilà le système des mensurations népalaises.

Lundi 17 janvier. — Encore un délai. Le mukhya m'apporte une lettre du Captain Sahib, toujours très aimable. J'aurai mon poney aujourd'hui ; mais la bibliothèque est fermée : « le gardien de la bibliothèque a une cérémonie religieuse (*pûjâ*) dans sa famille. » Je prendrai donc des estampages, et le cortège s'allongera d'un coulie qui portera l'appareil photographique, le papier, les brosses, le pot à eau. Mon Dieu ! que de *bandobast* !

Katmandou, 18 janvier. — Çâkyamuni, par toi j'ai vaincu ! Toutes les portes des vihâras se sont grandes ouvertes, et pour en profiter je m'empresse d'en faire le tour, la brosse à la main, avant de visiter les temples hindous dont j'ai dressé l'inventaire. J'ai engagé comme auxiliaire Mitrânanda, et maintenant c'est tous les jours une procession solennelle qui défile à travers les vastes boulevards de Katmandou. Le mukhya ouvre la marche, bâton à la main, bousculant comme il sied la foule pacifique, mais compacte ; puis, mon poney, un poney du mahârâja, s'il vous plaît, une bête trapue et lourde, race du Tibet, forte et sûre du pied, qualité précieuse sur ce sol raboteux ; sur le poney, moi, casque en tête, saluant du geste les rares indigènes qui saluent ; le plus grand nombre vous regardent d'un air de mépris et de soupçon. A la tête du cheval, un saïs ; en arrière, mon beau et bon cipaye, ma bonne d'enfant, aux petits soins tendres et délicats ; puis le petit pandit, petit, petit, drapé dans ses vêtements blancs ; et enfin le coulie portant sur l'épaule, suspendues aux deux bouts d'une perche comme les plateaux d'une balance, les deux corbeilles qui contiennent papier, brosse, etc. Je dois dire que tout semble réussir, je me sens devenir populaire grâce à quelques saluts, et surtout aux quelques *païs* distribués aux gamins et aux mendiants. Les petits bonshommes me font des *salams* de grand style et même hier l'un d'eux est venu dévotement toucher le bord de mon chapeau. Le premier vihâra où j'ai tenté d'entrer hier, le Tyekam-bahal, à l'entrée de la ville en arrivant par l'Est, était plutôt réservé ; il a fallu discuter, puis se débrouiller sans aide, et enfin faire étalage, sans la moindre modestie, des plus vastes connaissances (ils sont d'une ignorance navrante) ; et alors toute la population du Vihâra, hommes, femmes, enfants, sort de ses chambres infectes, m'entoure, me guide, m'aide, nettoie les pierres, cherche l'eau, et le pûjârî du Vihâra qui est un Udas (la seconde caste des Bouddhistes Névars) va jusqu'à m'apporter son livre de mantras, une compilation bien anodine de stances en l'honneur du Bouddha. On ouvre la chapelle et on m'exhibe les statues, Çâkyamuni entre Lokeçvara et Maitreya ; au-dessus de la porte un superbe panneau de bois sculpté porte au centre Mahâ-Vairočana qui tient en ses mains multiples la japamâlâ (rosaire), le khaḍga (épée), le khaṭvâṅga (massue), un pustaka (livre), plus deux mains réunies en prières au-dessus de la tête ; au-dessus de lui, en un petit cadre également sculpté en plein bois, Nâma Saṃgîti portant un livre et — je crois — un rosaire ; enfin un petit triptyque de bois figure le Triratna : le Bouddha au centre, Dharma et Saṃgha à ses côtés. Les vihâras sont simplement les bâtiments élevés autour d'une cour rectangulaire où vivent en famille et dans la pourriture les Bouddhistes Népalais ; au centre de la cour est un čaitya, décoré des quatre images d'Amoghasiddhi, Akṣobhya, Ratnasaṃbhava et Padmapâṇi sur les quatre faces du bloc carré qui porte la coupole, chacun dans sa niche ; plusieurs de ces čaityas, même les plus modernes, sont entourés d'une balustrade, un « railing » qui reproduit exactement en ses dispositions les railings d'Açoka, à Mahâbodhi, à Sanchi ; mais je n'en ai pas vu qui porte des médaillons sculptés. Souvent des čaityas de moindre taille sont éparpillés autour du čaitya central, et parfois aussi, comme à Matsyendra Nâtha, à Lagan-bahal, des piliers sont dressés, des lâṭs quadrangulaires, où sont gravées des inscriptions. J'en ai estampé de splendides du règne de Nṛpendramalla, chefs-d'œuvre d'épigraphie lapidaire. Enfin, face à la porte d'entrée, s'ouvre aux fidèles une chapelle où la statue de Çâkyamuni reçoit les hommages et les hymnes. La vue intérieure de ces cours est un ravissement ; toutes les fenêtres sont des panneaux sculptés qui offrent une étonnante variété de décors. L'art de sculpter le bois qui fit la gloire du Népal y disparaît vite; mais il se conserve encore dans les vihâras. On m'a montré aujourd'hui au Çrînaka-bahal un panneau représentant Çâkyamuni au centre avec un éventail de dieux, de déesses, d'animaux et de fleurs développé autour de lui, qui doit être expédié ces jours-ci en guise d'hommage au temple de Mahâbodhi; le musée des Arts décoratifs le couvrirait d'or.

Mais si on ouvre les yeux, il faut se boucher le nez. Katmandou substitue au Tout-à-l'égout le Tout-à-la-cour! La saison des pluies se charge du lavage; les ordures s'écoulent alors dans la rue et s'y déposent en fumier pestilentiel. Babou Mitra qui a voyagé dans l'Inde entière m'affirme qu'il n'a rien vu de si sale que Katmandou. Heureusement l'air y est vif; aujourd'hui, hors du soleil qui grille, l'ombre était à peine tiède; ce soir il fait 6°; la nuit dernière, à quatre heures, 3° seulement. Tandis que j'opérais hier dans la cour du Matsyendra Nâtha, vaste cour où s'élève un beau temple à toits décroissants, entouré de čaityas innombrables, je m'entends apostropher en sanscrit. C'est un Yogi établi au temple de Tripureçvara sur la Bagmati. La renommée lui a appris mon arrivée et il est accouru. Il parle admirablement le sanscrit, comme les bons pandits de Bénarès, et il prétend me convertir au Yoga. Juché sur un čaitya, il déclame ou prêche avec un flux de paroles à la Bengalie, proclame l'inutilité des estampages et de l'histoire, et exalte les pratiques de l'ascétisme. Je lui promets que j'irai le voir en son temple; on peut imaginer si la foule s'était amassée compacte et pressante. Aujourd'hui bonne fortune : un officier népalais, que mes visites aux vihâras ont touché, vient à moi en pleine rue, m'aborde en sanscrit assez convenable, s'offre à me guider, et à m'aider, m'accompagne de pierre en pierre, de cour en cour (il est des vihâras comme le Lagan babal ayant quatre cours en enfilade communiquant par des portes étroites et surbaissées) et la séance terminée il m'offre encore ses services pour demain. Voilà mon bataillon accru d'une unité.

Il faut d'ailleurs avouer et proclamer que ces Népalais, si décriés, font mentir la renommée ; je les trouve aimables et complaisants au possible. Babou Mitra l'attribue à mon influence personnelle, mais il est babou ! Il faut plutôt en remercier le Commandant en chef Deb Sham Sher, qui a donné les ordres les plus propres à faciliter ma tâche ; il est défendu maintenant de vendre les anciens manuscrits sans les offrir d'abord à la Bibliothèque du Darbar qui se réserve un droit de préemption. La règle est suspendue en ma faveur. Je n'ai à payer pour les copies de manuscrits que le tarif du gouvernement, et non le tarif privé, c'est-à-dire uniquement les journées de copistes ; l'encre, le papier, les plumes (! !) ne sont pas à mon compte.

Ce matin, le Captain Sahib Bhairab Bahadur m'a envoyé une corbeille de citrons ; il m'a aussi accompagné à la Bibliothèque installée dans les nouveaux bâtiments du Darbar School. Tout le personnel m'attendait en pompe, et les quatre pandits qui font office de bibliothécaires et de copistes, et l'armée des auxiliaires, et même un Tibétain employé à classer les quelques textes tibétains. Les manuscrits sont bien classés, couchés sur des rayons, soigneusement enveloppés et étiquetés. Le Bauddha-Çâstra a été plutôt une déception ; quelques manuscrits anciens, d'autres enluminés avec art ou serrés entre des plaques de bronze merveilleusement travaillées, mais assez peu de manuscrits et tous, ou presque, déjà connus. Je n'ai trouvé de neuf que l'Abhisamayâlaṃkâra, un commentaire de l'Aṣṭasâhasrikâ par Haribhadra en 164 pages ; j'en ai commandé une copie qui doit coûter une trentaine de roupies, et aussi du Nepâla-Mâhâtmya. Enfin j'ai commandé une copie du Yavana-jâtaka ; je n'ai pas sous la main d'ouvrage de référence et n'en trouverai pas ici, mais je ne crois pas me rappeler que ce Yavana-jâtaka soit connu par ailleurs ou publié ; le manuscrit est ancien, sur feuilles de palmier, complet, mais beaucoup de feuillets sont en partie détruits. Du reste, je l'ai fait mettre de côté pour en reprendre l'examen.

La chasse aux manuscrits n'a pas encore rendu. Mitrânanda m'a apporté un manuscrit ancien et enluminé de l'Aṣṭaṣâhasrikâ et la Pañčarakṣâ (Mahâ-mayûrî-vidyârâjñî, etc.) et d'autre part on m'a offert généreusement un manuscrit ancien (feuilles de palmier) et très fragmentaire et très endommagé de ladite Aṣṭasâhasrikâ et un autre de la Pañčarakṣâ. Je veux du plus nouveau, de l'inédit ou au moins du rare. On m'a aussi offert un manuscrit tibétain en lettres blanches sur fond noir ; c'est tout simplement la traduction de la Vajračhedikâ. Comme le manuscrit est d'une belle paléographie, je le prendrai si je puis l'obtenir à bon compte, car chaque possesseur de manuscrit se croit en principe possesseur d'un trésor.

Mercredi 19 janvier. — La nuit tombe ; le soleil ici se couche de bonne heure, vers 4 heures et demie derrière le Chandragiri, et le soleil emporte la bonne chaleur. Journée splendide au reste, d'une limpidité qui découvrait tous les plis des énormes glaciers à l'horizon, du Dhaulagiri au Gaurisankar, très douce aussi, tiède même après une nuit de gelée blanche ; l'herbe était ce matin toute saupoudrée et une légère croûte de glace recouvrait le pot à eau. J'ai profité d'une matinée de loisir forcé pour visiter la Résidence. Les « Lignes » occupent le sommet d'un plateau au N.-E. de Katmandou, séparé de la ville par une vaste prairie où les Gourkhas font de l'équitation et où somnolent des troupeaux de vaches ; le plateau tombe brusquement vers le N.-O., en face du mont Nagarjun, sur la large vallée où la Bitsnumati, trop petite pour son lit, arrose de riches cultures. Une route, large seulement de 5 à 6 mètres, dessert le territoire de la Résidence, enfermée tout au long entre des murs ou des haies, et surveillée à l'entrée par un poste népalais. Toute l'obligeance très réelle que je rencontre ici ne suffit pas à dissiper cet arrière-goût de prison. La Résidence, un cottage fort modeste, bâti au milieu d'un parc anglais ; puis la maison du docteur, plus modeste encore, et presque attenant l'hôpital de la résidence, bien modeste aussi, fait pour 8 ou 10 malades et moins encombré maintenant depuis que le Darbar a fait élever, à l'Est de la ville, un vaste hôpital. Le Dr Armstrong étant lui aussi en congé, l'hôpital est aux mains d'un assistant bengali, chargé en outre de relever les observations météorologiques communiquées mensuellement à Calcutta. J'ai feuilleté ses cahiers et constaté que la pression moyenne de Katmandou est de 25 inches 650 (641,35); dans la saison sèche elle se maintient à peu près constamment à 25 inches 700 (642,50); pendant les pluies elle passe à 25 inches 550 (637,50). La moyenne des pluies est de 56 inches (1,40). Le chiffre le plus haut que j'ai trouvé est de 74 i. 51 (1,862) en 1893; le plus bas, 47 inches (1,175) en 1896, année de la famine. Une bande de Tibétains étalait devant l'hôpital sa puante saleté; ils attendaient la vaccine. Ils en sont, paraît-il, adeptes fort zélés et il en vient presque tous les jours, même de Lhasa. J'en ai photographié un groupe. Au reste les Tibétains surabondent ici, on les rencontre partout, et on les sent avant de les voir. Ils amènent des troupeaux de moutons et de chèvres destinés à la boucherie, car les Gourkhas (à l'exception des brahmanes) mangent la chair de ces bêtes; la caste infime mange même la viande du buffle; mais personne naturellement n'ose goûter de la viande de vache. Je rendais du même coup ma visite au docteur.

Vaikuṇṭha Nâtha Çarman
Pandit brahmanique au service de Mahârâja Deb Sham Sher.

Hier soir j'ai tenu un petit darbar ; les fonctionnaires de la Résidence : post-master, docteur et *jemadar* sont venus me présenter leurs *salams*. A midi j'ai repris ma tournée encadré de mon cortège. Les débuts ont été froids. Entré par le Nord de Katmandou, j'arrive au Thomaï-bahal (= Vikrama siṃha Vihâra). Refus énergique de me laisser entrer ; pas un pandit, pas un pûjârî. Des femmes ignobles et des hommes abrutis ; l'intolérance est bien la sœur de l'ignorance. Je députe Mitrânanda qui prend l'estampage d'une inscription ; elle est de Pârthivendra malla, comme aussi le panneau sculpté au-dessus de l'entrée ; même accueil au Guṇâkâra-Vihâra où des vieilles parcheminées et de grosses filles toutes jaunes, aux guenilles béantes, étalent du grain à sécher dans la cour. Mais au temple de Kathisambu il y a progrès. Les hommes sortent des maisons qui encadrent le čaitya, et le charme opère ; je n'obtiens pas encore de monter sur le promenoir, à la base de la coupole ; mais ailleurs libre circulation. Le čaitya est très grand, il dresse sa flèche dorée à une vingtaine de mètres, il est tout blanc de stuc frais ; de la flèche descendent vers quatre petits čaityas qui l'entourent des ficelles où flotte une longue rangée de chiffons multicolores. Un embryon de balustrade, juste au pied de l'escalier qui mène au promenoir ; en avant de l'escalier un pilier tout récent daté de 1010 (= 1890) couronné d'une statue en cuivre de Vajrasattva. L'inscription qui y est gravée consiste surtout en un stotra du Bouddha. Au coin N.-O. du čaitya, une pagode népalaise, en bois fouillé patiemment, enguirlandée de petits drapeaux, de clochettes, de miroirs. Le miroir semble une offrande très appréciée, on en trouve suspendus aux murs des temples hindous aussi bien que bouddhiques. Le Kathisambu est très vénéré ; aussi la cour alentour est entourée de petits monuments tous récents ; rien d'ancien comme inscription, là non plus ; deux stèles de Pratâpa malla et de Nṛpendra malla. Un petit vihâra est contigu au grand vihâra, côté Sud ; là une petite stèle de Pârthivendra malla datée 805.

Un peu plus loin au Sud, dans un vaste carré de boue et de fumier entouré par des maisons, un pilier daté de 932, portant au sommet deux petites statues en adoration qui représentent les donateurs, et sur la face Nord un Devîstotra. En continuant vers le Sud, un grand carré couvert de temples tous en ruines (carré Thamri); en avant d'un de ces temples, un pilier porte l'image de Nàrâyaṇa monté sur Garuḍa et un hymne à Nârâyaṇa, date 783, sans nom de roi; inscription fort endommagée.

Depuis le Kathisambhu, plus de difficulté nulle part; le flot qui me porte porte aussi ma renommée. Au Karṇakottama mahâvihâra, une stèle, un fragment de stèle encastré dans le mur, comme presqu'en tous les cas, porte le nom de Kavîndra Pratâpa malla avec une simple liste de dânapatis, mais l'année manque. Au Harṣačaitya-Mahâvihâra, inscriptions de 905 et de 931; le pûjârî déclare que le monastère doit son nom au roi Harṣa qui l'a fondé, mais rien d'ancien. Il me promet de me faire voir — un de ces jours — les manuscrits qu'il a. Il ignore ce que c'est; j'attends encore une Pañčarakṣâ. Enfin je finis ma journée au Dhokabahal (= Henâkra) Mahâvihâra où une stèle encastrée est datée 812, règne de Bhûpâlendra malla.

Lundi 20 janvier. — J'ai commencé ma journée par une course à Svayambhûnâth; l'herbe était encore blanche de gelée. Le thermomètre est descendu ce matin au lever du soleil à — 2°, à 8 heures et demie il montait à + 3°, et au retour j'ai risqué un coup de soleil à 11 heures et demie. Simple reconnaissance tentée à la hâte, flanqué seulement du mukhya et du cipaye. Svayambhûnâth, Syambunath comme on dit ici, est à l'E.-N.-E. de la ville, à l'E.-S.-E de la Résidence, par delà la Bitsnumati, sur une colline conique, aux flancs abrupts, jetée en avant des montagnes et toute vêtue de verdure. La haute flèche de cuivre émerge seule du feuillage. Le chemin contourne la ville, traverse la Bitsnumati sur un pont et coupe à travers les champs, échelonnés en terrasses pour défendre la terre contre le ravinement des pluies. Tout au long de la voie sacrée, les čaityas succèdent aux čaityas. Au pied de la colline, la route se change en escalier ; mais quel escalier ! Marches rugueuses, inégales, ruineuses, branlantes, étroites, glissantes. Les singes sarcastiques se jouent sur les degrés, paraissent et disparaissent, regardent d'un air de pitié méchante leurs confrères humains qui suent à la montée ; des caravanes de Tibétains montent et descendent, plus laids, plus sales et moins adroits que les singes. Entre deux lignes de stûpas, sous une véritable charmille, on atteint enfin la plate-forme ; un vajra (foudre) colossal, tout doré, couché sur un socle colossal, décore l'entrée. Le čaitya, vaste hémisphère de stuc que surmonte un clocheton de cuivre avec une flèche, ouvre, aux quatre points de l'horizon les chapelles toutes dorées des quatre Bodhisattvas. L'émotion, une émotion d'église, saisit au premier pas ; les cloches tintent, les clochettes chantent des carillons, des voix à demi étouffées sous les voûtes des chapelles chantent des hymnes, et des flûtes discrètes soutiennent les voix. L'esprit a bien changé sans doute, mais l'aspect extérieur de Svayambhû ne doit guère différer des temples que connut Açoka. Sur la plate-forme au sommet de la colline, aux côtés et en arrière du čaitya, c'est un véritable chaos de petits monuments, čaityas, stèles, statues, des Bouddhas colossaux tout noirs, ou tout blancs, ou tout rouges. J'ai beau chercher, pas une inscription qui date. Ici encore, ce sont les Mallas, avec Pratâpa malla le Kavîndra en tête, qui ouvrent l'histoire ; à l'entrée Pratâpa malla a fait graver sur une haute stèle un *stotra* (hymne) de sa façon. Une stèle énorme gravée au XVIIIe siècle est bilingue : sanscrit d'abord, tibétain au bas. Au reste le Tibet balance et éclipse presque l'Inde. Le *Oṃ maṇi padme huṃ* est laborieusement inscrit partout en lettres tibétaines; des bandes de Tibétains, aux longs cheveux graisseux, parés d'un cercle qui encadre leur tête d'une auréole, font le tour du grand čaitya avec une piété aussi enthousiaste que singulière : ils se laissent tomber tout du long sur la pierre, les bras en avant, en murmurant quelque dhâraṇî, tracent à bout de bras une ligne de craie sur la pierre, se relèvent, et les pieds sur la ligne de craie qu'ils viennent de tracer se prosternent encore pour recommencer le même exercice. En passant devant les quatre chapelles cardinales, ils s'arrêtent et adressent au Bodhisattva une ardente prière, transfigurés par une foi mystique qui les embellit presque. Les Névars se contentent d'apporter des fleurs, du minium, du santal comme on ferait à Çiva ou Viṣṇu. Pas un pandit à Svayambhû, pas un « *sanskrit-bolewala* ». J'aurais voulu me renseigner sur les antiquités, sur les livres que garde le temple. Personne! Et que de siècles pourtant ont écrit ici leur histoire! Où dort-elle? Sous le sol ou dans les temples?

Je reprends le chemin de la maison un peu déçu par ce résultat négatif, et après déjeuner je poursuis avec ma pompe habituelle ma tournée de vihâras. J'entre au Mahâbuddha Vihâra, ancien à coup sûr; tout juste une stèle de ce siècle-ci dans la cour que décorent un stûpa de stuc et deux de pierre. Soudain on m'interpelle en sanscrit, en sanscrit élégant. Je réponds, le dialogue s'engage. J'apprends que le stûpa de stuc a été, selon la tradition, élevé par Açoka, que le vihâra a des inscriptions, des plaques de cuivre, des manuscrits, mais qu'il est impossible d'y jeter les yeux. Ces ignorants défendent avec passion les trésors qu'ils ne savent pas employer. On lit ici, en guise de texte, la Çatasâhasrikâ Prajñâ pâramitâ; la lecture de l'ouvrage, divisé en sections journalières, dure exactement l'espace d'une année. Mon interlocuteur se nomme : c'est Damaru vallabha, l'honneur du Népal, un pandit que Haraprasad Sastri me désignait comme supérieur. Il me donne rendez-vous demain à la Bibliothèque du Mahârâja ; il me promet que, si je reste ici un mois et demi ou deux mois, toutes les portes s'ouvriront. Je le quitte, et guidé par mon pseudo-pandit (un gouffre d'ignorance), je me dirige vers le Toho-bahal.

Tout contre la muraille de la ville, dans un amas de décombres, je vois une de ces stèles qui abondent ici par milliers, au point de décourager la curiosité ; je m'en approche pour lire la date, elle est de Narendra malla. Une statue de Mahâkâla est tout contre ; à fleur de terre, sur le socle, il me semble déchiffrer des caractères archaïques. Voilà de l'antique ! Mitrânanda flegmatiquement affirme que c'est du névar moderne. Je me mets à nettoyer la pierre. Eh bien, pandit, lis ton névar. Mitrânanda est coi. L'inscription est une dédicace et les premiers mots sont : Samvat 412 rājñaḥ Çrī Mānadevasya : la date et le nom sont absolument sûrs et clairs. Encore une fois la foule s'assemble, assez hostile à me voir manipuler la statue, où des taches de minium attestent une pûjâ récente. Le mukhya se met à exalter ma science et lance en défi : Qui veut parler sanscrit avec le Sahib ? Personne ne répond, et pour cause. Je veux prendre une photographie de la statue. Guignon ! l'obturateur refuse de fonctionner. Je l'arrange, le visse, le dévisse, et quand je braque la statue tout se démolit. Mauvaise affaire. J'entends fort clairement dans la foule qui me serre dire que le dieu se défend contre moi. Pour couper court, j'opère n'importe comment, mais d'un air triomphant, quitte à revenir une autre fois, et je déclare avec satisfaction que c'est tout à fait réussi. Puis je fais appeler le pûjârî qui rend à la statue le culte quotidien ; je lui donne une demi-roupie pour faire une pûjâ en mon nom ; et, ainsi amadoué, je lui révèle l'âge de sa statue qui dépasse en antiquité tout ce que j'ai vu à Katmandou. Changement à vue : mon bonhomme se fait préciser les explications et s'enfle d'orgueil. Sa statue, antérieure au Nepâla Samvat ! Et voici maintenant qu'on me traite avec déférence, et déjà le groupe qui entoure le pûjârî parle d'élever une chapelle sur la statue. Pauvre Mahâkâla ! Est-ce à moi qu'il devra le renouveau de son culte ? Et toujours la même question : tu es Allemand ? Je reprends mon éternel speech : je suis Français, la France est un grand pays et Paris ma ville est grande comme l'Ayodhyâ du roi Daçaratha. Enfin, une petite trouvaille épigraphique !

Samedi 22 janvier. — Aujourd'hui congé pour cause d'éclipse. Le Captain Sahib m'a fait dire qu'il valait mieux renoncer aujourd'hui à mes occupations journalières ; j'avais pris les devants en donnant hier au soir campos à tout mon personnel. Je commençais à sentir aussi quelque besoin de repos. Le matin, toujours en grand cortège, je pars à Harigaon, un village situé à deux milles E. de Katmandou et où Ḍamaru vallabha m'avait signalé des ruines antiques. J'explore les chapelles, je remue les détritus d'où émergent des pierres brisées. Toujours des Mallas. Une stèle appuyée contre une chapelle date de Narendra malla samvat 653 (=1533). Une autre stèle est datée de Bhûpâlendra, samvat 819 (=1699). Mais un homme du village s'offre à me montrer une vieille ruine. Je descends avec lui un escalier fort rustique qui mène à un petit étang, au pied du plateau où Harigaon est construit, vers l'Est. Au milieu de l'étang un pilier se dresse avec une statue de Garuḍa, et du bord apparaît sur le pilier une longue inscription en caractères manifestement archaïques. L'estampage n'en est pas aisé, l'eau est assez profonde, le fond vaseux et le socle du pilier est juste assez large pour y poser les pieds. Les villageois jettent des pierres et des cailloux pour me faire un embryon de chaussée, et le pandit, le cipaye et moi, cramponnés au pilier, sous un soleil aveuglant, nous prenons un double estampage. L'inscription se compose d'une trentaine de lignes gravées avec soin, mais les premières lignes ont disparu et la date manque. Le caractère de l'écriture en tout cas ne laisse pas de doute : impossible de prendre une photographie à une distance convenable, au beau milieu de l'eau ; j'ai dû m'installer sur une sorte de terre-plein qui fait face au pilier et qui porte un petit temple ruiné dédié à Satya Nârâyaṇa, les fragments ne portent pas d'inscriptions. Le pilier me semble d'un haut intérêt par sa date ; l'inscription touche la chronologie littéraire, le pilier et la statue touchent la chronologie de l'art. Je n'ai pu que jeter les yeux sur une autre inscription, au pied d'une image de Lakṣmî-Nârâyaṇa encastrée dans le rebord oriental de l'étang, et qui porte la date de 139 (=1019) sans nom de roi. L'inscription était enfouie, je l'ai fait déblayer, et je compte l'estamper quand je retournerai à Harigaon.

Après-midi je suis retourné à la Bibliothèque du Darbar où m'attendait Ḍamaru vallabha à la tête de tout le personnel. Trois heures durant j'ai examiné les manuscrits. Enfin, pour me distraire, j'ai observé l'éclipse. Elle était ici presque totale, nous étions à moins de 100 kilomètres de la ligne de totalité, et à 2 heures 8 minutes, temps moyen (1 heure 56 minutes, temps astronomique) il ne restait plus du soleil qu'un mince croissant, délié comme la lune nouvelle ; mais ce peu suffisait à détruire l'impression si grandiose, paraît-il, de la totalité. Les enfants criaient de tous côtés : « Râhu, lâche le soleil ! » ; les chiens aboyaient aux cris des enfants ; mais les buffles ont continué de pâturer sans manifester la moindre inquiétude. Étrange pourtant, sinon grandiose, cette atténuation progressive de la lumière sous un ciel toujours sans nuage : un paysage de soleil regardé à travers un verre fumé ; point d'irradiation, point de resplendissement ; une clarté mate, blafarde, morne, avec des ombres opaques, une sensation d'irréel. L'instant de la presque totalité est saisissant. Des filets d'ombre chevauchent sur le sol comme ces frissons d'air chaud qui montent des champs aux jours d'été ; un coup de vent frais, unique et brusque, secoue les branches. Le thermomètre qui marquait 20° à midi, descendu à 17° à la demi-éclipse, tombe tout d'un coup à 13°, tandis qu'à quatre heures il s'était relevé à 28°. Ici le printemps vient ; tandis que les orangers du jardin sont encore chargés de fruits, voici que les abricotiers se garnissent d'une délicieuse floraison blanche. Mon jardin d'ailleurs se change en basse-cour ; deux moutons y broutent, un dindon y glousse. Le bangalow de Lucullus.

Dimanche 23 janvier. — Retour de Patan. Une heure de marche de la Résidence, trois petits quarts d'heure de Katmandou. Le chemin longe la muraille E. de la ville et le terrain de manœuvres, passe par le faubourg de Trilokeçvar, longe le temple tout récent de Lakṣmī Nârâyaṇa et les jardins où s'élèvent un tas de *Dharmaçâlâs* peuplées de *Sâdhus* (religieux) ; et en face de Thapathali (le palais du commandant en chef) tourne vers l'O. brusquement pour franchir la Bagmati sur un pont de briques. Perdue dans son vaste lit de sable, la Bagmati ne suffirait pas, pendant la saison sèche, à la piété des fidèles impatients de s'y baigner ; on en a canalisé un tout petit bras qui longe les ghats au pied du temple de Lakṣmī Nârâyaṇa. Passé la rivière, le chemin tourne de nouveau à angle droit vers le Sud.

Patan est une vision de féerie plus charmante encore que la trop uniforme Jeypore. Les rues plus larges que celles de Katmandou, souvent pavées de larges dalles, sont des chemins couverts qu'abritent en se rapprochant de part et d'autre les larges toits népalais ; pas une maison sans sculptures et sans couleurs ; les poutres, les poutrelles, les linteaux, les châssis sont fouillés avec une sorte de verve endiablée. Et partout des temples, des pagodes, des čaityas, tous les types de l'architecture de l'Inde adaptés par le goût le plus pittoresque, briques rouges, briques vertes, cuivre doré, bois brun jouent délicieusement à la lumière. La place du palais, lieu commun des photographies et de l'imagerie, surpasse toute attente. Le Darbar étale sa longue façade de briques décorée à profusion de bois sculptés et couronnée d'une sorte de pavillon chinois aux toits étagés en gradins ; et sur la place se groupent dans le désordre le plus amusant les pagodes à clochettes et les temples à colonnades et les hauts piliers biseautés que surmontent des images de cuivre.

Ma première visite a naturellement été pour le pandit Kulamâna qu'Indrânanda m'avait signalé comme la gloire de la science bouddhique. Oh ! le royaume des aveugles. Le brave Kulamâna m'attendait en grande tenue, chemise jaune avec une sorte de pardessus noir ; on avait étalé des tapis sur le sol de la cour, à côté d'un čaitya, et là la conversation s'est engagée. Il m'a fallu avaler d'abord la lecture d'un Çâkyasiṃha stotra composé par Indra avec le commentaire du pandit, puis un Triratna stotra avec sa glose. J'ai repris les mêmes textes, lui ai donné un commentaire de ma façon et du coup me voilà passé grand savant. Le terrain ainsi préparé, je le prie de m'exhiber ses manuscrits. Il m'apporte un Gaṇḍavyûha, un Bodhičaryâvatâra, une Pañčarakṣâ. Je lui déclare que nous autres en Europe nous connaissons cela sur le bout des ongles ; il me faut du nouveau, de l'inédit, de l'imprévu. Je lui révèle — il ne s'en doutait pas ! — tout ce que la littérature bouddhique a produit, et perdu, et il me donne l'assurance formelle qu'il se mettra à la recherche et m'apportera ce qu'il trouvera. Il m'accompagne ensuite au Hiraṇyavarṇa Vihâra, le plus considérable de Patan. Mais ici, portes closes; malgré le pandit, je me heurte à un refus formel, et le bon pandit, un peu vexé, m'explique alors que les Bouddhistes ne sont pas les maîtres, ils partagent le vihâra avec des Çaivas qui sont intraitables. Mitrânanda, le mukhya et le cipaye vont alors prendre les estampages des stèles à l'intérieur. Rien que des Mallas! Ces misérables cachent leurs antiquités. Je prends en cours de route l'inscription gravée sur le trône royal et qui date de Narendra malla; je relève sur un des temples de la place du Darbar une inscription de Siddhi Narendra siṃha, 757 (n° 17 de Bhagvanlal). Mitrânanda me désigne sur la place au Sud du Darbar un petit čaitya en briques, revêtu de stuc, et qui passe pour un monument d'Açoka; mais j'ai beau remuer et retourner les débris alentour, rien, rien. Enfin au coin d'une rue je vois une stèle qui passe la tête par-dessus les briques de la chaussée et où je crois distinguer des lettres archaïques. A l'œuvre! nous défonçons, arrachons, creusons un trou de cinquante centimètres sans nul respect des Ponts et Chaussées, et je me trouve en face de l'inscription n° 3 de Bendall, maintenant enfouie.

Et je présente mes excuses aux Népalais injustement décriés. J'ai reçu ce matin la visite du Captain Sahib qui m'apportait de la part de Deb Sham Sher les deux volumes de l'*Isis Unveiled* de Mme Blavatsky! et un nâṭaka (drame), Kuçalavodaya, publié en 1897 et composé par le pandit Chubi Lal Socri protégé de Bhim Sham Sher, général en chef et frère de Deb Sham Sher. De plus, comme je lui exprime le désir d'examiner à loisir Bhatgaon, il me propose d'y mettre à ma disposition une maison, afin de m'éviter une perte de temps excessive, Bhatgaon, étant à 7 milles d'ici. Enfin il m'annonce que le gouvernement népalais compte m'offrir à mon départ un complet népalais y compris la ceinture et le coutelas. Ils semblent se piquer de montrer en l'absence du Résident la spontanéité de leur hospitalité.

Mardi 25 janvier. — Encore une bonne journée. *Maṅgal vār, Maṅgal-kā-din,* ai-je eu soin de faire remarquer à mon escorte ; mardi (maṅgal vār), c'est un jour de bonne chance (maṅgal) et on peut être sûr que, si je plaisantais en le disant, ils l'ont pris au sérieux. Leur superstition va de pair avec leur naïveté. Maintenant que j'ai endossé le costume népalais, j'ai mes lettres patentes d'hindouisation. Je ne puis me défendre d'un sentiment d'affection à les voir tous, pandit, mukhya, cipaye, et jusqu'à mon humble coulie, explorer les murailles, remuer les pierres, interroger les habitants, les intéresser à la chasse, leur exalter ma science brahmanique (oh ! le *brahmavarĉas*, je sais maintenant ce que c'est !) et leur figure s'illuminer joyeusement quand le cri fatidique sort de ma bouche : « Voilà de l'ancien » ! Et c'est alors des questions sur la date, sur l'antiquité, sur les rois du passé, sur les valeurs des lettres, et le bon roi Vikramâditya sert de point de départ à cette chronologie.

Hier, nouvelle course à travers Patan ; je n'en avais vu que les splendeurs ou tout au moins les charmes pittoresques. Quel revers à la médaille ! Le sac de la ville par les Gourkhas, qui date d'un siècle, semble être d'hier : masures délabrées, temples en ruines, rues où la chaussée disparaît sous l'amoncellement des ordures, physionomies inquiètes ou hébétées, et la puanteur de la pourriture dans l'air. Ma première visite va au Zimpi Taudu, un des quatre grands stûpas élevés aux angles de la ville et attribués à Açoka. La tradition ne doit pas se tromper de beaucoup. Sur un soubassement de briques circulaire haut d'environ un mètre s'élève une coupole de briques recouverte de terre et de gazon, sans aucun ornement. Au sommet une sorte d'échafaud de bois qui supporte aux jours de fête le parasol symbolique. Rien de plus. Le diamètre est d'environ 12 mètres. Tout alentour, là comme partout, de petits čaityas en pierre ou en stuc surmontés comme toujours du clocheton au toit pointu et décorés des quatre Bodhisattvas. Il n'y a pas de vihâra élevé autour de ce stûpa : le vihâra du Zimpi Taudu est bâti de l'autre côté de la rue ; le stûpa commande ainsi une vue admirable sur les bords de la Bagmati et sur les montagnes. Patan la pittoresque est adossée à la bordure S. de la vallée et la longue masse blanche de l'Himalaya ferme au N. l'horizon, tandis que Katmandou, au milieu de la vallée, n'entrevoit les glaciers que par les passes des premières montagnes. Malgré le nom d'Açoka, malgré l'évidence de sa construction antique, le stûpa n'a pas de vieille inscription. La pierre la plus ancienne date du règne de Çiva Siṃha 734 (1614) et rien à tirer de ces lamentables ignorants, tristes dégénérés d'une religion mourante. On m'amène le pandit du lieu. Il ne sait littéralement rien, n'a rien lu et je lui prédis — c'est son *vyâkaraṇa* — qu'il tombera en enfer. Ont-ils en leur sottise laissé se perdre leurs antiquités ? Les cachent-ils par un sentiment de jalousie aveugle ? Le problème est à résoudre. L'inscription de Çiva siṃha, en névar, donne au čaitya le nom de Sthûla-Caitya, et le pandit me déclare que c'est le nom sanscrit du Zimpi-Taudu. Et dans cette cour où le sol couvre et dissimule sans doute des trésors épigraphiques, des habitants du vihâra voisin, en guenilles, étalent au soleil et font sécher une herbe fétide à défaillir et qui sert à leur nourriture. Qui donc a dit : Dis-moi ce que tu manges, je te dirai ce que tu es.

Tout près, au N., est un temple de Gaṇeça où des stèles donnent les dates de 772, 789, 829, 930, mais sans nom royal. Nous passons au Vihâra voisin, l'Aloku-Vihâra ; là un de ces lavoirs qui abondent à Katmandou et à Patan, une fosse assez profonde où des conduites de pierre déversent l'eau des sources prochaines. Il faut rendre justice aux Névars, j'en aurai vu qui se lavent, au moins une fois dans leur vie. Hommes et femmes et enfants, tous vêtus d'un costume embryonnaire, se douchent, se frottent, se tordent les cheveux, et ma présence ne les trouble guère. Je fais là ma première rencontre de serpent. Devant moi se lève un beau petit reptile d'un mètre cinquante qui tire très joliment sa langue fourchue et qui s'éjouit dans la mousse de la fontaine. Une femme appuie son dos nu sur la muraille où il commence à grimper. Je crois utile de crier en ma naïveté : *Samp* ! Un serpent. Point d'échos, j'ai manqué mon effet. J'interroge le pandit : Est-il venimeux ? Oh ! beaucoup, mais de mémoire d'homme ils n'ont piqué personne et la place en regorge. Merci de l'avis. Une grande statue de Çâkyamuni dans l'attitude classique, les jambes croisées, préside à la baignade. Sur un tout petit stûpa je lis la date 535 (1415). A travers les rues désertes et immondes nous rejoignons un autre petit stûpa, briques et stuc, de 2 m 50 environ, attribué à Açoka. Rien que des stèles modernes.

A côté, vers l'Ouest, se creuse une autre fosse, mais abandonnée, où croupit une eau saumâtre et répugnante. Une stèle s'y dresse qui laisse entrevoir des lettres anciennes. Nous installons une petite chaussée sur la vase méphitique, et marche la brosse. La foule s'amasse à ce spectacle insolite et la voix publique m'annonce l'arrivée d'un pandit : *Ho paṇḍita* ! Et le dialogue s'engage en présence d'un auditoire attentif et intrigué. Allons, encore un pauvre pandit. Il n'a pas, dit-il, l'habitude de parler sanscrit ; il se sert plutôt de la *bhāṣā*. Et croyez-vous donc, Monsieur le Pandit-ji, qu'on cause couramment le sanscrit en France ? Impossible de lui faire comprendre le genre de curiosité qui me pousse à venir de si loin au Népal pour ramasser des bouts d'inscription et des manuscrits. Il conclut : *Tathā svadeçe svuguṇaprakāço bhaviṣyati.* C'est le « ut declamatio fias » traduit en sanscrit. Et dire qu'au fond il a peut-être raison ? Je lui répondrai avec Manu : *jaḍaval loka ācaret.* « Il faut vivre dans le monde comme une brute. » En suivant la rue de Sangal tol, j'aperçois au passage une pierre à conduite d'eau désaffectée portant aussi des traces d'inscription ancienne. Et j'arrive au Mahâbuddha-Vihâra où demeure l'oncle de mon pandit, Bhuvanânanda. Le pauvre bonhomme est atteint d'un rhumatisme qui l'empêche de marcher et de me guider. Le temple du Mahâbuddha vihâra tranche sur les pagodes et les čaityas, il est de pur style hindou, coiffé d'un petit vimâna très ouvragé et rappelle assez le temple de Mahâbodhi. La tradition rapporte qu'il fut élevé par un Névar, après un pèlerinage à Gayâ et je pense que le nom véritable est Mahâbodhi vihâra. Il mérite une attention particulière ; par malheur, il est si étroitement enserré dans les maisons du vihâra qu'il laisse à peine un passage de deux mètres. Impossible de l'embrasser d'un coup d'œil. Le pauvre Bhuvanânanda grelotte de fièvre, il vaudra mieux revenir. Je finis la journée par le vihâra voisin : Unko Vihar (= Rudravarṇa-vihâra) au Sud du Mahâbodhi, un beau vihâra à deux cours en profondeur, propre, bien tenu, soigné, avec les piliers, les čaityas, les chapelles ordinaires, mais rien que des stèles récentes.

Ce matin, je retourne à Harigaon. Malgré la complaisance véritablement touchante de mes auxiliaires, vihâras et temples ne rendent rien et je commence à perdre l'espoir, quand en arrivant à l'escalier rustique qui mène à l'étang du pilier je vois une stèle enfouie passant tout juste le bout du nez au-dessus d'une plate-forme qui porte un temple ruiné et désaffecté. Je distingue des traces de lettres anciennes. Mon mukhya — et on a pu médire du gouvernement népalais ! — fouille le sol avec son large couteau, le couteau que tous les Népalais portent à la ceinture ; le cipaye Çrî Râm Singh qui couve tendrement le Mlečcha (barbare), non ! le *Sahib Pandit* comme ils disent, retire les briques, élargit le trou ; le pandit lave la pierre et une inscription d'Aṃçuvarman revoit le jour en très bel état de conservation : samvat 32. A l'autre coin une autre pierre presque engloutie ne montre plus que sa tête. Le coulie fouit et fouille, et c'est une nouvelle inscription d'Aṃçuvarman, samvat 30. Je désire en prendre la photographie : le mukhya va quérir ou plutôt requérir au nom de la loi des cordes, des bambous ; nous hélons la lourde stèle hors de son trou, la portons à la lumière et l'opération accomplie — l'Inde ne doit pas perdre ses droits — avec le même cérémonial et la même pompe nous reportons la pierre dans le trou où elle devra attendre une nouvelle résurrection. Mais Dieu sait quelles pûjâs elles vont maintenant recevoir après les explications données à la foule des villageois, explications commentées et amplifiées par le mukhya.

Après déjeuner, nouvelle séance de *Pustakâlaya* (Bibliothèque). Tout ce qui parle sanscrit à Katmandou vient voir la bête curieuse, et si cet empressement est flatteur, il a le tort de gêner la lecture des manuscrits. Ces braves gens, confinés dans leur Çâstra, s'émerveillent surtout de la variété de nos lectures. J'ai eu le plaisir de leur révéler le nom et l'œuvre de Bergaigne et la révélation de ses connaissances védiques les a remplis d'admiration.

Jeudi 27 janvier. — Aujourd'hui, Çrî Pañčamî ; l'hiver est fini. Une volée d'artillerie (qu'est-ce qui se passe ici sans poudre ? les changements de ministère et les changements de saison suivent le même programme). Une volée d'artillerie à 10 heures ce matin nous a annoncé l'entrée du printemps. *Vasanta* sera le bienvenu, il s'est ménagé au reste une entrée à sensation, un joli coup de théâtre.

Un capitaine Gourkha.

Hier nous avions justement la journée la plus maussade que j'aie vue dans l'Inde ; le soleil n'a pas paru un instant, et la masse épaisse des nuages noirs descendait et descendait sur la vallée comme un plafond truqué, tandis que le vent distribuait généreusement des tourbillons de poussière. Et quelle bise! Les mains fourrées au fond des poches, j'avais une onglée cuisante et j'ai dû renoncer à prendre la moindre photographie, faute de lumière et faute de stabilité. Le thermomètre n'a pas dépassé + 8°. J'ai eu beau courir Patan sous cette bise mordante, je n'ai rien trouvé qui valût même une note à prendre. Et la soirée était si froide que je me suis frileusement fourré au lit! Mon pauvre lit! J'ai eu la curiosité d'en mesurer l'épaisseur: 7 centimètres en forçant le chiffre; des lanières de toile entre-croisées sur un châssis de bois, un rézaï dessus, et pour me couvrir, ma couverture de voyage et un autre rézaï. Voilà quinze jours que je dors sur cette couche moelleuse. Ah! ce n'est pas par plaisir que je reste ici! L'étrange plaisir que cet isolement formidable et ce froid glacial quand l'Inde offre partout une hospitalité confortable avec une température paradisiaque. Mais, depuis que je suis ici, je me réjouis d'y avoir été envoyé. L'Inde est trop grande pour l'embrasser d'un coup d'œil et trop fermée pour entr'ouvrir sa porte au premier coup de marteau. L'Européen ne peut vivre que près des Européens et par suite en dehors des natifs. Un souci légitime de l'hygiène a partout établi la résidence des sahibs loin des grouillements indigènes. Tenter une recherche personnelle en quelques mois, c'est perdre son temps. Les fonctionnaires anglo-indiens sont seuls en état d'y faire une besogne utile, ils ont qualité officielle, on les craint et on recherche leur faveur, ils ont la longue pratique du pays et de la langue. Chercher des manuscrits derrière Peterson ou Bhandarkar ou Haraprasad Sastri, des inscriptions derrière Führer, c'est jouer son temps sur un billet de loterie. Le Népal contraste heureusement avec ces désavantages: l'étendue en est limitée étroitement, trop étroitement même, car en dehors de la vallée le reste du pays est juste aussi connu que le Pôle Nord. Hodgson et Wright en ont à coup sûr drainé les manuscrits ; Bhagvanlal et Bendall en ont recueilli les inscriptions ; mais derrière Hodgson et Wright, il est permis de chercher à glaner encore. De tout le Tripiṭaka, combien de textes restent encore à découvrir? De plus, comme Français, je suis peu suspect : les Gourkhas ne peuvent au pis-aller prêter à la France que des visées fort lointaines sur le Népal. Enfin, c'est la dernière région encore appartenant à l'Inde où le bouddhisme survive, et déjà bien près de s'éteindre, ou plutôt de se fondre dans l'hindouisme, comme il a fait ailleurs. Au point de vue de l'archéologie bouddhique, la vallée est un Musée complet depuis les stûpas d'Açoka jusqu'aux temples hindous et aux čaityas tibétains. Enfin, particulièrement intéressé par mes recherches aux relations de l'Inde avec le monde chinois, je suis ici au véritable carrefour de ces deux mondes : le Népal est vassal de la Chine et lui envoie un tribut périodique ; un lama est à demeure ici et un résident népalais à Lhasa. Les communications entre l'Inde et la Chine sont ici un fait palpable, évident, matériel ; les estampes chinoises se mêlent dans les processions aux chromolithographies de l'Europe.

La bienveillance des autorités, tout inattendue qu'elle peut être, se maintient ou plutôt elle augmente. Le commandant en chef Deb Sham Sher, Mahârâja par intérim, m'a fait annoncer hier qu'il avait donné l'ordre de me servir quotidiennement le *Pioneer,* un des meilleurs journaux de l'Inde, et j'ai reçu ce matin une corbeille d'oranges et de citrons. La parcimonie proverbiale des Gourkhas rend le cadeau précieux. Deb Sham Sher a également exprimé le désir de voir mes estampages et d'avoir mes explications. Curiosité archéologique ? C'est mal les connaître. Il m'a prié d'estamper et d'expliquer si possible une inscription placée sur le mur du Darbar et qui a, paraît-il, résisté jusqu'ici aux efforts des savants. Je lui ai fait demander une indication précise, mais il s'agit certainement de l'inscription polygraphique que le bon pédant Pratâpa malla a fait tracer sur le mur du Darbar et où le mot français HIVER côtoie le tibétain et l'arabe. « C'est, m'a-t-il fait dire, que les gens d'ici affirment que l'inscription signale un trésor caché. » Teneo lupum ! C'est ainsi que Khadga Sham Sher, le frère, a bouleversé le grand stûpa de Kapilavastu pour y dénicher la grosse somme. Et on me laisse aller dans l'espoir que tout ce trésor épigraphique aboutira à des trésors en espèces sonnantes. Impossible de leur faire comprendre notre curiosité. Les deux facteurs essentiels de nos recherches : religion et histoire, n'ont point d'équivalent en sanscrit. Hier matin le Jemadar m'a amené un Yogi de Hardwar, en tournée de pèlerinage, sachant bien le sanscrit, connaissant bien son Yoga et maudissant les faux Yogis, professionnels de la mendicité. Encore un aussi qui m'a posé la question fondamentale, que de fois entendue ! « A votre avis, quelle religion vaut le mieux ? » Singulier besoin de déprécier la croyance d'autrui pour exalter la sienne. Je lui ai fait ma constante réponse : *Sarvatra satām ācāraḥ sādhuḥ, duṣṭānāṃ duṣṭaḥ*. « Partout les braves gens se conduisent bien, et les méchants, mal. » Il m'a demandé fort naturellement s'il y avait des yogis en France ; il était convaincu (il l'est sans doute encore) qu'il y a des yogis en Germany. Double effet du séjour au loin (mais la nature n'est-elle pas un jeu d'apparentes contradictions?) : le chauvinisme s'éveille en même temps que se développe un sentiment profond de la solidarité humaine. A voir en jeu les autres fractions de l'humanité, on prend conscience du rôle propre qui revient à la patrie.

Aujourd'hui, vacances ; la ville fait un tam-tam d'enfer avec ses processions et ses musiques et ses chœurs, qui s'en vont de temple en temple. La Çrî pañčamî, c'est la Sarasvatî-pûjâ, la fête de la plume et de l'encrier. J'ai ce matin, sous la conduite et l'escorte de mon trop fidèle mukhya (Achates en fut le prototype), fait mon pèlerinage à Bâlajî au Nord de Katmandou, au pied du Nagarjun. On y vient en foule adorer la statue de Jalaçayana, Nârâyaṇa flottant sur les eaux, étendu sur Çeṣa qui redresse ses têtes. Statue colossale, au milieu d'un étang, de facture toute moderne ; le vrai Jalaçayana est à Budha Nilkanth, 5 milles de Katmandou. Pas de temple au dieu ; un petit temple népalais, à la chinoise, consacré à Durgâ. On vient de lui immoler le bouc quotidien et la tête est tombée dans le panier tandis que le corps palpite encore dans les mains du sacrificateur. Et déjà la foule se presse, des femmes surtout, et c'est un tintement continu de la cloche : chaque visiteur annonce son passage à la déesse. Le site est ravissant, ombragé de grands arbres ; des sources limpides alimentent une série d'étangs où la piété des fidèles nourrit des légions de grosses carpes, et s'épanchent par une vingtaine de gargouilles sur les amateurs de douches dévotes. Les Tibétains, avec leurs grosses bottes de laine ou de cuir et leur face ahurie, éclatent en gros rires à ce spectacle : ils s'étonnent évidemment de la propreté des Névars. Comme tout est relatif ! L'échelle des altitudes marque ici les degrés de la saleté humaine.

Après-midi j'ai fait ma façon de pûjâ à Sarasvatî. J'ai préparé une transcription complète d'une des stèles d'Aṃçuvarman et écrit une lettre en sanscrit au Pandit Kula mâna de Patan pour l'exciter à chercher des manuscrits.

Dimanche 30 janvier. — Après-midi de congé ; mon Pandit a même pris toute la journée. C'est l'*aṣṭamî* (le 8) et de plus il y a *upoṣadha* (jeûne) aujourd'hui en l'honneur d'Avalokiteçvara. Je suis retourné vendredi à Patan voir le respectable Kula mâna que ma lettre semble avoir touché.

Très ému,. le bon pandit ; et puis, je l'ai salué à la pandit, d'un vrai *añjali*. Et il m'a juré ses grands Bouddhas qu'il ferait tout son possible. Je lui ai donné la liste de tous les ouvrages catalogués par Nanjio et connus par des traductions chinoises ; je lui demande d'abord de me trouver le Sûtrâlaṃkâra d'Açvaghoṣa qui, à en juger à travers la version chinoise, intéresse à titre égal la littérature et l'histoire. Il n'en a pas le texte, mais il en connaît le titre. Puis je demande l'Abhidharmakoça de Vasubandhu que j'ai laborieusement restitué en partie d'après la version chinoise et le commentaire sanscrit de Yaçomitra ; puis toute la littérature de l'Abhidharma : Jñânaprasthâna, Prajñaptipâda, etc... Un seul de ces textes, et je suis un homme heureux, ou du moins un voyageur heureux. En quittant Kula mâna je suis allé de nouveau au Mahâbodhi Bihar ; je tenais à en prendre une photographie, le temple étant unique en son genre au Népal ; mais il est si étroitement enserré dans son carré de maisons que j'ai dû risquer moi et mon appareil sur le toit effondré d'une masure en ruines d'où j'ai pu prendre un point caractéristique, les détails d'un des quatre petits vimânas élevés sur la terrasse du sanctuaire, aux quatre angles du grand vimâna dont ils reproduisent la structure. Chez Mitrânanda j'ai trouvé une Sabhâtaraṅgiṇî, une anthologie à la façon de la Subhâṣitâvalî ou plutôt encore du Subhâṣitaratnabhâṇḍâgâra car les vers y sont introduits sans nom d'auteur ; longue collection (67 feuillets) composée par Jagannâtha miçra, Yugaçaranṛpasaṃkhya vatsare (= 1654 J.-C.). Le manuscrit est de la main d'Amṛtânanda. Je n'ai pas eu le temps de tout voir ; j'y retournerai. Mais je ne m'attends pas à trouver dans la famille qui fournit à la Résidence ses pandits (c'est-à-dire tout simplement un traducteur chargé de mettre en hindoustani les pièces en névar qui sont adressées à la Résidence) des ouvrages nouveaux et importants.

Hier visite à Harigaon, et de là à Deo Patan où j'ai pris, près du temple de Vâgîçvarî, dans un *hithi* (un de ces creux où l'eau arrive par des conduites) abandonné, l'estampage d'une inscription de Jaya Sthiti Malla. A Paçupati j'ai trouvé deux interlocuteurs assez distingués qui m'ont raconté avec un sérieux imperturbable, au milieu de la foule accourue et ébahie, aussi sérieusement que nous énonçons nos systèmes de chronologie, l'origine du temple selon le Nepâla-mâhâtmya, la fuite de Çiva sous forme de gazelle, les vaines recherches des dieux et qu'enfin on le découvrit dans le Cleṣmântaka vana. Le temple est situé sur le bord de la Bagmati, resserrée entre deux plateaux, dans une gorge pittoresque et bordée de *ghats* où les fidèles ne cessent de se presser. Les Bhoṭiyas (Tibétains) et leurs confrères les singes s'y rencontrent en foule. Comme je ne suis ni Hindou, ni Bhoṭiya, ni singe, j'ai dû me contenter de contempler le temple du dehors. Au milieu de la cour d'entrée, face au temple, à la place régulière, se dresse une statue colossale de Nandi, grande comme le Lion de Belfort, et toute dorée. Le temple principal, de style népalais (toits étagés), est entouré de temples et de chapelles plus petites et qui couvrent une vaste étendue. En face sur la rive gauche de la Bagmati, Jang Bahâdur a fait élever des *ghats* que couronne une rangée uniforme de chapelles sans caractère, assez pareilles à nos monuments de cimetières. Un bois assez touffu, reste du Çleṣmântaka vana, encadre les temples. La fraternelle concorde des dieux se marque à un simple trait : le long des *ghats* de la rive droite une inscription peinte en grosses lettres porte : Çrî Kṛṣṇa. Au fond, malgré la popularité de Paçupati, la vraie divinité du Népal et de l'Inde, autant que j'en ai vu — c'est Durgâ, la déesse monstrueuse et sanguinaire.

Lundi soir 31 janvier. — Le Commandant-en-chef m'a adressé ce matin des informations précises sur l'inscription qu'il me demande d'étudier. C'est bien l'inscription tracée sur le mur du Darbar par le bon pédant Pratâpa malla, collectionneur d'alphabets. Je me suis donc rendu en ville, mais l'inscription est si énorme (elle couvre au moins 4 mètres de muraille) que j'ai renoncé à prendre l'estampage, le papier à estamper étant ici rare et fort coûteux. Tout ce qui n'est pas produit indigène subit un renchérissement énorme, car le transport à dos d'homme de Segowlie ici se paie 3 roupies les 25 kilogrammes. Pour le coup, à me voir photographier la mystérieuse inscription, la foule s'est précipitée, attendant l'apparition du trésor. Le plus cocasse, c'est que les soldats du Darbar, également convaincus du sens caché de l'inscription, se sont mis à repousser la foule à coups de poing comme si c'eût été une bande de voleurs. La fin de la journée me réservait au reste un commentaire plus vivant de la scène. J'ai passé deux heures à la bibliothèque du Darbar School et j'ai eu communication du catalogue provisoire de la section Tantra. On ne trouverait certainement nulle part dans l'Inde une collection aussi riche ; plus de 500 numéros et la moitié me sont inconnus. Quand le tour des études tantriques viendra, il faudra s'adresser au Népal. Je rentrais au petit galop de mon poney quand j'entends un cyclone qui se déchaîne derrière moi ; dans un flot de poussière une centaine de brutes, au pas de course, dessinent un arc de cercle, refoulent violemment les malheureux passants ; coups de poings, hurlements. Le Népal se civilise, il sait se servir de la police. Une voiture encadrée de gardes à cheval, et, derrière, une autre vague humaine. C'est le Commandant en chef, Mahârâja intérimaire, qui fait un petit tour de promenade. Je me range pour le saluer. Il m'envoie un « good evening » et m'invite à caracoler près de sa voiture. La troupe des sbires s'ouvre, non sans méfiance. Où a-t-on pu ramasser une si belle collection de bêtes humaines ? En ce charmant pays, le Mahârâja ne donne audience à ses frères que bien entouré de gardes tenant l'épée nue à la main. Ce bon petit Deb Sham Sher, si aimable, qui se pique de bonnes manières, qui m'envoie le journal, des oranges et autres menus présents, Deb Sham Sher a, en compagnie de ses deux aînés, tué de sa petite main son vieux bonhomme d'oncle qui avait le tort de montrer une bienveillance excessive en faveur des fils de Sir Jang Bahâdur. Puis la même petite main sans le moindre scrupule a occis autant qu'elle l'a pu de la trop nombreuse postérité laissée par le même Jang. Et l'aîné des Sham Sher s'est attribué la fonction de Mahârâja et le reste des Sham Sher (ils sont une quinzaine de frères) s'est distribué par rang de primogéniture tous les hauts emplois. Khaḍga Sham Sher, le second de la famille, semblait disposé à se donner de l'avancement. Le coup fut vite paré. Khaḍga alors commandant en chef vient au palais du Mahârâja faire son rapport ; quatre hommes se jettent sur lui, le prennent aux poignets, et le Mahârâja annonce à son puîné que par excès d'affection il le crée gouverneur de Tansen, le district Ouest du Népal. Voilà une jolie variante de la fameuse scène : Eh bien, seyez-vous donc, marquis de Castellane, etc... Un palanquin est tout prêt ; donnez-vous donc la peine... — Et mes femmes ? Et mes enfants ? — On y pourvoira. Et sous bonne escorte, à travers cols et défilés, on conduit à Palpa le gouverneur malgré lui. La caravane des épouses avec les petits Sham Sher suivit à quelques jours de distance. Et le jour viendra, demain, dans un mois, dans un an, où une autre petite main abattra d'un bon coup le Mahârâja et ce ne sera qu'un changement de ministère. Le pauvre Dhirâj, comme on dit ici, le Mahârâjâdhirâja au nom duquel tout se passe, vit étroitement confiné en son palais, parmi les femmes et les fleurs, sans autre distraction que de quitter un pavillon peint en bleu pour s'installer dans un pavillon peint en jaune, marionnette sacrée toujours prête à faire les gestes sans demander qui tire la ficelle.

Donc nous longeons l'étang de Rani Pokhri, énorme pièce d'eau rectangulaire que Jang Bahâdur a fait clore d'une vilaine muraille blanche ; une chaussée étroite mène à un petit pavillon élevé au milieu de l'eau. Le lieu est sûr, la garde occupant toute la muraille. « Nous serions mieux à terre pour causer. — A la disposition de Votre Excellence. » Soucieux d'être poli sans me laisser ravaler, j'ai soin de mettre pied à terre juste au même moment que lui et côte à côte nous nous engageons sur l'étroite chaussée. « Avez-vous vu les poissons de l'étang ? Non ? Vous allez les voir. » On apporte un tas de sauterelles sèches, et c'est l'étang de Fontainebleau. Il me demande des nouvelles de l'inscription, de mes recherches. « On a trouvé à Kapilavastu un cercueil avec quelques bribes d'or. — Ah ! félicitations ! — J'ai bien peur qu'on n'y trouve rien de sérieux ! Croyez-vous que cet or-là ait une grande valeur ? — Attendez. Kapilavastu était une ville de temples, il y vint des pèlerins de l'Asie entière. — Alors vous croyez qu'on pourra y trouver un trésor ? — Je lui réponds que le vrai trésor, c'est les inscriptions, c'est ce qui rattache l'homme à son passé et lui explique son présent. Un peuple sans histoire est un arbre sans racines. Les rois ont leur généalogie, l'histoire est la généalogie de l'humanité. » Ces considérations, développées en un anglais que l'enthousiasme fait éloquent, touchent le petit Gourkha qui me demande de venir lui causer au palais demain après-midi. Nous allons tâcher de le secouer.

Mardi 1er février. — Encore un Mangal-Vâr. Refusez maintenant de croire au *Jyotiṣa* (astrologie), doublé du *Nimittaçâstra* (science des signes). Une stance adressée à Kula mâna a porté. On ne prend pas les mouches avec du vinaigre ni les pandits avec des *durbhâṣitas* (mauvaises paroles). L'excellent Kula mâna m'envoie une réponse que je transcris à cause de l'heureuse nouvelle qu'elle donne et parce qu'elle montre où en est la connaissance du sanscrit chez les Bouddhistes du Népal, dont Kula mâna est le *čûḍâmaṇi* (diadème) :

Çrīkulamānapaṇḍitena bhavatāṃ çrīmatāṃ praṇāmapuraḥsareṇa prārthanā kṛtaṃ bhavatāṃ uktaṃ pustakaṃ mahāyānasūtrālaṃkāra atra nepāle atidurlabham eva tathāpi bhavatām ājñāṃ çire dhṛtvā ahaṃ likhitvā samarppayāmi ahaṃ tu ekam eva baddhanikāryyo sti (??) tathāpi bhavatām çevā kariṣyāmi ane sadṛço na kartum arhasi rājagṛhe pustakalikhitasamaye dinaṃ prati eko mohara datto sti tathāpi bhavatāṃ avalokya dātum arhasi iti çubhaṃ ||

Ce qui signifie en bon français qu'il s'est procuré à grand'peine un manuscrit du Sûtrâlaṃkâra et qu'il m'en fait la copie. Décidément il faut bien croire que le Népal n'est pas encore épuisé par tant de recherches. Un rapide et très sommaire examen me permet de constater que ce n'est pas le Sûtrâlaṃkâra d'Açvaghoṣa, mais un autre ouvrage connu sous le même titre et qui a pour auteur le Bodhisattva Asaṅga contemporain de Vasubandhu (v–vi[e] siècle). N'est-ce encore qu'un préambule et dois-je attendre mieux ? Vexé du refus du pseudo-Pandit du Zimpi-taudu à Patan (le Zimpi-taudu passe pour être très riche en manuscrits), j'ai encore eu recours à la divine Sarasvatî et j'ai foudroyé mon homme de cette virulente apostrophe :

bubhukṣitāṃ vyāghrīṃ dṛṣṭvā svaçarīram ayācitaḥ |
paçāv api karuṇārdro bodhisatvaḥ purā dadau ||
āgatam atithiṃ çrutvā çrutvā dharmārthinaṃ tathā |
pustakānāṃ paṇḍitena dīyate naiva darçanam ||
kṛtapāramitābhyāsaḥ svargaṃ yāti na saṃçayaḥ |
dānapāramitāṃ tyaktvā puṇyalābhaḥ kathaṃ bhavet ||

J'avais trouvé la corde sensible. Dare-dare je reçois la réponse suivante (encore un échantillon du sanscrit bouddhique local) :

bhavatāṃ çrīmatāṃ praṇamya bhavatām ājñāpita pustakānām madgṛhe asti vā na asti mayā na jñātaṃ bhavatāṃ kṛpā cet tarhi likhitvā anyagṛhe mayā gantum anyatpustakam bhavatām agre yaḥ pustakāni samarpayāmi.

Voilà encore une promesse de collaboration utile. J'irai demain à Patan échauffer ce zèle qui s'éveille. Il faut si longtemps en ce pays de l'Inde pour aboutir à un résultat. Mais je ne voudrais pas quitter le Népal sans y avoir épuisé toutes les chances possibles : je connais les hommes maintenant, ma veine de çlokas n'est pas encore tarie. Ce matin, déjà sous un soleil brûlant (brusquement, comme c'est son habitude ici, paraît-il, la chaleur est survenue, une chaleur d'été parisien), le cortège se met en route pour le mont Nagarjun qui domine Katmandou vers le Nord et dresse à plus de 1 000 mètres au-dessus de la vallée ses flancs abrupts et richement boisés, rebondissant vers le S.-S.-E. en deux vagues (la dernière porte Svayambhû Nâtha) et vers le S.-E. en un mamelon qui surplombe Bâlajî. Je tenais à visiter la cave associée par la tradition au souvenir de Nâgârjuna qui y aurait demeuré et composé les tantras (n'est-ce pas ici le domaine par excellence du Tantra ?). Resterait-il là quelque vieille inscription comme en ont rendu par exemple les caves de Barabar ? Le Captain Sahib et le Commandant en chef m'avaient mis sur mes gardes ; le flanc du Nagarjun est la réserve de fauves pour les chasses du Mahârâja. Ils n'avaient pas menti. J'ai eu le plaisir de rencontrer un tigre qui venait justement d'être tiré et qui saignait encore sur le sol. Mais c'est tout ce que j'ai rencontré. La grotte largement ouverte et peu profonde regarde le plein Midi ; elle abrite une statue plus grande que nature et assez délabrée de Çâkyamuni ; des stèles comme partout ici chez ce peuple passionné d'épigraphie (trop passionné, hélas ! car ceci tue cela et pour fabriquer des stèles neuves on se contente de gratter et de polir les anciennes), mais rien d'ancien ; la plus vieille date du commencement du XVIIIe siècle. Deux vieux čaityas délabrés se dressent à peu de distance, envahis par la végétation ; là encore des stèles de 100 à 150 ans, rien de plus. Plus bas, à l'entrée de la réserve, est un petit temple de Çiva desservi par un Sannyâsi classique tout barbouillé de cendres, le front décoré des marques sacramentelles, vêtu d'un collier de rudrâkṣamâlâs, et qui vit là en compagnie des bêtes. J'ai rencontré en route un autre type de yogi : vêtu d'un manteau qu'il portait sous son bras, grimaçant, gambadant et sans cesse éclatant de rire. Je n'ai pas eu le temps de gravir la montagne jusqu'au sommet où les Bouddhistes brûlent leurs cadavres pour en disperser ensuite les cendres aux vents ; j'ai dû redescendre assez péniblement au reste sur ces pentes raides d'herbes desséchées où les chaussures glissent désespérément. Le Commandant en chef m'avait donné rendez-vous. Je suis maintenant plus que *persona grata*. Une heure et demie d'entretien aujourd'hui, et sur quel ton ! Encore ai-je dû y mettre fin moi-même. Le Captain Sahib vient me prendre en voiture de cour et me remet au nom du Commandant en chef un superbe kukhri, le yatagan que tout Népalais porte à la ceinture, avec une gaine plaquée d'argent ; deux petits couteaux courts y sont adjoints pour les besognes moindres et un étui pour la pierre à feu et l'amadou. Les allumettes ne sont pas encore ici un objet courant de consommation. Aussi une lettre en français venue de Paris et qu'on me prie de traduire. Un monsieur E. C. écrit à « Monsieur le Maharaj Dhiraj » pour lui demander la collection des timbres népalais. *Sacra fames !* Je me suis offert à les lui faire parvenir, mais Deb Sham Sher, en veine de bienveillance, prétend les lui envoyer lui-même.

Au palais, la réception traditionnelle : la foule des courtisans empressée à ne rien faire et distraite par l'arrivée du Sahib. Une compagnie me rend les honneurs. Il vaut mieux ici avoir la peau blanche que le ruban rouge. Deb

Sham Sher a fait dresser une tente dans le jardin, mais il a changé d'idée et m'attend dans un petit pavillon élevé autour d'un bassin où l'eau joue de tous côtés. Je me rappelle ces châteaux d'eau qui émerveillèrent les voyageurs chinois de passage au Népal ; des verres de couleur répandent une lumière amusante et les jets d'eau surtout distribuent une bienfaisante fraîcheur. Il vient au-devant de moi, fait venir ses deux fils, de douze et dix ans. Je leur parle de la France, de sa grandeur, de Paris surtout et de l'exposition prochaine. Quel prestige a ce seul nom de Paris même en cette vallée retirée de l'Himalaya! Je m'offre à donner des leçons de français aux bambins qui ont l'air fort intelligents. Puis Deb Sham Sher me demande de lui montrer la photographie de mes enfants. En homme au courant de l'Europe, il me demande : Sans doute leur mère s'occupe d'eux. Combien y a-t-il de Madames Deb? Le Captain Sahib, simple subordonné, ayant deux maisons, une à la porte de la Résidence et l'autre en ville, soit à quelques cents mètres de distance, a deux collections de femmes pour embellir ses deux foyers. Et ce n'est pas une maison ni deux que Thapatali, la résidence de Deb, c'est une petite ville qui, certainement, abrite plusieurs milliers d'habitants et d'habitantes. Quels amis pourraient être nos fils, me dit le Commandant en chef. Ne serait-ce pas une idée séduisante que de les faire correspondre de Paris à Katmandou? Que les vôtres viennent un jour ici, ils seront les hôtes des miens ; que les miens aillent en Europe, vos fils seront leurs guides à Paris.

Et j'aurai leurs portraits, et celui du papa, et celui du Mahârâja et celui du Dhirâj, et mes enfants enverront leurs portraits et ce sera délicieux. Le terrain étant bien préparé, je jette la semence. L'autorité pourrait-elle seconder mes recherches d'inscriptions et de manuscrits? — Si elle le pourra! Faites venir mes pandits! Entrent les deux pandits domestiques de Deb Sham Sher, tous deux habitués à parler sanscrit, et la conversation va de l'anglais au sanscrit sous les regards ahuris des intimes du petit lever présents à l'entretien. J'expose mes désirs, j'énonce les ouvrages que je désire me procurer; les deux pandits, brahmanes, mais cependant mieux informés que leurs confrères bouddhistes, affirment que plusieurs de ces ouvrages existent et qu'ils vont se mettre à la recherche. « Si on les trouve, dit Deb, je les achète; si on refuse de les vendre, j'en fais faire des copies dont je ferai hommage à la République française pour l'amour de vous. » (Oh! oh! hâtons-nous, le Mahârâja revient dans quinze jours reprendre ses fonctions et la bienveillance de l'un pourrait bien provoquer la malveillance de l'autre!) Et quand je me lève pour partir, l'un des deux pandits donne lecture de deux vers qu'il vient d'improviser en mon honneur:

namāmi taṃ vidhiṃ nityaṃ yena deçāntarasthayoḥ |
āvayor īdṛçī prītiḥ kāritā sukhakāriṇī ||
mādhuryaṃ vacasi namratā svabhāve cāturyaṃ sakalaçāstrapāram etum |
yad dṛṣṭaṃ bhavati tat kadāpi mitra nānyasmin pūrvam api dṛṣṭavān aham ||

Je me dispense de traduire pour ménager les derniers restes de ma modestie déjà si ébréchée.

Vendredi 4 février. — Trois journées sans résultat. Avant-hier j'ai été à Patan, mais Pandit Kula mâna ne m'a rien trouvé d'autre, et de la longue liste que je lui ai soumise il ne connaît même pas les titres. Il avait reçu le matin même la visite des deux pandits de Deb Sham Sher venus pour se renseigner sur les manuscrits qu'il possède. En vérité, mon prince, vous comblez la mesure; promesse donnée la veille, tenue le lendemain, allez donc accuser la bonne foi des Népalais. De là je me suis rendu chez Mitrânanda au Mahâbodhi Vihar examiner ses manuscrits de famille. J'ai vu les cahiers, de grandes feuilles jaunes où le premier en date comme en valeur des Pandits de la Résidence, Amṛtânanda, a recueilli ses notes sur le Bouddhisme à l'usage d'Hodgson qui y a largement puisé. La collection des Ânandas est fort riche et très éclectique : les Tantras y dominent comme partout au Népal ; aussi une belle collection d'Avadânas et les Dharmas népalais... ; à signaler aussi un manuscrit du Bhâratîya nâṭya çâstra daté Sam. 1884 (=1827).

Jeudi j'ai visité le temple d'Ichangu Narayan, un des quatre grands Narayans du Népal, au N.-N.-O. de Katmandou, dans une petite vallée secondaire que forment deux promontoires du Nagarjun ; le chemin est assez pénible : il contourne la colline de Svayambhû, puis escalade successivement deux contreforts de la montagne appelés l'un Haltsok, l'autre Ichangu. La culture couvre le fond des vallées aussi bien que les pentes, toutes taillées en terrasses étagées comme c'est l'usage ici : les parois inférieures des montagnes présentent l'aspect d'escaliers. En dépit de sa haute sainteté, le temple d'Ichangu Narayan est assez misérable ; temple de style népalais, sans luxe, sans grandeur, mal entretenu même ; les dharmsalas à l'entour tombent en ruines. En dépit de son antiquité prétendue, rien d'ancien. Les stèles de la cour ne remontent pas à plus de deux siècles ; sur la plate-forme de briques qui sert de base au temple, une stèle d'aspect plus ancien montre ses premières lignes. La forme des lettres semble indiquer le XIe ou le XIIe siècle, mais refus formel de la laisser extraire du lit de briqueterie où elle est encastrée. En revenant je fais l'ascension du Svayambhû Nâth une fois de plus et visite le temple et le vihâra de Sarasvatî construits en arrière de Svayambhû, sur l'autre cime de la colline, mais toutes nos recherches sous bois dans le chaos des pierres ne servent à rien.

Vendredi j'ai passé la journée entière à battre Kirtipur, si fièrement assise sur sa colline abrupte, en avant du

Chandragiri, à trois milles S.-S.-O. de Katmandou. La « ville aux nez coupés » ne s'est pas relevée du coup terrible porté par les Gourkhas : elle pourrit dans ses ruines puantes. J'ai soigneusement visité le grand temple de Bâgh Bhairab, Bhairava au tigre, paré du haut en bas et sur toutes ses faces de cornes de buffles, dépouilles des victimes journellement immolées. Dans la cour une quantité considérable de chapelles secondaires. Le couvent de Mahâbuddh n'a pas d'inscription antérieure à 700 du samvat népalais ; le grand čaitya central, tout blanc de chaux, se dresse sur une vaste terrasse à deux étages dominant les maisons du vihâra. Les gens de ce vihâra sont d'une ignorance qui dépasse même l'ignorance ordinaire des Bouddhistes népalais ; impossible de rien savoir sur les manuscrits qu'ils possèdent. Au retour j'ai parcouru la longue série de temples échelonnés sur les bords de la Bagmati, près du confluent de la Bitsnumati.

Dimanche 6 février. — Hier une pluie torrentielle avec foudre à feu roulant, puis la neige a blanchi les pentes d'alentour. Ce matin, par une brume glaciale qui arrêtait l'horizon à dix pas, je me suis mis en route pour Chobbar. C'est aujourd'hui la *Mâghâ paurṇamâsî,* je l'ai su trop tard pour ménager les croyances de mon escorte. En débouchant sur la prairie qui sépare la Résidence de la ville, m'arrivent soudain de je ne sais où des symphonies étouffées et des chœurs ouatés et je devine dans le brouillard opaque des processions de fantômes. C'est la fête de la pleine lune. Il fait froid à grelotter et les Névars peu frileux se couvrent pourtant le visage comme des dames musulmanes. Et cependant les brahmanes pieux sont là tout nus aux fontaines, aux lavoirs, au bord de la Bagmati, accomplissant avec une ponctualité minutieuse tous les détails des rites, gestes des mains, aspersions, méditations, etc... Toutes ces formes vagues que je croise portent en mains des plateaux de cuivre où sont soigneusement rangées les offrandes de fleurs et de parfums ; les cloches des temples sonnent ; les images saintes ont déjà le front décoré d'une vraie bosse de santal ou de minium et sur le front des fidèles les restes de l'offrande dessinent des lignes toutes fraîches blanches, jaunes, rouges. Au temple de Lakṣmî Nârâyaṇa, sur la Bagmati, les yogis groupés autour de leur chapelle (chaque confrérie y a sa dharmsala, sa chapelle, sa cour, son ghat, son eau, son drapeau : Vairâgis, Sâdhus, Sannyâsis, etc...) font un tintamarre d'enfer ; les uns battent le tambour, d'autres agitent les cymbales, un autre souffle la trompe ; un autre va brûler de l'encens aux quatre coins de la plate-forme.

Chobbar est au Sud de Katmandou sur un mamelon arrondi aux pentes escarpées ; la Bagmati pour se frayer une issue a violemment séparé le mamelon du mont Phulchok et s'est creusé une gorge profonde par où elle s'écoule vers le Sud. Au débouché de la gorge se dresse le temple de Bighna-Binaik (Vighna Vinâyaka), autrement dit Gaṇeça, un des quatre temples sacro-saints de Vinâyaka au Népal. Le temple actuel est tout à fait moderne, de style népalais, sans aucun caractère ; Gaṇeça est couvert d'un voile qui laisse le front du dieu seul exposé à l'adoration des fidèles qui viennent l'oindre. En haut du mamelon, dominant sans aucun doute une admirable vue sur Katmandou au Nord, Patan à l'Est, Bhatgaon au Nord-Est et Kirtipur à l'Ouest (mais le brouillard encore mal dissipé ne m'a laissé rien voir), le vieux bihar de Chobahal ; au milieu de la cour, à la place ordinaire du čaitya, un temple de Mahâdeva de style hindou, avec colonnes et vimânas. Le sanctuaire de Çâkyamuni au lieu d'être simplement inséré dans le pourtour du vihâra forme ici un temple ayant son développement propre, en style népalais ; un trait curieux est l'abondance des ustensiles de cuivre, vases, pots, plats, poêles à frire, accrochés du haut en bas du temple. Dans une cour contiguë au vihâra se dresse une stèle rongée par le temps, mais où paraissent encore des restes de lettres anciennes. Retour à travers champs et cette fois sous un soleil ardent par le Pulchu-Bihâr élevé sur un petit monticule à l'Ouest

Hithi (fosse d'ablutions) à Patan.

de Patan et tout près de la ville ; c'est à ce bihar qu'appartient celui des quatre stûpas d'Açoka qui est construit à l'Ouest de la ville, mais le stûpa est assez loin. Dans le bihar même, rien, et les čaityas de plâtre et de briques élevés en avant du bihar tombent en ruines.

En rentrant à Katmandou je trouve la route bordée d'une haie de spectateurs comme à nos jours de mi-carême ; les femmes ont fait toilette, vêtues de jupes démesurées, qui se gonflent comme des ballons. On attend le passage de la Mâgha-Yâtrâ. Et moi aussi je la verrai. En ville, la pluie d'hier a mariné les immondices tout au long des chaussées, et dans la poussée de la foule la puanteur est intolérable. Heureusement il suffit au mukhya, pour me frayer un passage, de crier : *Ho ! sahib pandit !* et les rangs s'écartent. J'arrive à m'installer sur une terrasse en avant du temple d'Annapûrṇâ et du coup je deviens moi-même la yâtrâ, le spectacle, le point de mire universel. Un groupe de brahmanes s'approche, entame la conversation en sanscrit, et une joute aimable s'engage que la foule suit amusée. Voilà le défilé ! Des enfants nus portant un bâton couronné d'une grosse boule hérissée de pailles dorées, le soleil peut-être ? au-dessous une orange. Dans des palanquins, des adolescents nus assis ; sur leurs genoux des lampes où brûle l'encens ; sur une grande plate-forme, un garçonnet peinturluré de vert, vêtu d'oripeaux pailletés, les yeux cerclés de noir, immobile et grave, fait Râma ; à sa gauche une délicieuse Sîtâ, un type idéal de beauté enfantine, les yeux en extase. Devant eux un éphèbe nu, élégant et harmonieux comme une sculpture antique, l'arc en bandoulière, c'est Lakṣmaṇa. Du grand sabre nu qu'il tient à la main, il coupe le nez à une poupée colossale, hideuse, les cheveux dénoués et tombants, la face d'un oiseau de proie ; c'est Çûrpaṇakhâ. Puis sur une autre estrade ambulante Hiraṇya-Kaçipu, avec une tête de sanglier, déroule les ficelles rouges qui symbolisent ses entrailles arrachées, tandis qu'en face de lui un enfant immobile, les mains jointes, représente Prahlâda. Et puis c'est une foule de petites chapelles avec de petites statues portées sur des brancards, et des chœurs d'hommes et d'enfants, et des vîṇâs et des trompettes et des flûtes et des tambours. Tout était bien fini, lorsque mon ami Deb Sham Sher s'offre aux acclamations du populaire. Il me voit, donne ordre de me faire place, et la terrasse où je suis se vide en un clin d'œil ; nous nous mettons à causer, et de quoi ? De mes manuscrits. Il doit m'en envoyer cinq à l'examen et il sera heureux de faire hommage de celui que j'aurai choisi à moi et à la République française.

Lundi 7 février. — J'ai vu aujourd'hui une leçon de choses étrangement expressive. J'ai été visiter Budhnâth, à l'E.-N.-E. de Katmandou, entre la Bagmati et le mont Sivapuri, non loin de Paçupati. Budhnâth est le plus grand des stûpas bouddhiques du Népal, plus grand que les quatre stûpas d'Açoka à Patan. La base circulaire de briques plâtrées est tout au long percée de niches régulières où sont fixées des barres verticales autour desquelles tournent les moulins à prières portant inscrit *Oṃ maṇi padme huṃ*. Quatre terrasses circulaires de briques s'étagent de la base jusqu'à l'hémisphère du stûpa ; le stûpa est couronné par une sorte de clocheton rectangulaire où sont peints sur chaque face deux grands yeux, et l'édifice se termine par un dais rouge supporté par des tringles de cuivre. Tout autour du stûpa, dessinant un rectangle irrégulier, des maisons d'un étage où résident quelques Névars, mais qui servent surtout d'abri aux pèlerins tibétains. Budhnâth est le sanctuaire des Tibétains ; la Vaṃçâvalî en attribue la construction à Mâna deva, mais les reliques qui y sont déposées sont les reliques d'un saint tibétain. Un lama y réside et y fait les cérémonies. Budhnâth est sans contredit le chef-lieu de la pourriture humaine. Le sol n'y est fait que de fumier, et quel fumier ! et les Tibétains y grouillent, répandant au loin une puanteur de suint à dégoûter les moutons, un parfum de bouc à faire fuir les chèvres, étalant dans les entre-bâillements de leurs loques immondes des chairs huileuses qui n'ont jamais souillé l'eau.

Interdiction de pénétrer dans l'enceinte du stûpa ; j'envoie mon pandit, le mukhya et le coulie qui est un Bouddhiste explorer les terrasses et je m'installe pour prendre une photographie. Le mukhya et le pandit me rejoignent, ils ont trouvé deux inscriptions d'apparence ancienne, mais en langue bhoṭiya. Va pour le bhoṭiya et prenez l'estampage. Cette fois le cipaye, excellent « impressionniste », accompagne le pandit, et le mukhya reste près de moi. Un policier Gourkha vient le seconder et ce n'est pas mince besogne, car les Bhotiyas idiots m'étouffent dans leur poussée crasseuse et viennent se coller contre l'objectif même : tout ce mécanisme les éblouit ; un d'eux m'interpelle : Buddhâvatâra ! un autre vient m'offrir humblement un pais pour me faire pûjâ. Il me faut subir les adorations indiscrètes de cette horde qui touche hélas ! avec vénération mes manches, mes culottes. Je me sens même touché à la main. C'est un lama de Darjiling ; il porte de gros gants, des moufles. Dissimule-t-il quelque lèpre ? En qualité de confrère il ne me lâche pas, s'évertuant à me convaincre qu'il n'y a ici d'inscription ni dessus ni dessous. Rendez-moi Katmandou, ville des puanteurs, on y respire encore un peu ! Enfin mon mukhya et son confrère se décident à me dégager à la Gourkha ; ils envoient leurs poings de côté et d'autre, lorsqu'une énorme brute de Tibétain bondit la poitrine à demi nue, la tête encadrée d'une longue chevelure ; il lève son bras comme une massue sur le mukhya en criant : Eh toi, le Gourkha ! Et le farouche Gourkha devant qui l'Inde tremble, l'envahisseur éventuel de l'Hindoustan si l'Angleterre disparaissait, le Gourkha se fait tout petit et file doux.

Ma photographie faite, j'assiste à un spectacle tibétain. Un grand vieillard ressemblant étrangement aux statues d'Homère, drapé dans une tunique qui découvre son bras et son épaule gauche, fait grincer sous un archet en forme d'arc une sorte de mandoline à trois cordes et chante

Dieu sait quoi. Deux jeunes beautés tibétaines l'accompagnent, deux grosses dondons à la face toute plate avec des pommettes toutes roses et des dents accidentées, la tête cerclée d'un disque où sont enchâssées toutes sortes de pierres rouges, bleues, vertes, la chevelure étonnamment noire et plus grasse encore que noire, nattée en deux tresses serrées et raides qui se collent à chaque épaule; elles abattent et font frissonner entre leurs doigts les revers de leurs larges manches; des chaînettes d'argent ornent leur ceinture. Le vieillard et les deux bayadères portent aux oreilles des anneaux dont nous ferions des bracelets. Elles chantent, roulent des yeux pâmés, battent une sorte de gigue ou de bourrée, tourbillonnent en cadence, tandis que le vieillard continue à faire grincer son crincrin.

Enfin le pandit et le cipaye reviennent, étalant leurs estampages; j'en prends un, l'examine au soleil. Une autre brute de Tibétain me l'arrache des mains et s'en saisit; je crois à une curiosité indiscrète, comme j'ai l'habitude d'en rencontrer ici. Enfin le mukhya ordonne : « Rends-moi cela. » Le Bhotiya alors avec une effrayante expression de fanatisme imbécile froisse entre ses mains le papier, le rejette par-dessus l'enceinte du stûpa, bondit devant le mukhya, lui adresse un salut ironique en tombant sur les cuisses, la langue pendante, la jupe retroussée, achève sa démonstration par un geste à la Mouquette ; puis, faisant le simulacre de brandir une arme part en courant vers sa tanière. Le lama s'approche et dit doucement : « Croyez-moi, partez vite. » Le bon vieillard homérique, avec l'amabilité d'un homme qui a reçu deux annas, insiste : « Partez vite, partez vite ! » Et le mukhya inquiet me dit : « Montez à cheval et partons ! » Et le pandit blême me dit : « Ah ! ces Bhotiyas ! » Notre caravane fuit, c'est le terme propre ; j'ai vu le Gourkha mis en déroute par le Tibétain. Et nous sommes au Népal, à une heure de Katmandou ! Que serait-ce au Tibet ! Voilà qui n'encourage guère à visiter Lhasa. Et, en fin de compte, c'est pour ces gens-là que Çâkyamuni a fait tourner la roue de la loi ! Ils ont bien réalisé le type de l'ignorance crasse. Que se passerait-il si ces hordes-là prenaient le chemin de l'Inde ou de l'Occident ?

Bhatgaon. — Le mahârâja me donne une maison, et c'est bien aimable à lui, mais pour être une maison de mahârâja, ce n'est pas une maison confortable. Du dehors c'est tout à fait gentil ; un peu en dehors de la ville, au beau milieu d'un pré, tout à côté du bel étang de Siddhapokhri, dans un cadre merveilleux, contre le fond de la vallée. Des premiers plans tout riants avec des maisons de plaisance et des jardins ; au-dessus les forêts épaisses et pour couronnement les masses inconcevables des glaciers. Oh ! la jolie maison pour s'y mettre à la fenêtre ! Pour y résider elle a des charmes moins séduisants. L'architecte qui l'a bâtie, un Bengali certainement, a voulu la faire à l'européenne ; il a pratiqué partout de grandes fenêtres vitrées avec des persiennes authentiques ; mais l'architecte est parti, le temps a passé ; les vitres se sont cassées, brisées, émiettées, une à une ; les châssis des fenêtres se sont disjoints, les pauvres persiennes ont perdu leurs palettes, et le vent qui souffle à travers la montagne souffle à travers la chambre tout chargé de coryzas et d'odontalgies. Et voilà que le temps s'est rafraîchi, ou du moins il fait plus froid à Bhatgaon ; Katmandou proche du Nagarjun y perd en pittoresque, mais y gagne un abri contre le vent glacial du Nord. Bhatgaon-ville est assez heureusement blottie dans un pli de terrain au pied du Mahadeo Pokhri, mais ma maison construite sur un plateau largement découvert s'offre avec une excessive générosité aux caresses indiscrètes de la bise. De Katmandou à Bhatgaon, trois fortes lieues, par une assez bonne route où les voitures qui n'ont pas peur des ornières ni des fondrières peuvent circuler ; le chemin traverse tour à tour la Dhobikola, la Bagmati et la Manhaura descendue du mont Manichur. Les trois rivières encore gonflées de la pluie récente coulent toutes trois dans des sortes de tranchées profondes, tantôt élargies, tantôt resserrées, formant de véritables gorges où le riz vient à plaisir dans un sol gras et détrempé ; les deux rebords de la tranchée se dressent généralement presque à pic et portent de larges plateaux où les villes se sont établies. Rien ne donne plus nettement le sentiment de la densité extraordinaire de la population au Népal que l'aspect des routes qui joignent Katmandou au reste de la vallée ; c'est tout au long, sur des kilomètres et des lieues un défilé ininterrompu de passants. Mon cortège s'est encore accru en l'honneur de Bhatgaon. Le Darbar a jugé utile de m'adjoindre un second mukhya chargé de me procurer les provisions ; et ce soir dans l'espèce de vestibule qui fait le rez-de-chaussée de la maison reposent côte à côte les deux mukhyas, le cipaye, le boy, le cuisinier, le balayeur, mon coulie personnel, le saïs et le poney.

Mercredi 9. — Et mon cortège grandissait toujours. Le gouvernement népalais a estimé que je n'étais pas encore assez gardé et il m'a, ou plutôt la « place » de Bhatgaon m'a adressé un « pulis », un gardien de la paix. Si cela continue, je finirai par entretenir toute la population du Népal, car il va sans dire que tout ce monde-là attend son bakchich. Après-midi le nombre des « pulis » a doublé, mais ce soir me voilà ramené à l'unité. Et j'ai ainsi promené à travers les rues de Bhatgaon un cortège impérial. Cette procession imposante a fait même un tort considérable aux cortèges de Kâçî-Jagannâtha qu'on « pûjait » aujourd'hui à grands sons de tambours et de flûtes ; j'ai attiré autant de monde que mon divin concurrent. Les Népalais étant fort prolifiques, les rues sont encombrées de gamins oisifs, trop heureux d'emboîter le pas à la procession; il en traînait bien encore une cinquantaine derrière moi quand je suis rentré. Sur la foi de ma réputation, le « tout Bhatgaon » s'était répandu dans les rues pour me voir. Seul le soleil n'a pas eu la curiosité de me regarder; il s'est obstiné à cacher sa face derrière un voile épais de brouillards glacés, et pour rendre mon bangalow tolérable, j'ai dû panser mes fenêtres avec des feuilles de papier.

Ma première journée a été heureuse, j'ai trouvé une inscription de Çivadeva en bel état de préservation dans un vieil « hitbi » ruiné du Tulacchi Tol. Plus encore qu'à Katmandou, plus encore qu'à Patan, l'épigraphie s'étale à Bhatgaon; de magnifiques stèles gravées avec soin donnent la chronologie des Mallas. La ville est remplie de temples, la plupart délabrés et ruineux; le bazar est encore important, mais on a la sensation d'une vie qui se retire comme elle a fait à Patan. La centralisation fait son œuvre même au Népal; Katmandou absorbe la vallée. Les principaux temples sont ceux de Bhairava et de Kâlî et de Dattâtreya. Très peu de čaityas et pas un qui soit monumental; je n'ai pas encore vu les vihâras. Ici comme dans le reste du Népal, le culte de Devî triomphe sous toutes ses formes : Kâlî, Bhagavatî, Guhyeçvarî. Mahâ-Lakṣmî a aussi un assez beau temple. Le Darbar plus petit que celui de Patan n'est pas moins pittoresque en son groupement de piliers, de toits étagés et de couleurs; il a comme celui de Katmandou sa « porte d'or ».

Bhatgaon, 13 février. — La bise glaciale m'a tenu enfermé à la maison, vainement emmitouflé pour me défendre contre les morsures du vent qui balaye ma chambre. Quelle pluie! les nuages s'accrochaient aux arbres, se dénouaient, se ramassaient en masses compactes et fondaient en torrents. Toute mon escorte tassée à l'abri sous le vestibule se réchauffait comme elle pouvait cependant que les buffles se prenaient aux cornes dans le pré voisin. Bhatgaon est la ville aux buffles, il y en a autant que d'habitants. Hier un d'eux a foncé sur notre cortège et cela a été un sauve-qui-peut réjouissant. Et malgré cette pluie infernale, les processions se sont succédé et les clochettes n'ont cessé de tinter. Matin et soir depuis la pleine lune, un cortège précédé de fifres, de hautbois, de cymbales, s'en va au temple de Jagannâth, chante des chœurs, fait la pûjâ et retourne en ville. Un Névar porte sur un plateau dans une burette l'eau qui a lavé le dieu; et les bonnes gens au passage déposent sur le plateau la modeste offrande d'un pais pour recevoir dans le creux de la main un peu de l'eau bénite ; ils en avalent un peu et du reste se touchent les points sacrés du corps. Hier matin une pieuse procession d'enfants, garçons et fillettes défilait aussi sur le chemin ; deux petits en tête portaient également sur un plateau de cuivre des fleurs, et la procession enfantine s'en allait chantant un hymne à Sarasvatî, s'il vous plaît, avant le commencement de la classe. Au bord de la Hanumatî, autre cortège moins gai. En tête quatre hommes portant sur leurs épaules deux perches soutenant un corps de femme recouvert d'une étoffe ; derrière un homme soutenu par deux amis pousse des cris fous ; un groupe de parents le suit gémissant à l'unisson. On arrive au bord de la rivière, le bois est prêt, le feu s'allume et le pauvre cadavre grille tandis que la famille accomplit les ablutions lustrales.

Enfin hier matin j'ai pu reprendre le cours de mes expéditions ; j'ai visité le bourg de Timi qui s'étend sur un plateau entre la Manohara et la Bagmati à mi-chemin entre Katmandou et Bhatgaon. Le bourg est fort peuplé et contraste par sa propreté relative avec les villes du Népal. J'ai battu tous les temples et les čaityas et les vihâras. C'est encore Kâlî sous toutes ses formes qui l'emporte ici :

le principal temple est Bâla Kumârî. Avec Kâlî et Lakṣmî, Gaṇeça surtout est populaire ; ses chapelles empuanties par le sang caillé et décorées de cornes de buffles disent assez les sacrifices sanglants dont on honore le dieu au Népal. Ici aussi abondent les petites stèles généralement sans aucune inscription, mais décorées d'un relief de masque grimaçant au sommet, avec de part et d'autre un long corps de serpent déroulant ses anneaux. Les Névars leur donnent le nom de Bṛhaspati et leur rendent une pûjâ journalière ; les Gourkhas n'en tiennent point compte.

Je sortais désappointé de ma course quand j'avise un chemin défoncé. C'est la vieille route, me dit le pulis-ji ; la vieille route est mon affaire. Et à cent mètres sur la droite je trouve un hithi en ruines avec une stèle à demi effacée ; le haut a disparu, mais le bas est fort lisible. La forme des lettres, les formules, la disposition extérieure indiquent clairement une stèle de Çivadeva II. J'avise un autre hithi à gauche de la route, j'y cours à travers le dépotoir qui orne toujours les environs d'un village indien. Étendu sur le sol, un fragment de stèle admirablement tracé avec des caractères du temps de Mâna deva et qui porte la marque d'une cassure toute fraîche. On vient de réparer le hithi en question et au cours du travail on a brisé la pierre : et dans la foule qui m'entoure personne ne sait où le fragment a passé ; un Timien affirme toutefois qu'il a été employé à la réfection du hithi. Mes pulis-ji (car le pulis de Timi n'a pas voulu manquer l'occasion et mon cortège a fait boule de neige) les pulis-ji essaient d'extraire ladite pierre de son encastrement ; mais le seul résultat est qu'un des pulis tombe à la renverse dans une sorte de mare qui envierait la propreté de nos fosses à purin.

J'ai visité aussi le village voisin de Nagdes au Nord de Timi, mais sans résultat. Ce matin, traînant toujours derrière moi la multitude encombrante de mes collaborateurs, j'ai grimpé sous un soleil de feu, qui tenait manifestement à rattraper d'un coup ses trois jours d'éclipse, les pentes raides qui mènent par environ 2000 mètres d'altitude parmi les terrasses où s'étage la culture, jusqu'au temple de Mañjuçrî-Sarasvatî. En arrivant du Mahâčîna, disent les bouddhistes du Népal, Mañjuçrî éleva ce temple. Malheureusement si Mañjuçrî éleva un temple, il n'en reste plus rien ; la construction actuelle est toute moderne, du commencement de ce siècle. Simple chapelle de briques accolée au rocher, abritée sous une énorme pierre qui surplombe et qui porte à son sommet un petit čaitya. Le rocher s'insère dans la toiture et fait plafond. Les bouddhistes vénèrent le sanctuaire en l'honneur de Mañjuçrî, les Hindous y adorent avec une égale dévotion Sarasvatî, que les bouddhistes donnent pour femme à Mañjuçrî. Mes mukhyas, deux Gourkhas, et aussi le pulis-ji se prosternent devant l'image et touchent du front le sol et sonnent la cloche des visiteurs ; mon pandit et mon coulie, bons bouddhistes, accomplissent les mêmes rites avec la même ardeur.

Après midi j'attendais une visite : le mahant du Maṭh de Valacchi-Tol s'était fait annoncer et m'avait envoyé à examiner un manuscrit que personne du monastère ne peut déchiffrer ; il pensait que l'ouvrage était bouddhique parce qu'au début on lisait : *namo buddhāya*. La lecture est exacte, mais le bouddhisme du texte s'arrête là. C'est un commentaire fort long et fort ennuyeux sur Mâlatî-Mâdhava d'un certain Daçaratha. Et voilà que le mahant me fait dire qu'il est souffrant et ne peut venir. Mais puisqu'il a entr'ouvert sa porte, j'arriverai peut-être à la faire sauter, et je lui mande que puisqu'il est souffrant c'est moi qui lui rendrai visite. Et je pars au couvent : c'est un Maṭh de Jaṅgamas qui ferme rigoureusement ses portes. Longs pourparlers. Enfin le mahant m'informe qu'il viendra me rejoindre sur la chaussée, en dehors du monastère. Pendant l'attente, une distraction s'offre. Sur une plate-forme voisine, en avant du temple de Kâlî et en face du temple de Bhairava, une de ces plates-formes rectangulaires en briques qui encombrent les rues et les places ; une foule compacte assiste à la représentation d'un nâṭaka ou soi-disant tel. Des hommes, des femmes, des enfants couverts d'anneaux de cuivre, tout fleuris de soucis, avec des colliers de grosses oranges ; la tête est dissimulée sous un masque fantastique, yeux énormes et tout ronds, nez plat, bouche en groin ; à hauteur des oreilles se détachent deux tiges obliques supportant de grands losanges dorés ; pour coiffure, des mitres et des couronnes énormes, d'où retombe une toison touffue et grasse à la tibétaine. Les personnages sont Kâlî, Bhairava, etc... Les acteurs masqués commencent par présenter des salutations grotesques au cercle des assistants, puis expriment en dansant les sentiments qui les possèdent. Enfin il arrive, le mahant ! un grand vieillard à la longue barbe blanche, drapé dans la robe jaune des sannyâsis. Je l'aborde en sanscrit ; il doit m'avouer qu'il ne le sait pas. L'espèce de novice qui l'escorte n'en sait pas davantage. Me voilà réduit à l'hindoustani et dame ! mon hindoustani ne vaut pas mon sanscrit. Je demande à voir les « pustaks ». L'estimable mahant me répond avec aplomb qu'il n'en a pas. Et il m'en a envoyé un à l'examen ! Le péché de mensonge ne les embarrasse pas, au moins à l'égard des Mleččhas. Enfin il consent à me dire que le pandit du couvent, absent, revient demain et on verra. L'éternel demain !

A Timi, un pandit d'un des vihâras possède, paraît-il, une riche collection, mais il est en route et ne reviendra que la semaine prochaine. Quel nouvel obstacle la semaine prochaine va-t-elle susciter ? Tout ce que j'ai pu racoler à Ṭimi se réduit à une encyclopédie médicale qui ne m'est pas connue par ailleurs : le Kalyâṇa Samgraha, bourré de citations de Çaraka, Kaçyapa, Hartta, etc... Mon brave garçon de pandit qui m'a suivi à Bhatgaon emploie ses loisirs de pluie à courir les vihâras et j'ai même trouvé un auxiliaire bénévole, un petit pûjârî d'une douzaine d'années qui dessert avec son père le temple de Suraj Binaik (Sûrya Vinâyaka). Sa physionomie intelligente m'a frappé dans la rue, je lui ai demandé de se joindre à mon escorte, ce qui ne l'a pas rendu médiocrement fier, et tout à l'heure il m'a amené un camarade dont le père est un pandit parlant le sanscrit et propriétaire d'anciens manuscrits. Je compte bientôt visiter ladite collection.

Bhatgaon, 14 février. — Vingt-six kilomètres de montagnes dans les jambes et par quels chemins ! J'ai visité d'un seul coup Changu Narayan et Sanku. J'avais, il est vrai, mon cheval, mais simplement pour compagnon, et mes jambes seules m'ont servi de monture. Le mahârâja rentre lundi de sa tournée d'hiver, et du coup mon ami Deb Sham Sher va résigner ses pouvoirs intérimaires. Trouverai-je chez l'autre la même complaisance ? Pour parer aux éventualités, je vais demander sans doute à aller le saluer au passage lors de son entrée en ville ; tout soupçonneux qu'ils sont à l'égard des Européens, ils aiment à étaler en public leurs relations « blanches ». Les nécessités du service m'ont privé de mon poney ordinaire, on a dû l'envoyer au-devant du mahârâja qui se trouvait à court de cavalerie. C'était un excellent cheval Bhotiya rapide et sûr ; avec lui pas de danger, plusieurs fois en cheminant sur les étroits remblais de terre qui servent à la fois de clôture aux champs inondés et de sentier aux piétons, nous avons fait de brusques plongeons, dévalant avec une motte de terre brusquement effritée. L'équilibre brutalement détruit se rétablissait en cours de chute. Mon intérimaire n'est pas Bhotiya, et c'est son défaut. Hier, sur un sentier un peu raboteux, il s'est bel et bien étalé, et j'ai eu tout juste le temps de lâcher les étriers. J'ai cru plus sage de me fier à mes seules jambes aujourd'hui, sur l'incroyable route qui joint la ville de Bhatgaon à la ville de Sanku.

Le chemin, d'abord pavé de briques, inégal, creusé de trous et d'ornières, se perd au bout d'un kilomètre au pied de la première colline dans un misérable sentier. Le temple de Changu Narayan se dresse au Nord de Bhatgaon sur le faîte d'un haut promontoire que le Mahadeo Pokhri lance vers l'Ouest; mais pour y atteindre, il faut d'abord passer dans un énorme massif de sable alluvial, creusé, rongé, ravagé, disloqué par les pluies, coupé en tous sens de fissures abruptes, et qui force à monter, descendre, remonter, sauter, grimper. Le village de Changu Narayan s'allonge sur un plateau étroit au pied du mamelon qui porte le temple ; une longue suite de marches irrégulières mène de là au temple. J'espérais grâce à la complaisance de mon personnel dégager du sol le pilier de Mâna deva et compléter l'estampage fragmentaire de Bhagvanlal. Depuis son exploration, la situation s'est modifiée ; le pilier était alors simplement enfoncé dans le sol et ne cachait que ses neuf dernières lignes de chaque côté. La piété d'un fidèle a maintenant entouré la base de Nâgas en pierre qu'on ne peut songer à déplacer, et du coup trois lignes de plus sont perdues. Un « pandit » idiot, conservateur du *mandir* (temple), s'est vengé de son ignorance en me consignant à la porte du temple. Je n'ai pu que prendre à distance la photographie du pilier avec la façade inférieure du temple que décore une admirable porte de bronze doré. Le temple est grand, à deux étages, avec des chapelles élevées irrégulièrement à l'entour, enfermé dans un rectangle continu de dharmsalas. Les poutrelles d'étai aussi bien que les murs sont fouillés avec autant de patience que d'imagination ; dieux, déesses, monstres, animaux, fleurs et surtout représentations des pratiques du Kâmasûtra s'y développent rehaussés de couleurs vives où dominent le bleu et le rouge et qui forment un ensemble harmonieux et gai. Mon pandit Mitrânanda, bouddhiste zélé et des plus instruits pour un Népalais, demande au pûjârî d'ouvrir le sanctuaire pour y faire sa pûjâ; les deux mukhyas et le coulie le suivent; tous se dépouillent de leur coiffure, les mukhyas déposent leur inséparable kukhri. Mon mukhya ordinaire, qui est un brahmane Kânyakubjîya, chante des mantras et des stotras en gravissant les degrés; avant d'entrer, ils se prosternent et touchent du front le seuil. La pûjâ finie, à grands sons de cloche, ils sortent tous, les mains humides de l'eau bénite que le pûjârî leur a distribuée et dont ils se signent; ils projettent les gouttelettes pendant aux bouts de leurs doigts contre les statues éparses dans la cour et placent sur leurs têtes les feuilles vertes que le pûjârî leur a distribuées après les avoir présentées au dieu.

La Manaura (Manohara) descendue du mont Manichur sépare la colline de Changu Narayan du plateau qui porte Sanku; en amont la rivière prend même le nom de Sanku. Elle s'étale assez abondante dans une large vallée qu'on prendrait pour un lac; les champs de riz y disparaissent sous l'eau d'irrigation. Les pentes tout alentour sont touffues de forêts, et partout descendent avec fracas de petits torrents qui cascadent. La vallée du Népal s'arrête là; en zigzags sur les pentes du Manichur grimpe à travers la forêt le chemin du Tibet par la passe de Kuti. La belle pelouse entre la rivière et la ville est un vrai campement tibétain; ils s'arrêtent là en caravanes avant de gravir la première pente. Hommes et femmes, robustes comme des bêtes de somme, portent sur le dos, empilées en des hottes, des charges écrasantes d'où émerge souvent un bébé joufflu et gras, véritable défi jeté à toutes les lois de l'hygiène.

Une lanière de cuir qui leur embotte le front porte toute la charge. Sanku doit à ces Bhotiyas ambulants toute son importance. La ville, petite, est construite avec soin et les rues en sont remarquablement propres ; partout, le long de la chaussée, roule un ruisseau d'eau limpide. Les temples, sans importance, sont délabrés ou en ruines. Je n'ai trouvé qu'un débris d'inscription sur une conduite d'eau brisée, déposée contre un petit temple de Çiva.

Katmandou, mercredi 16. — Me voilà rentré chez moi, à mon bangalow familier. Le printemps m'y avait devancé. Après huit jours d'absence, j'ai trouvé le jardin merveilleusement fleuri de rose et de blanc. On ne peut imaginer la divine harmonie du paysage ; un ciel tout bleu, immaculé, splendide ; un soleil ardent, mais tempéré par une aimable brise qui sent encore le glacier, l'ombre tiède, les jeunes pousses verdoyantes dans la verdure assombrie des feuilles qui ont traversé l'hiver ; une floraison embaumée qui pare les buissons et les grands arbres, la gaieté des voix s'épandant dans l'air tranquille, les chants des oiseaux familiers voltigeant à travers la maison, les appels sonores des coqs voisins, les montagnes bleues ou lilas entrevues à travers les feuillages, la silhouette des cimes découpée sans crudité dans l'azur, l'horizon assez limité pour soutenir le regard, assez vaste pour lui laisser libre champ, les massifs transparents, les ombres baignées de lumière ; depuis avant-hier le Népal est un paradis. La chaleur de la journée après ces jours pénibles était si forte, que je me suis senti friser l'insolation au cours de la longue route. Laissant les douze coulies avec mon domestique ordinaire, j'ai tenu à visiter, au prix d'un petit crochet, le site de Madhyalakhu où d'après la Vaṃçâvalî les Thâkuris transportèrent leur capitale. J'ai eu assez de peine à déterrer le site; ni le pandit ni le mukhya ni le coulie n'en savaient le nom. Heureusement mon cipaye que sa piété fervente a familiarisé avec tous les temples du Népal a pu me fournir le renseignement. Madhyalakhu est sur la rive droite de la Dhobikola, affluent de la Bagmati; malgré la note de la Vamçâvali il ne s'y trouve pas trace de ruines. Elles ont pu disparaître récemment, car le général Bhim

Porte occidentale de Bhatgaon.

Sham Sher a élevé sur l'emplacement de Madhyalakhu un vaste palais qu'entoure un grand parc; il paraît que le Mahârâja Bir Sham Sher voyait avec inquiétude l'amitié fraternelle de Bhim et de Chandra Sham Sher, il a « engagé » son frère Bhim à quitter Thapathali et à s'installer un peu plus loin.

J'avais au préalable exploré le village de Bole (Bude)

au N. de Timi. Le temple de Mahâ Laksmî y a sa façade décorée de chromos où figure la brune Italienne classique et aussi une Madone avec l'enfant Jésus. Est-elle là pour figurer Devakî et Kṛṣṇa? mais je n'ai rien rencontré d'ancien, malgré les prières de mon escorte. La chasse aux inscriptions les passionne ; le soir à Bhatgaon je les entendais causer sous la vérandah au-dessous de ma chambre, et de « pulis » à « mukhya » et de « coulie » à « sipahi » c'était à qui réclamerait l'honneur d'avoir trouvé ou estampé le mieux le « çilâpattra ». Mon brave coulie avait adressé hier une prière fervente à Suraj Binaik (Sûrya Vinâyaka) en ma faveur ; il s'était imposé un jeûne préalable ; sur son pauvre salaire, il avait acheté des grains et des fleurs destinés au dieu, et il avait eu soin de recueillir une des fleurs de la pûjâ et de me la remettre comme une garantie de « *parsad* », de faveur divine. Vinâyaka n'a pas tenu parole. Ce matin en traversant Bole, mon cipaye avise une chapelle de Bhîmasena, excellent patron des militaires, et de toute la ferveur de son cœur il lui adresse cette simple et sans doute peu usuelle prière : O Bhimsen maharaj, donne-nous un *çilâpattra* ! Bhimsen n'a pas mieux réussi que Ganesh. Les dieux s'en vont.

Et j'avais pourtant fait, moi aussi, le pèlerinage de Suraj Binaik hier. Le sanctuaire de Sûrya Vinâyaka, un des quatre Binaik du Népal, se cache dans la forêt, au S. de Bhatgaon, sur les premières pentes du Pulchok. Le chemin s'élève en pente rapide et s'achève en escalier. Au pied des marches une petite chapelle que dessert une femme. Sur la route, de Bhatgaon jusqu'au temple, un défilé ininterrompu de dévots et plus encore de dévotes en tralala ; on fait toilette pour rendre visite à Ganesh Maharaj et les dévotes, les jeunes surtout, se drapent dans une jupe à falbalas que semble soutenir une crinoline ou qui rappelle encore les robes à panier. Sur leurs cheveux noir d'ébène (quelques-unes teignent au henné la tresse dressée toute raide au sommet du crâne) toutes piquent avec une coquetterie fort consciente des soucis jaune d'or. Le temple est tout petit, juste un abri au-dessus de l'idole, mais il est tout plaqué de cuivre sculpté. Face au dieu un pilier porte une grande souris d'airain. D'inscriptions, rien; mais une vue éblouissante sur la ligne des glaciers qui semble à chaque stage de l'ascension descendre plus profondément dans la vallée voisine, insoutenables d'éclat, dans l'encadrement de ce ciel lumineux. A défaut d'inscriptions, j'ai trouvé un manuscrit. Le chota pandit, le petit bonhomme à mine futée que j'avais embauché comme guide ne fait que trop d'honneur à ma perspicacité; il est la plus franche petite canaille que Bhatgaon ait enfantée. Son père a (il me l'affirme et j'en ai les preuves) une énorme collection de manuscrits; le papa a le tort de s'absenter et de mal fermer la porte; mon bonhomme sollicite la serrure et emprunte discrètement aux rayons paternels. Il m'a apporté un Parâçara dharma çâstra et un Yama dharma çâstra écrits sur feuilles de palmier. L'épisode de Guṇâḍhya inséré dans le Nepâla mâhâtmya m'a donné à penser que la Bṛhatkathâ se trouverait ici. Je lui demande s'il l'a et lui promets, outre le prix et le pourboire, de faire sa photographie. Il m'apporte ce matin un manuscrit incomplet du Bṛhatkathâ-çloka-saṃgraha. Je vais tâcher de lui soutirer le reste. Il m'a amené un acolyte également recommandable et qui ne demande qu'à avoir de l'argent. Le diable est que, faute de savoir exactement les manuscrits en leur possession, il faut aller à l'aveuglette. Ils m'ont apporté un Kâla čakra tantra, un Hariçčandropâkhyâna sur tâlapattras que j'ai refusés leur donnant la liste de mes desiderata bouddhiques et leur ai promis un canif comme le mien (ce canif les fascine), s'ils m'en apportaient cinq. Que n'ai-je avec moi un approvisionnement d'articles de Paris ! La bibliothèque du papa y passerait tout entière. Le frère dudit chota pandit avec lequel j'ai eu le plaisir de causer en sanscrit m'a affirmé avec une candeur parfaite qu'il n'avait pas de manuscrits. Et l'opération (je crains de la qualifier, mais *ad majorem scientiæ gloriam !*) se passe sour les regards bienveillants de l'autorité. Mon mukhya assiste aux transactions, les roupies passent de moi au chota pandit par ses mains, et j'imagine qu'il en reste un peu à ses doigts. « Le Captain Sahib, me dit-il gravement, m'a ordonné de vous aider à acquérir des manuscrits ». C'est égal, une fois en possession d'un lot suffisant je m'empresserai de déguerpir, je jouirai plus paisiblement de mon forfait de l'autre côté de la frontière. Si la Belgique n'était pas si loin d'ici !

Vendredi 18 février. — Hier sous un soleil de feu (les pluies nous ont amené la chaleur) je suis allé à cheval à Patan. Ma vieille rosse de Bhatgaon a été mise au rancart et le Mahârâja m'a envoyé une bête superbe. Le pandit m'avait annoncé solennellement que je serais admis à voir l'inscription de Narendradeva dans le temple de Matsyendra Nâth, à condition de venir avant midi. A la porte de Patan je trouve mon Mitrânanda déconfit ; il m'avait informé de travers ; l'inscription à l'intérieur du temple est du IXe siècle ère népalaise (XVIIIe siècle). Toute ma course, toute ma hâte, toute ma cuisson pour ce résultat. J'ai dû pratiquer la *Kṣântipâramitâ* et faire contre mauvaise fortune bon cœur. J'ai été au temple de Matsyendra Nâth et j'y ai du moins assisté à un curieux spectacle ; un chœur de vieillards eschyléens, en de belles draperies blanches, cassés, courbés, brisés, édentés, ratatinés, accroupis sur les dalles en avant du temple, chantaient sur des rythmes endiablés la gloire de Matsyendra Nâth, en s'accompagnant d'un charivari cadencé de cymbales, de gongs, de conques, et ces vieillards cadavériques ont continué près d'une heure cet exercice musical. Le temple grand et haut est entouré d'un rectangle de bâtiments, le vihâra ordinaire, mais un passage public traverse la cour et personne ne longeait le temple sans s'arrêter dévotement au seuil et saluer le dieu, les mains jointes, la tête inclinée. J'ai photographié un des stûpas d'Açoka, le Lagam Tho situé au Sud de la ville, puis je suis rentré au galop. Le Captain Sahib m'avait annoncé l'envoi des manuscrits recueillis par ordre du commandant en chef. Hélas! Hélas! déception! Abhidharmakoça vyâkhyâ, Gaṇḍavyûha, Vidagdha mukhamaṇḍana, Bhadrakalpâvadâna, Dvâviṃçatyavadâna, Jâtakamâlâ: voilà où ont abouti quinze jours de recherches officielles. Pourtant je ne désespère pas. Le Mahârâja a exprimé le désir de me voir après-midi, et je compte l'entretenir du pilier de Changu Narayan qu'il faudrait déterrer pourtant, et de l'inscription de Narendra deva qui, au dire des gens du vihâra de Matsyendra Nâth, est dans l'intérieur du Darbar à Bhatgaon. Le Captain Sahib m'a appris hier que en ville je suis connu sous le nom de *Bouddha Sahib*; cette semaine un prêtre qui arrivait de Lhasa est allé directement au bureau du Captain demander s'il était vrai qu'il y avait à la Résidence un Bouddha Sahib. Ah! que ne suis-je Résident! Au bout d'un an j'aurais libre accès dans toutes les collections de manuscrits et dans tous les temples.

Samedi 19 février. — Je sors d'une féerie ou plutôt j'y vis en plein. Je ne puis m'empêcher de songer sans cesse à ce pauvre Jacquemont qui connut les mêmes satisfactions, les mêmes éblouissements. Hier le mahârâja Bir Sham Sher m'a fait exprimer le désir de me voir. Je me suis empressé d'y répondre. Le Captain Sahib, selon le protocole, est venu en grand uniforme me chercher à domicile; pas de voiture cette fois. Nous avons caracolé de compagnie ou plutôt à part.

Ici rien de Thapatali, la maison annonce la différence des caractères. La première cour est sans doute affairée, traversée d'ordres et de sous-ordres et d'uniformes et de brahmanes, mais passé la grille de clôture, silence absolu. Plus personne ; tout juste un domestique qui sort au bruit de mon galop et m'introduit dans la salle de justice au rez-de-chaussée. C'est là que Sa Hautesse, assis sur un matelas, accoudé sur un coussin, décide les cas graves qui échappent à la compétence de la cour ou du Commandant en chef. Un tigre monstrueux, abattu par le Mahârâja dans le Téraï et fort habilement empaillé, est chargé peut-être de symboliser la Justice. D'un pas discret, qui ne sonne même pas sur les dalles, suivi seulement d'un général, Sa Hautesse entre ; plutôt petit, mince, le front soucieux, l'air intelligent ; il porte aussi une sorte de robe de chambre. Salutations, puis sans aucun appareil, du même pas discret, cortège assez morne, nous montons au salon du premier, une galerie énorme meublée à l'anglaise et toute jonchée de peaux de tigres. C'est le *leitmotiv* ici. Il ne comprend pas l'intérêt que présente le Népal ; je le lui explique : je suis venu chercher les inscriptions et les restes du bouddhisme ; le Népal est le trait d'union entre les deux mondes de la pensée orientale, il nous garde peut-être encore en réserve les trésors de la littérature sanscrite. La pensée de l'Inde appartient à l'humanité comme un commun trésor. Conclusion : il faudrait sortir du sol le pilier de Changu Narayan, estamper l'inscription de Narendra deva si elle est à Bhatgaon, et inviter les vihâras à ouvrir leurs trésors. En finissant le Mahârâja m'invite à assister demain à la grande revue de la Çivarâtri.

Donc, aujourd'hui c'est la Çivarâtri, et bon Népalais comme je le suis, j'ai commencé ma journée par un pèlerinage à Paçupati. En année normale, les pèlerins y arrivent par myriades ; il en vient de Madras, de Travancore comme de Bombay et de Calcutta. Mais la peste, cette effroyable peste qui va toujours se développant, a décidé le Gouvernement du Népal à fermer l'accès du pays aux pèlerins. Il n'y a donc que les Népalais à venir, et du moins ils viennent en masse. Tout le long des degrés qui descendent à la Bagmati ils montent et descendent, hommes et femmes se déshabillant tranquillement sur la berge et s'ébattant dans cette eau qui doit être glaciale; chacun cependant dessine de ses doigts les mudrâs réglementaires et marmonne les mantras. Mon « thûla babn » le petit pandit de Paçupati a vite appris mon arrivée ; il vient me tenir compagnie et nous causons sanscrit sous les regards de la foule étonnée. Délicieuse fraternité ! Les vaches purifiantes circulent dans la foule ; les singes grimpent le long des chapelles, guettent les offrandes et les saisissent ; un d'eux traverse la rivière en portant sur son dos, tout à fait à notre instar, un bébé singe trop faible pour résister au courant. Les chiens, tout impurs qu'ils sont, viennent aussi à la fête et lèchent sans façon les membres graisseux des idoles, tandis que les poules picorent librement les grains. Les belles dames étalent des pyjamas somptueux, des culottes à la zouave si larges qu'elles les empêchent de marcher. Il serait indigne d'ailleurs d'une personne distinguée de marcher comme les simples mortels ; on les voit aux jours de fête passer par les rues et arriver au temple sur le dos des porteurs. Un paurâṇika lit ou psalmodie avec onction un texte qu'il ne comprend pas, et les Yogis plus ou moins professionnels étalent leurs austérités, soufflent leurs grosses conques et secouent leurs sonnettes pour attirer la foule. Après midi, mon cheval vient me prendre, et toujours en compagnie du Captain Sahib je débouche à Tundi khel, le champ de manœuvres énorme qui borde Katmandou (mur oriental) et le palais du Mahârâja. Un magnifique Longchamps, dans quel merveilleux cadre de montagnes verdoyantes et de glaciers lointains que commande à l'O. le Dhaulagiri, à l'E. le double trône de Gaurî-Çaṅkara colossal et harmonieux, dressé dans l'azur sans tache, et si haut qu'il écrase les pics voisins, malgré leurs six et sept mille mètres. Au milieu du champ, un gros arbre isolé entouré d'une terrasse circulaire à deux étages. Je croise la voiture du Mahârâja qui passe sur le front des troupes escorté de lanciers et suivi d'un brillant état-major, et je file à l'arbre central où le Mahârâja me rejoint presque aussitôt avec un tas de généraux tout chamarrés d'or. Musique, saluts militaires, et dans ce cadre guerrier et cette odeur de poudre, le Mahârâja m'informe qu'il a donné l'ordre de déterrer le pilier de Changu Narayan et que je puis y envoyer quand bon me semble (l'accès m'en étant interdit) mon pandit et mon mukhya avec brosses et papiers. Il a aussi donné l'ordre de chercher la pierre à Bhatgaon. Vive le Népal ! Et ce n'est pas tout : il a prescrit de rechercher les manuscrits que je désire, et qui ne voudra pas les céder — au moins pour les copier — on les lui empruntera de force. Ça, c'est tout à fait le bon tyran. Pour attester la solidité de ses promesses, j'ai eu la visite du Pandit délégué à la recherche, M. Çâkyamuni, s'il vous plaît. Quel meilleur présage pour trouver des manuscrits bouddhiques ? *Çākyamuniprasādayogāt kiṃ na labhyeta?* Le bon Çâkyamuni sait le sanscrit comme moi le turc ; j'ai l'autorisation de lui adjoindre Mitrânanda et les deux copains dûment stylés et admonestés vont entreprendre demain une série de recherches. Mais ce monde oriental est si long à mettre en branle ! Je pense souvent à l'histoire que Bühler me contait un soir : les longues journées de conversation sur la pluie et le beau temps avant d'aborder l'achat d'une simple monnaie ancienne. Et je vois à regret le départ maintenant prochain, deux semaines et demie au plus à passer ici, quand la semence est si près de lever. — Tandis que Sa Hautesse me donne ces heureuses nouvelles, le Dhirâj arrive en voiture, beau jeune homme de 23 ou 24 ans, grand, robuste, élégant, plaqué de diamants, la physionomie insignifiante. Il ne parle pas l'anglais, ou plutôt il ne parle pas du tout. Le Mahârâja me présente, explique l'objet de ma visite, célèbre mes connaissances sanscrites, et les canons tonnent à la ronde et les coups de fusil éclatent par milliers. Le roi s'en va dans une calèche où montent le Mahârâja et le Commandant en chef, et je reste avec le général Chandra Sham Sher, figure à poils rudes et grosses dents proéminentes, mais la bonté dans le regard et dans le geste. Il me dit sa satisfaction de voir un Français, me parle de l'Alsace-Lorraine avec une délicatesse charmante, et m'invite à choisir moi-même les manœuvres à exécuter. Et il se passe ce phénomène invraisemblable, fou, que c'est moi qui passe la revue ! Les admirables troupes, du reste ! Les soldats sont si merveilleusement stylés à parader comme des automates que, sans commandement, sur un rythme qu'ils battent eux-mêmes en frappant tour à tour des deux pieds le sol, ils font toute la manœuvre du fusil, avec la précision d'une machine. Obtenir dans la même journée un ordre officiel pour la recherche des manuscrits, une autorisation de déterrer le pilier de Changu Narayan, et passer la revue des soldats Gourkhas : voilà qui date dans l'existence.

Lundi 21 février. — Hier pour la première fois j'ai pu rentrer seul à la résidence. J'avais quitté la maison dès le matin pour aller à Thankot ; à cinq heures de l'après-midi, je n'avais encore ni bu ni mangé, aussi avec le consentement formel du mukhya, laissant là mon escorte, j'ai piqué des deux et suis parti en avant. Sur la route comme en ville, la foule compacte s'écartait avec bienveillance sans m'obliger à un seul appel de voix ; j'ai traversé le marché, suivi le bazar sans difficulté, ces braves gens chassaient même les buffles ou les taureaux trop voisins pour ma sécurité. La journée a été très bonne : je n'ai pas relevé moins de six stèles anciennes : deux malheureusement sont indéchiffrables, tant la pierre s'est écaillée, mais quatre sont bonnes et trois importantes. J'en ai trouvé deux à Thankot et quatre dans un petit village nommé Kisipiḍi. Thankot est à l'extrémité occidentale de la vallée, au pied de la montée à pic qui conduit à la passe de Chandragiri et qui fait communiquer le Népal avec l'Inde, à 16 kilomètres de Katmandou. Thankot a connu des jours plus florissants ; il a eu son darbar dont il ne reste rien. Le seul temple, en l'honneur de Mahâ Lakṣmî, est insignifiant ; les cornes des buffles sacrifiés le tapissent au dedans et au dehors. Dressée contre une maison particulière, séparée par la chaussée d'un groupe de petits čaityas en briques et plâtre tombant en ruines, j'ai trouvé une stèle en bon état de préservation ; au N. de ces čaityas, dans un vieux hithi abandonné, j'ai trouvé une autre stèle de la même époque, mais qui montre seulement des traces de caractères. De Thankot j'ai longé la base du Chandragiri pour visiter Mâtâ tîrtha, à un mille environ S.-E. de Thankot ; la Vaṃçâvalî place dans le voisinage de Mâtâtîrtha, la capitale des rois bergers, les Guptas consacrés par Ne Muni. Mâtâ tîrtha est un enclos rectangulaire qu'entoure la forêt. Au pied d'une terrasse qui porte un petit sanctuaire, cinq ou six gouttières de pierre versent l'eau des sources voisines ; mais une seule d'entre elles a le titre et la valeur de tîrtha ; l'eau qui s'en échappe, admirablement limpide, remplit un bassin rectangulaire. C'est là qu'on va rendre hommage aux mânes d'une mère décédée. Une stèle de la fin du XVIIe siècle, et c'est tout. Le sentier qui de Mâtâtîrtha rejoint la route de Katmandu traverse le village de Kisipiḍi, à 500 mètres N. environ du tîrtha.

Dans le petit enclos d'un petit temple de Gaṇeça, première inscription ; sur une petite place, à l'E., autre stèle très grande, mais entièrement écaillée ; contre un groupe de petites chapelles en l'honneur de Bhagavatî, deux autres stèles. Je n'ai pas eu le temps de les examiner, j'ai tout juste eu le temps d'estamper et photographier sur place.

Jeudi 24 février. — J'ai terminé lundi ma journée au Darbar de Katmandou ; j'ai commencé à prendre l'estampage de l'inscription polygraphique de Pratâpa Malla qui éveille ici tant de curiosités et de convoitises. Elle est gravée sur une pierre encastrée dans le mur occidental du palais ; sur le temple qui lui fait face toutes les marches sont également décorées d'inscriptions polygraphiques ; moins en vue, elles sont demeurées indifférentes et je me suis bien gardé d'appeler l'attention sur elles. Ce bon toqué de Pratâpa malla me coûte quarante feuilles de papier à estamper pour cette seule inscription. Plus que partout ailleurs, ma présence devant l'énigmatique inscription a ramassé la foule ; policiers, soldats, coups de poing et coups de crosse ne l'empêchaient pas de déborder les barrières et de me presser fiévreusement. Mystérieuse, l'inscription ne l'est qu'en partie ; chacun sait ici de source certaine qu'elle signale l'emplacement d'un trésor fabuleux. Où est le trésor ? Voilà le hic ! Et on m'envie, moi qui puis expliquer, car une récompense de dix lakhs de roupies, soit plus d'un million et demi de francs est assurée à qui donnera la traduction. Voilà qui humilie les prix les plus somptueux de l'Institut ! Hélas ! il faudra en déchanter. Le pédant couronné qui fut Pratâpa Malla s'est contenté pour autant que j'ai pu lire d'indiquer en diverses écritures ses titres royaux et littéraires, et la date de la gravure ; il a ajouté les noms des écritures employées. Malheureusement le bas de la pierre est assez délabré, les noms se déchiffrent assez malaisément et lorsqu'ils sont lisibles ils ne sont pas toujours intelligibles. L'indication serait pourtant utile, indispensable dans certains cas ; il y a là des caractères qui ne me rappellent rien de connu. Je n'ai pu en estamper qu'un tiers, mais mes hommes feront le reste sans moi.

Avant-hier j'ai visité le temple de Budha Nilkanth au pied du Çivapuri. En dépit du nom, la divinité du lieu est Viṣṇu Nârâyaṇa. Entouré comme à l'ordinaire d'un rectangle de dharmsalas, un bassin également rectangulaire, bordé d'un promenoir étroit et d'un parapet. Un Nârâyaṇa colossal en pierre est étendu à la surface de l'eau, abrité sous un dais de serpents ; le feuillage léger des bambous, inclinés sur la statue divine, fait trembler la lumière sur ces membres de pierre qui semblent frissonner de vie. L'impression est saisissante. Dans la cour, des femmes et des enfants Bhotiyas sollicitent sans la moindre pudeur un bakchich ; un petit groupe de Yogis frottés de cendres, à peu près nus, lit le Yoga Vasiṣṭha sans en comprendre un mot. Tout comme dans les temples bouddhiques, un portique de pierre porte une grosse cloche ; contre ce portique une maçonnerie basse où sont encastrées quelques inscriptions. La seule ancienne a été recueillie, et heureusement, par Bhagvanlal ; elle n'est plus lisible. Budha Nilkanth est à deux bonnes lieues N.-N.-E. de Katmandou, immédiatement au pied de la montagne ; la route qui y mène est assez bonne ; elle recouvre le canal souterrain qui amène les eaux du Çivapuri au réservoir de Katmandou.

De Budha Nilkanth je vais visiter le village de Tsapaligaon, qui borde la route, à 1 kilomètre environ au S. de Budha Nilkanth, direction de Katmandou. Contre le petit temple de Narayan se dresse une stèle dont le haut s'est effrité, mais le bas en est clair et la date nette. De là en revenant sur Katmandou, à droite de la route, mais à peu de distance, sur un plateau assez étroit que la Bitsnumati ronge, le vieux village de Dharampur avec quelques hameaux détachés alentour. Là, encore une stèle à demi enfouie, mais que je dégage. Le sol a heureusement préservé la pierre, la date se lit clairement. La pierre fait face à une chapelle de Gaṇeça ; le village a de plus un pauvre petit čaitya de plâtre et de briques.

Hier nouvelle course dans la même direction : j'ai visité le village de Thoka N. de Katmandu et bâti sur un plateau qui fait face à Dharampur. Le sol de la vallée est entièrement constitué par le même sable alluvial que la vallée du Gange ; l'épaisseur de la couche est considérable. Les menus cours d'eau qui descendent des montagnes, furieusement grossis à la saison des pluies, creusent et déchiquettent leur lit, et finissent tous par couler dans une sorte de gorge continue de sable. Villes et villages se perchent sur les plateaux ainsi découpés dans la masse de sable, et pour passer d'une rive à l'autre, s'agit-il même d'une rivière comme la Bitsnumati qui, à cette époque de l'année, roule à peu près autant d'eau que le Manzanarès, il faut descendre et monter des sentiers qui s'effritent sous les pas. Thoka aussi m'a donné une inscription, une stèle également décorée de la conque et du čakra ; le haut s'est entièrement effacé ; le bas préservé dans le sol est net et donne la date ; malheureusement sur les trois signes numériques le second est noyé dans la pierre : la photographie révélera peut-être ce que le papier et mes doigts et mes yeux combinés n'ont pu voir. Enfin, aujourd'hui, nouvelle séance à la salle des manuscrits du Darbar School, j'ai vu les Nâṭakas, les Kâvyas, le Nyâya, mais toute cette portion du catalogue ou plus modestement de la liste fourmille si bien d'erreurs qu'il est impossible de s'y orienter à première vue. Je tiens à signaler un excellent manuscrit du Bhâratîya Nâṭyaçâstra du siècle dernier : de plus Damaruvallabha me signale un commentaire du Bhâratîya, composé par je ne sais plus quel râja népalais, et dont il doit me communiquer le manuscrit. — Mon cipaye et mon mukhya viennent de rentrer avec l'estampage de l'inscription du Darbar ; ils sont tout fiers, car ils me rapportent aussi l'estampage de deux anciennes inscriptions qu'ils ont « découvertes » à Katmandou. Je me suis bien gardé, par peur de refroidir leur zèle, de leur révéler que l'une et l'autre sont déjà publiées. Les voilà passés épigraphistes ! En tout cas ils ont su reconnaître dans le tas deux inscriptions vraiment très anciennes, ce sont les n°s 3 et 4 de Bhagvanlal. Ils ont même reconnu la marque du « Samvat ». Décidément je suis né professeur, j'ai fait des élèves archéologues à Katmandou, et quels élèves encore ! Deux pioupious. Il ne faut pas trouver cela si ridicule, dirait le poète François Coppée. Après mon départ, mes « élèves » pourront continuer mon œuvre.

Ce matin même, le Captain Sahib est venu m'apporter des éclaircissements sur la source d'eau chaude mentionnée par les Chinois ; il paraît que comme Wang Hiuen Ts'e le fit, tous les Chinois et Tibétains qui descendent au Népal et dans l'Inde par la passe de Kirong, la voie ordinaire de l'aller, s'arrêtent à cette source chaude et y cuisent leurs repas. Et tous les détails du voyageur chinois sont d'une exactitude à faire pâlir les modernes géographes et topographes. Il paraît que, près de cette source, il y a des inscriptions chinoises, le Captain Sahib m'a promis d'envoyer le mukhya en prendre les estampages. Je voudrais avoir encore par le même moyen l'épigraphie de Nayakot qui doit avoir aussi d'anciennes inscriptions. A quels résultats n'arriverais-je pas si mon séjour ici pouvait se prolonger? Le mahârâja a envoyé aujourd'hui quatre soldats à Changu Narayan déterrer le pilier et le Commandant en chef a ordonné aux scribes de la salle des manuscrits de lui faire porter les copies que j'ai commandées pour en vérifier lui-même la correction avant de me les remettre. Est-ce là vraiment le pays décrit par les conteurs de voyages?

Samedi 26 février. — Brusquement la chaleur est survenue et du coup les journées ont raccourci. Impossible de quitter la maison avant trois heures; j'ai même dû renoncer à travailler l'après-midi sous la véranda au N.-E., la chaleur rayonnante me mettait du plomb sur la tête, et j'ai dû chercher l'abri des murs épais du bangalow. Hier j'ai fait encore une bonne cueillette épigraphique. J'ai dit qu'un brahmane était venu informer le Captain Sahib de l'existence d'un pilier avec une vieille inscription. Le brave Captain m'a conduit lui-même à Nangsal, un faubourg de Katmandou, juste vis-à-vis du palais du Dhirâj ; entre les deux une large dépression où coule un filet d'eau canalisé et où s'étendent les cultures de riz. Le village se développe entre le chemin de Harigaon et la route de Paçupati par Deo Patan. Au centre, une butte assez haute semblant un stûpa marque, paraît-il, le site de l'ancien temple de Narayan; contre la butte, deux stèles anciennes, l'une à peu près complètement effacée, l'autre en assez bel état de préservation, sauf le haut. J'ai donc estampé et photographié. Nous sommes rentrés à la Résidence par Lajampat, un simple lieu-dit avec une petite chapelle à liṅga. Près de la chapelle une image de Viṣṇu dans une pose de disloqué, la jambe gauche relevée vers l'épaule, et au-dessous une inscription votive à la façon de celle du Mahankal, mais en moins bel état. Ici, la pierre est absolument nue et l'image est contemporaine de l'inscription qui paraît être du VIe-VIIe siècle. Aujourd'hui Pandit Çâkyamuni m'a apporté son butin. Il n'est pas sans intérêt. Tout d'abord un excellent manuscrit du Cândravyâkaraṇa obtenu à Bhatgaon et qui a l'avantage de fournir une utile donnée historique. Le colophon porte : nepālābdagate mṛgāṅkarasaynechāya (?) pañcabāṇāyudha.. (561). çrīçrīpacupaticaraṇāravindārcanaparāyaṇaripurājadaityatripurāsuramā - navinirjjitaçrīsaṃsāratāriṇīgaurīçvaraçrīmaheçvarāvatāra - çrīlakṣmīnārāyaṇaçrīçrījayayakṣamalladevaanujaçrīçrījayajīvamalladevasahevavijayārājye... (Jīvamalla manque à toutes les listes). Un bon manuscrit de la Prâkṛtasaṃjīvinī (grammaire pracrite). Un manuscrit de la Madhyamakavṛtti (appelé ici comme toujours Vinayasûtra). Un commentaire considérable du Kâlačakratantra, la Vimalaprabhâ, ouvrage fort rare et dont il sera peut-être désirable d'avoir une copie : iti çrīmūlatantrānusāriṇyāṃ dvādaçasāhasrikāyāṃ laghukālacakratantrarājaṭīkāyāṃ vimalaprabhāyāṃ sakalamāravighnavināçataḥ paramsladevatāsanmārganiyamoddeçaḥ prathamaḥ... et ainsi de suite. Le manuscrit a plus de 300 pages ; il me paraît indispensable à l'étude de la doctrine tantrique. Un manuscrit d'un autre texte nouveau, écrit sous le règne de Rudradeva. Ouvrage traduit en chinois par Fa-t'ien x^{e}-xie siècle (Nanjio 864). Il est intéressant de constater à l'honneur de l'exactitude chinoise que le titre chinois traduit exactement ratna-guṇa (*pao-te*) tandis que le titre donné dans Nanjio porte simplement ; Prajñâpâramitâsaṃčayagâthâ. Enfin un manuscrit portant pour colophon : iti pāramitāparikathā, subhāṣitaratnakaraṇḍake samāpta | kṛtir ācārya çūrasya granthapramāṇam... asya çatam. Il ne me semble pas douteux qu'il faut rétablir Arya-çūra. Enfin un manuscrit du Čaturvargasaṃgraha. La chasse n'est pas finie, j'espère encore du gibier. A propos de gibier, un tigre est descendu hier de la montagne et s'est promené à travers les rues de Patan, *quærens quem devoret* ; mon ami Deb Sham Sher est allé bravement l'abattre lui-même. Ç'a été l'événement du jour.

Katmandou 2 mars. — J'ai fait mardi une lointaine et pénible course jusqu'à Phirphing, et sans résultat. Phirphing est au Midi de Katmandou à 16 ou 18 kilomètres, adossé aux montagnes qui ferment la vallée, sur un plateau élevé d'environ 300 mètres, soit une altitude réelle d'environ 1 500 mètres. En fait Phirphing appartient à peine au

Mon personnel à Bhatgaon.

2e soldat gourkha. Cuisinier. Menus auxiliaires. Sais. Pulis-ji.
Coulie. Boy. Mukhya Lalit Bàm. Cipaye Siri Râm Singh. Balayeur.
Pandit Mitrânanda.

Népal proprement dit ; il faut pour y parvenir s'élever par une ascension assez raide sur le flanc de la montagne et contourner ensuite une combe profonde où s'étagent des cultures et des maisons rustiques, tandis que les pentes supérieures contrastent par leur âpreté dénudée avec les sommets boisés des autres massifs. La route de Phirphing se détache de la grande route entre Katmandou et Patan presque à la porte même de Patan, oblique vers le Sud-Ouest, passe devant le stûpa occidental d'Açoka, traverse deux kolas (on nomme ainsi des ruisseaux au vaste lit avec un maigre filet d'eau qui s'y perd) se poursuit sur un plateau presque entièrement uni ; puis, un peu avant d'atteindre Bogmati, il fléchit encore à l'Ouest, descend vers la Bagmati et traverse un gros bourg, Kokona, où se trouvent un assez grand temple et un čaitya, sans intérêt et sans épigraphie ; puis il atteint la Bagmati, un peu avant sa sortie du Népal officiel. La rivière en effet coude presque aussitôt vers l'E.-S.-E. et longeant la falaise qui porte Bogmati s'engage dans une passe aussi mystérieuse que le Pôle Nord. La Bagmati, descendant directement au Gange, doit ouvrir une voie d'accès directe entre l'Inde et le Népal ; les Népalais ne se soucient pas d'ouvrir à leurs voisins envahissants une porte qui n'a ni verrou ni serrure. Au débouché de la gorge, sur un vaste replat, le Darbar a établi un asile de lépreux, comme une sorte d'épouvantail. En guise de pont entre les deux rives, une ligne de poutrelles larges tout juste comme le pied et comme le pied sans chaussures encore ; et aussitôt après, le chemin se met à grimper raide. Phirphing semblait promettre plus de résultats ; assez à l'écart pour échapper aux bouleversements, rarement visité, si jamais il l'a été, par un voyageur, il a les ruines d'un darbar et deux temples fort populaires : Çeṣa Nârâyaṇa et Dakṣiṇa Kâlî. Çeṣa Nârâyaṇa (Sikh Narayan comme on dit ici) n'attire pas seulement les Népalais ; les Bhotiyas y viennent ; à mon arrivée un groupe des leurs est installé dans une des dharmsalas et une pierre porte inscrite en relief à la manière tibétaine le *Oṃ maṇi padme huṃ* assez inattendu ici. Pas de construction luxueuse comme à Changu Narayan ; quelques pauvres petites chapelles, et collée au rocher même, accessible seulement par un escalier à pic, l'image sacro-sainte. Une fissure ouverte au-dessus dans la roche laisse échapper pendant quatre mois de l'année une cascade toute blanche. En Suisse on dirait Pissevache, ici c'est Kâmadhenu, une simple nuance; mais il s'agit bien de la Kâmadhenu réelle, de la vache divine, et on l'adore fort sérieusement. Du reste l'eau ici jaillit de partout; limpide et gaie elle court de palier en palier dans des bassins où la piété des fidèles nourrit des bandes de poissons. Dans le village, situé à l'Est du temple, j'ai estampé une inscription de Jyotir malla, une de Çrî Nivâsa malla et une de Yama malla dont le nom m'est par ailleurs inconnu.

A l'Est du village, au fond d'une gorge étroite et profonde, aux pentes boisées, se trouve le temple de Dakṣiṇa-Kâlî. La popularité de la déesse se marque à ce détail qu'elle porte, paraît-il, une valeur de cinq lakhs de bijoux, et l'idole est haute de cinquante ou soixante centimètres. Là, pas même de chapelle : un enclos carré, des dharmsalas sur trois côtés, le quatrième un simple mur où est encastrée l'image de la déesse, abritée sous une sorte de chapeau chinois en cuivre décoré de chiffons multicolores et de clochettes. On achève justement le sacrifice du buffle quotidien; le sang gicle selon les règles de l'art, sur l'idole; la tête lentement détachée est déposée aux pieds de la déesse et le gros corps décapité se convulse encore du col, des jambes, de la queue, tout pantelant. On le traîne dehors, on le flambe comme un poulet sous un feu de paille et on l'éventre pour distribuer les parts au personnel. D'inscription, rien qu'une stèle moderne. Il faut que je me console avec le site qui est ravissant. Un petit torrent, le Kâlî Kola, encaissé entre les forêts à pic roule à travers les roches qui encombrent son lit sinueux; tamisée par les feuillages touffus, adoucie par la brise du ruisseau, la chaleur éblouissante de midi n'est plus qu'une caresse attiédie. Kâlî n'est pas près d'être désertée par ses adorateurs. Hier soir je causais avec le petit frère de Babu Mitra, un garçonnet de quinze à seize ans émancipé par une éducation à l'anglaise. Moi, disait-il, je ne crois à rien en fait de dieux et de surnaturel; tout cela c'est des contes à dormir debout. Et après cette profession de foi parfaitement sceptique, sans pause ni pose, sans contraste voulu, sans un changement de ton il ajoute : Je fais pourtant une exception pour la déesse Kâlî, parce que là j'ai des preuves indiscutables. Et il me raconte des apparitions miraculeuses de Kâlî qu'il n'a pas vues lui-même de ses yeux, mais il a vu les gens qui les ont vues, et dans quel état ils étaient ! Allez donc en douter. Il m'a semblé un instant que je n'étais plus au Népal.

Aujourd'hui une pluie torrentielle et toute froide qui nous présage une nouvelle hausse du thermomètre.

Vendredi 4 mars. — J'étais à la maison enfoui dans mes manuscrits lorsqu'on est venu me prier d'assister à un spectacle de Holi. Le Holi est la grande fête printanière de l'Inde, mardi-gras ou mi-carême, et c'est pitié de voir comme au fond l'imagination humaine est restreinte : l'Inde a jusqu'à ses confettis ; pendant huit jours les gens se promènent à travers les rues portant en des sacs ou en de petits tubes une poudre rouge, et, fût-il le Mahârâja, quiconque passe en vêtements blancs est impitoyablement aspergé. C'est ici aussi (tout n'est-il pas dans tout?) la fête des blanchisseurs, disons des *dhobis*. Le linge taché de rouge qui résiste à la lessive, si précieux qu'il puisse être, appartient de droit au dhobi. Et c'est, dans ces ruelles étroites et grouillantes une curieuse poussée de foule toute rougeoyante, la poudre se fixant aux cheveux, à la barbe, tout comme aux vêtements. Ce peuple du Népal est si épris de musique et de théâtre que la fête est un spectacle perpétuel; tel je l'ai vu dans les « Lines » aujourd'hui, tel je l'ai remarqué partout à Katmandou. Un groupe de briquetiers s'était accroupi sur une longue natte ; ils chantaient des chœurs, ces chœurs indéfinis de l'Orient où la gaieté se fond avec la mélancolie, tout en demi-teintes, onduleux et fuyants, évocation simple et puissante de l'infini. Au centre un petit groupe d'instrumentistes : timbales, cymbales, gongs, clochettes, tambourins ; à tour de rôle deux ou trois se levaient, jouaient et dansaient avec des contorsions de singes, entièrement barbouillés de rouge ; les acteurs de Thespis. Le chœur cesse, trois des briquetiers vont dans un coin se déguiser. Musique. Entre une bergère drapée en un long voile rose, les bras et les jambes chargés d'anneaux, parée de colliers à larges plaques, une bergère du Téraï, paraît-il. J'ai retrouvé mes Tharunis. La Tharuni en question est tout simplement un des trois briquetiers qui cette fois a barbouillé sa figure de cendres pour en adoucir l'éclat bronzé et qui s'est maquillé les yeux comme on fait même aux toutes petites fillettes ; un grand cerne noir donne au regard une séduction énigmatique et voluptueuse. La bergère sollicite l'indulgence du public ; elle chantera et dansera pour honorer la divinité. Un berger arrive, vêtu d'une couverture grossière nouée sur sa tête et qui vaguement simule une peau de bête ; il fait la cour à la bergère, mêlant à ses appels passionnés des gestes et des calembredaines grotesques. Arrivée d'un rival. Bref une pastorale, la classique et l'éternelle pastorale de l'amour, et je retrouvais là, vivantes et réelles, mes hypothèses sur l'origine du drame indien ; eh oui, en ce pays idyllique caressé de soleil et baigné de lumière, la pastorale aimable et souriante y est vieille comme le monde. Et sous ce climat heureux qui laisse à la forme humaine son libre jeu, le corps est si souple, si aisément gracieux, que ces rudes ouvriers de la brique tenaient à s'y méprendre leurs rôles de femmes. J'ai dû quitter la représentation pour monter sur la Darara, la colonne élevée par Bhimsen Thapa à l'Est de Katmandou, tout contre l'enceinte où elle s'insère et le champ de manœuvres ; une construction hideuse, une colonne de charcutier faite en saindoux et qui jure avec le goût du pays. Mais c'est, il est vrai, une fantaisie de Gourkha. Du sommet, à 40 et quelques mètres, on domine naturellement toute la vallée ; mais aujourd'hui encore l'horizon était laiteux et l'admirable rangée des glaciers était évanouie.

Ce matin le Captain Sahib m'a amené en visite son fils de onze ans, sa fillette de dix ans et un neveu de sept ans, orphelin qu'il a recueilli. Ils étaient en leurs atours, les garçons dans une combinaison de collégien et de militaire avec une capote et une haute casquette à visière galonnée d'or ; la fillette qu'un porteur avait amenée, en vastes jupes et la tête ornée de la plaque d'or de cérémonie. Je me désolais de n'avoir rien à donner ou à montrer à ce petit monde, mais les photos des miens ont été pour eux de hautes curiosités.

Lundi 7 mars. — Le Darbar népalais a tenu sa parole. J'ai un estampage complet du pilier de Changu Narayan. Il n'a pas fallu moins de quatre soldats et de trois journées pour arriver à ce résultat. Le pilier est maintenant engagé dans une sorte d'anneau de pierre sculptée qui lui donne une apparence de base ; il a fallu tout d'abord soulever cet anneau fort lourd, et édifier une charpente de bois pour le maintenir, un système d'étais qui permît d'approcher la pierre et d'estamper. Je laisse ici une liste des anciens ouvrages bouddhiques connus par les traductions chinoises et le Darbar m'a promis de continuer les recherches. Mes rabatteurs m'ont signalé deux textes très importants ; à toutes les réquisitions, même officielles, les détenteurs ont répondu qu'il y avait erreur et qu'ils ne possédaient pas les manuscrits en question. Mais la moindre pratique de l'Inde enseigne ce que valent ces réponses catégoriques qui d'un non formel s'acheminent tout doucement, par lentes étapes, au oui final. Les possesseurs de ces manuscrits sont brahmanes, et c'est pour eux un cas de conscience de faire connaître un ouvrage hérétique. J'attends aussi une réponse au sujet d'un vieux texte que détient un vieux brahmane habitant une maison de la montagne, et qui sans refuser de le communiquer répond à toutes les sommations par l'éternelle inertie orientale. Le Commandant en chef lui a envoyé un pandit, le Captain Sahib lui a envoyé un mukhya : il est sorti, il est malade, il l'apportera lui-même et j'enrage à voir venir l'échéance de mon départ et ce pendard de brahmane qui ne bouge pas. Je lui ai fait promettre hier soir par un message 5 roupies comme récompense s'il arrive demain. Cinq roupies ! cela sent la fantaisie de milliardaire américain. Il y a gros à parier pourtant que la résistance par inertie l'emportera sur l'esprit de lucre.

A défaut de nouveaux textes bouddhiques, Pandit Çâkyamuni m'a apporté un traité d'art vétérinaire : iti çrī Rūpanārāyaṇetyādimahārājādhirājaçrīman Madanendrasena kṛtau Sārasaṃgrahe Çālihotraṃ samāptam. Au premier çloka, nom différent :

çrīmatsūryaṃ namaskṛtya revantaṃ turagādhipam | çrīmad Devendrasenena kriyate Sārasaṃgrahaḥ || (chaque çloka est accompagné d'une traduction en vernaculaire) vers 2 : uddhṛtya çālihotrāṇi bālānāṃ bodhahetave | mandarendrendrasenena kriyate sugamo vidhiḥ || . — Le Vidagdhavismāpana, une collection de charades, énigmes, etc. en vers avec traduction partielle en parbatiya.

Le soir j'étais invité dans les « Lines » des Cipayes à assister à un nautch offert par le Jemadar. Sur la pelouse de manœuvres on dresse quelques perches et on tend un velum par-dessus. Tout autour, des bancs et quelques chaises pour les gens d'importance. Pas de nautch girls : l'espèce en est rare au Népal, et en cette semaine du Holi elles sont demandées et réclamées partout. Et puis le corps de ballet a eu des malheurs. La reine des nautch-girls expie en une prison la faute d'avoir trop plu; elle a été convaincue d'avoir accordé ses faveurs à pas mal de petits jeunes gens brahmanes ou kṣatriyas et de les avoir entraînés à perdre leur caste. La loi hindoue punit sévèrement ce délit : elle a eu quinze ans de prison et les petits jeunes gens en ont eu pour un an. Ç'a été le gros scandale du Népal. A défaut de nautch-girls on a eu des nautch-boys : le plus grand, un garçon de seize ou dix-sept ans représentant Kṛṣṇa, une haute mitre sur la tête, sur les épaules une façon de pèlerine, une longue blouse d'un beau bleu serrée à la ceinture. Un autre garçon plus petit faisait Râdhâ, l'amante de Kṛṣṇa; enfin des enfants de huit à douze ans représentaient les bergères compagnes de Râdhâ. Au début, chœur et symphonie d'orchestre; on développe un grand rideau qui porte les images de Kṛṣṇa et de Râdhâ, on brûle l'encens, balance les lampes, chante les hymnes. Puis le spectacle propre commence. De neuf heures du soir à quatre heures du matin toujours le même sujet : Râdhâ chante sa passion éperdue et gémit sur son abandon; Kṛṣṇa ne pense qu'à jouer de la flûte. Les amies de Râdhâ viennent la consoler ; une d'elles va prier Kṛṣṇa de satisfaire son amante. De guerre lasse, il cède un instant ; les bergères accourent, et Kṛṣṇa mène une ronde, la Râs Lîlâ. Puis il retourne à sa flûte et tout recommence. La monotonie de ce thème est un peu variée par les fantaisies du Vidûṣaka, vêtu à la Népalaise parmi tous ces personnages de fantaisie; on se le renvoie comme une balle, bafoué, raillé, battu, criblé de coups de poing, trébuchant, quémandant des bakchichs qu'on lui paie sur le derrière. Les cipayes en burnous et turban blanc, immobiles, éclatent de rire à ces grosses farces; mais il regardent avec une intense émotion religieuse les jeux de Kṛṣṇa et des bergères. C'est une chose si sacrée, me dit le Captain Sahib! Sacrée ou non, à minuit, j'avais sommeil et je rentrais au bangalow.

Mardi 8 mars. — Ce matin, visite du Captain Sahib pour mes arrangements de départ. Il faut régler protocolairement mes visites d'adieux au Mahârâja et à tous les Sham Sher: Deb Sham Sher, commandant en chef; Chander Sham Sher, le vrai généralissime; Bhim Sham Sher, général. Je les ai faites dans la voiture du mahârâja mise à mon service: parti du bangalow à une heure, je n'y rentrais qu'à cinq, c'est dire que les visites n'étaient pas un simple échange de formules banales. J'ai tenté de décider le Mahârâja à créer un musée d'archéologie népalaise; il a été frappé et séduit par cette idée et a sur-le-champ réclamé tous les renseignements nécessaires. Deb Sham Sher m'a offert pour la République française un manuscrit de la Prajñâpâramitâ en admirable conservation, décoré de peintures et écrit sous le règne de Vigrahapâla, donc vieux d'environ un millier d'années et pour moi personnellement un manuscrit, un commentaire du Vidgadhavismâpana écrit au IVe siècle de l'ère népalaise, soit au XIIIe-XIVe siècle. Il m'a demandé les photographies de mes enfants que je lui ai laissées en échange de la sienne. Et tous les Sham Sher se sont prodigués en amabilités et en promesses, se mettant à mon service pour toutes les recherches qui pourraient m'intéresser. En rentrant au bangalow, je trouve le jardin encombré par la foule: les cipayes, les musiciens, les danseurs viennent me faire le charivari du holi: symphonies, chansons et danses. J'avais encore une provision de poudre rouge, je leur en jette, j'en reçois, c'est une véritable bataille de confettis.

Mercredi 9. — Veille du départ; chacun vient me faire

ses adieux : mon pandit qui m'apporte un moulin à prières et un peigne d'ivoire ; pandit Çâkyamuni qui m'apporte une lettre de Vaikuṇṭha Nâth Çarman, pandit du commandant en chef lequel m'adresse une canne en noix d'arec avec poignée d'ivoire (la noix d'arec est selon les Çâstras une garantie de bonheur) et Mitrânanda me remet quelques peintures népalaises. Enfin, le Captain Sahib arrive, et au nom du Mahârâja il me remet un costume népalais, un kukhri, un petit bonnet, des baguettes d'encens venues de Lhasa, réservées aux cérémonies du culte, et enfin la rareté suprême, le porte-bonheur par excellence, une pièce d'or. Il m'annonce aussi que le Mahârâja, par une faveur toute particulière, met à ma disposition sa calèche pour me conduire jusqu'à Thankot où cesse la route carrossable.

Enfin, le jeudi 10, je quittais le Népal. Mon mukhya, mon soldat népalais, qui m'a servi si longtemps de guide et de compagnon, après avoir été mon pion ou mon geôlier, Lalitbâm le Gourkha a voulu me reconduire en compagnie de mon cipaye résidentiel, Siri Râm Singh, jusqu'à Bhimpedi, au pied des montagnes, par delà la passe du Chandragiri et la passe de Sisagarhi, et quand je leur ai serré la main, à l'heure du départ, sur la place de Bhimpedi, encombrée par mes coulies, mes kahars, mes dhuliwalas, mes palkiwalas et la foule des villageois accourus pour voir le Sahib, Lalitbâm et Siri Râm Singh pleuraient comme des enfants et je me suis fourré bien vite dans mon palanquin, car je me sentais les yeux humides.

Vase népalais
avec couvercle en forme de stûpa.

TABLE DES MATIÈRES

DU SECOND VOLUME

TABLE DES ILLUSTRATIONS

CHARTRES. — IMPRIMERIE DURAND, RUE FULBERT.